SCHRIFTEN zur öffentlichen Verwaltung und öffentlichen Wirtschaft

Begründet von
Prof. Dr. Dr. h.c. mult. Peter Eichhorn und Prof. Dr. Dr. h.c. Peter Friedrich

Herausgegeben von
Prof. Dr. Thomas Lenk und Prof. Dr. Dieter Tscheulin

Band 214

Hannes Rehm, Michael Tholen

Kommunalverschuldung – Befund, Probleme, Perspektiven

BWV • BERLINER WISSENSCHAFTS-VERLAG

Bibliografische Information der Deutschen Nationalbibliothek

Die Deutsche Nationalbibliothek verzeichnet diese Publikation in der Deutschen Nationalbibliografie; detaillierte bibliografische Daten sind im Internet über http://dnb.d-nb.de abrufbar.

ISBN 978-3-8305-1541-8

Axel-Springer-Str. 54 a, 10117 Berlin
E-Mail: bwv@bwv-verlag.de, Internet: http://www.bwv-verlag.de
Printed in Germany.

Vorwort

Die Verschuldung der Gebietskörperschaften in Deutschland hat in den vergangenen Jahren beständig zugenommen. Deutschland hat damit bis 2005 gegen die im Maastrichter Vertrag festgelegten Schuldengrenzen verstoßen. Erst seit 2006 hat dieser Aspekt aufgrund der anziehenden Konjunktur hierzulande etwas an Bedeutung verloren. Der Sachverständigenrat zur Begutachtung der gesamtwirtschaftlichen Situation konstatiert jedoch, dass nach wie vor erhebliche strukturelle Defizite bestehen, die sich bei nachlassender Konjunkturentwicklung entsprechend negativ auswirken werden.

Im Mittelpunkt der Verschuldungsdebatte stehen in der Regel der Bund sowie die Länder, auf die mehr als 92 % der Schulden entfallen. Auch in den Föderalismusreformen I und II waren die Kommunen als kleinste Einheit unter den Gebietskörperschaften nur in geringem Umfang vertreten.

Der Hintergrund für dieses „Mauerblümchendasein" dürfte darin bestehen, dass nach einer Mitteilung des Deutschen Städtetages rund 5.000, d. h. etwa ein Drittel der Städte und Gemeinden, wegen ihrer angespannten Haushaltssituation unter Beobachtung durch die Kommunalaufsicht der Länder stehen. Der kommunale Handlungsspielraum hinsichtlich einer eigenständigen Finanzpolitik ist damit erheblich eingeschränkt. Die relativ geringe Repräsentanz der Städte und Gemeinden in den Föderalismusreform-Kommissionen ist jedoch unter dem Aspekt der öffentlichen Investitionstätigkeit als problematisch anzusehen. Immerhin 60 % der öffentlichen Sachinvestitionen in Deutschland erfolgen auf der kommunalen Ebene. Nicht zuletzt aufgrund der angespannten kommunalen Haushaltslage hat daher die Investitionsquote des Staates in den vergangenen Jahren erheblich nachgelassen.

Dies alles gibt Anlass zu der Frage, wie die Probleme gelöst werden können. Eine zunehmende Verschuldung kann hier kein sinnvolles Instrument sein, da viele Städte und Gemeinden bereits heute überfordert sind. Dies wird insbesondere sichtbar durch den hohen Anteil der Kassenverstärkungskredite in den Haushalten. Diese Kreditart ist vom Gesetzgeber im originären Sinne lediglich zur Überbrückung kurzfristiger Liquiditätsengpässe vorgesehen.

Die hier vorgelegte Schrift versucht, die Situation und die Perspektiven der Kommunalfinanzen zu analysieren, um den Kommunen Alternativen zum bisherigen Finanzierungsverhalten aufzuzeigen und damit die dringend notwendigen Investitionen insbesondere in die öffentliche Infrastruktur zu sichern.

Zunächst werden daher die Entwicklung der Verschuldung in der Vergangenheit und der vermutliche Trend für die Zukunft betrachtet.

Es folgt eine Darstellung der institutionellen Rahmenbedingungen für die Kommunalverschuldung. Dabei werden sowohl die Rechtsrahmen selbst als auch die kommunale Verschuldungspraxis innerhalb der normativen Vorgaben analysiert. In diesem Zusammenhang wird auch geprüft, ob und inwieweit die Ansätze zu einem nationalen Stabilitätspakt das Niveau der Kommunalverschuldung beeinflussen werden (Teile A bis D).

Mit Blick auf Veränderungen der Bankaufsichtsbestimmungen einerseits, der Kapitalmärkte andererseits wird dann der Frage nachgegangen, ob die Kommunen ihre Kreditwürdigkeit künftig durch ein Rating unterlegen werden. Schließlich werden am Beispiel der USA die Verschuldungsbedingungen und -praxis in einem wettbewerbsorientierten Föderalismus skizziert (Teile E bis H).

Im Teil I werden die Finanzierungsalternativen vorgestellt, welche trotz der strukturellen Haushaltsschwäche die Fortentwicklung der kommunalen Infrastruktur und deren Finanzierung ermöglichen können.

Inhaltsverzeichnis

Abkürzungsverzeichnis

Abb.	Abbildung
Abs.	Absatz
AK	Anschaffungskosten
Art.	Artikel
Aufl.	Auflage
BaFin	Bundesanstalt für Finanzdienstleistungsaufsicht
Bd.	Band
BIP	Bruttoinlandsprodukt
BOT	Build Operate Transfer
ca.	circa
CAFR	Comprehensive Annual Financial Report
CBL	Cross Border Leasing
CDO	Collaterialized Debt Obligation
CHF	Schweizer Franken
CMS	Constant Maturity Swap
CP	Commercial Paper
CSL	CMS-Spread-Ladder
ders.	derselbe
d. h.	das heißt
DIW	Deutsches Institut für Wirtschaftsforschung
DM	Deutsche Mark
EBF	European Banking Federation
EBITDA	Earnings Before Interest, Taxes, Depreciation, Amortization
E-FoG	Gesetz zur Einrichtung von Fonds für die Versorgung in Nordrhein-Westfalen
EG	Europäische Gemeinschaft
EGV	Europäische Gemeinschaftsverordnung
EK	Eigenkapital
ESG	Emissionszentrale Schweizer Gemeinden
etc.	et cetera
EU	Europäische Union
EUR	Euro
EURIBOR	Euro Interbank Offered Rate
EWG	Europäische Wirtschaftsgemeinschaft
EWWU	Europäische Wirtschafts- und Währungsunion
EZB	Europäische Zentralbank
FAZ	Frankfurter Allgemeine Zeitung
ff.	fortfolgende
FMA	Financial Markets Association
FIBOR	Frankfurt Interbank Offered Rate
FRA	Forward Rate Agreement
GAAP	Generally Accepted Accounting Principles
GASB	Governmental Accounting Standards Board
GG	Grundgesetz der Bundesrepublik Deutschland
GuV	Gewinn- und Verlustrechnung
GO	General Obligation Bond

GOBY	Gemeindeordnung Bayern
GONRW	Gemeindeordnung Nordrhein-Westfalen
GOS-H	Gemeindeordnung Schleswig-Holstein
H.	Heft
HGrG	Haushaltsgrundsätzegesetz
HGO	Hessische Gemeindeordnung
HK	Herstellungskosten
HKR	Haushaltskassen und Rechnungswesen
Hrsg.	Herausgeber
i. d. R.	in der Regel
i. e. S.	im eigentlichen Sinne
IMK	Innenministerkonferenz der Länder
InsO	Insolvenzordnung
IRB	Internal Ratings-Based Approach
i. S.	im Sinne
ISMA	International Securities Market Association
IW-BCV	IW Bauwert-Consult & Verwaltungsgesellschaft
Jg.	Jahrgang
KONTRAG	Gesetz zur Kontrolle und Transparenz im Unternehmensbereich
KWG	Kreditwesengesetz
lfd.	laufend
LIBOR	London Interbank Offered Rate
MaH	Mindestanforderungen an das Betreiben von Handelsgeschäften
MaRisk	Mindestanforderungen für das Risikomanagement
m. a. W.	mit anderen Worten
Mio.	Million(en)
Mrd.	Milliarde(n)
MTNs	Medium Term Notes
NKF	Neues Kommunales Finanzmanagement
NKR/NKH	Neues Kommunale Rechnungswesen/Neues Kommunales Haushaltswesen
NKRS	Neues Kommunale Rechnungs- und Steuerungssystem
NKM	Neues Steuerungsmodell
n. F.	neue Fassung
NRW	Nordrhein-Westfalen
NSM	Neues Steuerungsmodell
NSP	Nationaler Stabilitätspakt
ÖSP	Österreichischer Stabilitätspakt
OTC	Over the Counter
o. V.	ohne Verfasser
p. a.	per annum
PDG	Partnerschaften Deutschland GmbH
PPP	Public Private Partnership
PSC	Public Sector Comparator
rd.	rund
RPK	Rechnungsprüfungs-, Geschäftsprüfungs- oder Finanzkommissionen
S&P	Standard & Poor's
sog.	so genannte(n)

StabWG	Gesetz zur Förderung des Wachstums und der Stabilität der Wirtschaft
SVR	Sachverständigenrat
Tab.	Tabelle
u. a.	und andere, unter anderem
u. U.	unter Umständen
usw.	und so weiter
VaR	Value at Risk
Vgl.	Vergleiche
v. H.	vom Hundert
VOB	Vergabe- und Vertragsordnung für Bauleistungen
VOL	Verdingungsordnung für Leistungen
Vol.	Volume
WpHG	Wertpapierhandelsgesetz
z. B.	zum Beispiel
z. T.	zum Teil
z. Z.	zur Zeit

Abbildungsverzeichnis

Tabellenverzeichnis

A. Stand und Entwicklung der Kommunalverschuldung

1. Stand der Verschuldung

(1) Die Kommunalverschuldung war aus statistischer Sicht in den letzten Jahren insbesondere durch zwei Aspekte gekennzeichnet.
Zum einen ist seit langem ein relativer Rückgang der kommunalen Verschuldung im Vergleich zum Bund und Ländern an der staatlichen Gesamtverschuldung zu konstatieren, der sich aus der Entwicklung der Neuverschuldung erklärt (siehe Tab. 1). Diese hatte bis zur Rezession 1975/76 für die Gemeinden i. d. R. eine größere Bedeutung als für den Bund und die Länder und machte annähernd ein Drittel der Verschuldung des öffentlichen Gesamthaushalts aus. Erst der finanzpolitische Paradigmenwechsel hin zu einer zunächst antizyklischen Fiskalpolitik gegen Ende der 1960er Jahre änderte dies nachhaltig. Bund und Länder weiteten ihre Verschuldung nun stärker aus als die Kommunen. Politische Beweggründe führten dazu, dass auch nach Wegfall der konjunkturbedingten Mehrausgaben die Ausgabenintensität hoch blieb.
Die zweite, ähnlich verlaufende Strukturverschiebung ergab sich mit der Herstellung der deutschen Einheit ab 1990. Durch die Wiedervereinigung stiegen die Ausgaben von Bund und Ländern überproportional gegenüber denen der Gemeinden an.

(2) Gleichzeitig stieg die gesamtwirtschaftliche Schuldenstandsquote weiter an. Per saldo nahm trotz des strukturellen Rückgangs an der Gesamtverschuldung die Verschuldung der Städte und Gemeinden als Ganzes zu. Dies gilt insbesondere für die Zeit ab 2001, in der die Städte und Gemeinden ihre Verschuldung erheblich ausweiteten. Erstmals wurde im Jahr 2006 wieder ein Überschuss erwirtschaftet.[1] Auch für die Jahre 2007 und 2008 werden Überschüsse erwartet.[2] Die Defizitphase war auf den ersten Blick ausschließlich auf nicht ausgeglichene Vermögenshaushalte zurückzuführen (siehe Tab. 2).

1 Vgl. Deutsche Bundesbank (2007a).
2 Vgl. Zinsmeier, F. (2007), S. 594 sowie Bundesvereinigung der kommunalen Spitzenverbände (2008), S. 2 ff.

Tab. 1: Entwicklung der Schulden deutscher Gebietskörperschaften

Mio. EUR				
Jahr	alle öffentlichen Haushalte	davon Bund/Sondervermögen	Länder	Kommunen
1950	10.550,0	3.727,3	6.567,0	255,6
1960	26.975,2	13.751,2	7.513,4	5.710,6
1970	64.366,5	29.556,8	14.206,8	20.602,5
1980	239.597,5	120.460,4	70.458,1	48.679,1
1990	538.640,9	306.315,5	168.106,1	64.219,3
2000	1.211.439,0	774.834,0	338.143,0	98.462,0
2003	1.357.759,0	826.526,0	423.632,0	107.600,0
2004	1.430.582,0	869.371,0	448.672,0	112.539,0
2005	1.489.029,0	901.619,0	471.376,0	116.034,0
Anteil in v. H.				
Jahr	alle öffentlichen Haushalte	davon Bund/Sondervermögen	Länder	Kommunen
1950	100	35,3	62,2	2,4
1960	100	51,0	27,9	21,2
1970	100	45,9	22,1	32,0
1980	100	50,3	29,4	20,3
1990	100	56,9	31,2	11,9
2000	100	64,0	27,9	8,1
2003	100	60,9	31,2	7,9
2004	100	60,8	31,4	7,9
2005	100	60,6	31,7	7,8

Quelle: Eigene Berechnungen nach Daten der Deutschen Bundesbank. Anmerkung: Sozialversicherungen bleiben in der Einzeldarstellung unberücksichtigt. Daher ist die Summe größer als die Anteile der einzelnen Gebietskörperschaften.

Hintergrund für die Defizite in den Jahren 2001-2005 waren die in den Vermögenshaushalten verminderten Einnahmen. Insbesondere die Gewerbesteueraufkommen, aber auch die von der Höhe der Verbundsteuern abhängigen Zuweisungen durch die Länder, erwiesen sich in der konjunkturellen Schwächeperiode als sehr volatil.

Tab. 2: Verwaltungs- und Vermögenshaushalte 2000-2005

in Mrd. EUR							
	Verwaltungshaushalte			Vermögenshaushalte			
	Ein-nahmen	Aus-gaben	Defizit/ Über-schuss	Ein-nahmen	Aus-gaben	Defizit/ Über-schuss	Defizit/ Über-schuss Gesamt-haushalt
2000	128,1	116,2	11,9	19,9	29,9	-10,0	1,9
2001	125,3	118,1	7,2	19,0	30,2	-11,2	-4,0
2002	126,3	121,3	5,0	20,0	28,7	-8,7	-3,7
2003	122,7	123,6	-0,9	18,8	26,4	-7,6	-8,5
2004	127,2	125,0	2,2	18,1	24,1	-6,0	-3,8
2005	134,0	130,0	4,0	17,1	23,3	-6,2	-2,2
2006	138,2	133,6	4,6	20,6	23,8	-3,2	1,8
kumuliert 2000-2005	763,6	734,2	29,4	112,9	162,6	-49,7	-20,3
jährliche Veränderungen							
	Verwaltungshaushalte			Vermögenshaushalte			
	Ein-nahmen	Aus-gaben	Defizit/ Über-schuss	Ein-nahmen	Aus-gaben	Defizit/Über-schuss	Defizit/ Über-schuss Gesamt-haushalt
2000							
2001	-2,2	1,6		-4,5	1,0		
2002	0,8	2,7		5,3	-5,0		
2003	-2,9	1,9		-6,0	-8,0		
2004	3,7	1,1		-3,7	-8,7		
2005	5,3	4,0		-5,5	-3,3		
2006	3,1	2,8		2,9	2,1		
2000-2005 kumuliert	4,6	11,9		-14,1	-22,1		

Quelle: Deutscher Städtetag (2006b), S. 80. Daten für 2006 vorläufig.

Als Reaktion reduzierten die Kommunen ihre Ausgaben deutlich. Dies führte dazu, dass z. B. die Sachinvestitionen in den Städten und Gemeinden im Zeitraum 2000 bis 2003 um rund 25 % bzw. sechs Milliarden Euro abnahmen (vgl. Tab. 3). Erstmals war im Jahr 2006 wieder eine leichte Zunahme zu verzeichnen.[3]

Tab. 3: Sachinvestitionen kommunaler Gebietskörperschaften in Deutschland

	1994	1998	2003
Sachinvestitionen in Mrd. EUR	30,3	24,7	21,4
Anteil an bereinigten Gesamtausgaben in v. H.	20,2	17,3	14,3
Anteil an öffentl. Sachinvestitionen in v. H.	66,8	62,2	60,9

Quelle: Bundesministerium der Finanzen; Zinsmeier, F. (2007).

Eine analytische Einbeziehung der Verwaltungshaushalte verdeutlicht jedoch, dass auch diese von erheblichen strukturellen Problemen betroffen waren. Die Brutto-Ausgaben für soziale Leistungen nahmen im Zeitraum 2000 bis 2006 um rund 10 Mrd. EUR zu und kompensierten somit den Betrag, der auf der Investitionsseite eingespart wurde. Dies ist u. a. auf die Arbeitsmarktreform des Jahres 2005 zurückzuführen, in der Arbeitslosen- und Sozialhilfe zusammengelegt wurden.[4] Faktisch lässt sich somit eine Verlagerung der Mittel aus dem Vermögens- in den Verwaltungshaushalt feststellen.

(3) Angemerkt sei an dieser Stelle, dass die ausgewiesene Verschuldung lediglich die Summen beinhaltet, die den Kommunen unmittelbar haushaltstechnisch zuzuordnen sind. Unberücksichtigt bleiben die Verbindlichkeiten, die in der Finanzstatistik nicht erfasst sind. Diese sind insbesondere

- Schulden aus kreditähnlichen Rechtsgeschäften (z. B. Leasing),
- Schulden der Zweckverbände (anteilig),
- Schulden der wirtschaftlichen Unternehmen, an denen die Kommunen mehrheitlich, aber nicht alleine beteiligt sind.[5]

Aus mikroökonomischer Sicht müssten die Kommunen im Einzelfall prüfen, ob sie die Schulden in ihrem Bereich vollständig oder teilweise zu den Kameralschulden hinzurechnen müssen, um einen Einblick über die tatsächliche Verschuldung zu erhalten. Vor diesem Hintergrund erscheint eine pauschale Berücksichtigung der Schulden in die Finanzsta-

3 Vgl. Zinsmeier, F. (2007), S. 595.
4 Vgl. Deutsche Bundesbank (2007a), S. 39.
5 Vgl. Landesrechnungshof Sachsen (2002), S. 406; Deutsche Bundesbank (2007a), S. 31 f. sowie Junkernheinrich, M./Micosatt, G. (2007), S. 8 ff.

tistik nicht denkbar, da der Eintritt von bestimmten Risiken (z. B. Insolvenz eines Zweckverbandes) und der damit verbundenen teilweisen oder vollständigen Schuldenübernahme ungewiss ist.[6] Daher bleiben diese Schulden in der aggregierten Betrachtung der Finanzstatistik vernachlässigt. Weiterhin hier nicht enthalten sind die Schulden, die die Kommunen für die Zukunft eingegangen sind. Dies sind insbesondere die Verbindlichkeiten, die sich aus der Zahlung von Pensionen für Beamte ergeben (implizite Verschuldung).[7] Nach Berechnungen des Sachverständigenrates zur Begutachtung der gesamtwirtschaftlichen Entwicklung liegt die implizite Verschuldung der öffentlichen Haushalte in Deutschland bei rund 330 % des Bruttoinlandsproduktes. Zum Vergleich: Die offizielle Verschuldung betrug laut Maastricht-Kriterium im Jahr 2005 rund 60 %.[8]

(4) Die Struktur der kommunalen Verschuldung ist, anders als beim Bund und bei den Ländern, primär kreditorientiert (vgl. Tab. 4): Deutlich über 95 % der Schuldenaufnahme erfolgen durch Direktausleihungen bei Kreditinstituten. Hier handelt es sich zu einem wesentlichen Teil um Schuldscheindarlehen. Gläubiger sind insbesondere die Sparkassen und Landesbanken. Problematisch ist in diesem Zusammenhang der steigende Rückgriff der Kommunen auf das Instrument der Kassenkredite. Diese Kreditart soll laut Haushaltsregeln eigentlich nur kurzfristige Engpässe überwinden. In den „Defizitjahren" 2001-2005 war dies jedoch nicht der Fall. Die Kommunen finanzierten damit auch längerfristige Ausgaben. Dies führte dazu, dass die Kassenkredite zwischen 1999 und 2006 von rund sechs Milliarden Euro auf 27,5 Mrd. EUR anstiegen. Den Kassenkrediten fällt damit faktisch die Aufgabe klassischer Haushaltskredite zu.[9]

(5) Die bereits angesprochenen kommunalen Investitionen spielen gemessen an den gesamten öffentlichen Investitionen eine wichtige Rolle. Denn trotz der gemessen an der Gesamtverschuldung abnehmenden Bedeutung sind die Kommunen im Vergleich zum Bund und zu den Ländern einem stärkeren „Verschuldungszwang" ausgesetzt. Dies resultiert daraus, dass sie mit dem Gebühreninstrumentarium sowie den Einnahmen aus Gewerbesteuer bisher nur geringe die Möglichkeiten der Eigenfinanzierung haben. Somit steht diesem vergleichsweise hohen „Verschuldungs-

6 Vgl. Landesrechnungshof Sachsen, (2002), S. 413 ff.

7 Vgl. Wagener, S. (2005), S. 522 ff.

8 Zur Berechnung vgl. Sachverständigenrat zur Begutachtung der gesamtwirtschaftlichen Entwicklung (2003), S. 271 ff.

9 Vgl. Peffekoven, R. (2004), S. 1339, Junkernheinrich, M./Micosatt, G. (2007), S. 14 und Sachverständigenrat zur Begutachtung der gesamtwirtschaftlichen Situation (2007b), S. 67.

zwang“ gleichzeitig ein sehr geringer Spielraum für die eigene Schuldenpolitik gegenüber. Hinzu kommt, dass insbesondere die ostdeutschen Kommunen nur auf eine unzureichende Einnahmebasis zurückgreifen können: Während in den westdeutschen Städten und Gemeinden immer noch rd. 40 % der Einnahmen auf Steuern entfallen, liegt diese Quote bei den Kommunen in den neuen Bundesländern bei 15 %. Dies ist primär auf die schwache wirtschaftliche Entwicklung in Ostdeutschland zurückzuführen.[10]

Tab. 4: Struktur der kommunalen Verschuldung (ab 1991 einschließlich der ostdeutschen Länder)

	Mrd. EUR	**Anteil an der Gesamtverschuldung in v. H.**				
Jahr	gesamt	Anleihen	Direktausleihungen der Kreditinstitute	Sozialver-sicherungen	andere Nicht-banken	gesamt
1955	2.387,7	1,5	70,9	10,2	17,4	100,0
1961	6.547,1	2,6	74,2	6,1	17,1	100,0
1965	13.213,8	2,2	77,4	4,8	15,6	100,0
1970	20.602,5	1,7	80,3	2,5	15,5	100,0
1975	38.045,7	0,6	90,3	5,8	3,3	100,0
1980	48.679,1	0,2	93,2	4,7	1,9	100,0
1985	58.153,3	0,2	94,4	4,0	1,4	100,0
1990	64.219,3	0,1	96,9	1,8	1,2	100,0
1995	100.519,5	0,7	96,2	1,7	1,4	100,0
2000	98.462,0	1,0	96,8	0,2	2,0	100,0
2005	116.034,0	0,4	96,4	0,1	3,1	100,0

Quelle: Deutsche Bundesbank (2007a), eigene Berechnungen.

(6) Die sinkenden Investitionsbeiträge führten bei Städten und Gemeinden zu einem Investitionsstau, der möglicherweise langfristig die Infrastruktur in Deutschland gefährdet. Nach Schätzungen im Zeitpunkt der Jahrtausendwende wird der gemeindliche Investitionsbedarf bereits bis 2009 auf rund 670 Mrd. EUR veranschlagt.[11] Aus den angegebenen Zahlen und den prognostizierten Bedarfsschätzungen lässt sich auf kommunaler Ebene ableiten, dass die Finanzkraft nicht annähernd ausreicht, z. B. die erheblichen Investitionen in die Abwassersysteme oder in die Bildungs-

10 Vgl. Kutschera, F. (2003), S. 38.
11 Vgl. Deutsches Institut für Urbanistik (2002); Kröger, C. (2000), S. 58 ff.

einrichtungen in einem angemessenen Zeitraum zu erfüllen, da die Dynamik der erwarteten Ausgabensteigerungen bei weitem die zur Verfügung stehende Finanzmasse übersteigt. Hinzu kommt, dass ein sehr großer Teil der gesamten Ausgaben in den kommunalen Haushalten durch gesetzliche, vertragliche und sonstige mittelfristig nicht korrigierbare Bedingungen festgelegt ist.

2. Die Entwicklung wichtiger Bestimmungsgrößen der Kommunalfinanzierung

(1) Nachdem der Stand der Kommunalverschuldung sowie die wichtigsten Ursachen hierfür dargestellt wurden, sollen nun ausgewählte Determinanten der weiteren Entwicklung kommunaler Finanzen analysiert werden.

(2) Diese sind vielfältig und unterliegen teilweise erheblichen Schwankungen. Prinzipiell lässt sich das Beziehungsgeflecht festlegen, wie es in Abb. 1 skizziert ist.
Aus der Abbildung wird ersichtlich, dass es aus analytischer Sicht grundsätzlich schwierig ist, die Finanzstrukturen einzelner Kommunen auf die Entwicklung allgemein geltender bestimmter Größen festzulegen.[12] Sie sind vielfach auf differenzierte und individuelle Gegebenheiten zurückzuführen.
Hinsichtlich der Bevölkerungsstruktur spielen z. B. demografische Aspekte eine erhebliche Rolle (siehe hierzu auch unten). Kommunen mit einem hohen Durchschnittsalter der Bevölkerung werden andere Investitionsschwerpunkte legen müssen als Städte und Gemeinden mit relativ jungen Einwohnern. Im einen Fall könnten z. B. Investitionsvorhaben in Senioreneinrichtungen, im anderen Fall in Kindertagesstätten oder in das Schulwesen das Investitionsverhalten prägen.
Auch die Siedlungsstrukturen haben erheblichen Einfluss auf die kommunalen Finanzen. Die finanziellen Probleme vieler Oberzentren sind nicht zuletzt darauf zurückzuführen, dass ein Großteil der dort tätigen Arbeitnehmer nicht im Oberzentrum selbst, sondern im Umland lebt und dort die Steuern entrichtet.
Die Wirtschaftsstrukturen in Form branchenspezifischer Gesichtspunkte bestimmen maßgeblich das Einnahmepotenzial der Gebietskörperschaften auf kommunaler Ebene. Der Niedergang der deutschen Textilindustrie in den 1970er Jahren wirkte sich in vielen Unternehmensstandorten

12 Vgl. Landesrechnungshof Sachsen (2002), S. 420.

Westdeutschlands massiv aus, während andere Städte und Gemeinden gar nicht davon betroffen waren. Die Schließung militärischer Einheiten in den 1990er Jahren hatte z. B. in einem Kasernenstandort andere Auswirkungen als in einer Kommune, in der keinerlei militärische Institutionen präsent waren.

Abb. 1: Determinanten der kommunalen Finanzen

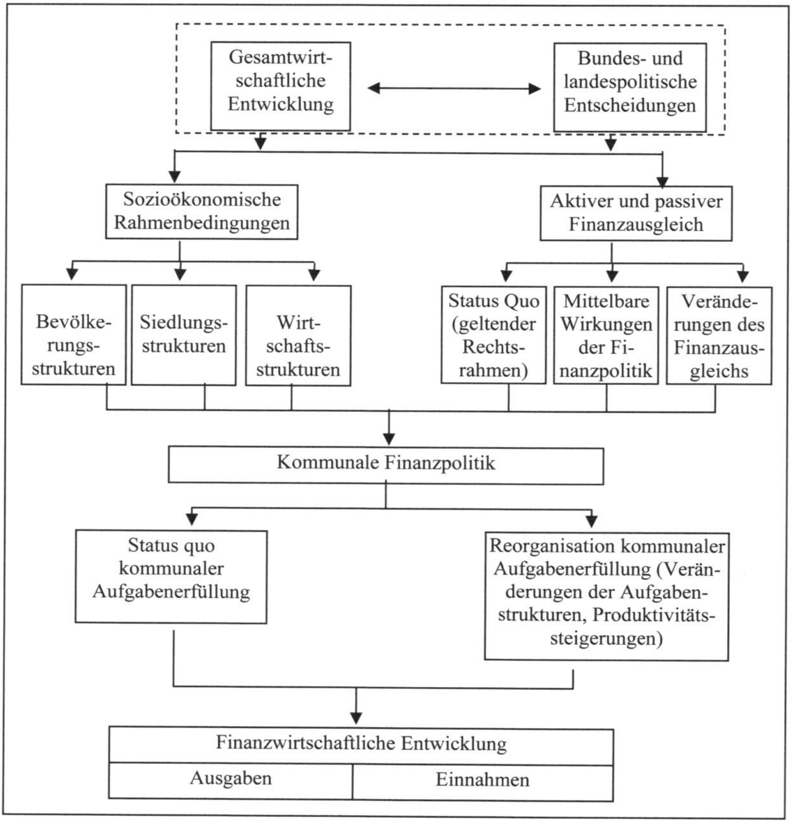

Quelle: Löffelholz, H.-D./Rappen, H. (2004).

Nicht zuletzt beeinflusst das kommunale Management auf der Mikroebene den Einzelabschluss der Stadt oder Gemeinde. Dies gilt insbesondere für die konkreten Investitionsentscheidungen. So macht es langfristig einen erheblichen Unterschied, ob tendenziell in konsumnahe oder in unternehmensnahe Infrastruktur investiert wird (z. B. Spaßbad oder Gewerbegebiet).

Innerhalb der sozioökonomischen Rahmenbedingungen sind jedoch nicht nur spezifische Aspekte von Relevanz, sondern auch allgemeine Gesichtspunkte, die alle Städte und Gemeinden gleichermaßen betreffen. Eine ökonomische Rezession wirkt sich sowohl in ländlichen Regionen als auch in Ballungszentren aus, da die Bemessungsgrundlagen für die Steuerbasis dann in der Regel rückläufig sind und damit allgemeine Einnahmenprobleme entstehen.

Den sozioökonomischen Rahmenbedingungen stehen grundsätzliche Entscheidungen auf der staatlichen Ebene gegenüber, die sich massiv auf Einnahmen und Ausgaben der Kommunen auswirken können. Dies gilt insbesondere im föderalistischen Staatsaufbau der Bundesrepublik für den Länder- und darauf aufbauend für den kommunalen Finanzausgleich sowie für grundsätzliche Entscheidungen, die den staatlichen Transferprozess betreffen.[13]

Im Folgenden sollen zwei ausgewählte Aspekte näher betrachtet werden, die kurz- bis mittelfristig erhebliche Auswirkungen auf die Finanzsituation der Städte und Gemeinden in Deutschland haben könnten. Dies sind die absehbare demografische Entwicklung und die Föderalismusreform II.

(3) Die Bevölkerungsentwicklung in Deutschland ist von zwei Tendenzen gekennzeichnet. Zum einen wird die Zahl der Einwohner absolut betrachtet sinken, zum zweiten werden die Einwohner im Durchschnitt deutlich älter als noch vor 40 Jahren.[14] Die Regionen und Kommunen sind hiervon unterschiedlich betroffen.[15] Bereits heute zeigt sich in vielen Städten und Gemeinden Ostdeutschlands, was eine sinkende und zugleich alternde Bevölkerung für Folgen haben kann. Die Zahl der Einpersonenhaushalte nimmt seit Jahren zu. Die Veränderungen in der Altersstruktur führen wie bereits oben angesprochen zu Verschiebungen in der Nachfrage nach Gütern und Dienstleistungen auf der kommunalen Ebene. Zudem ist davon auszugehen, dass infolge der hohen Arbeitslosenquoten in der vergangenen Dekade das Problem der Altersarmut an Bedeutung gewinnen dürfte.[16]

---

13 Vgl. Landesrechnungshof Sachsen (2002), S. 420; Lenk, T./Rudolph, H.-J. (2005), S. 57 ff.

14 Vgl. Statistisches Bundesamt (2006a).

15 Vgl. Flöthmann, E.-J./Tovote, U./Schleifnecker, T. (2006), S. 11 ff.

16 Vgl. Seitz, H. (2006), S. 180.

(4) Es ist abzusehen, dass vor diesem Hintergrund insbesondere kleinere und mittlere Gemeinden in peripheren Regionen massiven Einnahmeprobleme gegenüber stehen werden.[17] Gleichzeitig ist in vielen Ballungszentren eine erhebliche ökonomische Expansion zu verzeichnen, in deren Folge neue Bewohner in die Zentren ziehen. Da die Einwohnerzahl eine wesentliche Determinante im Verteilungsvolumen des Finanzausgleichs darstellt, werden sich die Kommunen – dies gilt in Ost- wie für Westdeutschland – unter sonst gleichen Bedingungen einem stärkeren „demografischen Wettbewerb" aussetzen müssen, dessen Sinn darin besteht, Einnahmen zu generieren, um auch mittel- bis langfristig als eigenständige Kommune bestehen zu können.[18] Zudem wird die kommunale Finanzpolitik nachhaltiger als bisher ausgerichtet werden müssen. Schuldenabbau und klare finanzpolitische Ziele werden in Zukunft im Vordergrund stehen müssen.[19]

Zwar lässt sich argumentieren, dass eine rückläufige Bevölkerungszahl auch sinkende Ausgaben zur Folge hat. Das negative Einnahmenwachstum lässt sich jedoch kaum vollständig durch gleichlaufende Ausgaben kompensieren. Der Bevölkerungsrückgang wird im Gegenteil durchschnittlich wachsende Pro-Kopf-Ausgaben für den Unterhalt und den Betrieb der Infrastruktur nach sich ziehen. Aufgrund der fixen Kosten steigen die Betriebskosten im Infrastrukturbereich in der Regel sogar an. So können z. B. Wasserwerke nicht einfach geschlossen werden, da ansonsten die Versorgung mit Trinkwasser gefährdet ist. Dies lässt sich auch auf die Verkehrsinfrastruktur übertragen. Gleichzeitig sehen sich die Kommunen einer alternden Bevölkerung gegenüber, die andere Bedürfnisse hat als eine junge Gesellschaft. So dürften die Pro-Kopf-Ausgaben für Pflege und Gesundheit ansteigen. Konkret wird sich dies in Investitionen in Senioreneinrichtungen und Krankenhäuser ausdrücken, während gleichzeitig der Bedarf an Schulen und Kinderbetreuungseinrichtungen sinken wird. Wie sich letztlich die demografische Entwicklung für die einzelnen Kommunen auswirkt, hängt massiv von ihrer originären Steuerkraft sowie von der Ausgestaltung des Finanzausgleichs aus.[20]

(5) In der Föderalismusreform II soll eine gemeinsame Kommission von Bund und Ländern die Finanzbeziehungen der beiden Gebietskörper-

17 Vgl. Mäding, H. (2004), S. 94.
18 Vgl. Meier, J./Esche, A. (2006), S. 6 f.
19 Vgl. Windisch, R./Lietz, G. (2003), S. 1100 ff.
20 Vgl. Mäding, H. (2004) S. 97.

schaften auf eine neue Basis stellen. In der Föderalismusreform I blieb dieser Aspekt ungeklärt.

Der Hintergrund ist vielfältig: Die angesprochenen Finanzstrukturen zwischen dem Bund und den Ländern einerseits und den Ländern untereinander andererseits sind durch die zahlreichen, häufig politisch motivierten Änderungen in der Finanzverfassung mittlerweile relativ intransparent und unsystematisch.[21] Das im Grundgesetz festgelegte System aus Gemeinschaftsaufgaben und Mischfinanzierungen ist in der Regel sehr administrativ geprägt. Die politischen Zuständigkeiten sind häufig unklar. Ein wesentliches Problem stellt zudem die Tatsache dar, dass übergeordnete Gebietskörperschaften auf der legislativen Ebene Vorgaben beschließen können, die von Gebietskörperschaften auf der Exekutive teilweise oder gar vollständig umgesetzt werden müssen, ohne dass diese gleichzeitig mit adäquaten Mitteln ausgestattet werden müssen (z. B. vom Bund beschlossener gesetzlicher Anspruch auf einen Krippenplatz, der von den Kommunen bereitgestellt werden muss). Zudem sind die Beziehungen zwischen den Ländern, geprägt durch den Länderfinanzausgleich, regelmäßig mit Konfliktpotenzial behaftet. Hier soll die Föderalismusreform Klarheit und mehr Transparenz über die operative Umsetzung bringen.

Nicht abschließend geklärt ist weiterhin, wie die Vorgaben aus dem Maastrichter Stabilitätspakt, der eine maximale Defizitgrenze von 3 % bzw. eine maximale Verschuldung in Höhe von 60 % des Bruttoinlandsproduktes vorsieht, in einem föderalen Staat wie der Bundesrepublik auf die drei Ebenen der Gebietskörperschaften umgelegt werden sollen (vgl. hierzu ausführlich Abschnitt C4).[22] Eine Nichterfüllung der Kriterien sieht – nach einer gewissen Zeit – Strafzahlungen vor. Eine Aufteilung muss auf der vertikalen Ebene (Bund, Länder und Gemeinden) als auch auf horizontaler Ebene (Länderebene) erfolgen. Hinsichtlich der vertikalen Aufteilung haben sich Bund und Länder im Jahr 2002 auf einen „Deutschen Stabilitätspakt" geeinigt: Demnach sollte ab 2004 die Defizitquote im Verhältnis 45 zu 55 auf Bund einschließlich Sozialversicherung sowie die Länder und Gemeinden aufgeteilt werden.[23] Auf die 3%-Grenze bezogen würde dies für den Bund einen Anteil von 1,35 % und für die Länder von 1,65 % bedeuten.

21 Vgl. Hausner, K./Simon, S. (2007), S. 103 ff.

22 Vgl. Deutsche Bundesbank (2007c), S. 47.

23 Vgl. Wissenschaftlicher Beirat beim Bundesministerium der Finanzen (2003), S. 8 ff.; Helmedag, F. (2004), S. 601 ff.; Singer, O. (2005).

Die Vereinbarungen zwischen Bund und Ländern wurden jedoch für das Jahr 2004 weitgehend nicht erreicht. Dies war auch in der Vergangenheit häufig nicht der Fall, wie aus Tab. 5 hervorgeht.
Ein weiteres Themenfeld der Föderalismusreform könnte die Insolvenzmöglichkeit für die Gebietskörperschaften darstellen. Bisher ist diese in Deutschland nicht gegeben. Der § 12 der Insolvenzordnung müsste dann gestrichen werden.[24] Ob und unter welchen Voraussetzungen ein solcher Ansatz umgesetzt werden sollte, bedarf der eingehenden Prüfung (vgl. hierzu auch unten Abschnitt D2).
Der Vollständigkeit halber sei angemerkt, dass es in den ebenfalls föderal aufgebauten USA sowie in der Schweiz bereits heute die Möglichkeit der Insolvenz für Kommunen gibt.

Tab. 5: Defizitquote – Aufteilung nach Gebietskörperschaften

Anteil der Finanzierungsdefizite am Bruttoinlandsprodukt			
Jahr	Bund/Sozialversicherungen	Länder/Gemeinden	gesamt
2000	1,1	0,1	1,2
2001	1,6	1,3	2,9
2002	2,0	1,6	3,6
2003	2,2	1,6	3,8
2004	2,4	1,3	3,7

Quelle: Institut der deutschen Wirtschaft (2004).

(6) Was folgt aus den vorangestellten Betrachtungen für die künftige Entwicklung der kommunalen Verschuldung?
Zunächst: Es ist kaum zu erwarten, dass die Föderalismusreform II eine grundsätzliche Neuordnung der Aufgaben-, Ausgaben- und Einnahmeverantwortung zwischen den staatlichen Ebenen konstituieren wird. Dies wäre aber Voraussetzung für eine wirklich nachhaltige Verbesserung der finanzwirtschaftlichen Situation der Städte und Gemeinden. Es wäre für die Kommunen schon viel gewonnen, wenn das Konnexitätsprinzip, die Kongruenz von Aufgaben- und Finanzierungsverantwortung, umfassend und – wie es die kommunalen Spitzenverbände erfordern[25] – verfassungsrechtlich umgesetzt werden würde.

24 Vgl. Blankart, C./Fasten E./Klaiber, A. (2006), S. 567 ff.
25 Vgl. Deutscher Städte- und Gemeindebund (2007).

Zwar gehen die Status-quo-Prognosen bis 2011 von einem positiven Finanzierungssaldo für die kommunale Ebene insgesamt aus.[26] Diese Einschätzung berücksichtigt aber nicht die erwähnten Finanzierungsbedarfe bei den Kommunen aufgrund der demografischen Veränderungen und deren Anforderungen an kommunale Daseinsvorsorge. Dazu kommt der Renovierungsbedarf wesentlicher Teile der kommunalen Infrastruktur. Insofern kann man eine generell rückläufige Tendenz der kommunalen Neuverschuldung nicht erwarten. Es wird vielmehr darauf ankommen, die Neuverschuldung tatsächlich auf die Finanzierung investiver Ausgaben zu begrenzen und die Schuldenstrukturpolitik so anzulegen, dass die Refinanzierungskosten der Kreditaufnahme im Griff der Kämmerer bleiben.

26 Vgl. Sachverständigenrat zur Begutachtung der gesamtwirtschaftlichen Entwicklung (2007c).

B. Ökonomische Begründung der Kommunalverschuldung

(1) Im Teil A wurden die statistischen Entwicklungen der Verschuldung von Städten und Gemeinden in Deutschland beschrieben. Es stellt sich nun die Frage nach der ökonomischen Begründung für die Verschuldung der Gebietskörperschaften auf der kommunalen Ebene.

Die Bedeutung des Verschuldungsinstrumentes ist auf Gemeindeebene aus zwei Gründen von anderer Bedeutung als beim Bund und bei den Ländern: Zum einen sollten die spezifischen Aufgaben in Gemeinden ausschließlich im Allokationsbereich liegen, eine wirksame Stabilitäts- und/oder Verteilungspolitik kann auf kommunaler Ebene nicht betrieben werden.[27] Stabilisierungspolitische Maßnahmen einer einzelnen Gemeinde haben nur marginale und aus gesamtwirtschaftlicher Sicht vernachlässigbar geringe Auswirkungen auf die Beschäftigung und das Wachstum. Zum anderen ergeben sich Unterschiede aufgrund der abweichenden Handlungsmaximen der Entscheidungsträger in einer einzelnen Gemeinde, die vor allem wegen der Größe der Gebietskörperschaft von einzelwirtschaftlicher Sichtweise geprägt werden. Dies führt typischerweise zu Divergenzen zwischen einzel- und gesamtwirtschaftlicher Rationalität; es bestehen nur geringe Anreize, das eigene Verhalten an den Erfordernissen des Gesamtstaates auszurichten. Außerdem ist es für eine einzelne Gemeinde aufgrund der Kollektivgutproblematik in der Regel rational, auf eine originär stabilisierungsorientierte Verschuldungspolitik zu verzichten.

Empirische Untersuchungen bestätigen zudem, dass von den Gemeinden in der Vergangenheit tatsächlich auch keine funktionalen Stabilisierungsbeiträge geleistet wurden, dass ihnen vielmehr ein prozyklisches Verhalten nachgewiesen werden kann.[28] Dies resultiert maßgeblich aus den konjunkturellen Einnahmeschwankungen, die durch die Kompetenzverteilungsregelung der Finanzverfassung nicht genügend geglättet werden. Hinzu kommt, dass eine zur Vermeidung kollektiven stabilisierungspolitischen Fehlverhaltens notwendige Koordinierung der kommunalen Finanzpolitik nur aufgrund der großen Zahl an zu beteiligenden Kommunen mit hohen Kosten der Durchführung und Kontrolle verbunden wäre und auch technisch kaum zu bewerkstelligen sein dürfte.[29] Schließlich begrenzt das kommunale Haushaltsrecht den konjunkturpoli-

27 Vgl. Zimmermann, H. (2006), S. 391 ff.
28 Vgl. Ziffzer, S. (1980), S. 151 ff.; Postlep, R.-D. (1993).
29 Vgl. Storckmann, K.-H. (1991).

tischen Spielraum der Gemeinden. Die Kreditaufnahme unterliegt dem Genehmigungsvorbehalt durch die Aufsichtsbehörde. Diese muss darauf achten, dass die dauernde Leistungsfähigkeit der Gemeinde gewährleistet bleibt. Die konjunkturell bedingten Einnahmeschwankungen schlagen sich bei gleich bleibendem Niveau der Ausgaben unmittelbar in der für diese maßgeblichen „freien Spitze“ (vgl. unten unter C1) nieder. Nicht zuletzt dies sind die Gründe, warum bislang die Möglichkeiten der §§ 19 StabWG („Schuldendeckelverordnung“) nur einmal (1973) angewandt wurden.[30]

Für eine temporäre Kreditaufnahme auf kommunaler Ebene gibt es deshalb nur zwei grundsätzliche Motive: Zum einen die Finanzierung von großen Investitionsprojekten, zum anderen der Ausgleich von starken Schwankungen des gemeindlichen Steueraufkommens. In beiden Fällen kann durch die Kreditaufnahme i. S. eines „tax smoothing“ eine „excess burden“ vermieden werden.[31]

(2) Eine kontinuierliche Kreditaufnahme kann unter Allokationsaspekten das Ziel eines Belastungsausgleichs zwischen den Generationen im Sinne einer zeitlichen Äquivalenz und eine dem „pay-as-you-use“-Prinzip erfolgende Zuordnung von Nutzen und Kosten verfolgen. Die Kommunalverschuldung kann insofern auf Gemeindeebene als ein Instrument zur Schaffung einer ausgeglicheneren und damit faireren Lastenverteilung zwischen Gegenwart und Zukunft, zur Herstellung von mehr Gerechtigkeit zwischen den Generationen bzw. als Werkzeug einer rationalen temporalen Verteilungspolitik verstanden werden.[32]

Allerdings ist eine Verwirklichung des Äquivalenzprinzips nicht im Verständnis einer personalen Identität von Nutzern, Zahlern und Entscheidungsträgern möglich.[33] Dies scheitert allein daran, dass zukünftige Generationen gegenwärtig noch nicht geboren sind und die lebende Generation für diese mit entscheiden muss. Lediglich in der finanziellen Dimension des Äquivalenzprinzips liegt beim „pay-as-you-use“-Prinzip eine Entsprechung von Nutzen- und Kostenströmen vor. Diese Feststellung wird unterstützt durch die Tatsache, dass die aufgeschobene und deshalb in der Zukunft anfallende Steuerbelastung nicht eine Zahlung der Zukunftsgeneration an die Gegenwartsgeneration auslöst, sondern einen Transfer innerhalb der Zukunftsgeneration: Es zahlen die Steuerzahler an

30 Vgl. Schwarz, A. (2006).
31 Vgl. Sachverständigenrat (2007a), S. 45 ff.
32 Vgl. Schlesinger, H./Weber, M./Ziebarth, G. (1993), S. 218.
33 Vgl. Weizsäcker, R. K. v. (1992), S. 55.

die Besitzer der Schuldtitel und damit die Mitglieder der Zukunftsgeneration an sich selbst.

Allerdings ist auch die Begründung der Kommunalverschuldung mit dem „pay-as-you-use-Prinzip nicht völlig überzeugend:

- Erstens sind die Besitzer von Schuldtiteln nicht notwendigerweise identisch mit den Steuerzahlern und insofern bleibt ein interpersonales Verteilungsproblem auch innerhalb der Zukunftsgeneration bestehen.
- Zweitens sind auch die kommunalen Verschuldungstitel teilweise in ausländischer Hand, so dass die spätere Steuerzahlung einen echten Vermögenstransfer ins Ausland darstellt, was ebenfalls eine Trennung von Nutzern und Zahlern bewirkt.
- Drittens gehen von der Kommunalverschuldung unterschiedliche gesamtwirtschaftliche Wirkungen aus, die sich von denen der Steuerzahlung unterscheiden. Dies gilt vor allem mit Blick auf die Zinswirkungen sowie für den Einfluss auf die Kapitalbildung und damit auf den zwischen den Generationen weitergegebenen volkswirtschaftlichen Kapitalstock.
- Viertens ist schließlich eine realwirtschaftliche Verschiebung der Kosten von Investitionsprojekten für eine einzelne Kommune leicht möglich, da die Verschuldung der Gemeinde i. d. R. zum größten Teil externer Art ist, d. h. bei den Mitgliedern anderer Regionalverbände erfolgt. Die interkommunale Verschuldung ist mit einem Ressourcen-Import in die Gemeinde bei der Kreditaufnahme und Mittelverwendung verbunden und mit einem Ressourcen-Export bei der anschließenden Bedienung der Schulden.

(3) Aus allem folgt, dass die Kommunalverschuldung mit dem Gedanken der personellen und/oder räumlichen Äquivalenz letztlich nicht überzeugend begründet werden kann.[34] Auch die Maxime der temporalen Äquivalenz zwischen dem Nutzen und den Tragkosten kann nur mit Einschränkungen herangezogen werden. Offen bleibt ja, ob von den übrigen Gebietskörperschaften nicht gleichzeitig ebenfalls erhebliche Lasten in die Zukunft verschoben worden sind und verschoben werden und welche nachhaltigen Wirkungen dies für die Belastungen von Generationen hat. Klarheit über die Inzidenz können hier nur die neueren Ansätze des „Generation Accounting“ bringen.[35] Diese versuchen, in einem umfassenden Sinn jene Nutzen- und Kostenströme zwischen den Generationen zu ermitteln, die auch unter dem Gesichtspunkt des Äquivalenzprinzips rele-

34 Vgl. Hansjürgens, B. (2001), S. 256 ff.

35 Vgl. Fehr, H. (1995), S. 209 ff., Hüther, M. (2008).

vant sind. Dabei werden die staatlichen Jahresdefizite und Schuldenstände der bisherigen Verschuldungsbetrachtung durch Generationenkonten für jede Altersgruppe ersetzt. Auf diese Weise sollen die Effekte der finanzwirtschaftlichen Tätigkeit der öffentlichen Hand auf das private Verhalten durch die explizite Lebensperspektive für die einzelnen Alterskohorten erfasst werden. Der zugrunde liegende Lastbegriff ist dabei umfassend gewählt, indem zum einen der Staatskonsum sowie die Steuern und zum anderen die Transfers berücksichtigt werden – also nicht nur die jahresbezogenen Defizite –. Zum anderen werden auch zukünftige staatliche Einnahmen und Ausgaben mit ihren Gegenwartswerten einbezogen. Das Konzept weist unter Äquivalenzgesichtspunkten entscheidende Vorteile auf: Die öffentlichen Ausgaben werden auf diese Weise mit den zugehörigen Belastungen für einzelne Altersjahrgänge verknüpft, so dass der einzelne repräsentative Bürger einer Alterskohorte abschätzen kann, welche staatlichen Leistungen ihm zugute kommen und welche Finanzierung er hierfür leisten muss. So kommt es – zumindest für einzelne Altersklassen – zu einer simultanen Betrachtung von Kosten und Nutzen der Staatstätigkeit. Zeigt sich, dass die Nettozahlungen der zukünftigen Generation größer sind als die Nettozahlungen der in der Basisperiode existierenden Generation, so findet eine Belastung der zukünftigen Generation statt. Die ersten vorliegenden Ergebnisse zum „Generation Accounting" zeigen, dass die gegenwärtige Finanzpolitik in der Bundesrepublik Deutschland in ganz erheblichem Maße durch eine Verlagerung von Belastungen auf zukünftige Alterskohorten gekennzeichnet ist.[36]

(4) Eine kontinuierliche Kommunalverschuldung kann also nur schwerlich mit dem Argument einer angemessenen Verteilung der Lasten kommunaler Aufgaben zwischen den Generationen der Gemeindebürger gerechtfertigt werden. Dieser Begründungsansatz erscheint jedoch in einem anderen Licht, wenn nicht auf die Investitionstätigkeit der öffentlichen Hand insgesamt abgestellt wird, sondern auf einzelne Investitionsobjekte. Diese objektbezogene Begründung spielte für die kommunale Verschuldung lange Zeit eine große Rolle. Anders als in der situationsbezogenen Verschuldung wurde diese zur Finanzierung „außerordentlicher" Ausgaben gerechtfertigt. Haushaltspolitisch – so wurde argumentiert – führt diese Art der Verschuldung dazu, dass sich Investitionen selbst finanzieren und somit zukünftige Haushalte nicht belasten.[37] Dies lässt

36 Vgl. Boll, S. (1994); Deutsche Bundesbank (1997), S. 17 ff.
37 Vgl. Zimmermann, H. (2006), S. 395 f.

sich verdeutlichen am Beispiel kommunaler Einrichtungen, die kostendeckend arbeiten: Wenn die Finanzierung über eine objektbezogene Schuldaufnahme erfolgt, kann die Bedienung des Schuldendienstes (Zinsen und Tilgung) auf dem Weg der Gebührenerhebung erfolgen. Die Nutzer der kommunalen Einrichtung verwirklichen durch ihre Zahlung das Äquivalenzprinzip. Es handelt sich bei dieser objektbezogenen Verschuldung um einen Sonderfall des „pay-as-you-use"-Prinzips insofern, als zum einen der Blick auf einzelne Investitionsobjekte gerichtet ist und zum anderen solche Objekte ausgewählt werden, die rentabel sind oder doch mindestens volkswirtschaftlich produktive Ausgaben zulassen. Das Äquivalenzprinzip wird allerdings auch in diesen Fällen im Hinblick auf die politische Dimension dieser Maxime insofern verletzt, als die zukünftigen Nutzer und Zahler bei der Investitionsentscheidung in der Gegenwart nicht berücksichtigt werden.[38]

(5) Entscheidend für die Tragfähigkeit dieser Begründung der Kommunalverschuldung ist allerdings, ob und inwieweit eine Abgrenzung rentabler Investitionen möglich ist. Die Erfahrungen in der Bundesrepublik Deutschland stimmen hier eher nachdenklich. Dies liegt in erster Linie an dem häufig gesuchten Rückgriff auf eine „Umwegrentabilität" und die damit einhergehende Erosion des Begriffs der „rentierlichen Investition". Aber selbst, wenn man diese definitorischen Fragen ausklammert und lediglich auf die Finanzierung direkt rentabler Investitionen abstellt, ist unter dem Gesichtspunkt der temporalen Äquivalenz entgegenzuhalten, dass die jeweils gegenwärtige Generation nicht nur Kollektivgüter erstellt, die in der Zukunft Nutzen stiften, sondern gleichzeitig auch früher hergestellte zukunftswirksame Projekte nutzt. Deshalb wäre eine Kommunalverschuldung, die auf rentierliche Investitionen abstellt, nur im Umfang der Differenz zwischen erzeugten und empfangenen Nutzenströmen zuzulassen. Bei im Zeitablauf relativ kontinuierlich getätigten Investitionen würden dann allokative Verzerrungen durch die fehlende Internalisierung negativer zeitlicher externer Effekte (in Form unterlassener Zukunftsinvestitionen) und positiver externer Effekte (in Form getätigter Zukunftsinvestitionen) vermieden. Die kommunale Kreditaufnahme ist im Rahmen dieses Begründungs-Ansatzes also vertretbar, wenn diese trotz der relativ begrenzten Finanzierungskraft der Gemeinden aus Steuern, Gebühren und Beiträgen eine kontinuierliche Investitionstätigkeit ermöglicht.

38 Vgl. Reinhardt, B. (2006), S. 201 ff.

Daraus folgt: Eine gewisse Verschuldungsautonomie der Gemeinden ist aus ökonomischer Sicht also insofern zu rechtfertigen, als diese eine adäquate Reaktion auf Diskontinuitäten ermöglicht und der Sicherung der allokativen Aufgabe der gemeindlichen Finanzpolitik insofern dient, als sie sowohl der kommunalen Steuerpolitik Optionen als auch Planungssicherheit bei den Investitionsausgaben und die Erfüllung der gemeindlichen Allokationsaufgaben ermöglicht.

(6) In der finanzpolitischen Wirklichkeit wird die kontinuierliche Kommunalverschuldung sehr viel stärker als durch diese finanzwissenschaftlichen Begründungen durch politökonomische Motive erklärt.[39] Die Gemeindepolitiker erscheinen bei dieser Sichtweise als Getriebene. Die treibenden Kräfte sind gemeindeintern in der Parteienkonkurrenz und gemeindeextern in der Bürgermeisterkonkurrenz zu sehen, wobei Letzteres auf Ersteres zurückgeführt werden kann. Die besondere Problematik der Haushaltsdisziplin ergibt sich aber durch die Verfügbarkeit eines Instruments mit der besonderen Qualität der „Verführbarkeit". Diese „Schuldenillusion" führt dazu, dass sich die Bürger und die gemeindlichen Entscheidungsträger über die Folgebelastung der Kreditaufnahme nicht ausreichend im Klaren sind. Dazu kommt, dass durch die Kreditaufnahme sich die Budgetrestriktion in der kurzen Frist, etwa einer Wahlperiode, lockern lässt und den damit ggf. einhergehenden Einschränkungen in der Zukunft weniger Gewicht beigemessen wird, etwa weil die davon betroffenen zukünftigen Generationen heute nicht wahlberechtigt sind oder weil mit einer gewissen Wahrscheinlichkeit in Zukunft eine andere kommunale Exekutive im Amt sein wird.[40]

Eine neuartige Hypothese haben Homburg/Röhrbein formuliert, begründet und getestet.[41] Danach reflektiert die Verschuldung der öffentlichen Hand die private Verschuldungsmentalität ihrer Bürger: Dort, wo die Bürger ihre private Verschuldung im Griff haben, bestehen für die Politiker, die dasselbe für die öffentliche Verschuldung versprechen, bessere Aussichten auf ein Amt, und die Amtsinhaber werden in einem solchen Gemeinwesen auf gesunde öffentliche Finanzen achten. Im Gegensatz zu der Auffassung, eine übermäßige öffentliche Verschuldung sei Ausdruck eines Politikversagens, wolle nach dieser These die demokratische Mehrheit insofern ein „Opfer der Politik" erhalten. Die Bürger würden insofern das von ihnen gewünschte Ausmaß der öffentlichen Verschul-

39 Vgl. Alesina, A./Peroffi, R. (1995); Neck, R. (2005), S. 105 ff.
40 Vgl. Passon, T./Tabellini, G. (2006), S. 21 ff.
41 Vgl. Homburg, S./Röhrbein, C. (2007), S. 1 ff.

dung bestimmen. Die Autoren haben diese Erklärung auf die Ergebnisse des „Schuldenkompass 2006“ (eine von der Schufa Holding AG herausgegebene wissenschaftliche Untersuchung der privaten Verschuldung in Deutschland) gestützt. Sie haben die Ergebnisse dieser Analyse und die sich daraus ergebenden länderspezifischen Ranglisten der privaten Verschuldung verglichen mit den Schuldenstandsquoten der Bundesländer und haben dabei eine deutliche Übereinstimmung zwischen privater und öffentlicher Verschuldung festgestellt. Mit anderen Worten: Es besteht zwischen der Schuldenstandsquote und der privaten Verschuldungssituation ein hoch signifikanter positiver Zusammenhang: Länder, deren Einwohner stärker mit privaten Schuldenproblemen kämpfen, weisen auch tendenziell höhere öffentliche Schuldenstandsquoten auf. Ähnlich argumentiert Gentinetta: „Damit stellt sich unweigerlich die Frage, ob es sich bei der hohen, politisch zu wenig intensiv diskutierten staatlichen Verschuldung und der immer stärker zutage tretenden privaten Verschuldung um zwei lose Phänomene oder um eine historische Koinzidenz handelt. Sollte es sich um eine Koinzidenz handeln, können die Gründe dafür – technisch – in mangelnder Regulierung oder aber – moralisch – in einer problematischen Einstellung gesichert werden.“[42]
In eine ähnliche Richtung der politökonomischen Deutung geht eine These von Wentzel:[43] Danach eigne sich das Thema Staatsverschuldung nur begrenzt, um in einer Mediengesellschaft Aufmerksamkeit zu erzeugen; das Thema widerspreche den Grundsätzen des Pressemarktes. Die Staatsverschuldung sei als Thema nicht neu und auch nicht spektakulär. Es errege somit kaum spezifisch zurechenbare Betroffenheit und Aufmerksamkeit. Es sei selbst für interessierte Laien kaum vermittelbar, wie hoch die tatsächliche öffentliche Verschuldung ist. Wenn aber ein Thema nicht oder zumindest nur schwer in den Massenmedien darstellbar sei, dann werde es letztlich auch nicht zu einer Verhaltensänderung der Politiker beitragen. In der modernen Gesellschaft – so die Begründung – würden Dinge in der Öffentlichkeit nur wahrgenommen, wenn die Medien darüber berichten.
Allerdings kann man im Hinblick auf eine übermäßige Verschuldung auf den Nachgelagerten Ebenen am ehesten ein Gegensteuern durch Elemente der direkten Demokratie erwarten. So unterliegen z. B. in vielen Kantonen der Schweiz oder auch in den dortigen Gemeinden größere Ver-

42 Gentinetta, K. (2007), S. 15.
43 Vgl. Wentzel, D. (2005), S. 609 f.

schuldungsrahmen einem Referendum.[44] Ökonometrische Studien haben allerdings gezeigt, dass Elemente der direkten Demokratie auf der Ebene der Kantone am ehesten nur den Staatsanteil begrenzen, d. h. die Ausgabendynamik bremsen. Auf das Defizitverhalten haben sie dagegen weniger Einfluss. Dagegen wirken die Elemente der direkten Demokratie gerade auf der Gemeindeebene auch eindeutig in Richtung Defizitbegrenzung.[45]

44 Vgl. Feld, L. P./Kirchgässner, G. (2001), S. 347 ff.
45 Vgl. Schaltegger, C. A./Feld, L. P. (2006).

C. Die Rechtsgrundlagen der kommunalen Kreditaufnahme

1. Die allgemeinen Grundsätze

(1) Bei der Ausgestaltung des kommunalen Verschuldungsrechts sollte also die mittel- bis langfristige Sicherung der Aufgabenerfüllung der Gemeinden und, daraus abgeleitet, die Sicherstellung des längerfristigen Finanzierungsspielraums Vorrang vor anderen Zielsetzungen haben. Der Gesetzgeber sollte auch insofern dafür Sorge tragen, dass größere räumliche und zeitliche Disparitäten in der Bereitstellung kommunaler Leistungen weitgehend vermieden werden. Im Folgenden ist zu prüfen, inwieweit das Gemeindehaushaltsrecht diesen Zielsetzungen Rechnung trägt.

(2) Im Anschluss an die große Haushaltsrechtsreform für den Bund und die Länder 1969 wurde bis zum Jahre 1974 auch das Gemeindehaushaltsrecht den neuen Aufgabenstellungen angepasst.[46] Eine der Zielsetzungen der kommunalen Haushaltsreform war, die Verschuldungsmöglichkeiten flexibler zu gestalten. Gleichzeitig wurde das Haushaltsrecht durch die materielle Form vereinheitlicht. Damit folgten zunächst im Zuge dieser Reform Vorschriften des Gemeindehaushaltsrechts im Allgemeinen und diejenigen der Kreditaufnahme im Speziellen einem einheitlichen Musterentwurf und waren damit textgleich. Da jedoch die Bundesländer seit 1974 eine Reihe von Änderungen vorgenommen haben, kann gegenwärtig nur noch eingeschränkt von einem einheitlichen kommunalen Haushaltsrecht gesprochen werden. Für die darzustellenden maßgeblichen Verschuldungsbestimmungen dürfte die Einheitlichkeit gleichwohl weitestgehend gewahrt sein. Gegenstand der folgenden Ausführungen ist die haushaltsrechtliche Zulässigkeit der Verschuldung gemäß dem geltenden Recht und die Bewertung anhand der normativen Anforderungen.
Bei der Ausgestaltung des kommunalen Verschuldungsrechts hat der Gesetzgeber den oben (vgl. Ausführungen unter B.) erwähnten grundsätzlichen Überlegungen Rechnung getragen. Die mittel- bis langfristige Sicherung der Aufgabenerfüllung der Gemeinden und, daraus abgeleitet, die Sicherstellung des längerfristigen Finanzierungsspielraums hat Vorrang vor anderen Zielsetzungen. Der Gesetzgeber will größere räumliche und zeitliche Disparitäten in der Bereitstellung kommunaler Leistungen weitgehend vermeiden. Stabilisierungspolitische Aufgaben haben dem-

46 Vgl. Klein, R. R. (1977), S. 51 ff.

gegenüber Nachrang, obwohl die Verpflichtung auch der Gemeinden auf das gesamtwirtschaftliche Gleichgewicht 1974 als eines der wichtigsten Reformziele betont wurde.

(3) Das kommunale Haushaltsrecht bindet die Kreditfinanzierung kommunaler Ausgaben an die Erfüllung einer Reihe formeller und materieller, restriktiver Voraussetzungen.[47]

Verfahrensrechtlich besteht ein zweistufiger Genehmigungsvorbehalt. Zum einen ist die Kreditaufnahme, wie im staatlichen Bereich, nur zulässig, wenn eine ordnungsgemäße haushaltsrechtliche Grundlage vorliegt. Dies bedeutet als erste Stufe des Genehmigungsverfahrens, dass die maximale Verschuldungshöhe eines Haushaltsjahres mit der öffentlich bekannt zu machenden Haushaltssatzung vom Gemeinderat zu genehmigen ist. Die Ermächtigung zur Kreditaufnahme gilt i. d. R. bis zum Ende des Folgejahres. Durch die 2-jährige Geltungsdauer der Kreditermächtigung wird die Flexibilität der Einnahmeinstrumente erhöht und eine gewisse Streckung der Investitionsausgaben zum Zwecke einer flexibleren Investitionspolitik ermöglicht. Der Schuldenbegriff wird im Gemeindehaushaltsrecht recht umfassend abgegrenzt. Zu den kommunalen Schulden zählen sämtliche Rückzahlungsverpflichtungen, die eine Gemeinde unmittelbar eingeht bzw. eingegangen ist, also neben solchen aus Deckungs- und Kassenkrediten auch diesen wirtschaftlich gleichkommende Vorgänge.

Zum anderen erfolgt als zweite institutionelle Stufe ein Genehmigungsverfahren durch die Kommunalaufsicht, die in Deutschland ausschließlich Angelegenheit der Länder ist. Die Länder sind berechtigt, die Eigenverantwortlichkeit der Gemeinden einzuschränken, wenn sie dabei den verfassungsrechtlich geschützten Kern der kommunalen Selbstverwaltung beachten. Kurz gefasst unterliegen geplante Kreditaufnahmen stets dem Genehmigungsvorbehalt, der an den Nachweis der sog. Schuldendienstfähigkeit gebunden ist (vgl. dazu unten in diesem Abschnitt). Finanzpolitisch kann die Einflussnahme der Länder mit dem Kongruenzprinzip gerechtfertigt werden. Da das jeweilige Bundesland – wie weiter unten dargestellt wird (vgl. Abschnitt D2) – im Falle erheblicher Finanzierungsengpässe oder der Zahlungsunfähigkeit einer Gemeinde für deren Rückzahlungspflichten einstehen muss und zugleich (nicht de jure, aber de facto) auch die implizite Funktion eines „last lender" und Bürgen übernimmt, benötigt es ebenfalls die Kontrollkompetenz über die kom-

47 Vgl. Funke, S. (1994), S. 333 ff.

munale Verschuldung. Nur auf diese Weise kann das jeweilige Land das Risiko seiner subsidiären Deckungspflicht gegenüber den Gemeinden begrenzen und steuern.

(4) Hinsichtlich der materiellen Kriterien ist Folgendes festzustellen:
Die Gemeindehaushaltsverordnungen der Länder regeln im Rahmen der Grundsätze der Einnahmebeschaffung – de jure verbindlich – die Rangfolge der Deckungsmittel für kommunale Aufgaben. Als erste materielle Verschuldungsregel gilt, dass die Kreditaufnahme nur dann zulässig ist, wenn eine andere Finanzierungsart nicht möglich ist oder wirtschaftlich unzweckmäßig wäre.[48] Der Begriff der „wirtschaftlichen Zweckmäßigkeit" lässt einen weiten Interpretations- und Auslegungsspielraum, so dass de facto nicht von einer Nachrangigkeit der Kreditfinanzierung gesprochen werden kann.
Darüber hinaus sind die Kreditaufnahmen zudem in ihrer ausgabenseitigen Verwendung eingeschränkt. Sie sind ausschließlich im Vermögenshaushalt und nur für Investitionen, Investitionsförderungsmaßnahmen und Umschuldungen erlaubt. Diese zweite materielle Verschuldungsregelung, die Bindung der Kreditерlöse an bestimmte Ausgabenzwecke, verkörpert insofern auch die absolute Obergrenze der geplanten Kreditaufnahme.
Die rechtliche Zulässigkeit der Kreditfinanzierung ist im Vergleich zum staatlichen Haushaltsrecht im Gemeindehaushaltsrecht dabei enger gefasst. Investitionen werden im Gemeindehaushaltsrecht als „Ausgaben für die Veränderung des Anlagevermögens" definiert. Demnach muss es sich bei Investitionsausgaben um Ausgaben für die Schaffung, Erweiterung oder Erhaltung von größeren, länger nutzbaren Anlagen handeln. Die insgesamt engere Abgrenzung des Investitionsbegriffs trägt der oben abgeleiteten Maxime Rechnung, dass das kommunale Haushaltsrecht primär einzelwirtschaftlich orientiert ist und das finanzielle Gleichgewicht der Gemeinde im Mittelpunkt steht. Dies gilt auch für die ausdrücklich zugelassenen Umschuldungsmaßnahmen zum Zwecke der Zinsausgabensenkung. Die Verpflichtung zur strengen (obligatorischen) Objektbindung für Kreditaufnahmen, die noch für das Verschuldungsrecht vor 1974 maßgebend war, wurde mit der Haushaltsrechtsreform 1974 aufgegeben. Für den Vermögenshaushalt gilt seit dem das Gesamtdeckungsprinzip. Die Kredite dienen zur Deckung aller Ausgaben im Vermögenshaushalt einer Kommune. Aus ökonomischer Sicht war diese

48 Vgl. Schmidt-Jortzig, E. (1982), S. 34; Püttner, G. (1985), S. 617; Junkernheinrich, M. (1991), S. 101 ff.

Flexibilisierung insofern ein Rückschritt, als die temporale Äquivalenz für einzelne gemeindliche Investitionen die Bindung an Objekte voraussetzt.

(5) Faktisch führt diese Regelung dazu, dass die Kommunen ihre Verschuldungsmöglichkeiten durch den Umfang ihrer Investitionstätigkeit selbst bestimmen können. Eine „Investitionsschranke" besteht lediglich in der Definition der Investitionen und der Investitionsfördermaßnahmen in den Gemeindehaushaltsverordnungen. Aus diesen ergibt sich, dass die Kreditfinanzierung der ordentlichen Tilgung und der Rücklagenzuführung ausgeschlossen wird.

Wegen dieser relativ niedrigen Schwelle ist ein drittes Kriterium entscheidend: Die Kreditaufnahme darf innerhalb dieses Rahmens nur dann erfolgen, wenn die Verschuldungshöhe nicht im Widerspruch zu einer ordentlichen Haushaltswirtschaft steht, und das heißt, dass die Kreditverpflichtungen mit der dauernden Leistungsfähigkeit der Gemeinde im Einklang stehen muss. Ist dies nicht der Fall, ist die Genehmigung zu versagen.

Diese ökonomisch grundsätzlich sinnvolle Anforderung der positiv rechtlichen Verschuldungsgrenze beinhaltet jedoch unbestimmte Rechtsbegriffe, die naturgemäß unterschiedlich interpretiert werden. Erhebliche Schwierigkeiten ergeben sich bei dem Versuch, den Begriff der dauernden finanziellen Leistungsfähigkeit operational und damit justitiabel zu definieren. Die Aufsichtsbehörde verwendet als Beurteilungsgröße die sog. jährliche Schuldendienstfähigkeit.[49] Was hierunter genauer zu verstehen ist, wird in speziellen Verwaltungsvorschriften der Länder zu den Gemeindeordnungen näher beschrieben und verwaltungsmäßig mehr oder weniger umsetzbar gemacht. Aufgrund der Schwierigkeiten bei der Bestimmung eines Idealindikators für die zukunftsorientierte Leistungsfähigkeitsprognose wird in der Praxis ein weniger anspruchsvoller, pragmatisch orientierter Bestimmungsversuch unternommen: Die Aufsichtsbehörde orientiert sich vorrangig an der sog. „freien Finanzspitze" als Hilfsindikator für die Schuldendienstleistungsfähigkeit und berechnet diese anhand der Daten des Finanzplans. In einer ersten Annäherung ist die „freie Finanzspitze" derjenige Betrag, über den die Gemeinde dauerhaft nach Bestreitung ihrer zwangsläufigen Ausgaben noch verfügen kann.

49 Vgl. Bastiansen, B. (1992), S. 41.

Der Begriff der dauernden Leistungsfähigkeit ist dabei eng verknüpft mit dem erwähnten Prinzip der stetigen Aufgabenerfüllung, es fehlt jedoch eine eindeutige Definition dieser Maxime. Aus den Kreditrundschreiben der Länder lassen sich folgende Kriterien ableiten:

- Die Beurteilung der dauernden Leistungsfähigkeit geht über das jeweilige Haushaltsjahr hinaus und soll zumindest den Zeitraum der mittelfristigen Finanzplanung umfassen.
- Sie soll nicht nur die Erfüllung der bestehenden Ausgabeverpflichtungen gewährleisten, sondern auch eine pflegliche und wirtschaftliche Verwaltung des Vermögens sicherstellen.
- Dabei soll der dafür notwendige Bedarf an Erhaltungs- bzw. und/oder Ersatzinvestitionen berücksichtigt werden.

Im System der Kameralistik kennzeichnet die „freie Finanzspitze“ unter Rückgriff auf diese Kriterien jene Größe, um welche die Nettozuweisungen vom Verwaltungs- an den Vermögenshaushalt die haushaltsrechtlich vorgeschriebene Mindesthöhe der Zuweisungen an die Allgemeine- und an die Sonder-Rücklage übertreffen.[50] An anderer Stelle (vgl. unten unter C3) wird aufgezeigt, wie sich dieser Begriff durch die Einführung der Doppik in das kommunale Rechnungswesen verändert.

(6) Die Berechnung der „freien Finanzspitze“ ist nicht deckungsgleich mit der Definition der Pflichtzuführung, die für den Haushaltsausgleich erforderlich ist. Nach den einschlägigen Vorschriften ergibt sich die Höhe der Pflichtzuführung aus der Summe der ordentlichen Tilgungen und den Kreditbeschaffungskosten, soweit dafür keine besonderen Einnahmen, d. h. zur Tilgung zweckgebundene vermögenswirksame Einnahmen, zur Verfügung stehen. Die Tilgungen und Ausgaben für die Kreditbeschaffung werden nämlich im Vermögenshaushalt veranschlagt. Mindestens die Pflichtzuführung muss in jedem künftigen Jahr erbracht werden können, damit die Gemeinde als dauerhaft leistungsfähig betrachtet werden kann. Der die Pflichtzuführung übersteigende Teil der Zuführung steht dann zur Eigenfinanzierung von Investitionen zur Verfügung. Die Pflichtzuführung kann aufgrund ihrer Zweckbindung nicht zur „freien Finanzspitze“ gezählt werden. Werden über die Pflichtzuführungen hinaus keine Einnahmeüberschüsse im Verwaltungshaushalt erwirtschaftet, nimmt die „freie Finanzspitze“ den Wert Null an. Dies besagt, dass weitere Kredite nicht bedient werden können. Ist der ausgewiesene Überschuss jedoch größer als die Pflichtzuführung, so steht der Saldo – als

50 Vgl. Schwarting, G. (2007), S. 78 ff.

unkorrigierte „freie Finanzspitze“ – im Prinzip für zusätzliche Kreditaufnahmen zur Verfügung, soweit die ermittelte Verschuldungsreserve auch in den Folgejahren erhalten bleibt. Diese Größe verkörpert aber erst dann die echte „freie Spitze“, wenn durch Zu- und Abrechnungen ein Indikator abgeleitet wurde, der auch einigermaßen valide Aussagen über die dauerhafte Liquiditätsentwicklung erlaubt. [51]

(7) Bei der Ableitung der „freien Finanzspitze“ sind schließlich die Quellen des Kapitaldienstes zu berücksichtigen: Kommunale Schulden, die durch Entgelteinnahmen bedient und getilgt werden, haben einen anderen Charakter als Staatskredite und ähneln der Fremdfinanzierung von Investitionen privater Unternehmen, die diese über zusätzliche Verkaufserlöse später decken bzw. zu decken beabsichtigen. Tatsächlich unterscheiden seit Beginn der 90er-Jahre die kommunalen Aufsichtsbehörden in ihren Kreditgenehmigungen wieder nach Krediten für rentable und für nicht rentable Investitionen. Kreditfinanzierte rentable Investitionen belasten danach die dauernde Leistungsfähigkeit der kommunalen Gebietskörperschaft nicht. Als „rentabel“ werden Investitionen qualifiziert, bei denen die aus der Nutzung des Investitionsgutes hervorgehenden Kosten einschließlich der Kapitalkosten auf die Empfänger der Leistung ganz oder überwiegend abgewälzt werden können.

Mindestens die Pflichtzuführung muss in jedem künftigen Jahr erbracht werden können, damit die Gemeinde als dauerhaft leistungsfähig betrachtet werden kann. Der die Pflichtzuführung übersteigende Teil der Zuführung steht dann zur Eigenfinanzierung von Investitionen zur Verfügung. Die Pflichtzuführung wird aufgrund ihrer Zweckbindung nicht zur freien Finanzspitze gezählt. Werden über die Pflichtzuführung hinaus keine Einnahmeüberschüsse im Verwaltungshaushalt erwirtschaftet, nimmt die freie Finanzspitze den Wert Null an. Dies besagt, dass weitere Kredite nicht bedient werden können. Ist der ausgewiesene Überschuss jedoch größer als die Pflichtzuführung, so steht der Saldo – als unkorrigierte freie Spitze – im Prinzip für zusätzliche Kreditaufnahmen zur Verfügung, soweit die ermittelte Verschuldungsreserve auch in den Folgejahren erhalten bleibt.

Die Zuführungshöhe ist aber nicht mit der „echten freien Finanzspitze“ identisch, da noch einige Zu- und Abrechnungen vorgenommen werden müssen, um einen Indikator zu erhalten, der einigermaßen valide Aussagen über die dauerhafte Liquiditätsentwicklung erlaubt. Der Überschuss

51 Vgl. Peffekoven, R. (2004), S. 1339.

kann insofern lediglich die Basis bilden, in der eine Reihe weiterer Größen zur Berechnung der aussagekräftigen, korrigierten freien Finanzspitze berücksichtigt werden müssen. In der Praxis werden die notwendigen Zu- und Abrechnungen nicht in jedem Land verlangt. In den meisten Bundesländern wird die Basisgröße gleichwohl um einige, allerdings unterschiedliche Faktoren korrigiert. Dabei wird eine Differenzierung in dauerhafte Zahlungen einerseits und nur einmalige Zahlungen andererseits vorgenommen, um auf diese Weise vor allem hinsichtlich der Liquiditätswirkungen zu aussagekräftigeren Kennziffern zu kommen.

Die kommunale Verschuldung kann also aus Sicht einer einzelnen Gemeinde auf eine ökonomische Obergrenze stoßen: Diese ist dann erreicht, wenn die langfristigen Kosten der Kreditaufnahme und -verwendung den gesamten Nutzen für die Kommune übersteigen und die stetige Aufgabenerfüllung einer Gemeinde nicht mehr gewährleistet ist. Konkret bedeutet dies: Die Kreditgrenze einer Gemeinde muss als erreicht angesehen werden, wenn die langfristige Entwicklung der zukünftigen Einnahmen und Ausgaben keinen Spielraum zur Finanzierung zusätzlicher Zins- und Tilgungsausgaben aus geplanten einzugehenden Verpflichtungen und den Folgeausgaben im Zusammenhang mit den beabsichtigten kreditfinanzierten Investitionen eröffnet.

(8) Die zuvor abgeleiteten Kriterien und Maßstäbe für die Kommunalverschuldung werden in der kommunalen Praxis zunehmend durch den Missbrauch der Überziehungskredite unterlaufen. Letztere sollen nicht als dauerhaftes Finanzierungsinstrument eingesetzt werden (vgl. oben unter A1), sie sind entweder im Verlauf des Jahres zurückzuzahlen oder durch Haushaltskredite zu ersetzen. Die Realität sieht anders aus: Kassenkredite werden – im Widerspruch zu den Regelungen der Gemeindeordnungen – immer wieder über ein Jahr hinaus verlängert, zum Teil sogar von vornherein mit Laufzeiten von mehr als einem Jahr aufgenommen, so dass sie de facto den Charakter von Haushaltskrediten haben. So besagt das Kommunalselbstverwaltungsgesetz des Saarlandes in § 94 Abs. 3: „Ist aufgrund des Haushaltssanierungsplans erkennbar, dass ein Haushaltsausgleich in konkret absehbarer Zeit nicht möglich ist, kann die Gemeinde Kassenkredite mit Laufzeiten über das Haushaltsjahr hinaus aufnehmen, soweit dies wirtschaftlich geboten ist“. Der Bedeutungszuwachs der Kassenkredite wird deutlich, wenn man das Verhältnis der Kassenkredite zu den Kreditmarktschulden betrachtet, das sich von

8,3 % im Jahr 2000 auf 28,7 % im Jahr 2005 erhöht hat.[52] Insbesondere in Kommunen, die sich in der Haushaltssicherung befinden, wird verstärkt auf Kassenkredite zurückgegriffen.[53] Insofern ist z. B. die Novellierung des Art. 69 Abs. 1 der Bayerischen Gemeindeordnung vom 26. Juli 2004 besonders kritisch zu sehen.[54] Insgesamt ist das Ausmaß der Verschuldung mit Kassenkrediten je Einwohner sehr unterschiedlich. Die höchsten Werte hatten Ende 2006 die Gemeinden im Saarland, in Rheinland-Pfalz und in Nordrhein-Westfalen zu verzeichnen. Die im Durchschnitt niedrigsten Überbrückungskredite ergaben sich für die Gemeinden in Baden-Württemberg, Bayern, Sachsen und Thüringen.[55]

2. Das Neue Steuerungsmodell (NSM)

2.1 Die Konsequenzen aus dem NSM für die kommunale Kreditaufnahme und für die Haushaltssicherungskonzepte

(1) In den 1990er Jahren sind in den deutschen Kommunen Überlegungen initiiert worden, die Effizienz des Verwaltungshandelns und der Mittelbewirtschaftung bzw. -verwendung zu erhöhen. Die Überlegungen erfolgten u. a. aufgrund der dauerhaft angespannten finanzwirtschaftlichen Situation der deutschen Kommunen. Kosten- und Wirtschaftlichkeitsgesichtspunkte rücken in den Mittelpunkt. Diese Überlegungen werden als „Neues Steuerungsmodell" bezeichnet.[56]

(2) Laut Beschluss der Innenministerkonferenz vom 21. November 2003 soll das kommunale Rechnungssystem im Rahmen des NSM bis zum Jahr 2012 auf die Doppik („Doppelten Buchführung in Konten") oder die erweiterte Kameralistik umgestellt werden.[57] Da die Reform des Gemeindehaushaltsrechts Sache der einzelnen Bundesländer ist, wird die Umstellung damit länderübergreifend nicht einheitlich gehandhabt. In der Mehrheit der Bundesländer werden die Gesetzesänderungen für die Umstellung der Rechnungslegung bis 2008 in Kraft treten (Tab. 6). In Hessen, Niedersachsen, Nordrhein-Westfalen, Rheinland-Pfalz und Sachsen-Anhalt wurde das Gesetzgebungsverfahren bereits durchgeführt, so dass

52 Vgl. Statistisches Bundesamt [Hrsg.] (2006b).
53 Vgl. Birkholz, K. (2006a), S. 259 f.
54 Vgl. Zeller, F. (2005).
55 Vgl. Deutsche Bundesbank (2007a), S. 31.
56 Vgl. KPMG (2005), S. 6.
57 Vgl. Ständige Konferenz der Innenminister und -senatoren der Länder (2003).

das neue Rechnungssystem schon gesetzlich implementiert ist.[58] Der jeweils aktuelle Umsetzungsstand in den einzelnen Bundesländern lässt sich im Internet verfolgen.[59]

Tab. 6: Stand der Reform des Gemeindehaushaltsrechts in ausgewählten Bundesländern

Bundesland	**in Kraft seit**	**Übergangsfrist bis**	**Buchungsstil**
Baden-Württemberg	2007	2012	Doppik
Bayern	-	-	Doppik/erweiterte Kameralistik
Brandenburg	2007	2011	Doppik
Hessen	2005	2009	Doppik/erweiterte Kameralistik
Mecklenburg-Vorpommern	2007	2012	Doppik
Niedersachsen	2006	2012	Doppik
Nordrhein-Westfalen	2005	2009	Doppik
Rheinland-Pfalz	2006	2009	Doppik
Saarland	2007	2008/2009	Doppik
Sachsen	2008	2011	Doppik
Sachsen-Anhalt	2006	2011	Doppik
Schleswig-Holstein	-	-	Doppik/erweiterte Kameralistik
Thüringen	2009	-	Doppik/erweiterte Kameralistik

Quelle: Innenministerium Baden-Württemberg (2006), S. 10.

In der Mehrzahl der Länder ist vorgesehen, in Zukunft ausschließlich die Doppik anzuwenden. Einige Länder belassen ihren Kommunen ein Wahlrecht zwischen doppischem System und erweiterter Kameralistik. Das Land Nordrhein-Westfalen – einer der Vorreiter im Bereich des NKS – schreibt seinen Kommunen beispielsweise vor, bis zum Haushaltsjahr 2009 die Doppik einzuführen und einen Haushaltsplan in neuer Form sowie eine Eröffnungsbilanz aufzustellen.[60]
In Bayern, Hessen, Schleswig-Holstein und Thüringen wird den Kommunen ein Wahlrecht zwischen der Doppik und der erweiterten Kameralistik eingeräumt. Grundsätzlich sind sich die Bundesländer jedoch einig, dass sich die Doppik als Verfahren der kommunalen Buchführung etab-

58 Vgl. Pohl, W. (2005); Vogelpoth, N./Poullie, M. (2007), S. 519.
59 Vgl. z.B. http://www.voeb.de/de/themen/publicfinance/kommunale_doppik/.
60 Vgl. Innenministerium des Landes NRW (2006).

lieren soll. Darüber hinaus sprechen die Erfolge der Pilotprojekte für sich.[61]

(3) Das NSM bildet den Einstieg in eine ressourcenorientierte Steuerung der Städte und Gemeinden. Ein grundlegender Teil der Reform ist die neue Gestaltung des Haushalts-, Kassen- und Rechnungswesens, da die klassische kameralistische Rechnungslegung weder das Konzept der Outputsteuerung unterstützt noch die ressourcenorientierte Vermögensentwicklung einer Stadt oder Gemeinde dokumentiert.
Die finanzwirtschaftliche Umsetzung des NSM erfolgt daher – wie bereits erwähnt – in den Ländern in unterschiedlichen Modellansätzen (vgl. hierzu unten C2.2). So wird in Nordrhein-Westfalen das „Neue Kommunale Finanzmanagement" (NKF), in Hessen das „Neue Kommunale Rechnungs- und Steuerungssystem" (NKRS) und in Niedersachsen das „Neue Kommunale Rechnungswesen" (NKR) verwendet. Allen Ansätzen ist gemein, dass sie die Grundideen des NSM operationalisiert. Mit der finanzwirtschaftlichen Umsetzung des NSM steht künftig ein Instrument zur Verfügung, das die Folgen einer übermäßigen Kreditaufnahme aufzeigt. Orientieren sich Städte und Gemeinden an der Doppik, so liefern diese mit der Bilanz die dafür notwendigen Informationen (vgl. hierzu C2.2). Die kommunale Bilanz zeigt nicht nur eine stichtagsbezogene Darstellung der gesamten Verbindlichkeiten aus Krediten, sondern zusätzlich auch eine Aufstellung des bilanziellen Vermögens, das diesen Verbindlichkeiten gegenübersteht. Zudem beinhaltet die Bilanz neben den Krediten auch weitere künftige Verpflichtungen, die in die Beurteilung einfließen (z. B. als Rückstellungen). Die Gegenüberstellung aller Verpflichtungen und des gesamten Vermögens zeigt an, ob die Belastungen mit der wirtschaftlichen Leistungsfähigkeit der Gemeinde im Einklang stehen. Anders als bei einer an der jährlichen Neuverschuldung und an den Investitionen ansetzenden Regel wird der Wert des Vermögens jährlich ebenso fortgeschrieben wie die Summe der Schulden. Dadurch ist gewährleistet, dass unterschiedliche Kreditlaufzeiten und Nutzungsperioden der Vermögensgegenstände die Darstellung der finanzwirtschaftlichen Situation der Kommunen nicht verzerren.

(4) Die haushaltswirtschaftlichen Voraussetzungen für die Kreditaufnahme ändern sich durch das NSM nicht grundsätzlich, der Gedanke der dauerhaften Leistungsfähigkeit gilt auch weiterhin, es ändert sich aber die De-

61 Vgl. Niedersächsisches Ministerium für Inneres und Sport (2005).

finition der dauerhaften Leistungsfähigkeit.[62] Der Haushaltsausgleich in der Doppik basiert auf zwei Kriterien: Er ist einmal dann gegeben, wenn die Erträge ausreichen, um alle Aufwendungen zu decken, der Ergebnishaushalt mithin einen positiven Saldo in der Planung bzw. in der Rechnung aufweist. Um den Haushaltsausgleich dauerhaft sicherzustellen ist jedoch eine zweite Bedingung zu erfüllen: Die Gemeinde muss ein positives Eigenkapital ausweisen. Mit anderen Worten: In der Bilanz muss die Summe der Aktiva die Summe der Verbindlichkeiten – im Wesentlichen die Rückstellungen und die kurz- bzw. langfristige Verschuldung – übersteigen. Bei einem negativen Eigenkapital, d. h. einem nicht durch Eigenkapital gedeckten Fehlbetrag, ist der Fall der Überschuldung gegeben. Kann die Gemeinde also kein positives Eigenkapital ausweisen, hat sie ein von der Aufsicht zu genehmigendes Haushaltssicherungskonzept aufzustellen.

Da der dauerhafte Haushaltsausgleich i. S. der Doppik Ausgangspunkt der Kreditbegrenzungsregeln ist, ist dieser in seiner finanzwirtschaftlichen Gestaltung nochmals zu erläutern: Der Haushaltsausgleich wird am Saldo der Ergebnisrechnung festgemacht. Eine bilanzielle Überschuldung liegt vor, wenn die Schulden das Vermögen überschreiten. Anders formuliert: Für einen genehmigungsfähigen Haushalt muss die Kommune Eigenkapital ausweisen. Im Falle einer Überschuldung muss sie ein Haushaltssicherungskonzept aufstellen, das aufzeigt, wie das Eigenkapital wieder bis zu einem positiven Wert aufgefüllt werden soll.

Ein positives Eigenkapital bedeutet aber nicht in jedem Fall, dass die Verbindlichkeiten auch wirtschaftlich durch Eigenkapital gedeckt sind. Hinter dem ausgewiesenen Eigenkapital steht unbedingt ein realisierbarer Marktwert, denn viele Vermögensobjekte einer Kommune lassen sich nicht veräußern, weil sie öffentlichen Zwecken gewidmet sind oder als Infrastrukturobjekte nur einen geringen Marktwert aufweisen. Die in der Doppik ausgewiesenen Vermögenswerte sind i. d. R. nur mit dem Sachwert erfasst, der keinen Verkehrswert darstellt.

(5) Es ist weder möglich noch sinnvoll, für alle Kommunen einen einheitlichen Eigenkapitalbetrag, eine einheitliche Eigenkapitalquote oder die Höhe des am Stichtag der Eröffnungsbilanzstichtag „zufällig“ vorhandenen Eigenkapitals festzuschreiben. Es kann Situationen geben, in denen eine Senkung des Eigenkapitals sinnvoll und vertretbar ist. Dies kann der Fall sein, wenn eine Kommune sich aus Aufgaben zurückzieht, wenn die

62 Vgl. Schwarting, G. (2007), S. 80; Bolsenkötter, H. (2005), S. 165 ff.; Bolsenkötter, H. (2007), S. 157 ff.

Einwohnerzahl sinkt oder wenn aus ordnungspolitischen Erwägungen das im Auftrag des Bürgers verwaltete Kapital gezielt abgesenkt werden soll. Der Abbau des Eigenkapitals ist also zu regeln und dabei auch zu begrenzen.

Das Land Nordrhein-Westfalen hat dazu eine Ausgleichsrücklage eingeführt. In der Eröffnungsbilanz zur erstmaligen Erstellung eines doppischen Haushalts kann ein Teil des Eigenkapitals als Ausgleichsrücklage bestimmt werden. Diese dient dazu, auch bei unausgeglichenem Ergebnishaushalt noch die Möglichkeit zum Haushaltsausgleich auszuweisen. Diese Ausgleichsrücklage kann höchstens ein Drittel des in der Eröffnungsbilanz ausgewiesenen Eigenkapitals betragen. Allerdings darf die Summe ein Drittel der jährlichen Steuereinnahmen und der Einnahmen aus allgemeinen Zuweisungen im Durchschnitt der letzten zurückliegenden drei Jahre nicht übersteigen. Damit soll vermieden werden, dass hohes, aber nicht realisierbares Anlagevermögen zu einer weitgehenden Lockerung des Ausgleichsgebotes führt. Der jeweils niedrigere Wert bestimmt das Volumen der Ausgleichsrücklage.

(6) Da die Ausgleichsrücklage für den Haushaltsausgleich in Anspruch genommen werden kann, ist im rechtlichen Sinne der Haushaltsausgleich gewährleistet. Umgekehrt kann die Ausgleichsrücklage aus Überschüssen dem Ergebnishaushalt wieder aufgefüllt werden. Mit der Ausgleichsrücklage hat Nordrhein-Westfalen den Haushaltsausgleich erleichtert. Erst wenn die Ausgleichsrücklage nicht mehr hoch genug ist, um einen negativen Saldo im Ergebnishaushalt zu kompensieren, ist der Haushaltsausgleich im rechtlichen Sinne verfehlt.[63]

Die Ausgleichsrücklage stellt also einen bei der erstmaligen Bilanzierung gebildeten Puffer dar, mit dem die Kommunen fortan wirtschaften können. Die Ausgleichsrücklage kann abgebaut werden, um das Eigenkapital gezielt zu senken. Sie kann auch eingesetzt werden, um temporäre Defizite der Ergebnisrechnung auszugleichen. Ebenso kann die Ausgleichsrücklage wieder durch Überschüsse aufgefüllt werden.[64]

Welche Folgen sich aus der Verletzung einer der Bedingungen für den Haushaltsausgleich im Hinblick auf die Kreditaufnahme ergeben, kann angesichts noch fehlender Vorschriften nicht sicher gesagt werden. Der völlige Verzehr von Eigenkapital wird allerdings als besonders gravierend angesehen werden. Das Land Nordrhein-Westfalen verlangt für die-

63 Vgl. Schwarting, G. (2007), S. 82.
64 Vgl. Innenministerium NRW (2003), S. 43.

sen Fall die Vorlage eines Haushaltssicherungskonzeptes (§ 76 Abs. 1 GONRW).

(7) Mit der Einführung der Doppik im Rahmen des NSM sind der Rat und die Verwaltung gezwungen, sich umfassender mit der finanziellen Lage der Kommune, wie sie sich auf der Passivseite der Bilanz widerspiegelt, auseinanderzusetzen. Dabei kann auch deutlich werden, dass die Kommune Verbindlichkeiten eingegangen ist, deren Auswirkungen auf die Ergebnis- und Finanzrechnung größer und weit reichender sind, als diejenigen aus der Kreditfinanzierung im engeren Sinne. Tebroke nennt das Beispiel einer typischen kreisangehörigen Kommune in Nordrhein-Westfalen.[65] Die Pro-Kopf-Verschuldung in dieser Gemeinde beläuft sich – abgestellt auf die Investitionskredite zum Stichtag 01.01.2007 – auf etwa 1.650 EUR. Dieser Wert liegt deutlich unter dem Landesdurchschnitt, nimmt aber nach Plan in den nächsten Jahren ab. Dies könnte eine vorsichtige Entwarnung bedeuten, wenn die Analyse sich auf Investitionskredite beschränken würde. Die Kassenkredite einbezogen ergibt sich aber bereits eine Pro-Kopf-Verschuldung von 2.200 EUR. Berücksichtigt man zudem weitere Verbindlichkeiten (z. B. aus Leasingverträgen, ausgewiesene ungewisse Verbindlichkeiten in Form von Rückstellungen, drohende Verluste in Form von Verpflichtungen aus Pensionszusagen, „Altlasten" aus unterlassenen Instandhaltungsmaßnahmen sowie Defizite aus umlagefinanziertem Gebührenhaushalt, die oftmals erst mit Einführung der Doppik deutlich werden), so ergibt sich in Tebrokes Beispiel zum Stichtag allein aus dem Kernhaushalt – zum Konzern gehörende gemeindeeigene Unternehmen sowie Sondervermögen, Wasser und Abwasser werden nicht mit eingerechnet – eine bereinigte Pro-Kopf-Verschuldung in Höhe von 4.500 EUR. Diese liegt somit um mehr als das 1 1/2fache über der immer noch bevorzugt verwandten „traditionellen" Pro-Kopf-Verschuldung.

(8) In der doppischen Rechnungslegung ergibt sich – wie dargestellt – das Reinvermögen oder das Eigenkapital aus der Differenz von Vermögen und Fremdkapital. Im Sinne einer generationsgerechten Haushaltswirtschaft ist das Eigenkapital nachhaltig zu sichern und wird damit zur zentralen Steuerungsgröße. Die Reduzierung des Eigenkapitals ist ein Indiz für eine Belastung nachkommender Generationen, da ceteris paribus mit zusätzlicher Verschuldung und damit steigendem Schuldendienst verbunden ist.

65 Vgl. Tebroke, H.-J. (2007), S. 167 f.

2.2 Die Einführung der Doppik auf der kommunalen Ebene

(1) Nach diesen einführenden Überlegungen werden zunächst die grundlegenden technischen Divergenzen der Kameralistik und Doppik skizziert. Es folgt eine Gegenüberstellung der verschiedenen Doppiksysteme in den Bundesländern sowie der damit verbundenen Problemstellung.

(2) Zwischen Doppik und der klassischen Kameralistik bestehen signifikante Unterschiede.[66] Die Kameralistik ist eine Buchführungsmethode, die den Geldverbrauch einer Kommune offen legt und somit ausschließlich Stromgrößen betrachtet. Kosten, die nicht explizit Geldzahlungen sind, bleiben unberücksichtigt. Einnahmen und Ausgaben werden durch einfache Buchungen abgebildet. Erträge, Aufwendungen, Vermögen und Schulden werden nicht ressourcengerecht betrachtet. Das heißt, dass Vermögensänderungen wie Abnutzung oder Aufwendungen für zukünftige Pensionen, die nicht durch Zahlungen widergespiegelt sind, ebenso wenig ausgewiesen werden wie kalkulatorische Aufwendungen (z. B. Zinsen, Mieten für eigene Grundstücke). Die Kameralistik bildet also nur gegenwärtige Ausgaben ab und gibt keinerlei Auskunft über künftige Belastungen des kommunalen Haushalts. Durch die einfache Erfassung der Mittel werden Einnahmen- und Ausgabenkonten zudem nicht miteinander verknüpft. Somit wird kein systematischer Zusammenhang zwischen Verwendung und Herkunft der Ressourcen hergestellt. Bestandsgrößen wie Vermögen und Eigen- bzw. Fremdkapital sind in der Kameralistik unbekannt. Hinzu kommt, dass das kameralistische System in der spezifischen Ausprägung, wie sie in Deutschland in der Vergangenheit zu beobachten war, den Haushaltsplan letztlich auf der Basis von Vorjahresausgaben fortschreibt.[67] Es besteht somit kein expliziter Effizienzanreiz, um Kosten zu sparen. Letztlich besteht das wichtigste Ziel der Kameralistik in einer Informationsfunktion für externe Instanzen, insbesondere für das Parlament, den Rechnungshof sowie vorgesetzte Behörden. Kontrolliert wird primär die ordnungsgemäße Erfüllung des Haushaltsplans und weniger die effiziente Erfüllung von Aufgaben.

Die Doppik ist im Gegensatz dazu durch einen leistungs- bzw. ergebnisorientierten Ansatz für die interne Steuerung gekennzeichnet. Das doppische System bildet den Ressourcenverbrauch einschließlich nichtzahlungswirksamer Variablen ab (z. B. Abschreibungen und Rückstellungen). Charakteristisches Merkmal dieser Buchführungsmethode ist

66 Vgl. Stadt Lübeck (2005), S. 8 ff.
67 Vgl. Beyer, L. (2001), S. 340.

die Buchung auf jeweils zwei Konten („Buchung und Gegenbuchung"). Dabei werden Erträge und Aufwendungen periodengerecht gegenübergestellt, so dass ein Vermögensabbau oder -zuwachs erkennbar ist. Die Doppik legt somit auch offen, welche Belastungen künftig auf die Kommune zukommen und ordnet diese der Entstehungsperiode zu.
In Anbetracht der Nachteile, die sich aus dem klassischen kameralistischen System gegenüber dem doppischen System ergeben, wurde zudem die sog. „Erweiterte Kameralistik" entwickelt. Diese sieht eine stärker leistungswirtschaftliche Orientierung des kameralistischen Systems vor, ohne aber vollständig mit den Grundsätzen dieses Systems zu brechen, wie es in der doppischen Buchführung der Fall ist. Das Leitbild dieses Rechnungslegungsmodells besteht in der unterschiedlichen Zielsetzung privater und öffentlicher Sektoren. Es wird davon ausgegangen, dass private Unternehmen grundsätzlich auf Gewinnmaximierung fixiert sind. Damit sei das in der Privatwirtschaft vorherrschende doppische System für die Erfüllung der aus der Daseinsvorsorge resultierenden politischen Ziele der Kommunen ungeeignet.

Tab. 7: Grundlegende Gegenüberstellung von klassischer Kameralistik, erweiterter Kameralistik und Doppik

Tatbestand	**Kameralistik (klassisch)**	**Kameralistik (erweitert)**	**Doppik**
Rechnungsabgrenzung	Kassenwirksame Ströme einer Haushaltsperiode	Ressourcenverbrauch ohne Periodenabgrenzung	Periodenabgrenzung (auch nicht Geldwert) und Ressourcenfluss
Art der Buchungserfassung	Einfach	Einfach mit Nebenrechnungen	Doppelt
Erfassen von Bestandsgrößen	Nein	in Nebenrechnung	Ja
Berücksichtigung aktivierter Eigenleistungen	Nein	in Nebenrechnung	Ja
Berücksichtigung künftiger Zahlungen	Nein	in Nebenrechnung	Ja
Erfassen von Abschreibungen	Nein	in Nebenrechnung	Ja
Berücksichtigung von Grundvermögen	Nein	in Nebenrechnung	Ja

Quelle: In Anlehnung an KPMG (2005) sowie Budäus, D. (2006c).

(3) Partiell wird sogar die Meinung vertreten, die Kameralistik sei eine wesentliche Ursache für die finanzpolitischen Probleme der Gebietskörperschaften in Deutschland. Das Rechnungslegungssystem sei ein Instrument, das das Ausgabenstreben des Staates fördere.[68] Diese These ist allerdings nicht stringent zu verifizieren, wie ein Vergleich zwischen der Schweiz und Deutschland darlegt.
In Deutschland wurde bis vor einigen Jahren ausschließlich kameralistisch gebucht, in der Schweiz hingegen bereits seit Anfang der 80er Jahre auf Grundlage eines doppischen Systems. Betrachtet man die Daten über die Einnahmen und Ausgaben in Deutschland und der Schweiz, so wird deutlich, dass die deutschen Kommunen im Vergleich mit ihren Schweizer Pendants ein Einnahmenproblem haben (vgl. Tabellen 8 und 9).

Tab. 8: Entwicklung der Ausgaben und Einnahmen von Städten und Gemeinden in Deutschland

	Ausgaben	Einnahmen	Überschuss/ Defizit	Ausgaben
		Mrd. EUR		(v. H. des BIP)
1996	148,6	144,5	-4,1	7,9
1997	143,7	140,9	-2,8	7,5
1998	142,5	144,6	2,1	7,3
1999	143,8	145,9	2,1	7,1
2000	146,1	148,0	1,9	7,1
2001	148,3	144,3	-4,0	7,0
2002	150,0	146,3	-3,7	7,0
2003	150,1	141,5	-8,6	6,9
2004	149,1	145,3	-3,8	6,7
Veränderung 1996-2004 (in v. H.)	0,6	0,6		

Quelle der Grunddaten: Bundesministerium der Finanzen.

Während in der Bundesrepublik die kommunalen Ausgaben zwischen 1996 und 2004 mit 0,6 % nahezu stagnierten, legten sie in der Schweiz deutlich um 14,6 % zu. Da hierzulande jedoch auch die Einnahmen nur

68 Vgl. Budäus, D. (2006b), S. 191.

geringfügig anstiegen, wiesen die deutschen Gemeinden und Gemeindeverbände im betrachteten Zeitraum bis auf die Jahre 1998 bis 2000 ein relativ stabiles Defizit aus.
Anders die Eidgenossen: Hier stiegen die Einnahmen deutlich um 17,5 % an. Dies führte dazu, dass die Kommunen seit 1999 Überschüsse erwirtschafteten. Der Ausgabenanteil am jeweiligen nationalen Bruttoinlandsprodukt liegt in der Schweiz jedoch trotz dieser Überschüsse erheblich über dem der deutschen Städte und Gemeinden.
Gemessen an der reinen Ausgabenentwicklung lassen sich somit keine grundsätzlichen Nachteile des kameralistischen gegenüber dem doppischen Hauhaltssystem aufzeigen. Für die Beurteilung der Einnahmen- und Ausgabenentwicklung sowie der Verschuldungssituation sind vielmehr komplexere Zusammenhänge in eine Analyse einzubeziehen. Insbesondere die Fähigkeit, überhaupt zusätzliche Einnahmen generieren zu können, scheint hier ein wichtiger Grund zu sein. Es sei angemerkt, dass hier die Schweizer Kommunen bessere Möglichkeiten haben als die Kommunen in Deutschland:[69] Bei den Eidgenossen besteht – anders als in Deutschland – grundsätzlich ein Wettbewerbsföderalismus. Die Kommunen können ihre Einnahmen aus Zuschlägen auf die Kantonssteuern variieren. Zudem müssen die Schweizer Kommunen ihre Haushaltsabschlüsse veröffentlichen. Das ist formal zwar auch in Deutschland der Fall. Allerdings scheinen sich die Schweizer Gemeinden hier wesentlich informationsfreudiger zu verhalten und stellen ihre Abschlüsse z. B. in das Internet ein. Da das Prinzip der Doppik ebenfalls in der Privatwirtschaft verwendet wird, lassen sich die öffentlichen Daten zudem relativ einfach auch von Investoren interpretieren, die keine Kenntnisse der spezifischen Kameralistik haben.[70] In Deutschland hingegen wird die kameralistische Haushaltsführung ausschließlich im öffentlichen Sektor angewandt und ist von Prinzip her im nichtöffentlichen Bereich kaum bekannt.
Die faktische Abschaffung der kameralistischen Rechnungslegung in den meisten Bundesländern erfolgt wie in A1 dargestellt vor dem Hintergrund steigender Staatsverschuldung und damit einhergehender Probleme. Die öffentlichen Haushalte stehen hier zunehmend unter Reformdruck. Den Entscheidungsträgern stehen in der Kameralistik lediglich begrenzte Informationen über die wirtschaftliche und finanzielle Situation ihrer Kommune zur Verfügung. Von der Einführung der Doppik

69 Vgl. Feld, L. (2004), S. 9.
70 Vgl. Hennies, M. (2005), S. 20.

verspricht sich die Politik eine bessere Dokumentation des öffentlichen Vermögens, eine Sicherung der Zahlungsfähigkeit der Kommunen und damit die Möglichkeit einer intergenerativ gerechten und nachhaltigen kommunalen Finanzpolitik. Der betriebswirtschaftliche Informationsgehalt der Doppik ist per saldo höher als der in kameralistischen Systemen. Dies zeigt sich auch am Beispiel der Stadt Salzgitter. Die Stadt hat als erste größere Kommune im Jahr 2005 eine Eröffnungsbilanz erstellt. Dabei ergab sich ein negatives Eigenkapital in Höhe von rund 4,4 Mio. EUR, da die Positionen auf der Passivseite höher waren als die bewerteten Aktiva. Die Stadt ist damit ceteris paribus nicht in der Lage, durch die Veräußerung ihres gesamten Vermögens ihre Schulden zu decken.[71] Erst durch die Einführung der Doppik wurde dies evident. Das kameralistische System zeigte diesbezüglich keinerlei Informationen an.

Tab. 9: Entwicklung der Ausgaben und Einnahmen von Städten und Gemeinden in der Schweiz

	Ausgaben	Einnahmen	Überschuss/ Defizit	Ausgaben
		Mrd. CHF		(v. H. des BIP)
1996	38,7	38,2	-0,5	10,3
1997	38,5	37,9	-0,6	10,1
1998	39,3	38,7	-0,6	10,1
1999	39,7	40,5	0,8	10,0
2000	40,6	42,1	1,5	9,8
2001	41,7	43,0	1,3	9,9
2002	42,5	43,7	1,2	9,9
2003	44,1	44,1	0,0	10,2
2004	44,3	44,9	0,6	9,9
Veränderung 1996-2004 (in v. H.)	14,6	17,5		

Quelle der Grunddaten: Eidgenössische Finanzverwaltung.

71 Vgl. Wagner, S. (2005), S. 525 f sowie o.V. (2005a) und o.V. (2005b).

Hamburg machte als erstes Bundesland ähnliche Erfahrungen. Die Hansestadt legte für 2006 als erstes Land einen Geschäftsbericht mit doppischer Rechnungslegung vor. Parallel dazu wurde ein Abschluss nach kameralistischen Regeln erstellt. Der Unterschied war evident: Nach den doppischen Vorschriften ergab sich ein Defizit in Höhe von 561 Mio. EUR, nach den kameralistischen hingegen ein Überschuss in Höhe von 587 Mio. EUR. Ebenso divergierte die Höhe der Schulden: In der Kameralistik wurden die Schulden mit rund 24 Mrd. EUR angegeben, in der Doppik waren die Verbindlichkeiten fast doppelt so hoch.[72]

Das Ziel des Neuen Steuerungsmodells, die Verwaltung schlank, wirtschaftlich effizient und kundenorientiert zu gestalten, wird durch die Doppik somit einfacher zu evaluieren sein als mit der Kameralistik. In dieser Hinsicht kommt der doppelten Buchführung eine starke Informationsfunktion für die Investoren, für die Öffentlichkeit und für die Verwaltung zu.

Im Rahmen der Privatisierungen der 80er und 90er Jahre wurde ein Teil der kommunalen Aufgaben in die Hand von privatwirtschaftlichen Einrichtungen gegeben, in denen die doppelte Buchführung angewendet wird. Die Aufgaben der Daseinsvorsorge durch die Kommunen werden somit von unterschiedlichen Stellen durchgeführt. Durch die unterschiedlichen Systematiken der Rechnungsführung in Kernverwaltung, Eigenbetrieben und privatwirtschaftlich organisierten Beteiligungsunternehmen ging dadurch die einheitliche Darstellung kommunaler Tätigkeiten verloren.[73] Die Übersichtlichkeit und Vergleichbarkeit wiederherzustellen ist ein weiterer Anreiz zur Einführung der Doppik für die öffentliche Hand.

(4) Im Folgenden werden kurz die die wichtigsten Bestandteile des doppischen Systems skizziert. Die Innenministerkonferenz der Länder (IMK) beschloss im Jahr 1999, den Bundesländern und ihren Kommunen freizustellen, ob sie die erweiterte Kameralistik oder ein rein doppisches System verwenden wollen („Optionenmodell" der IMK). Konkretisiert wurde dieses Wahlrecht durch die Erarbeitung von (Rahmen)-Gemeindehaushaltsverordnungen, Produktrahmen und Kontenrahmen, die von der IMK 2003 publiziert wurden. Die meisten Bundesländer haben sich dazu entschlossen, ein rein doppisches System zu verwenden (siehe hierzu oben C2.1).

Grundsätzlich sieht das von der IMK vorgeschlagene kommunale Doppikwerk ein Drei-Komponenten-System vor, d. h., die Kommunen sollen

72 Vgl. Pergande, F. (2007).

73 Vgl. Innenministerium des Landes NRW (2006).

künftig mit der Finanzrechnung, der Gewinn- und Verlustrechnung sowie der Bilanz drei Bestandteile innerhalb ihres Jahresabschlusses verwenden, die ineinander übergreifen. In der privaten Wirtschaft sind es mit der Gewinn- und Verlustrechnung sowie der Bilanz zwei Bestandteile.[74]

Das Element Finanzrechnung dokumentiert, überwacht und steuert die Cash-Flows. Einzahlungen werden nach Mittelherkunft, Auszahlungen nach Mittelverwendung aufgeteilt. Die Finanzrechnung enthält somit alle kassenwirksamen Vorgänge. Die Bilanz sowie die Ergebnisrechnung, die die Gewinn- und Verlustrechnung darstellt, haben die gleiche Funktion wie im Jahresabschluss eines privaten Unternehmens: In der Bilanz werden Mittelverwendung (Aktiva: Vermögen) und Mittelherkunft (Passiva: Eigen- und Fremdkapital) gegenübergestellt. Beide Seiten der Bilanz sind per Definition stets ausgeglichen, da das kommunale Eigenkapital rechnerisch aus der Differenz zwischen Vermögen und Fremdkapital berechnet wird. In der Ergebnisrechnung werden nicht nur die Ein- und Auszahlungen, sondern alle erfolgswirksamen Eigenkapitalveränderungen – z. B. auch Abschreibungen, denen keine Zahlungswirksamkeit gegenübersteht - aufgezeigt. Die Veränderung des Eigenkapitals, die sich rein rechnerisch aus der Bilanz ergibt, muss somit in der Erfolgsrechnung zum gleichen Ergebnis führen. Die Differenz in der Ergebnisrechnung stellt das Jahresergebnis der Kommune dar. Anders als in der Privatwirtschaft müssen die Kommunen im Doppiksystem alle drei Rechnungskreise buchen, während in der Privatwirtschaft lediglich in GuV sowie Bilanz gebucht werden muss. Die Zusammenhänge zwischen den drei Bestandteilen der kommunalen Doppik sind in der Abb. 2 dargestellt.

(5) Die Umstellung auf die Doppik stellt für die Kommunen eine Herausforderung da, bei der verschiedene Schwierigkeiten zu erwarten sind.[75] Die Einführung der Buchführungsmethode erfordert eine umfassende Bewertung des kommunalen Anlage- und Umlaufvermögens. Die Ersterfassung des kommunalen Vermögens bedeutet für die Behörden einen erheblichen Aufwand. Dieser dürfte künftig aber durch standardisierte Umstellungsverfahren verringert werden.

Voraussetzung für die Einführung der Doppik sind diverse Gesetzesänderungen sowie die Neudefinitionen der Geschäftsprozesse. Außerdem müssen die Computersysteme angepasst und neue Software eingeführt

74 Vgl. WIBERA Wirtschaftsberatung, Landkreistag Baden-Württemberg (2001), S. 6 f.
75 Vgl. Innenministerium des Landes NRW (2006), S. 8 ff.

werden. Ein erheblicher Aufwand wird auch im Bereich der Personalschulung und -fortbildung auf die Kommunen zukommen. Die erfolgreiche Umstellung auf die doppelte Buchführung wird dabei zu großen Teilen von geeigneten Partnern im Schulungs- und Softwarebereich abhängen.
Diesen Aufwendungen steht jedoch potenzieller Nutzen gegenüber. Steuerungsrelevante Daten, die unter der Kameralistik nur schwer oder überhaupt nicht verfügbar waren, können bei der Doppik einfach abgerufen werden. Dadurch kann die Planungs- und Entscheidungsgrundlage für Kommunalpolitiker und Verwaltungen entscheidend verbessert werden, so dass eine ergebnisorientierte und nachhaltige Steuerung der kommunalen Tätigkeiten und ihrer Finanzierung möglich wird. Die Doppik steigert außerdem die wirtschaftliche Kompetenz der Verwaltung und ist damit die Grundlage zur Verbesserung der wirtschaftlichen Leistungsfähigkeit der Kommunen.

Abb. 2: Drei-Komponenten-System in der kommunalen Doppik

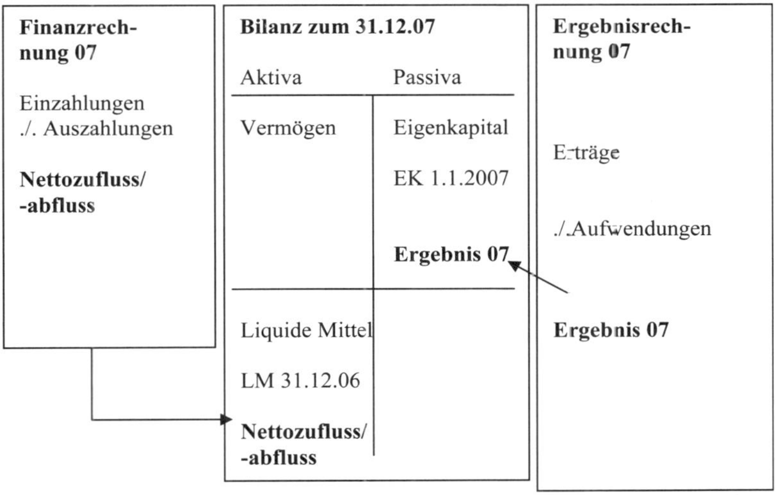

Quelle: KPMG (2005), S. 7.

(6) Wie oben dargestellt, sieht die IMK ein Optionenmodell vor, d. h., die Bundesländer können entscheiden, ob sie ein reines Doppik-System oder ein erweitertes Kameralistik-System bevorzugen. Auch innerhalb der reinen Doppik-Modelle gibt es unterschiedliche Ansatzpunkte.

Die Länder haben inzwischen auf Grundlage der beiden von der IMK favorisierten Grundansätze Leittexte veröffentlicht.[76] Dies ist zum einen die „Gemeindehaushaltsverordnung für ein doppisches Haushalts- und Rechnungswesen", zum anderen die „Gemeindehaushaltsverordnung für die erweiterte Kameralistik".[77] Einige Bundesländer haben auf Grundlage der Leittexte bereits Gesetze verabschiedet. Für verschiedene Pilotprojekte wurden zudem im Wesentlichen drei unterschiedliche Modelle entwickelt, die ceteris paribus zu uneinheitlichen Ergebnissen führen. Dabei handelt es sich um das „Neue Kommunale Rechnungswesen/Neues Kommunales Haushaltswesen (NKR/NKH)", um das „Neue Kommunale Finanzmanagement (NKF)"sowie um das „Neue Kommunale Rechnungs- und Steuerungssystem (NKRS)". Das NKR/NKH wurde in Baden-Württemberg favorisiert, das NKF in Nordrhein-Westfalen. Die wesentlichen Unterschiede der drei Doppiksysteme sind in Tab.10 dargestellt.
Grundsätzlich orientieren sich die Ansätze am Handelsgesetzbuch, weichen aber nach Modelltyp in einigen Kriterien davon ab. Dies gilt insbesondere für das NKR/NKH, das sich hinsichtlich Ansatz, Bewertung und Ausweis von Vermögen primär an den Aufgaben und Zielen des öffentlichen Haushalts- und Rechnungswesens orientiert.[78]
Das Optionenmodell der IMK führt in Deutschland somit dazu, dass sich zumindest kurz- bis mittelfristig kein einheitliches Modell durchsetzen wird. Eine fehlende Standardisierung der kommunalen Rechnungslegung dürfte jedoch zu erheblichen Problemen führen. Wenn in den Ländern parallel unterschiedliche Kontenrahmen, Bewertungsansätze und Vermögens- bzw. Haushaltsstrukturierungen verwendet werden, sind die Abschlüsse nicht mehr aussagekräftig miteinander vergleichbar.[79]
Dies zeigt sich wiederum am bereits oben dargestellten Beispiel der Stadt Salzgitter: Die Stadt musste die niedersächsischen Vorschriften bei der Eigenkapitalberechnung heranziehen kam auf ein negatives Eigenkapital in Höhe von 4,4 Mio. EUR. Hätte sie nach den kommunalen Vorschriften des Landes Nordrhein-Westfalen bilanziert, wäre der Jahresabschluss um 38 Mio. EUR günstiger ausgefallen: Statt der negativen 4,4 Mio. EUR Eigenkapital wäre ein Plus in der Eigenkapitalposition in Höhe von 34 Mio. EUR errechnet worden.[80]

---

76 Vgl. Budäus, D. (2006b), S. 206 f.
77 Vgl. Ständige Konferenz der Innenminister und -senatoren der Länder (2003).
78 Vgl. Budäus, D. (2006b), S. 209; Lüder, K. (1999), S. 25.
79 Vgl. Oster, R. (2005), S. 13 ff.
80 Vgl o.V. (2005a).

Es zeigt sich hier deutlich, dass der Abschluss einer Kommune in Nordrhein-Westfalen erheblich anders interpretiert werden muss als z. B. der einer Stadt oder Gemeinde in Baden-Württemberg oder Niedersachsen. Aus Sicht der Steuerbürger und der Gläubiger der öffentlichen Haushalte führt dies zu Informationsdefiziten. Abstimmungsprobleme statistischer Art auf nationaler und internationaler Ebene sind vorprogrammiert.[81] Es bleibt abzuwarten, ob die Jahresabschlüsse der Kommunen in Deutschland nur in bereinigter Form Eingang in die amtliche Statistik der Gebietskörperschaften auf nationaler sowie auf EU-Ebene finden können. Probleme könnte es insbesondere in der Darstellung der öffentlichen Verschuldung geben, z. B. in der Hinsicht, dass die relevanten Maastricht-Kriterien (Defizit- und Verschuldungskriterium) nur noch abgeleitet für Deutschland darstellbar sein werden. In diesem Fall würde die Aufbereitung der kommunalen Daten zusätzliche Bürokratiekosten nach sich ziehen.

Damit verläuft die Entwicklung der Rechnungslegung in Deutschland konträr zur Rechnungslegung in der Privatwirtschaft, wo auf internationaler Ebene zunehmend einheitliche Regelungen entwickelt werden. Hier setzen sich mehr und mehr Standards durch und lösen sukzessive nationale Regelungen ab. In den föderalen Staaten USA und der Schweiz greifen die Bundesstaaten, Kantone und Kommunen ebenfalls auf bundesweit einheitliche Standards zurück (vgl. hierzu das Beispiel USA in Kapitel D4). In Deutschland hingegen ist in der Gestaltung kommunaler Rechnungslegungen ein Rückfall in die Kleinstaaterei zu beobachten, der in einer globalisierten Welt mit potenziellen internationalen Investoren nur schwer zu vermitteln ist. Den Kommunen wird hierdurch ein Weg erschwert, sich gegebenenfalls alternative Finanzierungswege auf internationalem Terrain zu erschließen. Die Gesetzgeber in Deutschland sollten diesen Aspekt im Auge behalten und eine einheitliche Doppik-Systematik mit entsprechender technischer Ausgestaltung (z. B. hinsichtlich Kontenrahmen) entwickeln, die – wie bereits in den wichtigen föderal organisierten Staaten üblich – für alle Kommunen und Gemeinden gilt.

81 Vgl. Budäus, D. (2006b), S. 211 ff.

Tab. 10: Unterschiede zwischen NKR/NKH, NKF und NKRS

Kriterien	NKR/NKH	NKF	NKRS
Vermögensrechnung			
Trennung des Vermögens in Verwaltungsvermögen und realisierbares Vermögen	Ja	Nein	Nein
Bewertung des Vermögens: AK/HK und/oder Zeitwerte	Verwaltungs-vermögen: AK/HK Realisierbares Vermögen: Zeitwerte	Eröffnungsbilanz: Zeitwerte Folgebilanzen: AK/HK	AK/HK
Finanzrechnung			
Direkte oder indirekte Methode	Direkte Methode bei Finanzhaus-halt und Finanzrechnung	Direkte Methode bei Finanzhaushalt und Finanzrechnung	Indirekte Metho-de bei Finanzhaus-halt, direkte Methode bei Finanzrech-nung
Originäre oder derivate Finanzrechnung	Originäre Finanzrechnung	Originäre Finanzrechnung	Derivative Fi-nanzrechnung
Haushaltsgliederung			
Organischer oder produktorientierter Haushalt	Organischer Haushalt	Produktorientierter Haushalt	Wahlweise orga-nischer oder produktorientier-ter Haushalt
Deckungsgrundsätze			
Ordentliches Ergebnis oder Jahresergebnis lt. Ergebnisrechnung/ -haushalt			

Quelle: Budäus, D. (2006b), S. 210.

(7) Aus den bisherigen Ausführungen wird deutlich: Die Einführung der Doppik dürfte zu einer höheren Transparenz für die Städte und Gemeinden hinsichtlich ihrer tatsächlichen Verschuldungshöhe führen. Insgesamt ist davon auszugehen, dass die Schulden, aber auch die Leistungen unter der kameralistischen Rechnungslegung als zu positiv dargestellt wurden, da vielfältige Aspekte bisher unberücksichtigt blieben (z. B. Garantien für Regiebetriebe). Das NSM und hier insbesondere die Einführung der Doppik dürften daher wesentlich dazu beitragen, den Kommu-

nen ein realistisches Bild der wichtigsten finanzwirtschaftlichen Kennziffern zu geben. Dies könnte sich wiederum auch auf die Bonität der Kommunen und damit auf ihre Qualität als Kreditnehmer der Banken und Sparkassen auswirken.

3. Die Bedeutung der Kommunalaufsicht für die Kommunalverschuldung

(1) Das durch die Doppik erweiterte Verschuldungsbild dürfte ebenfalls Einfluss haben auf das Verhalten der Kommunalaufsichtsinstanzen in den einzelnen Bundesländern gegenüber ihren jeweiligen Kommunen. Im Folgenden wird die Bedeutung der Aufsichtsbehörden für die kommunale Finanzpolitik skizziert. In der Welt der Kameralistik hat die so genannte „freie Spitze" eine erhebliche Bedeutung. Wird hier eine positive „freie Spitze" ermittelt, kann die Gemeinde im Grundsatz zusätzliche Kreditbeträge über den erforderlichen Tilgungsbetrag hinaus aufnehmen, sofern die Leistungsfähigkeit auch in den Folgejahren erhalten bleibt.
Stellt die Aufsichtsbehörde im Rahmen des Genehmigungsverfahrens fest, dass die dauerhafte Leistungsfähigkeit gefährdet ist, kann sie die Kreditgenehmigung ganz oder teilweise versagen oder mit Bedingungen und Auflagen versehen. Bei Versagen der Kreditgenehmigung ist auch die Haushaltssatzung nicht genehmigungsfähig, so dass die Kommune dann den Haushalt erneut beraten und so gestalten muss, dass eine weitere Kreditaufnahme nicht mehr erforderlich oder der Haushaltsausgleich dauerhaft gesichert ist. Die Kommunalaufsicht kann die Kreditgenehmigung auch auf einen Teilbetrag beschränken und für den Restbetrag versagen. Dann ist die Haushaltssatzung der Gemeinde entsprechend zu ändern und darüber hinaus muss die Gemeinde festlegen, welche neuen Maßnahmen nunmehr nicht durchgeführt, aufgeschoben oder zeitlich gestreckt werden sollen.

(2) Die Anforderungen an den Haushaltsausgleich sind in den Gemeindeordnungen umfassend kodifiziert. Neben der Grundaussage aller Kommunalverfassungen, dass der Haushalt in jedem Jahr auszugleichen sei, gibt es in den Gemeindehaushaltsversordnungen sowie in ergänzenden Vorschriften zahlreiche Hinweise, wie dieses Gebot zu erfüllen ist. Die Genehmigung konzentriert sich auf die Haushaltssatzung mit dem zugehörigen Haushaltsplan durch die staatliche Aufsichtsbehörde, bei kreisangehörigen Städten und Gemeinden ist dies meist der jeweilige Landkreis, bei kreisfreien Städten und Landkreisen das Regierungspräsidium oder eine vergleichbare Mittelinstanz.

(3) Eine Ausnahme bildet lediglich das Land Nordrhein-Westfalen, das 1991 vom Genehmigungs- auf das Anzeigeverfahren übergegangen ist. Im Rahmen des Anzeigeverfahrens kann die Aufsichtsbehörde die Verschuldung lediglich prüfen und eine Stellungnahme abgeben, wenn sie den Haushaltsausgleich als gefährdet sieht. Die zusätzliche Absicherung der dauernden Leistungsfähigkeit auf dem Wege der vorbeugenden Kommunalaufsicht entfällt damit. Damit sollte ein Zeichen für das Vertrauen in ein mehr eigenverantwortliches Handeln der Gemeinden gesetzt werden und diese sollten wesentlich stärker als bislang in die Verantwortung über ihre eigenen finanzpolitischen Entscheidungen genommen werden. Allerdings ist diese Regelung zweischneidig, denn die Wahrnehmung der genannten Einflussmöglichkeit ex post kann zu spät kommen. Erst nach Anzeige eines Fehlbetrages wird der Kommunalaufsicht direkt die Gelegenheit gegeben, in die gemeindliche Haushaltswirtschaft einzugreifen.

(4) Auch in Nordrhein-Westfalen blieb aber das sog. Haushaltssicherungskonzept dem Genehmigungsvorbehalt der Aufsichtsbehörde unterworfen. Das Instrument des Haushaltssicherungskonzeptes für den Verwaltungs- und Vermögenshaushalt greift im Falle eines unausgeglichenen Haushalts.[82] Die Gemeinde muss dann der Haushaltssatzung ein Konzept beifügen, aus dem hervorgeht, mit welchen Mitteln und in welchem Zeitraum der Fehlbetrag des Verwaltungshaushalts abgebaut werden soll und wie „die künftige, dauernde Leistungsfähigkeit der Gemeinde“ (vgl. § 76 Abs. 2, S. 1 GONRW n. F.) gewährleistet werden kann. Andere Länder formulieren ähnlich und verlangen auch verbindliche Angaben zum Zeitraum der Zielerreichung. Sieben Kommunalverfassungen, nämlich die von Brandenburg, Mecklenburg-Vorpommern, Niedersachsen, Nordrhein-Westfalen, Saarland, Sachsen und Thüringen, sehen die Aufstellung eines Haushaltssicherungs-/Haushaltskonsolidierungsgesetzes vor.[83] Der Kern der finanzwirtschaftlichen Dimension des aufsichtsrechtlichen Genehmigungsverfahrens ist – wie dargestellt – die Antwort auf die Frage nach der dauerhaften Leistungsfähigkeit der Kommune. Es muss sichergestellt sein, dass die Gemeinde künftig bei ausgeglichenem Haushalt ihre Aufgaben erfüllen kann. Die normative Vorgabe des Haushaltsausgleichs gilt dabei nicht nur für den Haushaltsplan, sondern auch für die Rechnungslegung, denn ein in der Jahresrechnung verbleibender

---

82 Vgl. Innenministerium des Landes Nordrhein-Westfalen (2007), S. 11.
83 Vgl. Färber, G. (2006), S. 673 ff.

Fehlbetrag ist auf das nächste, spätestens auf das übernächste Jahr vorzutragen.
Mit dem Haushaltssicherungskonzept soll die Kommune darlegen, wie sie mittelfristig zu einer ausgeglichenen Haushaltswirtschaft zurückkehren wird. Reichen die darin vorgesehenen Maßnahmen nicht aus, hat die Aufsichtsbehörde im Extremfall die Möglichkeit, die kommunale Selbstverwaltung außer Kraft zu setzen und einen Beauftragten zu ernennen, der an die Stelle der politisch gewählten Repräsentanten die Geschäfte der Kommune führt, bis die Haushaltswirtschaft wieder geordnet ist. Die betroffenen Gemeinden befinden sich dann in der vorläufigen Haushaltsführung, d. h. sie dürfen prinzipiell nur Angaben tätigen, zu denen sie rechtlich verpflichtet sind. Hiervon sind derzeit zahlreiche Gemeinden betroffen. So mussten z. B. in Nordrhein-Westfalen von den 427 Kommunen des Landes 198 ein Haushaltssicherungskonzept vorlegen mussten, wobei in 115 Fällen von der Kommunalaufsicht die Genehmigung versagt wurde.

(5) In den zurückliegenden Jahren hat die Wirksamkeit der kommunalen Aufsicht zur Gewährleistung fiskalischer Disziplin der Kommunen deutlich abgenommen. Die Probleme sind vor allen Dingen in größeren Städten mittlerweile so deutlich, dass sie auch mit dem gängigen Instrumentarium nicht mehr angegangen werden können.
Schwarting verweist als Gründe für dieses Versagen u. a. auf folgende Aspekte:[84]

- Die staatliche Aufsicht steht in einem latenten Konflikt zum Grundgesetz, insoweit kann sie – abgesehen von dem Fall der Bestellung eines Beauftragten – nicht unmittelbar in kommunales Handeln eingreifen.
- Das staatliche Genehmigungsverfahren ist letztlich nur funktionsfähig, sofern es auf wenige überschaubare Problemfälle angewandt wird. Bei zunehmender Zahl unausgeglichener Haushalte ist die Aufsichtsbehörde allein personell überfordert.
- Die schärfste Waffe der Kommunalaufsicht, die Bestellung eines Beauftragten, ist bislang lediglich bei kleineren Kommunen, und auch dort nur selten, eingesetzt worden, bei größeren Städten bislang noch nie.
- Die typischen Bedingungen und Auflagen in Genehmigungsverfahren, wie Verzicht auf freiwillige Leistungen oder Beförderungsstopp, sind möglicherweise angemessen, um kleinere Defizite zu beheben. Für

84 Vgl. Schwarting, G. (2005), S. 142 f.

das Ungleichgewicht der kommunalen Haushalte in größeren Dimensionen sind sie nicht geeignet und es fehlen entsprechende Rechtsnormen.
- Die engen Wechselbeziehungen zwischen den politischen Repräsentanten erschweren einer weisungsabhängigen Kommunalaufsicht, konsequente Konsolidierungsauflagen umzusetzen.

(6) Um einem verspäteten Eingreifen der Aufsichtsbehörde vorzubeugen und den Unwägbarkeiten z. B. aus den Folgekosten kommunaler Investitionen, aus schwankenden Steuereinnahmen oder aus Verlusten kommunaler Unternehmen Rechnung zu tragen, wird in jüngster Zeit ein verstärkter Rückgriff auf Instrumente eines kommunalen Risikomanagements vorgeschlagen.[85] Die Forderungen lehnen sich an das 1998 in Kraft getretene Gesetz zur Kontrolle und Transparenz im Unternehmensbereich (KONTRAG), dem börsenotierte Aktiengesellschaften und jene Unternehmen unterliegen, die unter die Norm des § 53 Haushaltsgrundsätzegesetz (HGrG) fallen. Das KONTRAG schreibt die Überwachung der unternehmerischen risikobehafteten Strukturen und Prozesse vor. Darüber hinaus fordert es ein Frühwarnsystem, das sensibel genug für feine Risikosignale ist, sowie die kontinuierliche Überwachung der Funktionsfähigkeit aller installierten Kontrollinstrumente. Dazu kommen müssen ein (EDV-gestütztes) Berichtswesen sowie die schriftliche Dokumentation der Risiken und des Risikomanagementsystems. Dabei ist das Spektrum kommunaler Risiken durchaus auf mehrere Elemente verteilt: Zu den kommunalen Risiken im engeren Sinn gehören die der Verwaltung selbst, im weiteren Sinne auch die der Eigen- und Regiebetriebe der Zweckverbände sowie der selbständigen Tochterunternehmen. Eine konsequente „kommunale Gesamthaushaltsführung" ist allerdings bislang nur in Ansätzen zu erkennen. Risiken werden nur in seltenen Fällen systematisch erkannt, analysiert und gesteuert. Ein Zielführender Ansatz kann auch hier das Konzept des „Neuen Steuerungsmodells" (NSM) sein.

Das Hauptproblem der Verankerung eines Risikomanagements in den Kommunen war bislang die Divergenz zwischen der Kameralistik einerseits und den betriebswirtschaftlichen Ansprüchen eines Risikomanagements an das Rechnungswesen und die Bilanzierung andererseits. Die Kameralistik liefert lediglich eine an Einnahmen und Ausgaben orientierte Ist-Soll-Rechnung für das Haushaltsjahr (vgl. C2). Nicht erfasst wer-

85 Vgl. Andrae, S. (2003), S. 42 ff.; Schwarting, G. (2004), S. 101 ff.

den die tatsächlichen Kosten und Leistungen der Verwaltung, die Vermögenssituation und der Verschuldungsgrad. Daraus folgt, dass erst eine neue Haushaltsgliederung, die kommunale Bilanz und die Doppik die Voraussetzungen für das kommunale Risikomanagement schaffen. Die Abb. 3 zeigt ein Raster für einen solchen Ansatz. Anhang 1 zeigt dies in der Gliederung der Ergebnis- und Finanzpositionen und der Bilanz.

Abb. 3: Kommunale Risiken

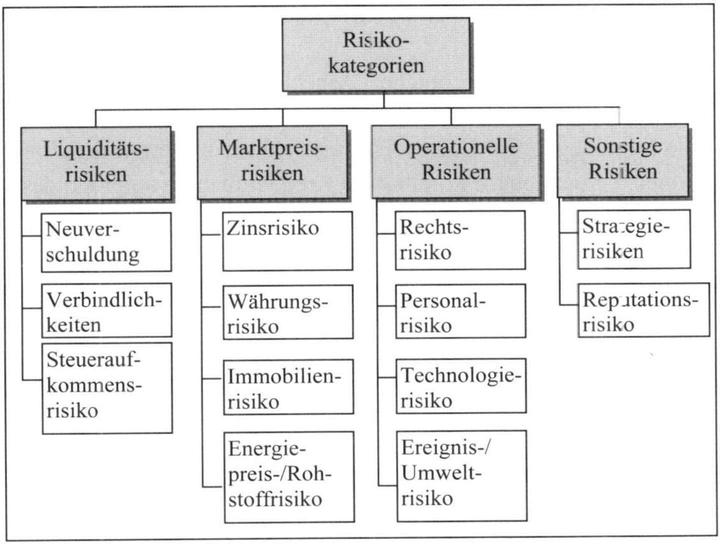

Quelle: Andrae, S. (2003), S. 47.

(7) Als schlagkräftig im Sinne der finanzpolitischen Beeinflussung haben sich die Schweizer Rechnungsprüfungs-, Geschäftsprüfungs- oder Finanzkommissionen (RPK) erwiesen. Diese Kommissionen existieren in allen Gemeinden aller Kantone, haben aber – je nach Kanton – sehr unterschiedliche Kompetenzen. Sie können sowohl die Ausgaben- wie auch die Einnahmeseite der Gemeindefinanzen mitgestalten. Die starke und unabhängige Stellung der RPK ist insbesondere für direkt-demokratisch organisierte Gemeinden ohne Parlamente, wo die Bevölkerung in der Gemeindeversammlung selbst über die Geschäfte entscheidet, von Bedeutung. Je nach kantonaler Gesetzgebung können die RPK zwar nur die Jahresrechnung im Nachhinein auf korrekte Verbuchung prüfen, oder aber zu jedem einzelnen

Vorschlag der Regierung an die Gemeindeversammlung und in Urnenabstimmungen von vornherein Kritik üben, konkrete Abänderungsanträge stellen, oder Abstimmungsempfehlungen formulieren. Untersuchungen über die Auswirkungen der Kompetenzen der RPK auf die Finanzpolitik der Schweizer Gemeinden, insbesondere auf die Ausgabenhöhe und die Steuerbelastungen zeigen, dass sie ökonomisch höchst relevante und statistisch robuste Ausgaben- und Steuersenkende Wirkungen erzeugen, und die Zunahme der Verschuldung deutlich drosseln.[86]

4. Die Einbindung der Kommunen in einen Nationalen Stabilitätspakt (NSP)

(1) Die Darstellung der rechtlichen Aspekte der Kommunalverschuldung beschränkte sich in den bisherigen Abschnitten C1 bis C3 lediglich auf nationale Regelungen. Im Folgenden muss jedoch weiterhin der Frage nachgegangen werden, ob die kommunale Kreditaufnahme aufgrund des Vertrages von Maastricht von 1992 und im Hinblick auf den europäischen Stabilitäts- und Wachstumspakt von 1996 begrenzt werden kann und begrenzt wird. Mit dem europäischen Regelwerk erlangte die Frage einer wirksamen Schuldenbegrenzung eine europäische Dimension; diese ist verbunden mit großen Hoffnungen auf eine nachhaltige Disziplinierung in der Schuldenpolitik. Was auf nationaler Ebene bis dahin nicht möglich schien, soll nunmehr durch die Einhaltung und Überprüfung gemeinsamer „Konvergenzkriterien“ gesichert werden.

Auf der europäischen Ebene sind die Regelungen des Art. 104 EG-Vertrag gemeinsam mit den Bestimmungen des Protokolls Nr. 5 im EG-Vertrag (Maastricht-Vertrag) und ihre Präzisierung durch die Regelungen des Stabilitäts- und Wachstumspakts (EG-Verordnungen 1467/97 und 1466/97) bzw. der Reform des Stabilitäts- und Wachstumspakts aus dem Jahre 2005 (EG-Verordnungen Nr. 1055/05 und 1056/05) verpflichtend. Insofern bilden die Bestimmungen des Europäischen Stabilitäts- und Wachstumspakts zusammen mit den Regelungen des Protokolls ein neues geschlossenes Regelwerk für die Anwendung des Art. 104 EG-Vertrag. Nach Art. 104 Abs. 1 EG-Vertrag sind die Mitgliedsstaaten der Europäischen Währungsunion verpflichtet, übermäßige öffentliche Defizite zu vermeiden. Das Protokoll Nr. 5 im EG-Vertrag schreibt vor, dass das Haushaltsdefizit des Gesamtstaats auf 3 v. H. und die Staatsverschuldung auf 60 v. H., jeweils in Relation zum nominalen Bruttoinlandspro-

86 Vgl. Eichenberger, R./Schelker, M. (2007), S. 79 ff.

dukt, begrenzt werden. Gemäß dem Europäischen Stabilitäts- und Wachstumspakt verpflichten sich die Mitgliedstaaten darüber hinaus, das mittelfristige Ziel eines nahezu ausgeglichenen Haushalts oder eines Haushaltsüberschusses in einer konjunkturellen Normalsituation einzuhalten („close to balance or in surplus“).[87]

(2) Diese europäischen Verschuldungsregelungen sind gegenüber nationalem Recht vorrangig, allerdings werden durch die Bestimmungen auf europäischer Ebene die nationalen Kreditbegrenzungsvorschriften nicht außer Kraft gesetzt, zumal sich diese häufig nicht auf den Gesamtstaat, sondern die einzelnen staatlichen Ebenen beziehen.[88] Insofern besteht zwar einerseits die Gefahr von Inkonsistenzen im gesamten Regelwerk der Verschuldungsbegrenzung, andererseits dienen sowohl die europäischen als auch die nationalen Bestimmungen letztlich dem gleichen Zweck, eine dauerhaft tragfähige Finanzpolitik zu sichern. Mithin kann man sie in diesem Sinne als sich ergänzende Vorschriften einer gemeinsamen Zielsetzung interpretieren.

(3) Der Europäische Stabilitäts- und Wachstumspakt gliedert sich in einen präventiven und einen korrigierenden Teil. Mit Hilfe des präventiven Teils sollen finanzpolitischen Fehlentwicklungen frühzeitig entgegengewirkt werden. Hierbei ist insbesondere die jährliche Mindestrückführung des Defizits um 0,5 v. H. in Relation zum nominalen Bruttoinlandsprodukt zu nennen. In konjunkturell guten Zeiten, definiert als eine Situation mit positiver Output-Lücke, soll die Defizitrückführung sogar noch höher ausfallen. Demgegenüber regelt der korrigierende Teil des Europäischen Stabilitäts- und Wachstumspakts die mit einer Überschreitung der Zielvorgaben einhergehende explizite Rückführung der Defizite und als Ultima Ratio den Sanktionsmechanismus. Eine Überschreitung der 3 v. H. Defizitgrenze des Europäischen Stabilitäts- und Wachstumspakts ist nur in Ausnahmefällen zulässig. Dazu zählen außergewöhnliche Ereignisse wie Naturkatastrophen sowie ein schwerwiegender Abschwung, gekennzeichnet durch einen starken Rückgang des Bruttoinlandsprodukts um mindestens 2 v. H. innerhalb eines Jahres. Die Reform des Europäischen Stabilitäts- und Wachstumspaktes im Jahre 2005 hat allerdings die vorliegenden Ausnahmetatbestände in ihrer Anwendung flexibilisiert und zusätzlich den Ausnahmenkatalog erweitert.

(4) Die europäischen Verschuldungsbegrenzungsregeln des Maastricht-Vertrags und des Europäischen Stabilitäts- und Wachstumspakts gelten für den Gesamtstaat, also auch für die Bundesländer und damit auch für die Gemeinden, die nach der Finanzverfassung Teil der Bundesländer sind. Für

87 Vgl. Singer, O. (2005); Deutsche Bundesbank (2005), S. 23 ff.
88 Vgl. Rupp, H. (2003), S. 165 ff.

die Einhaltung und möglichen Strafzahlungen „haftet“ dagegen der Bund. Deshalb ist im „Innenverhältnis“ ein NSP erforderlich, der zum einen für die Mitwirkung der Bundesländer bei der Einhaltung der Kreditgrenzen sorgt und zum anderen mögliche Strafzahlungen auch auf die Länder (Gemeinden) aufteilt (vgl. Abschnitt A2).[89]

Im März 2002 wurde deshalb im Finanzplanungsrat die Regelung vereinbart, dass in den Jahren 2003 bis 2006 das zulässige Verschuldungsvolumen, das sich aus der Defizitgrenze von 3 v. H. in Relation zum nominalen Bruttoinlandsprodukt ergibt, vom Bund (einschließlich der Sozialversicherungen) zu 45 v. H. und von den Ländern und Kommunen zu 55 v. H. ausgeschöpft werden darf. Um die Einhaltung der Haushaltsdisziplin im Rahmen der Europäischen Wirtschafts- und Währungsunion sicherzustellen, wurde zudem im Jahre 2002 das Haushaltsgrundsätzegesetz um den § 51 a erweitert, der im Wesentlichen eine vom Finanzplanungsrat empfohlene Ausgabenlinie für den Bund und die Länder vorgibt.

Problematisch an dem präventiven Teil, d. h. an der Vereinbarung einer Ausgabenlinie, ist, dass damit nicht unbedingt die Einhaltung der Defizitgrenzen gewährleistet werden kann. Selbst wenn die Ausgabenlinie eingehalten wird, kann es zu einer Erhöhung des Defizits kommen, wenn sich die Einnahmen schwach entwickeln. Ein Gesetzentwurf aus dem Jahre 1995, der eine Aufteilung des zulässigen Defizits auf den Bund (einschließlich Sozialversicherungen) und auf die Länder (einschließlich Kommunen) festlegen sollte, ist am Widerstand der Länder gescheitert. Dies offensichtlich auch deshalb, weil die Länder wegen der bestehenden Haftung des Bundes keinen Anlass hatten, ihre Haushaltsautonomie durch ein solches Gesetz einzuschränken. Nachteilig ist zudem, dass die Ausgabenlinie für den Bund und die Länder in Gesamtheit festgelegt wird. Eine Begrenzung für die einzelnen Länder gibt es nicht. Damit auch nicht für die Gesamtheit der Gemeinden in einem Bundesland oder für jede einzelne Gemeinde in einem Bundesland. Schließlich sind die Empfehlungen des Finanzplanungsrates unverbindlich und lösen bei Nichteinhaltung keine Sanktionen aus.

Die Bundesrepublik Deutschland hat zur Umsetzung des korrigierenden Teils im Rahmen der Föderalismusreform in 2006 die Aufteilung von möglichen Strafzahlungen an die Europäische Union bei Verstößen gegen den Europäischen Stabilitäts- und Wachstumspakt im Grundgesetz

89 Vgl. Gandenberger, O. (2004), S. 58.

kodifiziert, indem an Art. 109 GG ein Abs. 5 angefügt wurde: „Verpflichtungen der Bundesrepublik Deutschland aus Rechtsakten der Europäischen Gemeinschaft auf Grund des Art. 104 des Vertrags zur Gründung der Europäischen Gemeinschaft zur Einhaltung der Haushaltsdisziplin sind von Bund und Ländern gemeinsam zu erfüllen. Sanktionsmaßnahmen der Europäischen Gemeinschaft tragen der Bund und die Länder im Verhältnis 65:35. Die Ländergesamtheit trägt solidarisch 35 v. H. der auf die Länder entfallenden Lasten entsprechend ihrer Einwohnerzahl; 65 v. H. der auf die Länder entfallenden Lasten tragen die Länder entsprechend ihrem Verursachungsbeitrag. Das Nähere regelt ein Bundesgesetz, das der Zustimmung des Bundesrates bedarf". Im Rahmen des Föderalismusreform-Begleitgesetzes wurden zudem das Gesetz „Gesetz zur innerstaatlichen Aufteilung von unverzinslichen Einlagen und Geldbußen gemäß Art. 104 des Vertrags zur Gründung der Europäischen Gemeinschaft (Sanktionszahlungs-Aufteilungsgesetz)" beschlossen, das die im Grundgesetz festgelegte Aufteilung im Verhältnis 65 v. H. zu 35 v. H. wiederholt und zudem den Verursachungsbeitrag näher definiert. Der Länderanteil wird zu 65 v. H. gemäß dem Anteil des jeweiligen Landes am gesamten Finanzierungsdefizit der Länder (Verursachungsbeitrag) und 35 v. H. gemäß der Einwohnerzahl (Solidarbeitrag) aufgeteilt. Länder ohne Defizit müssen keinen Verursachungsbeitrag leisten.

(5) Insgesamt ist jedoch festzustellen, dass der Versuch, die europäischen Haushaltsregeln im Rahmen des deutschen Haushaltsrechts zu berücksichtigen und insbesondere das Ziel ausgeglichener Haushalte für den Bund (einschließlich Sozialversicherungen) und die Länder (einschließlich Gemeinden) durch Beschluss des Finanzplanungsrates zu verankern, weitgehend wirkungslos geblieben ist. Die Bestimmungen stehen im Konflikt zu den unveränderten verfassungsrechtlichen Verschuldungs-Regeln, deren (inkonsequente) Umsetzung eine erhebliche Kreditaufnahme zulässt. Der verfolgte kooperative Ansatz ist bislang weitgehend mit unscharfen und unverbindlichen Verpflichtungen verbunden.[90] Den regelmäßig empfohlenen Ausgabenobergrenzen wurde teilweise nur wenig Bedeutung beigemessen und eine Bindungswirkung für die einzelnen Länder bestritten. Eine Verfehlung der Ziele zog weder Sanktionen noch einen größeren Begründungszwang nach sich.

---

90 Vgl. Rupp, H. (2003), S. 167.

(6) An dieser Stelle ist interessant, den Blick auf die anderen europäischen Staaten zu lenken und zu fragen, wie diese die Umsetzung der Maastricht-Kriterien im nationalen Finanzrecht auch im Hinblick auf die Verschuldungsmöglichkeiten der Gemeinden geregelt haben.[91] In zentralisierten Einheitsstaaten sind ein NSP und ein entsprechender Koordinationsausschuss nicht erforderlich, weil der Einfluss des Zentralstaates auf das gesamtstaatliche Verschuldungsverhalten so hoch ist, dass er die Erfüllung der Maastricht-Kriterien allein durchsetzen kann. In Großbritannien, Irland und den Niederlanden gibt es noch keinen NSP, wohl aber eine direkte Steuerung der Kreditaufnahme Nachgeordneter Gebietskörperschaften. In Portugal gibt es weder einen Pakt noch eine Steuerungstätigkeit der Zentrale, ein NSP wird aber angestrebt. In Frankreich gibt es eine zentrale Steuerung der Kreditaufnahme Nachgeordneter Gebietskörperschaften, die noch dazu in einem „contract de croissants et de solidaritè" eingebettet ist.

In den dezentralisierten Einheitsstaaten Dänemark und Finnland gibt es keinen formellen Stabilitätspakt, hier ist der Zentralstaat hauptverantwortlich für die Einhaltung des NSP. In Italien dagegen gibt es einen NSP, der das Maastricht-konforme Defizit auf die Gebietskörperschaften und die Sozialversicherungen aufteilt und Vorgaben für die Annäherung an das Mittelfristziel eines ausgeglichenen Haushalts setzt. Die Einhaltung des Paktes wird über positive Sanktionen (im Wesentlichen durch zinsverbilligte Kredite) unterstützt, die Sanktionen werden verursachergerecht umgesetzt. In Schweden gibt es einen NSP, der allerdings nicht als solcher bezeichnet wird. Das Parlament bestimmt ein dreijähriges Ausgabenlimit für die Zentralregierung und die lokalen Gebietskörperschaften werden von der Zentralregierung daraufhin überwacht, dass die Haushalte ausgeglichen sind.

Bei den föderalistischen Staaten, d. h. in den europäischen Staaten mit dreigliedrigem Staatsaufbau, gibt es in Belgien einen Finanzplanungsrat, in dem die Finanzminister der Zentralregierung und der Regionen sowie die Zentralbank und Sachverständige vertreten sind. Dieser überwacht die Einhaltung individueller regionaler Stabilitätsprogramme, die zwischen der Zentralregierung und den Regionen ausgehandelt werden und deren Planungszeitraum dem NSP entspricht. Für den Fall von Abweichungen gibt es zwar keine formellen Sanktionen, die Zentralregierung

91 Vgl. Grossekettler, H. (2005), S. 53 ff.

kann aber die Schuldenaufnahme der Regionen und der Gemeinden durch ein zustimmungspflichtiges Gesetz beschränken.
Spanien wird in seiner Verfassung nicht als Bundesstaat bezeichnet, es gibt aber 17 „Comunidades Autonomas“, die in etwa mit den Bundesländern in Deutschland vergleichbar sind. Zwischen ihnen und der Zentralregierung werden auf der Basis eines Stabilitätsgesetzes für die Dauer von fünf Jahren bilaterale Absprachen zur Einhaltung eines NSP getroffen, die für die Territorialregierungen in diesem Zeitraum einen ausgeglichenen Haushalt vorsehen. Das Finanzministerium des Zentralstaates überwacht die Einhaltung dieser Absprachen und kann Abweichungskorrekturen anordnen. Sanktionen werden verursachungsgerecht auf die Beteiligten verteilt.
Österreich verfügt über den wohl ausgefeiltesten NSP. In diesem Pakt, dessen Einhaltung durch Koordinationskomitees überwacht wird, verpflichten sich der Bund, die Länder und die Gemeinden auf eine Verteilung der Defizitwerte die Maastricht-konform sind. Mit dem Österreichischen Stabilitätspakt (ÖSP) werden die Verschuldungsgrenzen, die sich der Gesamtstaat gesetzt hat, auf den Bund, jedes einzelne Bundesland und auf die Kommunen eines jeden Bundeslandes verteilt. Die Verpflichtungen, welche die Vertragspartner einhalten müssen, werden als „Stabilitätsbeiträge“ bezeichnet. Diese werden beim Bund und den Ländern mit Bezug auf 0,75 v. H. des BIP und bei den Ländern und Gemeinden zusätzlich mit Bezug auf die Einwohnerzahl berechnet. Die Überwachung der Vereinbarungen und damit auch eine effektive Haushaltskoordinierung ist mit Blick auf das Verhalten von Bund, Ländern und Gemeinden einem beim Bundesministerium für Finanzen eingerichteten Koordinierungskomitee übertragen worden. In den einzelnen Bundesländern gibt es zusätzlich mit Bezug auf das Verhältnis von Ländern und Gemeinden Länderkoordinierungskomitees.

(7) In Deutschland besteht – wie dargestellt – im Gegensatz zu diesen europäischen Beispielen nach wie vor eine Diskrepanz zwischen den im Rahmen des Maastricht-Vertrages und des Stabilitäts- und Wachstumspaktes eingegangenen europäischen Verpflichtungen zur Begrenzung des gesamtstaatlichen Defizits einerseits und dem nationalen Haushaltsrecht andererseits.
Eine entsprechende konsequentere Form des nationalen Haushaltsrechts würde eine Verfassungsänderung erfordern. Dabei entspräche es den europäischen Vorgaben, wenn anstelle der in Art. 115 GG verankerten Regelung für den Bund wie auch für die Länder das Gebot strukturell annä-

hernd ausgeglichener Haushalte in die Verfassung aufgenommen würde. Eine solche grundsätzliche Entscheidung würde konkrete Ausführungsbestimmungen erfordern, für die das Haushaltsgrundsätzegesetz (HGrG) ein geeignetes Regelungswerk sein könnte. Hier könnte eine transparente und nachvollziehbare Berücksichtigung der konjunkturellen Einflüsse definiert werden. Zudem wäre die einzelne Gebietskörperschaft darauf zu verpflichten, detailliert nachzuweisen, warum ggf. von einer ausgeglichenen Position abgewichen und wie eine solche Lage wieder erreicht wird.

Die im Finanzplanungsrat für die Jahre 2004 bis 2006 abgestimmte – allerdings rechtlich unverbindliche – Aufteilung der Defizitobergrenze von 3 % des BIP zu 45 % auf den Bund und die Sozialversicherung einerseits und 55 % auf die Länder und Gemeinden andererseits erscheint dabei nicht angemessen. Es ist zu berücksichtigen, dass der Bund einen zyklisch volatileren Haushalt als die Länder und Gemeinden hat, da sich hier neben den konjunkturellen Schwankungen bei den Steuereinnahmen insbesondere die zyklischen Defizite der Bundesagentur für Arbeit niederschlagen. Wegen der höheren Konjunkturanfälligkeit wäre deshalb prinzipiell ein größerer Anteil des Bundes angezeigt. Dem stünde freilich die Verpflichtung zu entsprechend höheren Überschüssen in einer günstigeren konjunkturellen Lage gegenüber.

(8) Auf der Länderebene – einschließlich Gemeinden – erscheint nicht zuletzt aus pragmatischen Gründen eine horizontale Verteilung gemäß der Einwohnerzahl nahe liegend. Während für den Gesamtstaat das BIP als maßgeblicher Indikator für die Finanzkraft (und damit die Fähigkeit, die aus Defiziten resultierenden zukünftigen Belastungen zu tragen) anzusehen ist, ist dies für die derzeitige innerstaatliche Situation in Deutschland nicht der Fall. Über die Steuerverteilung im Länderfinanzausgleich findet eine verhältnismäßig starke Einebnung der Steuereinnahmen je Einwohner statt, so dass die Einwohnerzahl einen besseren Anknüpfungspunkt für die (potenzielle) Finanzkraft darstellt. Ausgehend von diesen grundsätzlichen Überlegungen haben Berthold und Drews[92] einen Vorschlag für die Einbindung der Gemeinden in einen solchen Ansatz entwickelt. Ausgehend von den genannten Überlegungen plädieren sie für eine Aufteilung der für die Länder insgesamt vorzusehenden Defizithöhe nach einem Schlüssel, der sowohl deren Einwohnerzahl als auch deren Anteil am Bruttoinlandsprodukt (BIP) berücksichtigt. Für die horizontale Ver-

92 Vgl. Berthold, N./Drews, S. (2003), S. 517 ff.; Häde, U. (2006), S. 107.

teilung des Defizits auf die jeweiligen Gemeinden in den Ländern schlagen sie ebenfalls einen einwohnerbasierten Schlüssel vor, lassen dabei jedoch offen, ob besondere Belange der Agglomeration und der Verstädterung bei der Gewichtung mit veredelten Einwohnerzahlen berücksichtigt werden sollen. Auch bleibt bei diesem Vorschlag offen, in welcher Weise ein Sanktionsdurchgriff auf die Gemeinden zu gestalten ist.

(9) Das Ziel, im nationalen Haushaltsrecht alle Gebietskörperschaften auf solide Staatsfinanzen zu verpflichten, setzt eine grundlegendere Form der Finanzverfassung in Deutschland voraus. Hier könnte die beabsichtigte Föderalismusreform II der geeignete Ansatz sein. Es bedarf dazu allerdings einer klaren Aufgabenzuordnung auf die einzelnen staatlichen Ebenen und einer korrespondierenden Zuweisung von Einnahmequellen und entsprechende Gesetzgebungskompetenzen der einzelnen Gebietskörperschaften. Diese Herausforderung einer umfassenden Lösung kann auch nicht durch die unterschiedlichen Vorschläge zur Begrenzung der öffentlichen Kreditnahme ersetzt werden, die in jüngerer Zeit z. B. vom Wissenschaftlichen Beirat beim Bundesfinanzministerium, vom Wissenschaftlichen Beirat beim Bundeswirtschaftsministerium und vom Sachverständigenrat (SVR)[93] entwickelt wurden. Gleichwohl ist eine effizientere, auch mit Sanktionen verbundene Begrenzung der Netto-Neuverschuldung eine notwendige, wenn auch (allein) nicht hinreichende Voraussetzung für eine größere fiskalische Disziplin. Beispielhaft für die in diese Richtung zielende Überlegung soll hier auf den jüngsten Vorschlag des SVR eingegangen werden,[94] der eine auf drei Modulen beruhende Schuldenbegrenzung vorsieht. Nach diesem Konzept determiniert Modul 1 die langfristig, objektbezogene Verschuldung, Modul 2 eine Schuldenschranke, die sich an der Konditionierung konjunkturell bedingter Finanzierungsdefizite oder -überschüsse orientiert. Modul 3 konstituiert Verfahrensregeln und Sanktionen. Alle drei Module werden in einem Entwurf für einen neuen Art. 115 GG zusammengefasst, der grundsätzlich auch für die Länder gelten soll. Damit werden Elemente der schweizerischen Schuldenbremse für den Zentralstaat übernommen.[95] Die Rückwirkungen dieses Ansatzes auf die Kommunalhaushalte lässt der SVR allerdings ebenso offen wie die Frage, ob ein solcher Ansatz überhaupt auf die Gemeinden Anwendung finden sollte. Immerhin

93 Vgl. Wissenschaftlicher Beirat beim Bundesministerium der Finanzen (2002); Wissenschaftlicher Beirat beim Bundesministerium für Wirtschaft und Arbeit (2005).

94 Vgl. Sachverständigenrat zur Begutachtung der gesamtwirtschaftlichen Entwicklung (2007b), S. 7.

95 Vgl. Siegenthaler, P. (2007), S. 26 f.

könnten diese Überlegungen die Richtung weisen, indem auf gemeindlicher Ebene die objektbezogene Verschuldung auch die Schuldenschranke markiert und die Sanktionen sich auf deren Überschreitung beziehen. Allerdings bleibt auch dabei offen, inwieweit die vom SVR angedachten Konsequenzen – Nichtigkeit des Haushaltsgesetzes bzw. der Haushaltssatzung – politisch tatsächlich umgesetzt werden können. Schwarting verweist dazu auf Finanzplanungs-Plattformen in den einzelnen Ländern, wie sie z. T. als Finanzausgleichs-Kommissionen schon bestehen.[96]

96 Vgl. Schwarting, G. (2007), S. 91.

D. Die Haftungskette der Finanzverfassung zugunsten der Kommunen

1. Die vorherrschende Auffassung

(1) Im Kapitel C ist die Rechtsgrundlage der Kommunalverschuldung dargestellt worden. Im Folgenden soll einerseits der Frage nachgegangen werden, ob Städte und Gemeinden zahlungsunfähig werden können und andererseits, inwieweit möglicherweise Änderungen in dem zu analysierenden Befund zu erwarten sind. Die Frage einer möglichen Zahlungsunfähigkeit einer Gemeinde ist in der staatsrechtlichen und finanzrechtlichen Literatur nicht zuletzt unter dem Eindruck des Finanzdebakels der schweizerischen Gemeinde Leukerbad in 1998 in jüngerer Zeit eingehend diskutiert worden.[97] Gleichermaßen wurde dieses Thema dadurch problematisiert, dass die Kommunalaufsicht des Landes Brandenburg 1994 in einer schriftlichen Verlautbarung Zweifel daran genährt hat, dass es die Zahlungsstörungen bei seinen Kommunen und kommunalen Einrichtungen ausgleichen wird.[98]
In diesem Zusammenhang wird immer wieder die Frage gestellt, ob es einen Anspruch der Kommunen an das jeweilige Land auf dessen Einstandspflicht, also einen Anspruch auf ein „bailing out“[99] gibt. Die Länder haben es lange vermieden, eine rechtliche Garantenstellung für kommunale Schulden anzuerkennen. Der Bundesgerichtshof verwies allerdings in seiner Revision gegenüber dem so genannten „Oderwitz-Urteil“ darauf, dass die Aufsichtsbehörden generell eine Haftung gegenüber den beaufsichtigten Kommunen haben und alle Informationen zum Zeitpunkt der aufsichtsrechtlichen Entscheidung vollumfänglich zu berücksichtigen seien. Die Aufsicht muss somit prüfen, ob günstigere Finanzierungsmöglichkeiten in Bezug auf ein Investitionsprojekt für eine Gemeinde bestehen. Dies gilt allerdings nur dann, wenn auch tatsächlich eine Kommunalaufsicht im jeweiligen Bundesland besteht. Ist dies nicht der Fall, gibt es keine Haftungskette, die auf die Landesregierung zurückfällt. Der BGH sieht somit die Kommunalaufsicht als „drittschützend“ an. Demnach muss sie ihre Amtspflichten vollumfänglich wahrnehmen. Dies gelte für jede Art der Betätigung als Aufsichtsbehörde, auch für die Erteilung eines Rates.[100] Zusammengefasst ist das Urteil

97 Vgl. o. V. (1999a), S. 24.
98 Vgl. o. V. (1994a), S. 1726.
99 Vgl. Faber, A. (2006), S. 691 ff.
100 Vgl. Bundesgerichtshof (2002) sowie Unterausschuss IMK (2003).

somit nicht nur hinsichtlich der faktischen Haftung der Kommune von Bedeutung, sondern in Bezug auf die Amtshaftung einer Kommunalaufsicht.

(2) Weiterhin sind bei der Betrachtung der Haftungsketten verfassungsrechtliche Gesichtspunkte zu berücksichtigen. Die Ergebnisse der vorliegenden rechtlichen Analysen[101] lassen sich wie folgt zusammenfassen. Bundesverfassungsrechtlich folgen aus Art. 28 Abs. 2 GG die staatliche Einstandspflicht im Falle des faktischen Kommunalkonkurses. Die kommunale Selbstverwaltungsgarantie gewährleistet zugleich die Grundlagen der finanziellen Eigenverantwortung und damit für den Kernbereich der gemeindlichen Aufgaben einen Anspruch der einzelnen Gemeinde auf finanzielle Mindestausstattung. Dabei gehört es nach herrschender Auffassung zum Wesensgehalt des Art. 28 Abs. 2 GG, dass das jeweilige Bundesland den Gemeinden über die zur finanziellen Lebensfähigkeit erforderlichen Finanzmittel hinaus weitere Gelder in jenem Umfang zur Verfügung stellt, der die Erfüllung substanzieller Aufgaben des Selbstverwaltungsbereiches ermöglicht. Insbesondere gilt das für die Erfüllung von Aufgaben des übertragenden Wirkungskreises, d. h. der Pflichtaufgaben zur Erfüllung nach Weisung, und der pflichtigen Selbstverwaltungsaufgaben, sofern diese mit den der Gemeinde zur Verfügung stehenden Finanzmitteln nicht mehr bewältigt werden können. In diesen Fällen haftet das jeweilige Land für bestehende Verbindlichkeiten. Vollstreckungen setzen die Zulassungsverfügung der Aufsichtsbehörde voraus, die in Bezug auf das für die Erfüllung von Pflichtaufgaben unverzichtbare Vermögen nicht erteilt werden darf.[102]

(3) Tatsächlich haben in der Vergangenheit eine Reihe von Bundesländern – ohne ausdrückliche Begründung – im Rahmen des Finanzausgleichs Mittel für Bedarfszuweisungen vorgesehen, die jenen Gemeinden auf Antrag zur Verfügung gestellt werden, die aus eigener Kraft den Haushaltsausgleich nicht sicherstellen konnten. Auch das Land Brandenburg hatte für bestimmte Fallkonstellationen 1996 einen „Haushaltssicherungsfonds zur Unterstützung kreisangehöriger Gemeinden, die aufgrund ihrer ungeordneten Haushaltswirtschaft zahlungsunfähig sind", eingerichtet. Auch auf solche Mittel besteht kein Rechtsanspruch; sie stehen stets unter dem Vorbehalt einer strengen Prüfung durch die Auf-

101 Vgl. Engesing, F. (1997); Schwarz, K.-A. (1998); Voitl, A. (1999), S. 267; Nierhaus, M./Gerhardt, I. (1999).

102 Vgl. Hoppe, W. (1972), S. 117 ff.; Bayer, D. (1993), S. 1287 ff.

sichtsbehörde[103]. Ein bemerkenswertes „bailing out“ hat das Land Nordrhein-Westfalen Ende der 80er Jahre mit der Auflösung des seinerzeitigen Ausgleichskontos den Empfängerkommunen als Entschuldungshilfe in Höhe von insgesamt 210 Mio. DM (= 107,4 Mio. EUR) gewährt.[104]

(4) Es liegt auf der Hand, dass mit solchen Maßnahmen das eigentliche Problem nicht gelöst wird. Die Bedarfszuweisungen werden in der Systematik des kommunalen Finanzausgleichs kritisch betrachtet. Sie haben allenfalls eine Berechtigung, wenn Kommunen unverschuldet in eine finanzielle Notlage geraten. Im Übrigen reichen in vielen Ländern die für Bedarfszuweisungen zur Verfügung gestellten Mittel bei weitem nicht mehr aus, um die bestehenden Probleme zu lösen. Vor diesem Hintergrund toleriert die Kommunalaufsicht hohe und steigende Kassenkreditvolumina. Dass die Liquidität der Kommunen insofern auch bei hohen Defiziten als „Ausweg“ funktioniert setzt voraus, dass die Kommunen unbegrenzt Kassenkreditlinien von der Kreditwirtschaft erhalten. Dies verdeutlicht, dass auch die Banken die Einstandspflicht der Länder bislang unterstellen.

(5) Unabhängig von der rechtlichen Begründung würde das Vertrauen in diese Einstandspflicht und deren wirtschaftliche Realisierungsmöglichkeit wahrscheinlich nachhaltig tangiert, wenn das gesamte Ausmaß der daraus für ein Land entstehenden Traglast erkennbar wäre. In der Kameralistik der Gemeindehaushalte werden bisher nur solche Verbindlichkeiten berücksichtigt, die sich aus der Aufnahme von Krediten als monetäre Größe in Form der Kredithöhe ohne Betrachtung der Zinsverpflichtungen im Zeitablauf ergeben. Andere künftige Zahlungsverpflichtungen wie etwa Pensionsverpflichtungen werden nicht erfasst. In einem dem tatsächlichen Verhältnis entsprechenden Ausweis des Vermögens und der Schulden müssen derartige Verbindlichkeiten als Rückstellung ausgewiesen werden mit entsprechenden Konsequenzen für die Kapitalstruktur. Bei der überwiegenden Zahl von Gebietskörperschaften würde dann eine faktische, durch das bisherige Rechnungswesen kaschierte, Überschuldung transparent werden. Insofern wird der Übergang zur Doppik hier zu einer Aufklärung über die Tragweite solcher Einstandspflichten der Länder führen, die möglicherweise auch deren rechtliche Verpflichtung zum Ausgleich nicht dem Grunde, aber der Höhe nach in Frage stellt (vgl. auch C2). Dies hätte dann auch Konsequenzen für die Gewährung von Krediten an Kommunen.

---

103 Vgl. Schwarting, G. (2006), S. 105 f.

104 Vgl. Held, F. W. (2001), S. 40 f.

(6) Aber nicht nur die Orientierung der kommunalen Haushaltsplanung und Haushaltsrechnung am Geldverbrauch statt am tatsächlich realisierten Ressourcenverbrauch führt zu einer völlig unzulänglichen Information über die zukünftigen Verpflichtungen der Gemeinde. Hinzu kommt als weiteres Informationsdefizit, dass sich die dargestellten Inhalte i. d. R. nur auf die Kernverwaltung beziehen und nicht auf die dezentralen, vollständig oder anteilig im Eigentum der einzelnen Gebietskörperschaften sich befindenden Organisationen unterschiedlichster Rechtsform. Hier handelt es sich um eine zusätzliche implizite Verschuldung.[105] Informationen über die tatsächliche Vermögens-/Ertrags- und Finanzlage einer Kommune erfordert eine Konsolidierung der dezentralen Einheit mit der Kernverwaltung. Dafür spricht auch, dass in der derzeitigen schwierigen Finanzsituation die Gemeinden dazu neigen, mit dezentralen Einheiten bewusst Schattenhaushalte einzurichten, um ihre tatsächliche Verschuldung intransparent zu gestalten.

(7) Dieser Befund erhält zusätzliche Brisanz dadurch, dass das erreichte hohe Niveau der Zinszahlungen dazu führt, dass auch kommunale Konsolidierungsanstrengungen nicht ausreichen, die zusätzlichen Zinseffekte aufgrund der Neuverschuldung abzudecken. Damit verbunden ist im Zeitablauf die faktische Abkopplung der Kredite von Vermögens- und Leistungsäquivalenten. Entweder sind die Kredite indirekt in Konsumausgaben geflossen oder aber die mit den Krediten finanzierten Investitionen sind nicht mehr existent bzw. haben unter Berücksichtigung von Abschreibungen den Buchwert von Null. Damit wird die Abkopplung des Kredites von dem zu finanzierenden Vermögenswert zum zentralen Problem. Die Kreditrückzahlung orientiert sich nicht an der Laufzeit der mit dem Kredit finanzierten Investition, vielmehr besteht der zur Finanzierung aufgenommene Kredit weit über die Laufzeit der mit dem Kredit finanzierten Investitionen hinaus. Daraus resultiert eine sich verstärkende Tendenz zur vermögensunabhängigen Kreditfinanzierung mit einem kontinuierlichen Anstieg der Verschuldung bei gleichzeitig sinkendem Vermögen.

(8) Kommunalkredite werden bislang zu privilegierten Konditionen (Befreiung von den Vorschriften des Kreditwesengesetzes) vergeben und als risikolose (Gewichtung mit dem sog. Null-Risiko) eingestuft. Dies hat zur Konsequenz, dass sie nicht mit Eigenkapital unterlegt werden.[106] Dieser Regelungspraxis liegt das Vorverständnis zugrunde, dass der Staat und

105 Vgl. Junkernheinrich, M. (1991), S. 101 ff.
106 Vgl. Walter, J. (2004). S. 8.

mit ihm die Kommunen über eine uneingeschränkte Bonität verfügen und praktisch als Adresse nicht ausfallen können. Sollte eine staatliche Einheit wider erwarten doch ausfallen und Not leidend werden, springe die übergeordnete staatliche Ebene automatisch ein. Die bisherige Regelungspraxis führte dazu, dass der Kommunalkredit eine sehr günstige Finanzierungsquelle war, auf die mit geringem Aufwand und schnell zurückgegriffen werden konnte. Die zunehmende Finanzkrise der Kommunen und die o. g. Fälle lassen Zweifel an diesem Vorverständnis aufkommen. Zudem sind die internationalen Normen für die Neuregelung der Anforderungen an die Eigenkapitalausstattung zur Verbesserung des Risikomanagements von Kreditinstituten, die den Kommunalkrediten nicht länger ein Null-Risiko unterstellen, geeignet, den Glauben an die unbegrenzte Bonität der Kommunen zu erschüttern (vgl. dazu ausführlich unten D3).

2. Die Verwirklichung der Haushaltsdisziplin durch Föderalismus mit Insolvenz?

(1) Angesichts der Schwierigkeiten, mit kommunalaufsichtsrechtlichen Instrumenten oder mit dem Konzept eines Nationalen Stabilitätspaktes auf kommunaler Ebene die notwendige Haushaltsdisziplin herbeiführen zu können, wird auch vorgeschlagen, die öffentlichen Haushalte im Allgemeinen und die Kommunen im Besonderen über den Kapitalmarkt zu disziplinieren. Dieser Diskussion liegt die These zugrunde, dass der Föderalismus dauerhaft nur reformierbar ist, wenn er i. S. der finanzwirtschaftlichen Verantwortung bis hin zur institutionalisierten potentiellen Insolvenz zu Ende gedacht wird.[107] Nur durch eine solche Möglichkeit – so ist die Überlegung – würden Maßnahmen ausgelöst, die eine solche Konsequenz verhindern. Zugleich eröffne die Insolvenz die Perspektive eines späteren Neuanfangs, d. h. der Restrukturierung des Kommunalhaushaltes.[108] Auf diese Weise würden Vorsichtsmaßnahmen ausgelöst, durch die die Insolvenz zunächst möglichst verhindert und durch die klargestellt werde, dass eine Insolvenz alle Beteiligten zu einem Arrangement, zu einem Neustart zwinge. Insofern könne die Möglichkeit der Insolvenz auch zu einer politisch attraktiven Institution werden.[109] Auch bei nachgeordneten Gebietskörperschaften, also auch bei Gemeinden, sei

107 Vgl. Blankart, C. /Fasten, E. /Klaiber, A. (2006), S. 567 ff.; Schuppert G. F./Rossi, M. (2006); Blankart, C. (2007a), S. 979 ff.
108 Vgl. Paulus, C. (2003), S. 863 ff.
109 Vgl. Jochimsen, B./Konrad, K. A. (2007), S. 18 ff.; Blankart, C./Klaiber, A. (2004), S. 137 ff.

nicht deren Zahlungsunfähigkeit, sondern die Eintrittsverpflichtung der übergeordneten Gebietskörperschaft, welche über die Glaubwürdigkeit einer „non bail out“ Drohung entscheide, maßgebend. Damit würde eine mangelnde Budgetdisziplin befördert und die übergeordneten Gebietskörperschaften in eine Situation gebracht, in der sie faktisch keine Alternative zur Hilfe gegenüber zahlungsunfähigen Gebietskörperschaften hätten.

(2) Diese Überlegungen gehen davon aus, dass insgesamt keine hinreichenden Anreize bestehen, Haushaltskrisen zu vermeiden. Dies hat im Wesentlichen drei Ursachen:

- Die Gebietskörperschaften können (formal) nicht insolvent werden.
- Der Bund und die Länder können über das Ausmaß ihrer eigenen Verschuldung eigenständig entscheiden, bei den Gemeinden ist dies wegen der Bindung an kommunalaufsichtsrechtliche Normen de jure nur eingeschränkt möglich; aus den genannten Gründen greifen de facto diese Beschränkungen jedoch nur partiell.
- In Fällen extremer Haushaltsnotlage befinden sich der Bund und die Länder über das bündische Prinzip praktisch in einer Art Schuldengemeinschaft, welche die Gemeinden als finanzverfassungsrechtlichen Teil der Länder einschließt.

Damit werden die Solidität der Haushaltspolitik und ein daraus resultierendes gutes Kreditrating zu einer Art „Kollektivgut“. Aus dieser Erkenntnis resultieren zwei konzeptionelle Ansätze: Der eine, der z. B. vom Wissenschaftlichen Beirat beim Bundeswirtschaftsministerium[110] favorisiert wird, zielt auf eine Einschränkung oder gar Beseitigung der gegenseitigen Einstandspflicht. Dies wäre jedoch keine wirkliche Lösung des Problems, da ein solcher Verzicht auf Hilfe innerhalb einer so eng verflochtenen Struktur wie dem deutschen Föderalismus nicht glaubhaft und damit nicht praktizierbar ist. Zudem würde ein solcher formaler Verzicht die extreme Haushaltsnotlage einer Gebietskörperschaft auch nicht zuverlässig ausschließen. Der andere Ansatz, der vom Wissenschaftlichen Beirat beim Bundesministerium der Finanzen[111] favorisiert wird, sieht in einem geeignet gestalteten Insolvenzrecht für Gebietskörperschaften einen Weg, mit dem zwar die Politik nicht davon abgehalten werden kann Schulden aufzunehmen, der gleichwohl die Kapitalgeber an den Kreditmärkten davon überzeugen kann, ihre Ausleihungen an bestimmte öffentliche Adressen zurückzunehmen. Dass dieser Anreizme-

110 Vgl. Wissenschaftlicher Beirat beim Bundesministerium für Wirtschaft und Arbeit (2005).
111 Vgl. Wissenschaftlicher Beirat beim Bundesministerium der Finanzen (2005).

chanismus nicht nur in der Theorie sondern auch in der Praxis funktioniert zeigt ein Blick in die USA: Die Stadt Philadelphia versuchte im Jahr 1990 sich 375 Mio. US-Dollar auf dem Kapitalmarkt zu leihen. Aufgrund ihrer desolaten finanziellen Situation verweigerten private Investoren den Kredit. Die Stadt musste daraufhin in einen mühsamen, Jahre andauernden Konsolidierungsprozess ihre Finanzen aus eigener Kraft sanieren.[112]

(3) Ordnungspolitisch erscheint die Disziplinierung der öffentlichen Haushalte durch Märkte attraktiv.[113] Ohne jedes Eingreifen der politischen Akteure würden die Gebietskörperschaften sich zwangsläufig bemühen, ein gutes Rating und damit günstige Kredite zu erhalten (vgl. hierzu D3). Jene Gebietskörperschaften, denen ein „Investment Grace" abgesprochen wird, würden durch Zinszuschläge bestraft oder in letzter Konsequenz kreditrationiert.[114]

Nach herrschender Rechtsauffassung sind Gebietskörperschaften jedoch nicht insolvenzfähig. § 12 Abs. 1 der deutschen Insolvenzordnung lautet: „Unzulässig ist das Insolvenzverfahren über das Vermögen erstens des Bundes oder eines Landes; zweitens einer juristischen Person des öffentlichen Rechts, die der Aufsicht eines Landes untersteht, wenn das Landesrecht dies bestimmt." Die Insolvenzunfähigkeit gilt zunächst für den Bund und die Länder. Sie erstreckt sich aber nach allen Landesgesetzgebungen auch auf die Gemeinden.[115]

Mit Blick auf die Gemeinden ist daher festzustellen, dass der § 12 Abs. 1 Nr. 1 InsO die Insolvenzfähigkeit des Bundes und der Länder gänzlich ausschließt und in der Nummer 2 dieser Norm es den Ländern hinsichtlich ihrer aufsichtsrechtlich untergeordneten juristischen Personen – und damit auch der Gemeinden – die Entscheidung überlässt, ob diese dem Regelungsregime der Insolvenzordnung unterworfen sein sollen oder nicht. Für die Gemeinden statuiert die Norm also prinzipiell die Insolvenzfähigkeit und damit die Anwendbarkeit der gesamten Insolvenzordnung, „wenn das Landesrecht dies bestimmt". Damit verweist der Bundesgesetzgeber auf die grundsätzlich bestehende Insolvenzfähigkeit und überantwortet dem Landesgesetzgeber die Verantwortung und Entscheidung für die Frage, ob die in seinem Hoheitsbereich domizilierenden

112 Vgl. Homburg, S./Röhrbein, C. (2007), S. 15.
113 Vgl. Jochimsen, B. (2007), S. 518 ff.; Konrad, K. (2007), S. 581 ff.; Deutsche Bundesbank (2007b), S. 60 f.
114 Vgl. Ziegenhorn, B. (1999).
115 Vgl. Faber, A. (2006), S. 689.

Gemeinden dem Regime der Insolvenzordnung unterfallen sollen oder nicht.

(4) Sämtliche Bundesländer haben bis heute diese Frage verneint. Zunächst ist die zentrale Begründung für diese Position, dass die uneingeschränkte Anwendbarkeit des Insolvenzrechts bei Gemeinden zu untragbaren Ergebnissen führe, etwa durch das damit ausgelöste Recht eines jeden Gläubigers gegenüber der Gemeinde, den Insolvenzantrag zu stellen. Wichtigster Grund für diesen Ausschluss des Insolvenzverfahrens über kommunales Vermögen ist, dass mit der Eröffnung eines Insolvenzverfahrens gemäß § 80 Abs. 1 InsO der Schuldner sein Recht, das zur Insolvenzmasse gehörende Vermögen zu verwalten und darüber zu verfügen, an den Insolvenzverwalter verliert. Dies ist mit der öffentlichen Aufgabenerledigung der Kommunen nicht vereinbar.

Tatsächlich kann es jedoch nicht darum gehen, durch eine Änderung der Insolvenzordnung dieses Vorbehaltsrecht der Länder ersatzlos aufzuheben. Es ist auch kaum vorstellbar und erst recht nicht wünschenswert, dass gemeindliche Vermögen gewissermaßen meistbietend zu verwerten. Vielmehr muss es Ziel sein, auch den Gemeinden das 1998/99 im Zuge der Reform des bis dahin geltenden Insolvenzrechts vorgesehene Planverfahren nach § 217 ff. InsO zu ermöglichen. Mit dieser Ergänzung des Insolvenzrechts wurde in Abkehr vom gesetzlich bis dahin vorgesehenen Liquidationsmechanismus die gleichwertige Sanierungsalternative ermöglicht. Dieser Ansatz zielt darauf, dass das schuldnerische Vermögen nicht zerschlagen und zur anteiligen Befriedigung der Gläubiger verwandt wird, sondern alternativ die Gläubiger und die Schuldner im Zusammenwirken versuchen, den Schuldner wieder in den Zustand erfolgreicher Marktteilnahme zu bringen. Es kann also nicht darum gehen, eine Gemeinde der insolvenzrechtlichen Liquidation anheim zu geben, sondern eine Restrukturierung nach den Regeln des Sanierungs- bzw. Planverfahren der § 217 ff. InsO einzuleiten.

(5) Die Frage ist, ob und wie diesem Wahlrecht der Länder ein praktikabler Inhalt zugeordnet werden kann. Eine Lösung könnte das Vorbild des US-amerikanischen Chapter 9-Verfahrens sein, das z. Z. das offensichtlich ausgefeilteste Gemeindeinsolvenzverfahren ist (vgl. unten D4). Nach diesem Procedere sind bislang rund 200 Fälle abgewickelt worden. Dieser Ansatz könnte wegen seiner engen Anlehnung an das Chapter 11-Verfahren auch deshalb ein brauchbares Vorbild sein, weil das Planverfahren nach der reformierten Insolvenzordnung seinerseits in weiten Teilen dem Chapter 11-Verfahren nachgebildet wurde. Dabei ist allerdings

zu berücksichtigen, dass entgegen § 13 Abs. 1 Nr. 2 InsO, der die Antragsberechtigung sowohl dem Schuldner als auch dem Gläubiger einräumt, dieses Recht im Falle einer Gemeindeinsolvenz immer nur ausschließlich bei der Gemeinde selbst liegen sollte. Das heißt: Die Ziehung der Insolvenzoption ist immer nur als freiwilliger Akt in der Gemeinde und ihrer dazu politisch legitimierten Gremien vorstellbar.

(6) Internationalen Vorbildern folgend sollte erfahrungsmäßig nur eine Sanierung in Betracht kommen, in deren Rahmen die Zahlungsfähigkeit durch die vom Insolvenzverwalter zu treffenden Maßnahmen wieder hergestellt wird und die Gläubiger auf ihre Forderung ganz oder zum Teil verzichten. Die Disziplinierung der öffentlichen Haushalte durch Märkte setzt logisch voraus, dass die Kreditgeber im „Fall des Falles" nicht – wie derzeit – letztlich vom Steuerzahler freigestellt werden, sondern mit Forderungsverlusten rechnen müssen. Nur unter dieser Voraussetzung haben Kreditgeber einen Anreiz, die jeweilige Verschuldungssituation genauer zu beobachten und ggf. Zinszuschläge zu verlangen oder die weitere Kreditvergabe ganz einzustellen.

Deshalb wäre nicht lediglich § 12 Abs. 1 InsO zu streichen[116], sondern die Insolvenzordnung auch um einen neuen Abschnitt „Insolvenz von Gebietskörperschaften" zu ergänzen, der tatbestandlich die Zahlungsunfähigkeit voraussetzt und als Rechtsfolge die Sanierung nach einem Insolvenzplan anordnet. Dem Insolvenzverwalter wäre damit aufzugeben, überflüssige Ausgaben der Gebietskörperschaften zu kürzen, Vermögen – das nicht für die Wahrnehmung der Gemeindeaufgaben benötigt wird – zu veräußern und die Gläubiger quotal zu befriedigen. Aufgrund der gesetzlich vorgeschriebenen Sanierung wären extreme Haushaltsnotlagen i. S. einer Existenzbedrohung ausgeschlossen, die Versorgung der Gemeindebürger mit lokalen Gütern bliebe gesichert.[117]

(7) Weiterhin sollten Gebietskörperschaften ein hohes Maß an Schutz vor den Forderungen der Gläubiger haben, ähnlich den hohen Pfändungsfreigrenzen im Rahmen eines Insolvenzverfahrens von Privatpersonen. Die genaue Gestaltung birgt hier eine Reihe praktischer Probleme, so muss beispielsweise geregelt werden, was genau pfändbar ist und wie in die Haushaltsstruktur eines Landes eingegriffen werden könnte. Des Weiteren, wie Schulden besichert werden könnten und ob diese Besicherung nur für Altschulden oder auch für die Neuverschuldung gelten sollte. Es muss geklärt werden, ob es vorrangige und nachrangige Gläubiger gibt

116 Vgl. Blankart, C. (2007a), S. 191.
117 Vgl. Homburg, S./Röhrbein, C. (2007), S. 16.

und welche Anteile der Gläubiger an einem neuen Tilgungsplan der Gebietskörperschaften hat.
Ein Gutteil dieser Fragen ist gelöst.[118] So unterscheidet z. B. Chapter 9 bei der Befriedigung der Schuldner zwischen besicherten und unbesicherten Schulden. Für besicherte Schulden muss die Gebietskörperschaft mindestens den Wert des besichernden Vermögens zahlen, für unbesicherte Schulden muss sie im Zweifel nichts oder so gut wie nichts zahlen. Ob und wenn ja, wie viel sie zahlen muss hängt von den möglichen künftigen erzielbaren Steueraufkommen ab.[119]
Es sei dahingestellt, ob solche Ansätze z. Z. oder auch in Zukunft durchsetzbar sind. Es entstünde bei deren Verwirklichung jedenfalls eine funktionierende Schuldenbremse, bei der die Entscheidung über die Verschuldung dem Markt überlassen bleibt. Allerdings wäre die bisherige uneingeschränkte Privilegierung des Kommunalkredits in bankaufsichtsrechtlicher Hinsicht in einem solchen Szenario nicht mehr durchhaltbar.[120] Vielmehr käme es zu einer Abstufung der Risikoeinschätzung der betroffenen Gemeinde, die bei den kreditgewährenden Banken zu einer komparativ höheren Unterlegung mit Eigenkapital für die Ausleihungen an diese kommunale Adresse und damit zu höheren Kreditkosten führt. Dies entspräche aber der ordnungspolitischen Logik dieses Ansatzes.

3. Das Rating auf der kommunalen Ebene

(1) Die Disziplinierungsmöglichkeit einer Kommune durch den Kapitalmarkt setzt voraus, dass diesem ein Überwachungsinstrument zur Verfügung steht, das für alle Marktteilnehmer transparent ist. Als ein solches Instrument wird im Allgemeinen das Rating angesehen.
In Deutschland fällt innerhalb der kommunalen Finanzierung traditionell dem Bankkredit eine dominierende Rolle zu. Mehr als 96 % der Finanzierung erfolgt über Kreditinstitute. Die Finanzierung über den Kapitalmarkt ist dagegen heute noch unbedeutend (vgl. oben A1).
Die Kreditinstitute als Anbieter unterliegen strengen aufsichtsrechtlichen Regularien.[121] Unabdingbar ist hierbei das Unterlegen der Kreditvergabe durch Eigenkapital der Bank. Nach den alten Regularien – festgelegt im sog. Basel I-Ansatz – müssen die Kredite unabhängig von der Bonität

118 Vgl. Paulus, C. G. (2003), S. 869 ff.
119 Vgl. United States Bankruptcy Court (2007).
120 Vgl. Josten, R. (2006), S. 133 ff.
121 Vgl. Aufsichtsbehörde ist die Bundesanstalt für Finanzdienstleistungsaufsicht.

des Kreditnehmers grundsätzlich mit 8 % eigenem Kapital unterlegt werden. Nach den neuen Bestimmungen, die im sog. Basel II-Ansatz geordnet sind, erfolgt die EK-Unterlegung an der Bonität des jeweiligen Schuldners. Die Bonität wird ausgedrückt durch ein Rating. Seit Januar 2007 ist dieser neue Eigenkapitalakkord für Banken – vulgo: Basel II – in Kraft.[122] Demnach bedarf es grundsätzlich eines Ratings für die einzelnen Kreditnehmer. Operativ festgelegt ist dies in der Ende 2006 verabschiedeten Solvabilitätsverordnung, die die konkrete Umsetzung des Basel-II-Akkords in nationales Recht beinhaltet.[123] Ausnahmen stellen wie bereits im Basel I-Ansatz auch hier die öffentlichen Gebietskörperschaften in Deutschland dar. Die Verschuldung in Form des Haushaltsabschlusses war vor dem Hintergrund der bisherigen Vorschriften über die Eigenkapitalanforderungen von Banken somit ohne Relevanz. Auch dies dürfte ein Grund für die oben genannte Dominanz des Bankdarlehens als Finanzierungsinstrument sein.

Im Vorfeld der Umsetzung von Basel II in nationales Recht war jedoch sehr umstritten, ob die Städte und Gemeinden weiterhin auf eine Nullanrechnung von Kommunalkrediten auf das Eigenkapital der Banken und Sparkassen vertrauen konnten (sog. „partial use"). Aus der Diskussion ergab sich ein Kompromiss: Die Basel II-Regelungen wurden zunächst in eine EU-Richtlinie und schließlich in nationales Recht umgesetzt. Aus der EU-Richtlinie ergab sich nicht zuletzt aufgrund von Interventionen der damaligen Bundesregierung sowie verschiedener Landesregierungen ein Wahlrecht (Option) für die nationalen Regierungen, ob sie Forderungen an Kommunen genauso behandeln wie Forderungen an den Zentralstaat. Die Bundesregierung zog die Option und stufte damit in der Solvabilitätsverordnung Kredite an Kommunen als risikolos ein.[124] Sie unterliegen in der gültigen Verordnung einem dauerhaften partial use. „Dauerhaft" bedeutet, dass es keine zeitliche Befristung des Nullansatzes gibt. Die Anrechnung kommunaler Kredite mit dem Faktor Null gilt so lange, bis sie vom Gesetzgeber widerrufen wird. Die Solvabiltitäsverordnung müsste somit explizit geändert werden. Dies ist für die Zukunft nicht auszuschließen, da die EU-Richtlinie den Hinweis enthält, dass Forderungen an Kommunen nur dann mit Forderungen an den Zentralstaat vergleichbar und damit faktisch als risikolos einzustufen sind, „... sofern

122 Vgl. Baseler Ausschuss für Bankenaufsicht (2004).
123 Vgl. Deutsche Bundesbank (2006).
124 Vgl. Städte- und Gemeindebund Nordrhein-Westfalen (2004) sowie Bayerisches Staatsministerium für Wirtschaft, Infrastruktur, Verkehr und Technologie (2003), S. 6.

sich das Risiko dieser Forderungen nicht unterscheidet, da die Gebietskörperschaften über eigenständige Steuererhebungsrechte verfügen und besondere institutionlle Vorkehrungen gegtroffen wurden, um ihr Ausfallrisiko zu reduzieren."[125] Dies wird in Deutschland nicht zuletzt aufgrund der Besonderheiten des Länder- sowie des kommunalen Finanzausgleichs bisher als zutreffend angesehen (vgl. hierzu unten in diesem Abschnitt).

Die Aufsichtsbehörde – die Bundesanstalt für Finanzdienstleistungsaufsicht – sieht daher für die Kommunen für eine Ausfallwahrscheinlichkeit und damit auch eine Eigenkapitalunterlegung von Null vor. Es ist allerdings unklar, ob dies dauerhaft so bleiben wird, wenn sich die Rahmenbedingungen der kommunalen Finanzierung ändern. Dies könnte dazu führen, dass sich das Risiko für Kommunalkredite signifikant erhöht. Die Föderalismusreform I war bereits ein Einstieg für einen dermaßen veränderten Rahmen, da die Aufgaben zwischen den Gebietskörperschaften in Deutschland neu geordnet wurden.[126] Aus Sicht der Kommunen ist hier insbesondere zu erwähnen, dass der Bund künftig keine Aufgaben auf die Städte und Gemeinden direkt übertragen darf. Damit greift uneingeschränkt das in den Landesverfassungen festgelegte Konnexitätsprinzip. In einem zweiten Schritt – der Föderalismusreform II – will der Bund die Bund-Länder-Finanzbeziehungen neu regeln (vgl. oben A2). Möglicherweise wird den Kommunen – wie dies bereits in der Schweiz sowie in den USA der Fall ist – die Insolvenzfähigkeit auferlegt und damit der § 12 der Insolvenzordnung gestrichen (vgl. oben D2).[127] In diesem Fall wäre eine Null-Anrechnung für Kommunen nicht mehr haltbar und das Rating käme voll zum Tragen. Basel II sieht dann vor, dass ein Rating auch erforderlich ist, wenn die Kommunalfinanzierung über Bankkredite erfolgt (bankinternes Rating). Die Banken und Sparkassen müssten dann entweder nach dem Standardansatz, in dem sie auf das Rating einer externen Agentur zurückgreifen, oder nach einem von ihnen selbst dargestellten sogenannten IRB-Anatz, in dem sie selbst die Risikobewertung vornehmen, die Kreditwürdigkeit der kommunalen Kunden bewerten.[128] Kommunen, die sich bereits in der Vergangenheit über den organisierten Kapitalmarkt finanzierten, mussten faktisch ohnehin das Ratingurteil einer Ratingagentur (externes Rating) vorweisen, um ihre Anleihen plat-

125 Europäische Union (2006).
126 Vgl. Bundesministerium der Finanzen (2006), S. 81 ff.
127 Vgl. Blankart, C./Fasten, E./Klaiber, A. (2006), S. 567 ff.
128 Vgl. Deutsche Bundesbank (2004d), S. 75ff.

zieren zu können. Unter Kostengesichtspunkten betrachtet müssen die Kunden für ein bankinternes Rating keine Aufwendungen veranschlagen, während ein externes Rating erhebliche Gebühren zur Folge hat. Dies dürfte auch ein maßgeblicher Grund dafür sein, dass in Deutschland bisher (Stand: Dezember 2006) lediglich die Stadt Düsseldorf sowie der Landkreis Miesbach ein externes Rating der Agenturen Moody`s bzw. S&P aufweisen.[129] Die Pressemitteilung der Agentur S&P über das Rating des Landkreises Miesbach findet sich im Anhang 3. Der Deutsche Städtetag empfiehlt seinen Mitgliedern sogar, von einem externen Rating abzusehen.[130]

(2) Der wesentliche Grund dafür, dass Banken Kredite an öffentliche Haushalte bisher nicht mit Eigenkapital unterlegen müssen, dürfte in den haushaltsrechtlichen Beziehungen der Gebietskörperschaften untereinander bestehen. Im Rahmen des kommunalen Finanzausgleichs erhalten die Gemeinden feste Finanzzuweisungen von ihren jeweiligen Bundesländern. Unter Risikoaspekten erscheint diese Sicherheit jedoch nicht zwangsläufig zu greifen.
Innerhalb der unterschiedlichen staatlichen Ebenen bestehen jedoch bereits seit einiger Zeit Verteilungsauseinandersetzungen um das Volumen des Bund-Länder-Finanzausgleichs sowie des Länderfinanzausgleichs, die durch die Föderalismusreform II ausgeräumt werden sollen. Zuletzt schlug sich dies im sog. Berlin-Urteil wieder. Hintergrund war ein Rechtsstreit zwischen dem Land Berlin sowie dem Bund um die Zuweisung von Finanzmitteln.[131] Es ist davon auszugehen, dass die Reform indirekt auch Auswirkungen auf den kommunalen Finanzausgleich haben wird. Bereits heute ist festzustellen, dass sich einzelne Kommunen und Landkreise in erheblichen Zahlungsschwierigkeiten befinden. Zuletzt war dies z. B. bei der Stadt Suhl in Thüringen der Fall.[132] Auf Kreisebene gilt dies für den überproportional hoch verschuldeten Landkreis Lüchow-Dannenberg in Niedersachsen. Hier wird sogar seitens des Landes Niedersachsen darüber nachgedacht, den Landkreis aufzulösen und die jeweiligen Kommunen in unterschiedlichen Samtgemeinden zusammenzufassen.[133] Insgesamt ist auch der bereits dargestellte intensive Rückgriff der Kommunen auf Kassenkredite als problematisch anzusehen (vgl. oben A1). Dies ist insbesondere in den Bundesländern Saarland, Rhein-

129 Vgl. Price Waterhouse Coopers (2006), S. 25.
130 Vgl. Deutscher Städtetag (2006a).
131 Vgl. hierzu Blankart, C. (2007b).
132 Vgl. Mitteldeutscher Rundfunk (2007).
133 Vgl. Niedersächsisches Ministerium für Inneres und Sport (2007) sowie Wallbaum, K. (2007), S. 9.

land-Pfalz sowie Nordrhein-Westfalen der Fall.[134] Die Kommunen unterliegen zudem der Kommunalaufsicht der Länder. Die Aufsicht kann das Verschuldungspotenzial von Städten und Gemeinden erheblich eingrenzen. Schließlich ist zu konstatieren, dass rechtlich zwar eine Einstandspflicht der Länder für ihre Kommunen besteht, dies andererseits jedoch nicht mit einer zeitnahen Erfüllung von Zahlungsverpflichtungen durch die Länder für ihre Städte und Gemeinden verbunden sein muss.[135] Wie das Berlin-Urteil auf Bund-Länder-Ebene verdeutlicht, kommt es zwischen dem Liquiditätsbedarf sowie einer möglichen Zuweisung von zusätzlichen Haushaltsmitteln durch die übergeordnete Gebietskörperschaft zu Verzögerungen, da vielfach rechtliche Aspekte ungeklärt sind. Auf kommunaler Ebene kann die Hilfe sogar darin bestehen, dass die Länder ihren Kommunen einen spezifischen Vollstreckungsschutz gewähren. In diesem Fall sind Vermögensstände, die mutmaßlich für den geregelten Ablauf von Verwaltungsakten oder der Versorgung der Bevölkerung mit Leistungen der Daseinsvorsorge dienen, nicht vollstreckbar. Die Gläubiger können dann z. B. nicht auf das Instrument der Pfändung zurückgreifen.[136]

(3) Vor diesem Hintergrund könnte das interne Rating in absehbarer Zukunft eine erhebliche Bedeutung für die Kommunalfinanzierung haben, und zwar selbst dann, wenn an der Abwesenheit der Eigenkapitaldeckung durch die Banken festgehalten wird. Aus theoretischer Sicht deutet die Präsenz von externen bzw. internen Ratings auf den Kredit- und Kapitalmärkten auf die Existenz von Informationsassymetrien zwischen Kapitalgebern und Kapitalnehmern hin, da in einem vollkommenen Finanzierungsmarkt das Rating lediglich die Finanzierungskosten erhöhen würde, ohne dem Kapitalgeber einen zusätzlichen Nutzen zu bieten.[137] Das Ratingverfahren ist ein höchst komplexer Prozess. Im Folgenden werden zunächst die Kriterien dargestellt. Es folgt ein Blick auf die möglichen Auswirkungen für die kommunale Finanzierung.

(4) Der Begriff Rating umfasst den systematischen Bewertungsprozess, der ein standardisiertes und objektives Bewertungsverfahren sowie das Bewertungsergebnis darstellt.[138] Es werden i. d. R. quantitative und qualitative Faktoren als Kriterien verwendet. Dies gilt für das bankinterne Rating, das von den Banken durchgeführt und nicht veröffentlicht wird

134 Vgl. Deutsche Bundesbank (2007a), S. 33.
135 Vgl. hierzu auch Birkholz, K. (2007b), S. 68.
136 Vgl. Krohnsnest, S. (2006), S.156f.
137 Vgl. Steiner, M./Heinke, V. (1996), S. 579 ff sowie Daldoss, M./Foraita, O. (2003), S. 8 ff.
138 Vgl. Rehm, H., Tholen, M. (2007), S. 313.

ebenso wird für das externe Rating, das i. d. R. von speziellen Ratingagenturen wie Standard & Poor's oder Moody's durchgeführt und publiziert wird.
Gewichtung und Bewertung der Kriterien – bezogen auf einen vorher definierten Schuldner – führen zum Ratingergebnis, das durch eine Note ausgedrückt wird. Je schlechter die Note, desto höher die Finanzierungskosten der Kommunen. Die Notenskalen der wichtigsten Ratingagenturen – Standard & Poor's sowie Moody's – werden in der folgenden Tabelle dargestellt. Tendenziell sind die internen Skalen der Banken ähnlich ausgerichtet.

Tab. 11: Notenskalierung nach S&P und Moody's

Moody's	S&P	Bonitätseinstufung	Bewertung
Aaa	AAA	höchste Bonität, geringstes Ausfallrisiko	Sehr gut
Aa1 Aa2 Aa3	AA+ AA AA-	hohe Bonität, kaum höheres Risiko; hohe Zahlungswahrscheinlichkeit	Sehr gut bis gut
A1 A2 A3	A+ A A-	überdurchschnittliche Bonität, etwas höheres Risiko; starke Fähigkeit zur Zinszahlung und Tilgung	gut bis befriedigend
Baa1 Baa2 Baa3	BBB+ BBB BBB-	mittlere Bonität, starke Anfälligkeit bei negativen Entwicklungen im Unternehmensumfeld; angemessene Fähigkeit zur Zinszahlung und Tilgung	befriedigend
Ba1 Ba2 Ba3	BB+ BB BB-	spekulativ; wahrscheinlich in der Lage, Zinszahlung und Tilgung zu leisten, aber bei negativen Entwicklungen gefährdet	ausreichend
B1 B2 B3	B+ B B-	geringe Bonität, relativ hohes Ausfallrisiko	mangelhaft
Caa Ca	CCC CC	geringste Bonität, höchstes Ausfallrisiko	ungenügend
C	SD/D	In Zahlungsverzug	zahlungsunfähig

Quelle: Moody's, S&P.

Die Bewertung der Bonität des Schuldners ist zukunfts- und risikoorientiert.[139] Im Allgemeinen wird zwischen Emittenten- und Emissionsratings unterschieden. In den Emittentenratings kommt die allgemeine Finanzkraft des Schuldners zum Ausdruck, in den Emissionsratings wird die Bewertung einzelner Emissionen eines Schuldners (z. B. Anleihen) beurteilt. Da in Deutschland von den Kommunen vorerst noch kaum Anleihen am Kapitalmarkt emittiert werden, sondern i. d. R. die Kreditbeziehung zu einer Bank von Bedeutung ist, wird im Folgenden nur das Emittentenrating betrachtet.

(5) Die wichtigsten Kriterien für das Rating sind nicht nur quantitativer, sondern auch qualitativer Natur. Die folgende Tabelle 12 gibt einen Überblick.

Tab. 12: Übersicht wichtiger kommunaler Ratingkriterien

Quantitative Rating-Kriterien	**Qualitative Rating-Kriterien**
– Einwohnerzahl und -entwicklung – Arbeitslosenquote – Bruttoinlandsprodukt pro Kopf im Vergleich zum Zentralstaat – Wachstumsaussichten der Wirtschaft – Gesamtverschuldung im Verhältnis zu den Gesamteinnahmen – Zinszahlungen in v. H. der Gesamteinnahmen – Anteil der Transferzahlungen an den Gesamteinnahmen – Allgemeine wirtschaftliche Situation und Entwicklung – Finanzierungssaldo im Verhältnis zu den Gesamteinnahmen – Ergebnis des Haushalts auf Basis von Doppik-Kennzahlen	– Organisation, Effizienz und Effektivität der Finanzverwaltung – Qualität von Haushaltsplanung und Rechnungslegung – Schuldenmanagement – Steuerkraft-/-potenzial – Finanzausgleich – Qualität der Infrastruktur sowie der Wirtschaftsstruktur

Quelle: S&P, Moody's, LB Rating.

139 Vgl. Esters, C. (2003), S. 37 ff.

Die Basel-II-Regularien sehen vor, dass das Ratingurteil in keinem Fall besser ausfallen kann als die Ratingnote des Zentralstaates.[140] Hintergrund ist, dass die Zentralregierungen in der Regel über Machtbefugnisse verfügen, die eine höhere Zahlungsfähigkeit gegenüber den nachgeordneten Gebietskörperschaften wahrscheinlich erscheinen lassen. Als Beispiel sei an dieser Stelle das Recht genannt, gesetzliche Zahlungsmittel zu emittieren.
Die quantitativen Kriterien lassen sich grundsätzlich in demografische, wirtschaftliche und haushaltstechnische Indikatoren differenzieren.[141]
In den demografischen Daten kommt die Bedeutung der lokalen Gebietskörperschaft im jeweiligen Staat zum Ausdruck.
In den wirtschaftlichen Kriterien wird der Zusammenhang zwischen Haushaltskraft und wirtschaftlicher Entwicklung abgebildet. Eine Kommune mit dynamischer Wirtschaftsentwicklung, geringer Arbeitslosenquote und/oder vielfältiger Branchenstruktur wird im Allgemeinen ein höheres Einnahmepotenzial bzw. Einsparungspotenzial (z. B. bei Dienstleistungen) aufweisen als eine stagnierende Gebietskörperschaft. Die Gebietskörperschaft kann daher als haushaltstechnisch flexibler angesehen werden als eine Kommune mit entsprechenden stagnierenden Parametern. Dies ist insbesondere in den unterschiedlichen Phasen des Konjunkturzyklus von Bedeutung.
Zentrales Element der Ratingbeurteilung ist der Jahresabschluss der Kommune. Die Verschuldung schränkt i. d. R. die bereits angesprochene finanzielle Flexibilität der öffentlichen Haushalte ein. Im Ratingverfahren werden hier im Allgemeinen mehrere Messgrößen verwendet. Neben den offiziell ausgewiesenen Verbindlichkeiten sind die Eventualverbindlichkeiten einzubeziehen, die garantiebedingt dann fällig werden, wenn der eigentliche Schuldner ausfällt. Dies könnte z. B. ein Versorgungsunternehmen sein, in dem die Kommune eine Kapitalmehrheit hält. Eng verknüpft mit der Schuldenlast ist der Anteil der Zinszahlungen an den gesamten Einnahmen: Ceteris paribus gilt, dass mit steigender Verschuldung auch der Zinsanteil zunimmt und damit wiederum die Haushaltsflexibilität sinkt. Die Haushaltsflexibilität ist zudem davon geprägt, ob die Kommune ihre Einnahmen bzw. Ausgaben autonom variieren kann.[142] Konkret heißt das, ob sie die Kontrolle über ihre Einnahmen hat

140 Vgl. Baseler Ausschuss für Bankenaufsicht (2004), S. 20.
141 Vgl. Standard & Poor's (2006), S. 2.
142 Vgl. Standard & Poor's (2007), S. 7.

oder ob sie hier abhängig ist von Entscheidungen anderer Gebietskörperschaften. Dies ist z.B. in hohem Maße in Deutschland der Fall.
Ein hoher Anteil der Transferzahlungen höherer Gebietskörperschaften an den kommunalen Einnahmen führt zu einer tendenziell hohen Abhängigkeit der unteren Ebene. Daher muss in einem solchen Fall die genaue Struktur der jeweiligen Finanzbeziehungen zwischen den diversen staatlichen Ebenen analysiert werden. Es macht z. B. einen erheblichen Unterschied, ob bestimmte Hilfen verfassungsrechtlich festgeschrieben sind oder auf freiwilliger Basis durch den Zentralstaat erfolgen. Im letztgenannten Fall muss damit gerechnet werden, dass der Zentralstaat im Fall eigener finanzpolitischer Engpässe seine Zuwendungen relativ leicht kürzen kann. Dies ist ihm bei einem verfassungsmäßigen Anspruch der unteren Gebietskörperschaft weitgehend verwehrt.
Das Haushaltsergebnis schließlich drückt die Fähigkeit der Kommune aus, ihre Aufgaben der Daseinsvorsorge funktionsgerecht zu erfüllen. Revolvierende Defizite deuten darauf hin, dass Einnahmenstruktur und Aufgabenprofil nicht zueinander passen und die Kommune mittelfristig erhebliche Probleme bei der Sicherstellung ihrer Zahlungsfähigkeit haben könnte. Dieser Effekt könnte durch ein funktionierendes Schuldenmanagement zwar gedämpft, jedoch nicht vollständig kompensiert werden.
Durch die Einführung des doppischen Systems in den meisten Bundesländern könnte sich das Verschuldungsniveau der Kommunen erhöhen. Über die Ratingnote bzw. die Bonität könnten daher in absehbarer Zukunft höhere Finanzierungskosten für die Kommunen zu beobachten sein.[143]

(6) Zusammenfassend lässt sich konstatieren, dass die Umstellung der Eigenkapitalregeln für Banken nach heutigen Gesichtspunkten noch keine Auswirkungen für die kommunalen Gebietskörperschaften haben wird. Kommunaldarlehen sollen nach dem Willen der Bundesanstalt für Finanzdienstleistungsaufsicht wie bisher mit einem Faktor von Null angerechnet werden. Ein internes Rating ist für Kommunen damit noch nicht erforderlich. Im Rahmen des Zusammenwachsens der europäischen Kapital- und Kreditmärkte heißt dies jedoch nicht, dass dies auch langfristig so bleiben wird. Andere Staaten könnten z. B. von der Nullgewichtung von Gebietskörperschaften abweichen. Nimmt eine Kommune z. B. aus bestimmten Gründen ein Darlehen bei einer ausländischen Bank auf, so

143 Vgl. Budäus, D. (2006b).

muss diese die Regelungen ihrer nationalen Bankenaufsicht beachten. Und hier ist es durchaus möglich, dass die Nullanrechnung aus Deutschland für deutsche Kommunen nicht übernommen wird. In diesem Fall wäre ein Rating erforderlich. Die Finanzierung über Anleihen, die bisher kaum von deutschen Kommunen genutzt wird, erfordert ohnehin ein externes Rating, da Emissionen ansonsten kaum oder nur mit hohen Aufschlägen an den Kapitalmärkten platziert werden können.
Unabhängig von den Finanzierungsgesichtspunkten trägt die Beachtung von Ratingkriterien dazu bei, dass die Sicht der zu ratenden Kommune für sensible „Unternehmensbereiche" geschärft wird und dadurch Effizienzpotenziale gehoben werden können. Zudem ist davon auszugehen, dass die Wirtschaft ein gutes kommunales Rating als wichtiges Ansiedlungskriterium ansieht. Daher kann das Rating auch als Instrument der kommunalen Standortpolitik verwendet werden. Weiterhin ist davon auszugehen, dass Hypothekenbanken als wichtige Abnehmer deutscher Kommunalschuldverschreibungen ein Augenmerk auf das kommunale Rating werfen. Denn für sie ist es zunehmend wichtiger geworden, gegenüber den Investoren in öffentliche Titel transparent zu sein im Hinblick auf das Rating der Sicherheiten im Deckungsstock. Das Rating der kommunalen Gebietskörperschaft kann in Zeiten zunehmender internationaler Diversifizierung in steigendem Umfang die Entscheidung einer Hypothekenbank beeinflussen, welche Positionen sie für den Deckungsstock eines öffentlichen Pfandbriefs wählt.

4. Die Kommunalfinanzierung im wettbewerbsorientierten Föderalismus: Das Beispiel USA

(1) Die Möglichkeiten der kommunalen Finanzierung in einem Staat sind im Wesentlichen von den Grundsätzen der jeweiligen Finanzverfassung abhängig. Zu unterscheiden sind hier zentralistische und dezentrale, also föderalistische Systeme. In Staaten wie Großbritannien und Frankreich mit stark zentralistisch orientiertem Verwaltungsaufbau sind die Finanzierungsmöglichkeiten der Länder bzw. Provinzen sowie der Kommunen in der Regel eingeschränkt, da der Zentralstaat erhebliche Anweisungsbefugnisse gegenüber den unteren Gebietskörperschaften hat. Anders verhält es sich im föderalen Staatsaufbau, der häufig geprägt ist von einem zweistufigen System in der Legislative, wie es z. B. in Deutschland mit dem Bundestag sowie dem Bundesrat als Ländervertretung der Fall ist. Grundsätzlich ist es von der Art des Föderalismus abhängig, inwie-

weit sich die Kommunen autonom finanzieren dürfen. In einem stark wettbewerbsorientierten System wird die Autonomie im Allgemeinen erheblich ausgeprägter sein als in einem System, dass weitgehend auf einen „horizontalen Konsens“ ausgerichtet ist, wie es in Deutschland der Fall ist. Im Folgenden werden daher die Finanzierungsmöglichkeiten der Kommunen in den USA betrachtet, wo der Föderalismus stark wettbewerbsorientiert ist.

(2) In den Vereinigten Staaten wird die Legislative durch den Kongress ausgeübt. Im Senat ist jeder Bundesstaat durch zwei Senatoren vertreten, die beide auf sechs Jahre gewählt werden. Anders als in Deutschland ist der Senat somit keine Repräsentation der einzelstaatlichen Exekutive und verfügt somit nicht wie der Bundesrat hierzulande über ein daraus resultierendes Blockadepotenzial bei der parlamentarischen Gesetzgebung. Die Senatoren sind vielmehr vollkommen losgelöst und unabhängig von den jeweiligen Gouverneuren in den Einzelstaaten. Die Repräsentation der lokalen Ebene ist, auch dies ist anders als in Deutschland, nicht durch die Verfassung gesichert. Vielmehr werden deren Interessen durch vielfältige Lobbyorganisationen wahrgenommen. Exemplarisch genannt seien hier die National League of Cities sowie die National Association of State and Country Government Officials. Diese Organisationen haben jedoch keinen offiziellen Charakter.[144]

Die lokale Ebene besteht aus unterschiedlichen Gebilden. Im Wesentlichen handelt es sich um Cities, Counties, School Districts, Townships und Special Districts, die gesonderte Aufgaben wahrnehmen (z. B. „Feuerwehr-Bezirke“). Die politische Ebene stellen hierbei die Cities und Counties dar, vergleichbar mit den deutschen Städten, Gemeinden und Landkreisen. Eine Besonderheit sind die verwaltungstechnisch organisierten Schulbezirke. In diesen werden die Schulen aller Ebenen einer bestimmten Region zusammengefasst. Schuladministrative Entscheidungen werden innerhalb der School Districts getroffen. Ein Bundesstaat kann auch aus unterschiedlichen School Districts bestehen. Somit kann es innerhalb dieses Staates eine unterschiedliche Abstufung von Schularten geben, wenn die Orte zu unterschiedlichen School Districts gehören. In der folgenden Tabelle ist die Zahl der lokalen Gebietskörperschaften für das Jahr 2002 ersichtlich.

144 Vgl. Falke, A. (2004),S. 262 ff.

Tab. 13: Lokale Gebietskörperschaften in den USA im Jahr 2002

Ebene	Zahl
Bund	1
Bundesstaaten	50
Counties	3.034
Cities	19.429
Townships	16.504
School Districts	13.506
Special Districts	35.052
Gesamt	87.576

Quelle: U.S. Census Bureau.

(3) Die lokalen Gebietskörperschaften in den USA sind grundsätzlich mit einem größeren Autonomiestatus versehen als ihre Pendants in Deutschland. Allerdings kann diese Autonomie von Bundesstaat zu Bundesstaat unterschiedlich ausfallen. Unterschiede bestehen aus finanztechnischer Sicht insbesondere in der Art der Rechnungslegung sowie in der Insolvenzfähigkeit.

In den USA herrscht seit langem ein doppisches Rechnungslegungssystem vor. Alle Gebietskörperschaften – auch der Bund sowie die Bundesstaaten – müssen jährlich einen Haushaltsabschluss vorlegen, der die Einnahmen, Ausgaben sowie die Bilanz der jeweiligen Haushaltsperiode enthält. Die Rechnungslegungsvorschriften sind für alle Gebietskörperschaften des Staates einheitlich und werden vom Governmental Accounting Standards Board (GASB) festgelegt und als „generally accepted accounting principles" (GAAP) bezeichnet.[145] Das GASB ist eine private, nicht-gewinnorientierte Organisation, die neben den öffentlichen Regeln auch für die Rechnungslegungsvorschriften der nichtstaatlichen Ebene zuständig ist. Das öffentliche Rechnungswesen in den USA folgt somit bereits seit langem dem doppischen Rechnungslegungssystem. Privater und öffentlicher Bereich haben grundsätzlich ähnliche Rechnungslegungssysteme. Die Abschlüsse der unterschiedlichen Gebietskörperschaftsebenen sind damit auch über die Grenzen der Bundesstaaten vergleichbar. Alle Gebietskörperschaften müssen ihre Abschlüsse in einem jährlich zu erstellenden „Comprehensive Annual Financial Report" (CAFR) veröffentlichen. In diesem Bericht müssen sie auf finanzielle und wirtschaftliche Entwicklungen in ihrem jeweiligen Gebiet eingehen

145 Vgl. Levitt, A. (1995), S. 12 ff.

und ihre Abschlüsse begründen. Mit Beginn des Haushaltsjahres 2007 legte das GASB fest, dass alle Gebietskörperschaften mit einem Haushaltsvolumen von 100 Mio. US-Dollar auch ihre implizite Verschuldung (z. B. Pensionsverpflichtungen) ausweisen müssen.[146] Kommunen mit einem geringeren Volumen werden ab dem Haushaltsjahr 2009 folgen. Insgesamt ist der Begründungszwang für die US-Gebietskörperschaften höher als bei den Abschlüssen der deutschen Gebietskörperschaften.

Prinzipiell besteht – wie bereits oben erwähnt – ein starker Wettbewerb zwischen den Gebietskörperschaften auf der lokalen Ebene.[147] Ein Finanzausgleichssystem auf horizontaler oder vertikaler Ebene – wie es in Deutschland beim Länder- bzw. beim kommunalen Finanzausgleich der Fall ist – besteht nicht. Die US-Bundesstaaten wie auch die lokale Ebene greifen auf fiskalische Gestaltungsmöglichkeiten in diesem Wettbewerb zurück. In den US-Gemeinden spielen auf der Einnahmenseite insbesondere die Grundsteuern (property taxes) eine erhebliche Rolle.

Der Wettbewerb zwischen den Kommunen kann – dies ist ein wesentlicher Unterschied zu Deutschland – dazu führen, dass Städte und Gemeinden insolvent werden können. Formal können sie sich gemäß der „Chapter 9"-Klausel für zahlungsunfähig erklären (Vgl. hierzu auch oben D4). Bisher wurde diese Möglichkeit von mehr als 200 Gebietskörperschaften wahrgenommen (siehe Tab. 14). Im Vergleich zu den privaten Insolvenzen in den USA, diese lagen alleine in den Jahren 2003-2006 bei rund 100.000, ist dies zwar ein relativ niedriges Niveau. Eine geringe Insolvenzwahrscheinlichkeit ist für die US-Gebietskörperschaften jedoch evident.

Der wohl spektakulärste Fall war in dieser Hinsicht Orange County in Kalifornien nahe Los Angeles. Der County ist das fünftgrößte und gleichzeitig eines der reichsten Counties in den USA. Im Dezember 1994 musste der County aufgrund fehlgeschlagener Spekulationsgeschäfte die Zahlungsunfähigkeit erklären. Es entstand ein Schaden von mehreren Milliarden US-Dollar. Da in den USA – anders als formal in Deutschland – so gut wie kein Haftungszwang der übergeordneten staatlichen Gebietskörperschaft besteht, mussten viele Gläubiger Abschreibungen auf ihre Forderungen vornehmen.[148]

Die Insolvenz einer „regional authority" wird ausschließlich am „cash flow" und nicht an Vermögenswerten identifiziert. Letztere sind auch

146 O. V. (2007b).
147 Vgl. Feld, L. (2004), S. 9.
148 Vgl. Levitt, A. (1995), S. 12.

nicht pfändbar.[149] Einen Antrag auf Insolvenz kann nur die betroffene Körperschaft selbst stellen. Ein Gericht entscheidet dann, ob bereits genügend Eigenanstrengungen zur Bewältigung der Haushaltskrise unternommen wurden (vor allem ausreichende Konsolidierungen und Steuererhöhungen). Das Ziel eines Insolvenzverfahrens nach Chapter 9 besteht darin, den Körperschaften des öffentlichen Rechts, die sich in finanziell angespannten Haushaltslagen befinden, einen Schutz vor ihren Gläubigern zu bieten, um eine Restrukturierung der Schulden zu ermöglichen. Diese geht i. d. R. mit einer Reduktion der Schulden oder des Zinssatzes oder einer gestreckten Rückzahlung einher. Eine wie auch immer geartete Liquidation der Körperschaft oder der Verkauf ihres Vermögens ist in Chapter 9 nicht vorgesehen.[150] Darüber hinaus stellt die amerikanische Verfassung sicher, dass die politische Handlungsfähigkeit der Körperschaft erhalten bleibt; weder die Gläubiger noch Gerichte können mit der Festlegung auf einen bestimmten Neustrukturierungsplan Einfluss auf künftige Ausgabe- oder Einnahmeentscheidungen nehmen.[151]

(4) Neben diesen formalen Gesichtspunkten bestehen erhebliche Unterschiede im Einsatz der Finanzierungsinstrumente zwischen den USA und Deutschland. Wie aus Tab. 15 deutlich wird, spielt die verbriefte Verschuldung auf der anderen Seite des Atlantiks eine deutlich stärkere Rolle auf der lokalen Ebene als hierzulande und liegt sogar über der der Bundesstaaten. Fast zwei Drittel der Nettoneuemissionen (Bruttoemissionen abzüglich getilgter Emissionen) entfielen auf die kleinste Gebietskörperschaftsebene, lediglich gut ein Drittel auf die Bundesstaaten.

In Deutschland hat die Verschuldung über den Kapitalmarkt – wie oben dargestellt – für die Kommunen so gut wie keine Bedeutung. Die Bundesländer verschulden sich in höherem Umfang mit Hilfe verbriefter Titel als die Städte und Gemeinden. Wie bereits oben erwähnt, ist für die Emission von kapitalmarktfähigen Papieren in der Regel ein Rating notwendig. Der höhere Verbriefungsgrad der Verschuldung in den USA hat konsequenterweise zur Folge, dass auch der Anteil lokaler Gebietskörperschaften, auf die ein Rating entfällt, höher liegt als in Deutschland. Von den 50 größten Städten der USA haben fast 75 % ein Rating der großen drei Ratingagenturen Standard & Poor's, Moody's oder Fitch vorzuweisen.[152] Dieser im Vergleich zu Deutschland erheblich höhere

149 Vgl. McConnel, M./Picker, R. (1993).
150 Vgl. Jochimsen, B./Konrad K. (2007), S. 24.
151 Vgl. Administrative Office of the United States Court (2005).
152 Vgl. U.S. Census Bureau (2007).

Anteil dürfte auf zwei Gründe zurückzuführen sein: Zum einen sind die lokalen Gebietskörperschaften in erheblich höherem Umfang unabhängiger von den Bundesstaaten und vom Bund als ihre Pendants hierzulande, zum anderen hat der Kapitalmarkt in den USA für die Finanzierung der Wirtschaftssubjekte – dies gilt auch für den nichtstaatlichen Bereich – gegenüber den europäischen Staaten eine höhere Bedeutung. In Europa liegt die Finanzierung traditionell im bankbasierten System.[153]

Tab. 14: Chapter 9-Fälle in US-Kommunen

Jahr	**Betroffene Kommunen**
1980	1
1981	2
1982	3
1983	4
1984	4
1985	3
1986	8
1987	7
1988	5
1989	10
1990	13
1991	18
1992	14
1993	12
1994	16
1995	10
1996	8
1997	10
1998	3
1999	5
2000	11
2001	8
2002	7
2003	6
2004	7
2005	11
2006	5
gesamt	211

Quelle: American Bankruptcy Institute (2007).

Das Finanzsystem in den USA ist somit eher kapitalmarktorientiert, das in der EWWU eher bankorientiert. Eine wesentliche Ursache für die Di-

153 Vgl. Europäische Zentralbank (2000), S.42.

vergenz zwischen den Währungsräumen liegt im Bankensystem begründet: Während in der EWWU der Typus der Universalbank dominiert, besteht in den USA ein Trennbankensystem, in dem die Kreditbanken für das Einlagen- und Kreditgeschäft und die Investmentbanken für das Wertpapier- und Emissionsgeschäft zuständig waren.[154] Durch eine breite Palette von innovativen verbrieften Kreditprodukten konnten die Investmentbanken das verbriefte Kreditgeschäft zu Lasten des traditionellen Geschäfts der Kreditbanken ausweiten. Der Kapitalmarkt in den Vereinigten Staaten ist damit nicht zuletzt aufgrund der längeren Tradition entwickelter als in Europa.

(5) Dies gilt auch für den Markt für „Municipal Bonds", auf dem Papiere der Bundesstaaten sowie der lokalen Gebietskörperschaften gehandelt werden. Eine schematische Darstellung der Zusammenhänge findet sich in Abb. 4.

Die Emission der Papiere auf dem Primärmarkt geschieht entweder direkt unter dem Namen der Gebietskörperschaft oder über eine separate Agentur, die für die Emission zuständig ist. Die Abnehmer sind sowohl private wie auch institutionelle Investoren. Dazwischengeschaltet sind zumeist Investmentbanken, die die Abwicklung des Emissionsgeschäftes begleitet. Die Art der Emission ist zumeist davon abhängig, ob die Kommunen Bonds emittieren, die der Finanzierung des allgemeinen Haushalts („General Obligation Bonds": GO) oder einem speziellen Zweck dienen, der zumeist unternehmensähnlichen Charakter aufweist („Revenue Bonds", z. B. zur Finanzierung von Flughäfen oder Stadtwerken).[155] Die GOs werden i. d. R. gesichert durch die Einnahmen der Kommunen (insbesondere die Steuereinnahmen), die Revenue Bonds durch die Einnahmen aus dem zu finanzierenden Investitionsobjekt. Insbesondere die Revenue Bonds werden häufig durch zusätzliche Kreditversicherungen, den so genannten Monoliner Insurences (Monoliner), zusätzlich gesichert, um günstigere Finanzierungsbedingungen an den Kapitalmärkten zu erhalten. Monoliner sind Kapitalsammelstellen, die ihr AAA Rating gegen Entgelt zur Verfügung stellen.[156]"

154 Vgl. Franke, G. (2000); Huertas, T. (1999).
155 Vgl. Temel, J. (2001), S. 33.
156 Vgl. Krahnen, J.-P. (2005), S. 17.

Tab. 15: Verschuldung und Emissionstätigkeit der Bundesstaaten und der lokalen Ebene in den USA im Haushaltsjahr 2004/2005

in Mrd. US-Dollar			
	Bundes-staaten	Lokale Gebiets-körper-schaften	gesamt
gesamte ausstehende Verschuldung	798,0	1.269	2.067
davon kurzfristig	6,0	25,0	31,0
davon langfristig (> ein Jahr)	792,0	1.244	2.036
			0,0
Bruttoemission langfr. Schuldverschreibungen	137,0	189,0	326,0
Tilgung langfr. Verschuldung	102,0	130,0	232,0
Nettoemission langfr. Schuldverschreibungen	35,0	59,0	94,0
Anteil in v. H. an aggregierter Verschuldung			
	Bundes-staaten	Lokale Gebiets-körper-schaften	gesamt
gesamte ausstehende Verschuldung	39	61	100
davon kurzfristig	19	81	100
davon langfristig (> ein Jahr)	39	61	100
Bruttoemission langfr. Schuldverschreibungen	42	58	100
Tilgung langfr. Verschuldung	44	56	100
Nettoemission langfr. Schuldverschreibungen	37	63	100

Quelle: US Census Bureau (2007), eigene Berechnungen.

Ein charakteristisches Merkmal für einen effizient funktionierenden Wertpapiermarkt ist nicht nur der vorhandene Primär-, sondern auch ein funktionierender Sekundärmarkt, auf dem bereits emittierte Bonds zwischen den Investoren gehandelt werden können.[157] Dies setzt u. a. voraus, dass eine ausreichende Liquidität für die Papiere vorhanden ist, um volatile Kursbewegungen zu vermeiden. Der Handel erfolgt entweder direkt zwischen den beteiligten Handelsparteien ohne Zwischenschaltung eines institutionellen Handelsplatzes („Over-the-Counter-Markt") oder

157 Vgl. Temel, J. (2001), S. 104 ff.

über eine Wertpapierbörse. Handel und Abwicklung erfolgen i. d. R. über
elektronische Systeme und in geringerem Maße über den Präsenzhandel. Wesentliche Determinante für den Preis eines Bonds auf den Primär-, aber auch auf den Sekundärmärkten, ist das Rating der jeweiligen Gebietskörperschaft (siehe hierzu auch oben). Grundsätzlich gilt, dass das Papier aus Sicht des Emittenten bzw. des verkaufenden Investoren umso leichter abzusetzen ist, desto geringer der sog. Spread – dies ist ein Aufschlag gegenüber einer Benchmark-Anleihe (z. B. sichere Anleihen des US-Bundes) – ausfällt. In konjunkturell angespannten Phasen ist dieser (Risiko-) Spread i. d. R. höher als in Aufschwungphasen, in denen die Ausfallwahrscheinlichkeit der Anleihen im Allgemeinen geringer ausfällt.

Abb. 4: Zahlungsströme auf dem Primärmarkt für Municipal Bonds

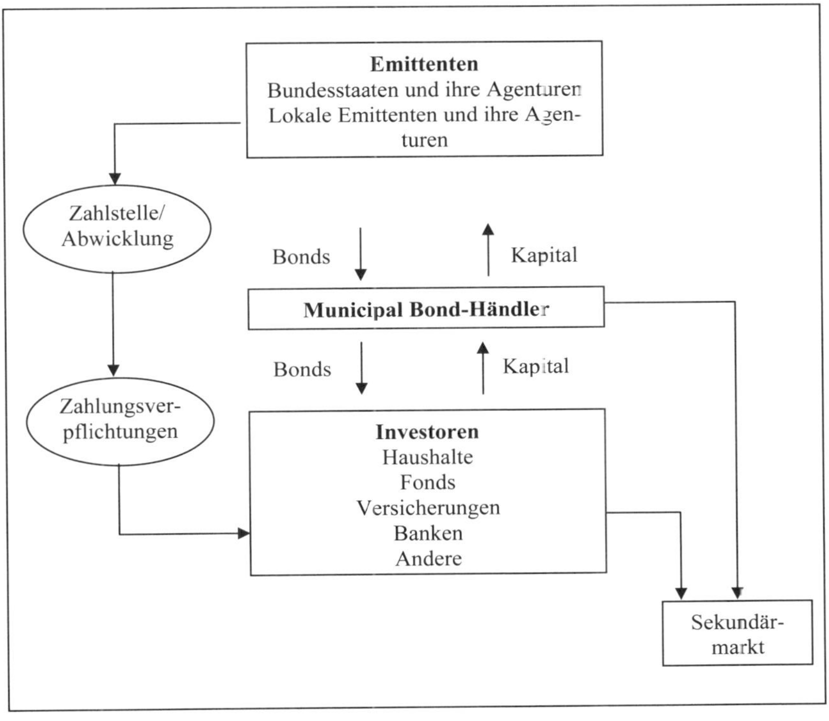

Quelle: Temel, J. (2001).

E. Die Grundsatzfragen der Kommunalkreditaufnahme

(1) Die Aufgabenstellung der kommunalen Kreditfinanzierung hat sich in den zurückliegenden Jahren deutlich gewandelt.[158] Zwar sind nach wie vor – im Gegensatz zu vergleichbaren Aktivitäten des Zentralstaates – die einzelwirtschaftliche Ausrichtung, der strikte Bezug zur Investitionstätigkeit, die Vorabkontrolle der Kreditaufnahme durch Genehmigung kennzeichnend, gleichwohl ist die eher passive Haltung, an Umschuldungsterminen günstige Konditionen für die Anschlussfinanzierung zu gestalten, durch ein aktives Schulden- und Liquiditätsmanagement ersetzt worden. Dessen Zielsetzung ist die Optimierung der Zinsbelastung im Abgleich mit dem Liquiditätsbedarf ebenso wie die Optimierung von Finanzierungsstrukturen für Investitionen im Hinblick auf die Höhe der Finanzierungs- und Folgekosten als auch im Hinblick auf die Verteilung der Risiken eines den Kapitaldienst sichernden Cash-flows auf unterschiedliche Partner.

(2) Die konkrete Ausgestaltung der kommunalen Kreditaufnahme ist durch drei wesentliche Entscheidungsparameter geprägt,
- durch das Investitionsobjekt determinierten Bedingungen,
- durch die jeweilige Situation an den Geld- und Kapitalmärkten und
- durch Zinsmeinung der kommunalen Entscheidungsträger.

Das Investitionsvorhaben bestimmt den Rahmen für die Kreditaufnahme. Erst wenn alle anderen Finanzierungsquellen ausgeschöpft sind, kann für die (temporäre) Deckungslücke ein Darlehen aufgenommen werden. Der Umfang und die Zeitdauer der Deckungslücke bestimmen die Höhe und Laufzeit für das Darlehen. Wird z. B. während der angenommenen Nutzungsdauer des Investitionsobjekts mit Einnahmen aus Beiträgen und Gebühren gerechnet, die die laufenden Kosten überschreiten („Deckungsbeiträge"), können mit diesen die aufgenommenen Darlehen im Laufe der Zeit zurückgeführt werden. Im Idealfall sind am Ende der Lebensdauer des Investitionsobjekts alle Darlehen durch die erwirtschafteten „Deckungsbeiträge" getilgt. Dies ist jedoch meist nur bei nicht bezuschussten Objekten, die sich selbst finanzieren müssen, der Fall.

(3) Anders ist es dagegen bei „nicht-rentierlichen" Investitionen. Beispielsweise wird sich der Bau einer Stadtbücherei oder eines Rathauses mangels Einnahmen im Gebührenhaushalt nicht selbst tragen. Derartige Projekte müssen aktiviert und über die geschätzte Nutzungszeit abgeschrie-

158 Vgl. Kirchhoff, U./Henning, H. (2000a), S. 217 ff.; Körner, H. (2004); Schwarting, G. (2007), S. 47 ff.

ben werden. Orientieren könnten sich die Kommunen bei der Schätzung der Nutzungsdauer an den privatwirtschaftlich von der Finanzverwaltung bei der Ertragsteuererhebung unterstellten Nutzungszeiträumen. Ziel ist es auch hier, dass sukzessive mit der Abnutzung des Objektes bis zu seinem voraussichtlichen Ende die aufgenommenen Darlehen getilgt sein sollen.

Insofern unterscheiden sich die rentierlichen und nicht rentierlichen Investitionen finanzwirtschaftlich nicht voneinander. Lediglich die Art der Erzielung der „Deckungsbeiträge" ist abweichend. Im ersten Fall werden die für die Tilgung notwendigen Einnahmen durch Gebühren erwirtschaftet, im zweiten aus Zuführungen des jeweiligen Haushalts, somit letztlich also aus laufenden Einnahmen wie Steuern oder Zuweisungen.

Das Kommunaldarlehen ist also hinsichtlich der Laufzeit und Tilgung so zu gestalten, dass es mit der geschätzten Nutzungsdauer und den während der Laufzeit erzielten „Deckungsbeiträgen" korrespondiert. Wenn bei gebührenbedingten „Deckungsbeiträgen" die geschätzten Einnahmen in einzelnen Jahren die prognostizierte Höhe nicht erreichen, müssen diese Lücken zwischenfinanziert und die Gebühren in den Folgejahren zur Vermeidung weiterer Mindereinnahmen sowie zur Rückführung der temporären Lücke erhöht werden.

(4) Diese Überlegungen beruhen auf Ergänzungen der kameralistischen Rechnungslegung durch eine Kosten- und Leistungsrechnung. Sie sind notwendig, um betriebswirtschaftliche Fehlstrukturierungen, zu denen es in bestimmten Situationen bei allein kameralistisch orientierten Entscheidungen kommen kann, zu vermeiden. So besteht z. B. im kommunalen Haushaltsrecht zum einen keine Zweckbindende Verwendung der Abschreibungen. Diese sind im Verwaltungshaushalt zugleich als Einnahmen und Ausgaben zu buchen. Zum Haushaltsausgleich werden sie nach dem Grundsatz der Gesamtdeckung mit anderen Ausgaben des Verwaltungshaushalts verrechnet. Erst die zur Deckung der laufenden Ausgaben nicht benötigten Einnahmen werden dem Vermögenshaushalt zugeführt. Dort stehen sie als zweckfreie Deckungsmittel zur Verfügung. Zum anderen ist eine Konsequenz der Kameralistik, dass die Kreditfinanzierung im Vermögenshaushalt meist nicht mit der Nutzungsdauer des Investitionsobjektes übereinstimmt. Das Gesamtdeckungsprinzip führt insofern dazu, dass ohne Rücksicht auf die Nutzungsdauer fremdfinanziert wird. Der beispielsweise 30 Jahre laufende „Standard-Kommunalkredit" (10-jährige Zinsbindung, 1 % Tilgung zuzüglich ersparter Zinsen) wird für die Finanzierung eines vier Jahre genutzten

Computers genauso wie für den Bau einer 50 Jahre genutzten Stadtbücherei eingesetzt. Weder die Rückführung des Kredits für die Stadtbücherei noch für den Computer entspricht dem jährlichen Wertverzehr. Bei der Finanzierung der Bücherei kommt es zudem zu der absurden Situation, dass die Kommunalhaushalte zusätzlich durch die zu schnelle Tilgung frühzeitig unnötig stark belastet werden. Eine Bildung von Rücklagen ist aber aufgrund des Gesamtdeckungsprinzips nicht möglich. Das Rechenwerk lässt nicht einmal derartige Überhänge erkennen. Es kommt so zwangsläufig zu Fehlurteilen über die Haushaltslage. In dem gewählten Beispiel erscheint sie aufgrund der zu hohen Tilgungsleistung in den ersten 30 Jahren als zu angespannt.[159]

Betriebswirtschaftlich noch bedenklicher ist der umgekehrte Fall. Denn dabei wird noch 26 Jahre nach seiner Ausbuchung der Computer als „Aktivum" in den Büchern geführt (siehe Abb.5). Die Kommune rechnet sich so reicher als sie ist. Selbst im Steuerrecht kämen die auf möglichst niedrige Abschreibungen bedachten Finanzbehörden nicht auf die Idee, die Aktivierung eines nicht mehr vorhandenen Investitionsobjekts zu verlangen. Im kommunalen Haushaltsrecht ist dies jedoch möglich. Zwar ist es denkbar, dass sich die zu hohen und zu niedrigen Kreditrückführungen gegenseitig kompensieren, doch dies wäre ein Zufall und zudem anhand der kameralistischen Rechensysteme nicht nachweisbar.

Nach den Regeln der betriebswirtschaftlichen Kostenrechnung müsste die standardisierte Tilgungsrate von 1 % plus ersparter Zinsen (Annuitätendarlehen) in vielen Fällen, nämlich bei fast allen mobilen Wirtschaftsgütern, mit Nutzungszeiten unter 30 Jahren, drastisch erhöht werden. Dies würde zu einer höheren Pflichtzuführung aus dem Verwaltungs- an den Vermögenshaushalt führen. Die stärkere Belastung des Vermögenshaushalts senkt dann die finanzielle Leistungsfähigkeit der Kommune, d. h. eine betriebswirtschaftlich gebotene Tilgungshöhe kann zu einer solchen Gefährdung der finanziellen Leistungskraft der Kommune führen, dass die Kommunalaufsicht ein Konsolidierungskonzept für den Haushalt verlangt. Dies mag finanzpolitisch schmerzhaft sein, es ist aber nicht sinnvoll, sich anhand irreführender kameralistischer Aussagen dem Anschein eines intakten Haushalts hinzugeben, indem längst verschrottete Güter noch als Vermögenswerte geführt werden. Dies verdeutlicht, dass für eine haushaltswirtschaftlich adäquate kommunale Kreditfinan-

159 Vgl. Walter, J. (2000), S. 42.

zierung die Kameralistik durch eine Kosten- und Leistungsrechnung ergänzt werden muss.

(5) Das neue doppische Haushaltsrecht ändert grundsätzlich nichts an den Finanzierungsmöglichkeiten kommunaler Investitionen. Diese schlagen sich im Rechnungswesen aber in anderer Form nieder. Die Doppik unterscheidet – wie oben in C2 dargestellt – einen Ergebnis- und einen Finanzhaushalt. Im Ergebnishaushalt werden alle Vorgänge nach der Periode, der sie wirtschaftlich zuzurechnen sind, erfasst. Der Finanzhaushalt spiegelt dagegen die kassenmäßigen Zahlungen. Die Investitionsausgaben finden sich daher, wie die Kreditaufnahme und die Tilgung, lediglich im Finanzhaushalt wider, während im Ergebnishaushalt nur die Zinsen abgebildet werden. Die Investition wird auf der Aktivseite ebenso dargestellt wie die Abschreibungen. Damit wird deutlich, inwieweit den Abschreibungen entsprechende Vermögenszugänge gegenüberstehen. Die Finanzierung selbst wird auf der Passivseite der Bilanz gezeigt: Kreditaufnahmen schlagen sich dort im Stand der Verbindlichkeiten nieder. Im Gegensatz zur Kameralistik erscheint die Rücklage in der Doppik nicht, sie ist Teil des Eigenkapitals in der Bilanz. Die Deckung von Investitionen durch Gebühren und/oder Beiträge wird in der Bilanz als Sonderposten auf der Passivseite dargestellt. Sie werden jährlich parallel zu den Abschreibungen über den Ergebnishaushalt aufgelöst (vgl. oben Abbildung 2 in C2 sowie Anhang 1). Insgesamt wird durch die Doppik also die Finanzierungsstruktur kommunaler Investitionen transparenter und deutlicher.

(6) Neben der Nutzungsdauer des zu finanzierenden Objekts ist der zweite wichtige Entscheidungsparameter die zinstechnische Gestaltung des Kommunalkredits anhand der Marktbedingungen. Diese Größe steht im engen Kontext zum dritten Parameter, der eigenen Zinserwartung. Die grundlegende Frage in diesem Zusammenhang ist, für welchen Zeitraum die Zinskonditionen fest vereinbart werden sollen. Für einen Kommunalkredit bestehen alle Wahlmöglichkeiten zwischen den beiden Extremen „täglich neue Zinsvereinbarung zum Tagesgeldsatz“ und einer maximal 30-jährigen Festkondition. Nur wenn von Anfang an ein Zins über die gesamte Kreditlaufzeit fest vereinbart wird, bestehen für die Kreditnehmende Kommune keine Zinsänderungsrisiken. Dadurch stehen die künftigen Zinsbelastungen fest, und auf der Ausgabenseite herrscht volle Planungssicherheit.

Abb. 5: Die Kreditlaufzeit und Nutzungsdauer beim Kommunalkredit

Kreditlaufzeit ist kürzer als Nutzungsdauer
- Euro Beispiel eines Ratenkredites -

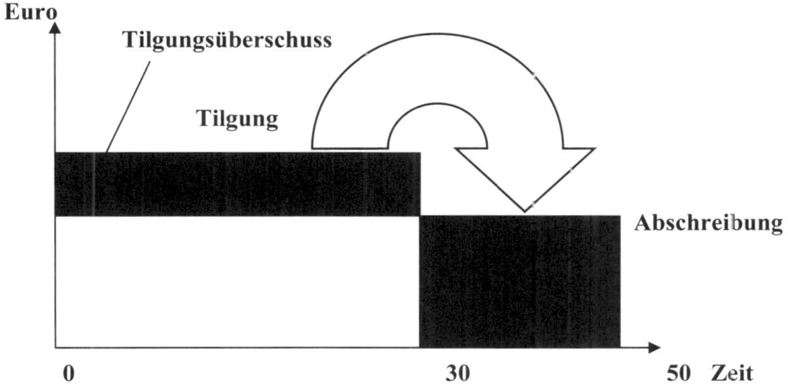

Rahmendaten: 50 Jahre Objektnutzungsdauer: Tilgung des Darlehens in 30 gleichen jährlichen Raten.

Kreditlaufzeit ist länger als Nutzungsdauer
- Das Beispiel eines Ratenkredites -

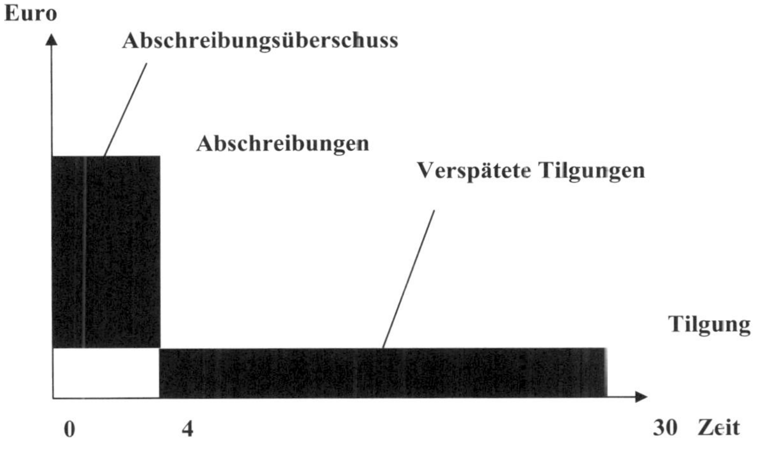

Rahmendaten: 4 Jahre Objektnutzungsdauer: Tilgung des Darlehens in 30 gleichen jährlichen Raten.

Quelle: Rehm, H./Tholen, M. (2005).

Diese Vorteile sind auch mit Nachteilen verbunden. Zum Beispiel sind Zinsbindungen über 15 Jahre hinaus nicht von jedem Kreditinstitut zu erhalten, da in diesem Laufzeitsegment der Markt relativ eng ist. Der zweite Nachteil ist die i. d. R. steil verlaufende Zinsstrukturkurve am Kapitalmarkt, d. h., die kurzfristigen Zinsen sind niedriger als die langfristigen. Daraus folgt, je länger die Laufzeit der Zinsvereinbarung, desto höher ist der Zins. Damit ist der 30-jährige Zins zwar planungssicher, jedoch sehr teuer. Vor diesem Hintergrund ist abzuwägen, ob nicht durch kürzer laufende Zinsvereinbarungen Zinskosten gespart werden können. Ob allerdings tatsächlich Zinsen durch kürzer laufende Zinsvereinbarungen mit entsprechenden Zinsneuverhandlungen während der Kreditlaufzeit reduziert werden können, weiß man mit Sicherheit allerdings auch erst im Nachhinein.

(7) An einem Beispiel sollen daher drei vereinfachte, jedoch in der Realität typische Zinsgestaltungsmöglichkeiten miteinander verglichen werden: Die Kommune möchte für die Anschaffung eines 1 Mio. Euro teuren Feuerwehrfahrzeugs ein Darlehen aufnehmen. Weitere Finanzierungsmittel stehen nicht zur Verfügung. Eine private Finanzierung, etwa über Leasing, soll nicht in Betracht gezogen werden. Die geplante Nutzungsdauer des Fahrzeugs wird mit 10 Jahren angenommen. Entsprechend steht der Rahmen des Kommunalkredits fest:

- Volumen 1 Mio. EUR
- Laufzeit 10 Jahre
- Tilgung in einer Summe nach 10 Jahren
- Zinszahlungen erfolgen jährlich nachträglich

Die Kommune könnte nur zwischen drei Zinsvarianten wählen:

- 10 Jahre fest
- 5 Jahre fest und dann Neuentscheidung
- 6-Monats-EURIBOR, variabel bis auf weiteres

Der Kommunaldarlehenszins für 10 Jahre betrage 6,0 %, der für 5 Jahre 4,0 % und der für 6 Monate 3,0 %. Somit steht einzig für die 10-Jahres-Variante die gesamte Zinsbelastung durch das Darlehen bereits heute fest, nämlich:

10 (Jahre) x 6,0 % = 60,0 %.

Dieser risikolose Zins ist die Vergleichsbasis für den Kämmerer, an der er die anderen Zinsgestaltungsmöglichkeiten messen kann. Bei der zweiten Variante steht nur die Zinsbelastung für 5 Jahre fest:

5 (Jahre) x 4,0 % = 20 %.

Der Anschlusszins für die folgenden 5 Jahre ist jedoch unbekannt. Es stellt sich die Frage, wie hoch der Anschlusszins maximal sein darf, damit sich die Kommune insgesamt betrachtet gegenüber dem 10-jährigen Festzins zumindest nicht schlechter stellt. Der „Break-Even-Point" ergibt sich aus der Rechnung:

60,0 % (Vergleichsbasis) – 20,0 % = 40,0 %.

Mehr Zinsen dürfen in den letzten 5 Jahren nicht anfallen. Dies bedeutet für das einzelne Jahr einen durchschnittlichen Zins von

40,0 % : 5 (Jahre) = 8,0 %.

Der Anschlusszins darf somit 8,0 % nicht übersteigen. Liegt der 5-jährige Zins in 5 Jahren höher als 8,0 %, wird der Vorteil der Zinsersparnis der ersten 5 Jahre durch diesen hohen Zins überkompensiert und verkehrt sich in einen Gesamtnachteil. Für ihre Entscheidung müssen die Verantwortlichen der Kommune also ihre eigene Zinsmeinung heranziehen:[160] Wie wahrscheinlich erscheint es dem Kämmerer, dass der Zins für 5-jährige Darlehen in 5 Jahren oberhalb von 8,0 % liegt? Geht die Kommune von einem derartigen Zinsanstieg aus, wird sie die sichere 10-jährige Festzinsvariante wählen. Rechnet sie hingegen mit einem geringeren Zinsanstieg, konstanten oder gar sinkenden Zinsen, ist der Vorteil der Planungssicherheit beim 10-jährigen Zins mit dem Vorteil der erhoff-

160 Vgl. o. V. (2007c), S. 4.

ten Zinsersparnis abzuwägen. Allerdings wäre die Kommune nach 5 Jahren keineswegs an den dann vorherrschenden 5-Jahres-Zins gebunden. Sie könnte völlig frei neu entscheiden, d. h., sie kann nach 5 Jahren zunächst eine 1-jährige oder 6-monatige Zinsfestschreibung wählen und dann erneut über den Zins verhandeln. Das kann etwa dann sinnvoll sein, wenn der 4-jährige Zins tatsächlich oberhalb von 8,0 % liegt, der 1-jährige beispielsweise jedoch bei nur 6,0 %. Im 6. Jahr würde sich die Kommune dann zinsmäßig nicht schlechter stellen als bei der ursprünglichen 10-jährigen Variante.
Jedoch ist auch dann wieder die Zinsmeinung in einem Jahr für den dann 4-jährigen Zins der Restlaufzeit mitentscheidend. Erwartet die Kommune weiter steigende Zinsen, kann sich der Nachteil vergrößern, wenn der 4-jährige Zins noch stärker über die neue 8,5 %-Grenze steigt. Diese berechnet sich aus

(60,0 % [10-jährige Alternative] – 20,0 % [Jahre 1 bis 5] – 6,0 % [6. Jahr] = 34,0 %;

34,0 %: 4 Jahre = 8,5 % [neuer „Break Even-Point"]).

Rechnet die Kommune jedoch mit sinkenden oder konstanten Zinsen, kann eine 1-jährige Zinsvereinbarung sich zinskostensenkend auswirken. Denn auch ein konstantes Zinsniveau im 1-jährigen Bereich für die restlichen vier Jahre reicht aus, den Zinskostenvorteil der ersten vier Jahre zu bewahren, auch dann, wenn der 4-, 3- oder später 2-jährige Zins oberhalb des jeweils neu zu errechnenden „Break Even-Point" liegt. Die Kommune vereinbart nach dem 6. Jahr dann wieder einen 1-jährigen Zins zu 6,0 % usw.

(8) Bereits anhand dieses ersten einfachen Vergleichs wird deutlich, dass eine Kommune eine Vielzahl von Zinsgestaltungsmöglichkeiten besitzt. Um diese Varianten für eine fundierte, zinskostensparende Entscheidung optimal nutzen zu können, müssen jedoch entsprechende Vergleichsüberlegungen angestellt werden. Die Entscheidung wird umso komplexer, je mehr Varianten einbezogen werden. Entsprechend flexibler ist eine Kommune aber in ihrer Disposition.
Wird das Beispiel um die Variante 3 „variable Verzinsung" mit dem 6-Monats-EURIBOR-Zinssatz erweitert, muss die Kommune die Vergleichsrechnung entsprechend neu vornehmen. Der Vorteil eines variablen Zinses ist es, dass er zum Zeitpunkt der Entscheidung deutlich nied-

riger liegt als der 5-jährige Zins. Jedoch steht dies nur für die nächsten sechs Monate fest. Für die folgenden neun Jahre ist wieder die Zinseinschätzung im Vergleich zum 5- und 10-Jahres-Zins entscheidend. Wie lange bleibt der Zins niedrig? Wie langsam steigt er an? Wie müssen sich künftige Zinsszenarien darstellen, dass die anfänglichen Zinsvorteile nicht durch spätere Zinsnachteile überkompensiert werden? Der Komplexitätsgrad nimmt darüber hinaus stark zu, wenn anstatt eines endfälligen Darlehens mit jährlich nachträglichen Zinszahlungen von einem Annuitätendarlehen mit unterjährigen Zins- und Tilgungsleistungen ausgegangen wird. Hinzu kommt die notwendige Einbeziehung von Zinseszinseffekten.

(9) Die Entscheidungsvielfalt erhöht sich weiter, wenn die Zinsgestaltung bereits laufender Darlehen mit ins Kalkül gezogen wird. Angenommen, die Kommune habe sich in unserem Beispiel für ein 5-jähriges Festzinsdarlehen entschieden und es seien vier Jahre vergangen. Am Markt herrsche jedoch ein Zinstief. Die Zinsneuverhandlungen stehen jedoch erst in einem Jahr zum Ende der laufenden Festzinsvereinbarung an. Die kommunalen Entscheidungsträger befürchten bis dahin jedoch einen starken Zinsanstieg. Sie möchten sich das aktuell günstige Zinsniveau bereits heute für einen Zeitpunkt in einem Jahr sichern. Eine Vorfälligkeitsentschädigung, um vorzeitig aus der laufenden Zinsvereinbarung herauszukommen, können bzw. wollen sie aufgrund der Haushaltslage nicht zahlen. Dann muss zwischen dem etwas höheren, aber bereits heute fest zu vereinbarenden Zins und dem Risiko steigender Zinsen bei weiterem Warten abgewogen werden. Wichtig ist, dass die Entscheidung der Kommune, welchen Anschlusszins sie wählen soll, nicht, wie oft von kommunaler Seite gehandhabt, auf den Zeitpunkt des Auslaufens der bestehenden Zinsvereinbarung beschränkt ist. Vielmehr bestehen zu jedem Zeitpunkt während der Laufzeit eines Kommunalkredits Möglichkeiten, die Zinsstruktur neu zu gestalten. Damit erhöhen sich die Reaktions- und Eingriffsmöglichkeiten auf sich ändernde Zinsstrukturen am Kapitalmarkt und/oder sich ändernde Zinsmeinungen der kommunalen Entscheider beträchtlich.

(10) Die Kommunen gewinnen auf diese Weise an Flexibilität und Handlungsspielraum bei der Gestaltung nicht nur neuer, sondern bereits bestehender Kredite. Damit erhöht sich jedoch auch die Verantwortung von Bürgermeister und Kämmerer, denn es gilt, die bestehenden Darlehen nicht nur zum Prolongationszeitpunkt, sondern quasi „täglich“, zumindest aber in regelmäßigen, kürzeren Abständen zu „hinterfragen“. Ent-

sprechend häufig müssen Zinssimulationsrechnungen durchgeführt werden. Durch rechtzeitige Reaktionen auf sich ändernde Zinserwartungen und Marktgegebenheiten können Kommunen so Zinskosten einsparen. Ein Potenzial, das sie aktiv nutzen sollten.

Zumindest sollten die Verantwortlichen in regelmäßigen Abständen ihre Zinsmeinung überprüfen und mögliche Maßnahmen „durchspielen". Dabei kann der geschilderte Komplexitätsgrad für den kommunalen Entscheidungsträger i. d. R. auf die Eingabe der Zinsstrukturkurve am Tag der Entscheidung reduziert werden. Dazu müssen etwa 15 bis 20 verschiedene Kapitalmarktzinssätze der unterschiedlichen Laufzeiten berücksichtigt werden, die bei Banken oder im Internet abgefragt werden können. Für die dann notwendigen Kalkulations- und Simulationsrechnungen sind inzwischen genügend Software-Programme verfügbar. Bei Eingabe der Rahmendaten des Darlehens (Laufzeit, Zins, Tilgung usw.) und der beim kommunalen Entscheidungsträger gebildeten (und dokumentierten) Zinserwartung werden dann die Vor- und Nachteile für die unterschiedlichen Zinsvarianten aufgrund der Erwartungshaltung aufgezeigt. Die Zinserwartungen können dabei beliebig variiert werden, um auch Worst- und Best-Case-Szenarien zu simulieren. Letztlich können die Programme und auch die Bankberater dem Kämmerer jedoch die Entscheidung nicht abnehmen. Er muss sich selbst eine eigene Zinsmeinung bilden und nach dieser handeln.

(11) Schließlich ist in diesem Zusammenhang der zunehmende Bedarf an „strukturierten Kommunalkrediten" zu erwähnen. Diese unterscheiden sich von üblichen Kommunalkrediten durch einen projektadjustierten Zahlungsstrom. Dieser bestimmt den Kreditverlauf und banktechnisch die Struktur der Refinanzierung. Die Einnahme- und Ausgabesituation der Gemeinde wird detailliert untersucht, die jährlichen Unter- und Überdeckungen werden dabei ermittelt, und der Kreditauszahlungsbedarf und die jahresindividuelle Kreditrückführung werden entsprechend korrigiert.

In Anpassung an die Zinskurve wird dabei mit dem Kreditinstitut der günstigste Konditionierungszeitpunkt ausgesucht und ein verbindlicher Festzins für mehrere Auszahlungstranchen vereinbart. Dadurch können beispielsweise Entsorgungseinrichtungen oder Abwasserreinigungsanlagen die Benutzerentgelte langfristig kalkulieren und sich von Anfang an vor Zinssteigerungsrisiken schützen. Kosten oder Erträge der durch das Kreditinstitut erfolgenden Kapitalbevorratung fließen in die Konditionierung ein. Des Weiteren erfolgt ggf. a priori eine Integration von erwarteten künftigen Anliegerbeiträgen und Fördermitteln, so dass der zu verzinsende Kreditsaldo so gering wie möglich gehalten wird. Kapitaldienste (Zins und Tilgung) werden – ggf. nach zins- und tilgungsfreien Jahren – in Anlehnung an die Einnahmenentwicklung und Belastbarkeit der angeschlossenen Nutzer treppenförmig gestaffelt und mildern die Gebührenproblematik der ersten Betriebsjahre. Besonders interessant ist bei dieser Ausgestaltung die langsam steigende Anpassung der Kapitaldienste an die erwartete Inflationsrate, welche für angeschlossene Nutzer über die Jahre eine gebrauchsäquivalente, effektiv gleich bleibende Belastung bringt. Die Kapitaldienste werden gemäß der Zahlungstakte so festgelegt, dass die Einhaltung der Effektivzinsprämissen gewährleistet ist; i. d. R. werden monatliche Zahlungstakte gewählt.

F. Die Instrumente der kommunalen Verschuldung

1. Der Überblick

(1) Der Kommunalkredit stellt als bewährte konventionelle Form zur Fremdfinanzierung die Finanzierungsform mit Schlüsselcharakter dar. Dabei handelt es sich um ein langfristiges Darlehen, das eine Kommune bei einer Sparkasse oder bei einem sonstigen Kreditinstitut aufnimmt. Die Kredit gebenden Banken refinanzieren sich durch Begebung von Kommunalobligationen auf dem Kapitalmarkt bzw. durch Begebung anderer kapitalmarktgängiger Titel. Die Voraussetzungen der Kreditaufnahme sind durch Erlasse der Bundesländer geregelt (vgl. Abb. 6). In diesem Zusammenhang ist auch auf die Muster-Dienstanweisungen des Deutschen Städtetages zu verweisen.[161]
Soweit der Kapitalmarkt durch die Einlagenstruktur der betreffenden Kreditinstitute ausreichende Möglichkeiten einer Refinanzierung unter Ausschluss von Liquiditäts- und Zinsänderungsrisiken bietet, lässt sich die Tilgung eines Kommunalkredits aus der Sicht der Kreditwirtschaft individuell und variabel gestalten. Das annuitätisch getilgte Darlehen ist die vorherrschende Tilgungsform des Kommunalkredits (vgl. Einzelheiten unter F2).

(2) Da der Kommunalkredit ausschließlich als langfristige Finanzierungsform seine Bedeutung besitzt, sei hier auch die kurzfristige Finanzierungsmöglichkeit zur Sicherung der laufenden Liquidität der Kommune erwähnt. Der Kassenkredit dient lediglich zur liquiditätsmäßigen Überbrückung kurzfristiger Zahlungsschwierigkeiten bzw. Einnahmen- und Ausgabenschwankungen in der Gemeindekasse, nicht als mittel- oder langfristiges Finanzierungsmittel. Gleichwohl ist – wie bereits an anderer Stelle erwähnt – (vgl. oben A1) eine zunehmende Ausnutzung dieses Instruments zur längerfristigen Haushaltsfinanzierung zu verzeichnen.
Zu beachten hat die Kommune dabei den in der Haushaltssatzung festgelegten Höchstbetrag, der zu keinem Zeitpunkt des Haushaltsjahres überschritten werden darf. Diese Grenze wird von der kommunalen Vertretung mit der Genehmigung der Haushaltssatzung beschlossen. Eine Festsetzung lediglich des Höchstbetrages für ein Haushaltsjahr in der Haushaltssatzung bedeutet, dass die Kassenkreditaufnahme im Haushaltsplan nicht veranschlagt wird. Da Kassenkredite dennoch eine Schuld darstel-

161 Vgl. Deutscher Städtetag [Hrsg.] (2005a+b).

len, und diese im Laufe des Jahres nur dann mehrfach aufgenommen werden dürfen, wenn sie zwischenzeitlich getilgt worden sind, hat die kommunale Aufsichtsbehörde bei der Genehmigung der Haushaltssatzung auch insofern einer Überschuldung vorzubeugen. Darum ist auch der in der Haushaltssatzung festgelegte Höchstbetrag der Kassenkredite genehmigungspflichtig. Kassenkredite werden in den meisten Fällen als Überziehung des laufenden Kontos in Form eines Kontokorrentkredits in Anspruch genommen.

Abb. 6: Vorschriften zur Kreditwirtschaft in den Bundesländern

Land	Bestim-mungen in der Kommunalverfassung	Spez. Vorschriften zur Kreditwirtschaft **	Spez. Vorschriften zu kreditähnlichen Rechtsgeschäften**
Baden-Württemberg	§ 87	*	2003
Bayern	Art. 71 + 72	1983	2001
Brandenburg	§ 85	2003	
Hessen	§ 103	*	
Mecklenburg-Vorpommern	§ 54	1992	1993
Niedersachsen	§ 92	1993	
Nordrhein-Westfalen	§ 85	1989	
Rheinland-Pfalz	§ 103	*	
Saarland	§ 92	1990	
Sachsen	§ 82	2005	2005
Sachsen-Anhalt	§ 100	1992	1993
Schleswig-Holstein	§ 85	2003	
Thüringen	§§ 63 + 64	2003	

* Keine eigenständigen Vorschriften (VV zum jeweiligen § der Gemeindeordnung).
** Jahr der Veröffentlichung bzw. der letzten größeren Änderung.

Quelle: Bundesverband öffentlicher Banken (2006).

(3) Für eine Gemeinde existiert zudem eine weitere Verschuldungsmöglichkeit in der Form der sog. inneren Verschuldung, die für den Bund und die Länder nicht vorgesehen ist. Einer Gemeinde ist die zeitweilige, quantitativ begrenzte Mittelentnahme aus den eigenen Rücklagenbeständen erlaubt, um die Kreditmarktverschuldung zu ersetzen. Die innere Verschuldung soll hier aber nicht näher betrachtet werden, da die Bedeu-

tung der kommunalen Rücklagenwirtschaft im Laufe der Jahre erheblich zurückgegangen ist und damit auch das Ausmaß der inneren Verschuldung.

2. Die Instrumente im Einzelnen

(1) Die vorherrschende Form des Kommunalkredits ist das Schuldscheindarlehen. Anders als die Verschuldung des Staates konzentriert sich die Kommunalverschuldung am Kapitalmarkt mithin auf ein Instrument. Hinsichtlich der Bestimmung der Laufzeit und damit der Fristigkeit des Darlehens sind dabei zwei Aspekte zu beachten: der Zeitpunkt der endgültigen Rückzahlung des Darlehens und der Zeitraum der Zinsbindung. Zunächst wird die Laufzeit eines Darlehens durch die Tilgungsvereinbarungen determiniert. Erst mit der endgültigen Tilgung hat der Darlehensvertrag seinen Abschluss gefunden. Hierbei sind drei Arten der Tilgung möglich:

1. Festbetragskredit: Tilgung in einer Summe am Ende der vereinbarten Laufzeit
2. Ratenkredit: Tilgung in jährlich gleichen Raten
3. Annuitätenkredit: Tilgung in jährlich steigenden Raten

(2) Beim Festbetragskredit ist die Laufzeit durch den Zeitpunkt der Rückzahlung eindeutig bestimmt. Dabei ist die geforderte Langfristigkeit zu gewährleisten. Bis zum Zeitpunkt der Rückzahlung hat die Kommune eine gleich bleibende jährliche Belastung lediglich in Höhe der Zinszahlungen zu tragen. Um jedoch eine außerordentliche Belastung im Zeitpunkt der Rückzahlung zu vermeiden, muss sie während der Vertragslaufzeit entsprechende Rücklagen ansammeln. Mit der Rücklagenbildung tritt mithin eine der laufenden Tilgung vergleichbare haushaltswirtschaftliche Belastung ein. Da allerdings die Rücklagenmittel verzinslich angelegt werden können, erhält die Gemeinde während der Kreditlaufzeit Zinseinnahmen, welche die Gesamtbelastung für den Haushalt mindern. Die Belastung ist daher degressiv, sie ist zu Beginn der Laufzeit hoch, am Ende vergleichsweise niedrig. Die endgültige Tilgung am Ende des letzten Jahres stellt keine gesonderte Belastung mehr da, da lediglich die bis dahin angesammelte Rücklage aufgelöst wird.
Eine besondere Form des Festbetragskredits ist der Zero-Kredit, bei dem auch die aufgelaufenen Zinsen erst am Ende der Laufzeit fällig werden. Die Rücklagenzuführung muss dementsprechend höher ausfallen. Die Degressionswirkung ist entsprechend ausgeprägter.

(3) Die Laufzeit eines Ratenkredits ist vom vereinbarten Tilgungssatz abhängig. Bei der geforderten Langfristigkeit des Rechtsgeschäfts dürfte der Tilgungssatz mithin 10 % p. a. nicht überschreiten, damit wäre eine Laufzeit von 10 Jahren gewährleistet. Bei niedrigerem Tilgungssatz steigt die Laufzeit, bei 5 % beträgt sie 20 Jahre. Wie beim Festbetragskredit ist die Rückzahlung eindeutig festgelegt. Da laufend getilgt wird, sinkt das zu verzinsende Restkapital, so dass die Annuität, d. h. die Summe aus Zins und Tilgung, sich im Zeitablauf gleichfalls reduziert. Im Gegensatz zum Festbetragskredit stellt beim Ratenkredit die Annuität bereits die jährliche Haushaltsbelastung dar. Die haushaltswirtschaftliche Belastung ähnelt allerdings dem Festbetragskredit. Unterschiede ergeben sich vor allem aus der Differenz zwischen zu zahlendem Zins und auf die angesparten Rücklagenmittel zu erwartendem Zins. Da diese Differenz in aller Regel positiv ist, kann der Festbetragskredit nur dann haushaltswirtschaftlich vorteilhaft sein, wenn das Zinsniveau im Zeitpunkt der Kreditaufnahme vergleichsweise niedrig ist und während der Kreditlaufzeit ansteigt. Da eine derartige Prognose in der Praxis kaum möglich ist, spielt der Festbetragskredit im Kommunalkreditgeschäft nur eine untergeordnete Rolle.

Wann ein Annuitätendarlehen getilgt ist, hängt vom Tilgungs- und vom Zinssatz ab. Das Annuitätendarlehen zeichnet sich dadurch aus, dass der jährlich zu leistende Schuldendienst, d. h. Zins und Tilgung, bis zur endgültigen Rückzahlung, mit Ausnahme der letzten Rate, die eine Art Restzahlung darstellt, gleich bleibt. Wie beim Ratenkredit entspricht auch hier die Annuität der Haushaltsbelastung. Mit fortschreitender Tilgung sinkt das zu verzinsende Restkapital und damit der Zinsanteil, die ersparten Zinsen werden im Tilgungsbetrag zugeschlagen. Die Tilgungssumme wächst mithin – im Gegensatz zum Ratenkredit – jährlich an. Wie schnell sie zunimmt, hängt von der Höhe des Zinssatzes ab: Je höher der Zinssatz, desto rascher wird getilgt. Ein Annuitätendarlehen mit dem im kommunalen Kreditgeschäft üblichen Tilgungssatz von 1 % ist bei einem Zinssatz von 7 % in gut 30 Jahren, bei einem Zinssatz von 9 % hingegen bereits in knapp 27 Jahren zurückgezahlt.

(4) Welche der genannten Formen gewählt wird, ist abhängig von der gewünschten Verteilung von Zins- und Tilgungsleistungen im Zeitablauf. Bei einem Annuitätendarlehen wird ebenso wie beim Ratenkredit der Verwaltungshaushalt durch sinkende Zinsausgaben kontinuierlich entlastet. Dieser Effekt wird beim Festbetragskredit durch die steigenden Guthabenzinsen erzielt. Allerdings erfordert das Annuitätendarlehen stei-

gende Zuführungen aus dem Verwaltungs- an den Vermögenshaushalt in Höhe der jeweiligen Tilgungsbeträge (Pflichtzuführung). Dieser Betrag ist beim Ratenkredit während der gesamten Laufzeit unverändert, so dass die Belastung des Verwaltungshaushaltes schrittweise reduziert wird. Demgegenüber ist beim Annuitätendarlehen eine – mit Ausnahme der letzten Raten – konstante Belastung des Verwaltungshaushaltes gegeben. Allerdings ist die Annuität gegenüber dem Ratenkredit zunächst geringer; auf die Laufzeit insgesamt betrachtet wird dieser Anfangsvorteil jedoch wieder ausgeglichen. Der Vorzug des Annuitätendarlehens wird daher eher darin gesehen, dass es eine konstante Vorgabe für die Haushaltswirtschaft der künftigen Jahre darstellt. Hinsichtlich der Refinanzierungsbedingungen der Kreditinstitute erweist sich allerdings die Festbetragsvereinbarung als günstiger; dabei kann das kommunale Zinsrisiko bei der Anlage der für die Rückzahlung anzusammelnden Rücklagen ggf. durch Zinssicherungsinstrumente (vgl. unten F3) verringert werden. Tatsächlich endet die Laufzeit eines Schuldscheindarlehens jedoch bereits früher. Mit dem Ende der Zinsbindungsfrist kann der Darlehensvertrag im Regelfall beendet werden. Im Wege der Umschuldung oder Prolongation wird dann ein neues Kreditgeschäft begründet. Insoweit ist es nur folgerichtig, die Laufzeit eines Kredits auch über die Zinsbindungsfrist zu bestimmen.

(5) Als Instrument der langfristigen Kapitalaufnahme stehen die Schuldschein-Darlehen im Wettbewerb mit Anleihen.[162] Aus Sicht der Gemeinde haben Schuldschein-Darlehen den Vorteil, dass sie eine laufende, bedarfsgerechte und zeitlich flexible Kreditaufnahme ermöglichen. Sie sind lautloser und schneller durchzuführen und sind mit weniger Formalitäten belastet, als die Emission von Anleihen. Außerdem kann in den bilateralen Verhandlungen die Bereitschaft der Kapitalgeber zu Zins- und Laufzeitzugeständnissen ausgelotet werden, was wegen bestehender Informationsasymmetrien und – situationsbezogen – einer gewissen Marktmacht der Gemeinden zu einer Differenzierung bei den Konditionen der einzelnen Kapitalgeber führen kann.[163] Schließlich sind alle am Kapitalmarkt möglichen Ausstattungen von Anleihen hinsichtlich der Zins- und Tilgungszahlungen auch mit Schuldscheindarlehen darstellbar.

Ein renditeorientierter Aufwandsvergleich zeigt allerdings, dass die kommunale Refinanzierung über die Begebung von Anleihen sich nur bei relativ großen Beträgen rechnet. Denn mit einer Emission sind diver-

162 Vgl. Rehm, H./Tholen, M. (2005), S. 257 f.
163 Vgl. Deutsche Bundesbank (2000), S. 37 f.

se Nebenkosten verbunden, die zum Teil in die Festlegung des Emissionskurses und des Coupons eingerechnet werden. Dies sind u. a. Kommissionen (Verkaufsvergütung) sowie Management- und anderweitige Provisionen (Einführungsprovisionen, Zahlstellen- und Treuhandprovisionen) sowie der Ersatz für entstandene Kosten seitens des Konsortiums (z. B. für die Erstellung des Prospektes der Vertragsdokumentation, Druck der Anleiheurkunden etc.).

Neben der Kostenseite ist ein weiterer wesentlicher Unterschied zwischen dem Schuldschein-Darlehen und der Anleihe die Marktfähigkeit. Schuldscheine sind weder börsen- noch EZB-fähig, sie können lediglich nach Abtretung durch Zessionen gehandelt werden, wobei drei Abtretungen möglich sind. Der Handel vollzieht sich im Gegensatz zu börsennotierten staatlichen Wertpapieren nicht auf einem organisierten, sondern auf einem informellen Markt unter einer kleinen überschaubaren Gruppe von Kreditinstituten und Versicherungen, die im Wesentlichen mit dem Teilnehmerkreis im Primärmarkt identisch ist. Dies führt zu einer gewissen Illiquidität des Schuldscheins, vor allem dann, wenn die dritte und letzte Abtretung erfolgt ist. Hier weisen schon kleinvolumige Anleihen eine vergleichsweise größere Liquidität auf. Eine Verbreitung der Investorenbasis wird daher mit einer Neugewichtung zwischen Schuldschein- und Anleihefinanzierung einhergehen.

(6) Aus Sicht der Gläubiger sprach in der Vergangenheit die wichtige Eigenschaft der Deckungsstockfähigkeit für das Schuldscheindarlehen. Im „Dritten Finanzmarktförderungsgesetz" von 1998 war aber der Darlehensbegriff auch auf Anleihen öffentlicher Emittenten erweitert. Dadurch können nun z. B. Pfandbriefemittenten solche Anleihen als ordentliche Deckung in den Deckungsstock einstellen, da Schuldverschreibungen der öffentlichen Hand als Ersatzdeckung für Pfandbriefemissionen seitdem zugelassen sind. Bislang waren die Schuldscheine insbesondere von den Hypothekenbanken und den Landesbanken aufgenommen und als Deckung für die Ausgabe von Pfandbriefen verwandt worden. Sie waren also in gewisser Hinsicht von den Aktivgeschäften dieser Bankengruppen abhängig, mithin eher nachfragegeprägt. Während Schuldverschreibungen bis 1998 nur bis maximal 10 % zur Ersatzdeckung herangezogen werden können, ist seitdem das Kommunalkreditgeschäft für Inhaberschuldverschreibungen und zwar aller Emittenten im europäischen Währungsraum geöffnet. Damit kann die Deckungsmasse eines öffentlichen Pfandbriefs zu 100 % aus marktfähigen öffentlichen Papieren beste-

hen.[164] Dazu kommt, dass seit April 2000 die Hypothekenbanken unter bestimmten Voraussetzungen zum Führen eines Handelsbuches und damit zu zusätzlicher Eigenkapitalunterlegung ihrer Geschäfte verpflichtet sind. Auch dies hat aus Sicht der Gläubiger Konsequenzen für die Konditionengestaltung des Schuldscheingeschäftes. Im Ergebnis sind außer dem nicht vorhandenen Abschreibungsbedarf für Schuldscheine (im Gegensatz zu Anleihen) aus Gläubigersicht heute keine eindeutigen Wettbewerbsvorteile des öffentlichen Schuldscheindarlehens gegenüber Anleihen zu erkennen. Im Übrigen ist nicht auszuschließen, dass die bisherige Dominanz der Finanzierung über Kreditinstitute, ausgelöst durch Marktunvollkommenheiten infolge der erwähnten institutionell bedingten Transaktionskosten und Informationsasymmetrien durch die modernen Informations- und Kommunikationsmedien, zurückgehen wird.

(7) Inwieweit diese Faktoren tatsächlich künftig die Wahl zwischen diesen beiden möglichen Finanzierungsalternativen prägen, ist schwer prognostizierbar. Denn bei der Finanzierungsentscheidung können für die Kommunen neben der reinen Markt- und Kostenbetrachtung auch andere Faktoren von Bedeutung sein. Insbesondere können die mit einer Anleihe verbundenen Public-Relations-Effekte besonderes Gewicht haben. So lenkt z. B. die mit einer Anleihebegebung verbundene Publizität die Aufmerksamkeit der interessierten Öffentlichkeit auf den Emittenten. Mit den Veröffentlichungen, insbesondere mit dem Angebotsmemorandum, lässt sich für die kommunale Adresse eine Darstellung ihres Wirtschaftsstandortes sowie ihrer weiteren Investitionsplanung und -entwicklung verbinden. Das Interesse potentieller Investoren kann u. U. auf diese Weise geweckt werden. Über eine Anleihe können auch gezielt lokale und regionale Privatanleger für eine direkte Haushaltsfinanzierung und damit für eine stärkere Identifizierung mit den kommunalen Belangen eingeworben werden. Ist das langfristige Finanzimage bzw. das Standing der Kommune das wesentliche Motiv für den Rückgriff auf den Refinanzierungsweg der Anleihe, so kommt der Pflege des Börsenkurses während der Laufzeit der Anleihe erhöhte Bedeutung zu. Dabei kommt es darauf an, dass der Kurs auf dem Niveau vergleichbarer Titel gehalten wird, damit nicht durch zufällige einseitige Kauf- oder Verkaufslagen die Marktrendite zu Lasten des Emittenten beeinflusst wird.

Es bleibt abzuwarten, ob und inwieweit die Internationalisierung des Kommunalkredits im EURO-Währungsraum auch deutsche Kommunen

164 Schäfer, H./Hochstein, M. (1999), S. 554.

veranlassen wird, stärker auf das Instrument der Anleihe zurückzugreifen, um das Refinanzierungspotenzial des europäischen Kapitalmarkts zu nutzen (vgl. dazu unten unter F4).

(8) Als Ergänzung zu Schuldscheinen und Anleihen sind im langfristigen Bereich auch die subventionierten Verschuldungsmöglichkeiten bei öffentlichen Kapitalgebern, zweckgebundene Mittel der öffentlichen Hand oder auch der Kreditanstalt für Wiederaufbau erhältlich. Der kommunale Debt Manager muss solche Angebote identifizieren und die Beantragung für die Gemeinde veranlassen, um die vergünstigten Konditionen für die Kommune zu sichern. Da die Kreditvergabe i. d. R. zweckgebunden ist, kommen solche nicht marktmäßigen Angebote aber nur in Frage, wenn die Gemeinde die vom Kapitalgeber für die einzelnen Darlehen festgelegten Voraussetzungen erfüllt. Zinssubventionierte Darlehen der öffentlichen Hand können daher nur als Beimischung zum gesamten kommunalen Portfolio dienen. Im Übrigen setzt die zunehmend restriktive Handhabung der Europäischen Kommission dem Einsatz solcher Finanzierungshilfen mittlerweile enge Grenzen (vgl. dazu unten unter F4).

(9) Eine weitere Möglichkeit der langfristigen kommunalen Finanzierung sind Bausparverträge.[165] Die Genehmigung erfolgt üblicherweise im Rahmen der Zustimmung zu dem im Haushaltsplan veranschlagten Gesamtkreditbetrag. Die Einzahlungen in den Bausparvertrag dürfen nur aus freier Liquidität und aus nicht gebundenen Rücklagemitteln getätigt werden. Die Finanzierung durch Kreditaufnahme oder durch Unterschreiten der Untergrenze der allgemeinen Rücklage ist nicht zulässig. Der Bausparvertrag bietet den Kämmerern einen Weg, Bodensatzmittel und Reserven durch Umwidmung in Bausparguthaben gegenüber ausgabefreudigen Politikern zu sichern.

Kritisch wird dagegen die Wirtschaftlichkeit eines Bausparvertrages betrachtet. Dem Vorteil des gesicherten, meist unter Marktkonditionen liegenden Darlehenszinses steht der Nachteil der meist ebenfalls unter den Marktkonditionen liegenden Guthabenzinsen während der Ansparphase des Bausparvertrages gegenüber. Die Verzinsung des Bausparkredits ist infolge des niedrigen Guthabenzinses in der Ansparphase vergleichsweise gering und über die Laufzeit konstant. Allerdings ist die Laufzeit z. B. im Vergleich zum Schuldschein-Darlehen erheblich kürzer. Der Tilgungssatz beträgt oft 4,5 % bis 5 %. Die während dieses Zeitraums für

165 Vgl. Ruff, E. (1995), S. 40 ff.

den Haushalt der Kommune maßgebliche Annuität ist deshalb deutlich höher als der Nominalzins des Bausparkredits erwarten lässt.

Die für private Haushalte in Form der Bausparprämie und der Arbeitnehmersparzulage gewährte renditeerhöhende Subventionierung des Bausparens durch den Staat ist für die öffentlich-rechtlichen Körperschaften ohne Bedeutung. Da der Zuteilungszeitpunkt und der dann geltende Marktzins nicht im Voraus bekannt sind, ist ein Wirtschaftlichkeitsvergleich mit alternativen Finanzierungsmöglichkeiten erst zum Zeitpunkt der Zuteilung möglich. Insgesamt spielen Bausparverträge zur Refinanzierung des Kommunalhaushalts eine eher untergeordnete Rolle.

(10) Bei den Rücklagen in der kommunalen Haushaltswirtschaft ist zum einen die allgemeine Rücklage, zum anderen die Sonderrücklage zu betrachten. Die allgemeine Rücklage hat den Charakter einer Sammelrücklage für die Liquiditätssicherung und für Ausgaben des Vermögenshaushaltes. Diese stellt gleichzeitig den Sockelbetrag für die Sicherstellung der jederzeitigen Leistungsbereitschaft (Betriebsmittel der Kasse), i. d. R. mindestens in Höhe von 2 % der Ausgaben des Verwaltungshaushaltes (Durchschnitt der letzten 3 Haushaltsjahre), dar. Es besteht insofern eine gesetzliche Verpflichtung durch die Gemeindeordnung bzw. die Gemeindehaushaltsverordnung; der genannte Rechtsrahmen gilt bundeseinheitlich. Anders dagegen die Sonderrücklage: Ihre Bildung liegt im Ermessen der Kommune, ihre Verwendung ist nur für Ausgaben des Verwaltungshaushaltes möglich bzw. für zweckgebundene Rücklagen infolge von Zwangsverpflichtungen, z. B. Pensionsrückstellungen. Die Sonderrücklagen dienen häufig auch zur Aufnahme von Gebührenüberschüssen mit späterer gebührenmindernder Auflösung und damit zum Ausgleich von Gebührenschwankungen. Sie können darüber hinaus zur zweckbestimmten Verwendung in Form der erwähnten inneren Darlehen im Vermögenshaushalt eingesetzt werden, wobei allerdings ein marktüblicher Zins anzusetzen ist. Die Anlagekriterien orientieren sich an der Sicherheit, der Verfügbarkeit und an dem Ertrag.

(11) Im Rahmen der kommunalen Rücklagenwirtschaft hat sich ein interkommunales Clearing herausgebildet. Dieses ist zulässig im Rahmen der Bewirtschaftung des Kassenbestandes als Geschäft der laufenden Verwaltung unter Beachtung der Vorgaben gemäß Gemeindeordnung und Gemeindehaushaltsverordnung. Entsprechende Aktivitäten bedürfen eines Grundsatzbeschlusses der politischen Vertretung mit Festlegung eines Handlungsrahmens. Der Zweck des kommunalen Clearings ergibt sich aus der Bewirtschaftung des Kassenbestandes, insbesondere der

kurzfristigen Anlage verfügbarer Mittel einschließlich der Aufnahme eines Kassenkredits bei einer anderen Kommune. Das Ziel ist es, die Bankenmarge zwischen Soll- und Habenzinsen im kommunalen Sektor zu belassen, einen niedrigeren Kreditzins und einen höheren Anlagezins zu gerieren.[166] Der Bildung eines solchen Systems steht aber ab 1998 das Kreditwesengesetz (KWG) entgegen. Vor diesem Zeitpunkt war eine Erlaubnispflicht nach § 32 Abs. 1 S. 1 KWG nur gegeben, wenn die Geschäfte in einem Umfang betrieben werden sollten, der einen in kaufmännischer Weise eingerichteten Geschäftsbetrieb erfordert. Die Bundesanstalt für Finanzdienstleistungen (BaFin) sah einen derartigen Geschäftsbetrieb als gegeben an, wenn zu irgendeinem Zeitpunkt ein Bestand von mehr als 100 noch nicht restlos abgewickelter Einzelkredite oder ein Gesamtkreditvolumen von seinerzeit 1 Mio. DM (= 0,5 Mio. EUR), das sich aus der Summe aller gewährten und noch nicht restlos abgewickelten Darlehen zusammensetzte, vorlag. Seit 1998 führt allein die Absicht, Zinsen für ein Darlehen zu erzielen, zu einer Erlaubnispflicht.

(12) Einen neuen Weg der Rücklagenbewirtschaftung ist das Land Nordrhein-Westfalen durch das „Gesetz zur Einrichtung von Fonds für die Versorgung in Nordrhein-Westfalen“ vom 25. März 1999 (E-FoG) gegangen. Es verpflichtet die Kommunen des Landes, ab 1. Januar 1999 0,2 % der Ist-Ausgaben für Besoldung und Versorgung der Beamten in diese Fonds abzuführen, wobei der Vomhundertsatz jeweils um 0,2 % gegenüber dem Vorjahr zu erhöhen ist. Die angesammelten Mittel werden frühestens ab 2014 zur Reduzierung der Pensionslasten eingesetzt, wobei eine Entscheidung über den Beginn der Entnahmen sowie über die Höhe und Dauer durch Gesetz im Jahre 2013 getroffen werden wird. Bei einer Dotierung dieser Fonds ist eine Anlage in „Aktien enthaltende Spezialfonds“ möglich.

Durch Erlass des Innenministeriums Nordrhein-Westfalen vom 23. Oktober 1999 ist diese Versorgungsfondsregelung bezüglich Aktienanlagen auf sonstige Sonderrücklagen und auf die allgemeine Rücklage erweitert worden. „Die hervorgehobene Bedeutung der Sicherheit der Rücklage schließt nicht aus, dass eine Kommune im Einzelfall Teile anzulegender Rücklagemittel entsprechend den in § 12 Abs. 2 E-FoG genannten Grundsätzen anlegt.“ Davon ausgeschlossen ist lediglich der Sockelbetrag der allgemeinen Rücklage, d. h. die Betriebsmittel der Kasse

166 Vgl. Brede, H. (2001), S. 143 ff.

i. S. § 20 Abs. 2 Gemeindehaushaltsverordnung Nordrhein-Westfalen. Für kommunale Kapitalanlagen in Aktien enthaltende Spezialfonds gibt es in anderen Bundesländern keinen Rechtsrahmen, einige (Baden-Württemberg, Brandenburg, Sachsen-Anhalt, Schleswig-Holstein, Thüringen) sehen diese Anlageform als generell unzulässig an.
Andere behalten sich Einzelfallentscheidungen vor (z. B. Niedersachsen und Hessen), weitere Bundesländer (z. B. Saarland) halten die Fragestellung nicht für relevant.

3. Die Bündelung der kommunalen Kreditnachfrage

(1) Um die häufig, relativ kleinen Abschnitte zu marktgängigen Volumina bündeln zu können, aber auch um die bei der Emission von Anleihen relativ hohen fixen Kosten, insbesondere jene der Börsenpflege zu verteilen, sind in der Schweiz, in Finnland, in Schweden und in Frankreich kommunale Emissionszentralen eingerichtet worden.

(2) Die „Emissionszentrale Schweizer Gemeinden" (ESG) ist das Kapitalmarktportal der Schweizer Gemeinden. Sie wurde 1971 als deren Selbsthilfeorganisation gegründet.[167] Die ESG ist als privatrechtliche Genossenschaft organisiert, die Mitgliedschaft steht ausschließlich Schweizer Gemeinden und ihren Zweckverbänden offen. Damit hat die ESG privatrechtlichen Status, sie ist aber ausschließlich für die öffentliche Hand tätig. Die ESG beschafft im Auftrag ihrer Mitgliedsgemeinden Fremdmittel durch die Emission von Obligationen am Schweizer Kapitalmarkt. Dabei handelt sie im eigenen Namen aber im Auftrag und für Rechnung ihrer Mitglieder. Mit dem Zusammenfassen vieler Fremdmittelbegehren ihrer Gemeinden, dem sog. Pooling, erreicht die ESG ein genügend großes Volumen, um dieses über den Schweizer Kapitalmarkt mit der Emission von Anleihen bei Investoren platzieren zu können. Aktuell sind rd. 1.000 der knapp 2.900 Schweizer Gemeinden Mitglied bei der ESG. In allen Landesteilen und Sprachregionen der Schweiz ist die ESG gleichmäßig vertreten. Ein typisches Merkmal und eine Stärke der ESG-Anleihen ist die große Diversifikation des Pools. Im Durchschnitt sind an den laufenden öffentlichen Anleihen rd. 2/3 aller Schweizer Gemeinden mit einer Quote von 2 Mio. Franken beteiligt. Das Durchschnittsvolumen dieser Anleihen beträgt rd. 120.000 Mio. Franken.

167 Vgl. Glatthard, A. (2004), S. 105 ff.

(3) Die ESG bündelt die Kreditnachfrage der einzelnen Kommunen und begibt daraufhin in gewissen Abständen auf dem Kapitalmarkt Anleihen, die ein hinreichend großes Emissionsvolumen aufweisen. Damit kann dem zeitlich unterschiedlichen Kreditbedarf der einzelnen Kommunen ebenso Rechnung getragen werden, wie dem Umstand, dass der Einzelkredit für den Kapitalmarkt zu gering dimensioniert wäre. Zugleich ist die ESG von der Haushaltswirtschaft der einzelnen Gemeinde unabhängig, so dass keine Beziehung zwischen der Kursentwicklung und der Finanzlage einer einzelnen Gemeinde besteht. Im Übrigen kann die ESG die Kurspflege übernehmen. Sie muss auch für die Bedienung der emittierten Titel einstehen. Die Grundlage für diese „Quotenhaftung" ist die sog. „Quotenbürgschaft": Die in einer Anleihe vertretenen Kommunen verbürgen sich bis zum Betrag ihrer Quoten für die übrigen Gemeinden. Diese Bürgschaft verpflichtet jede Gemeinde anteilsmäßig, aber maximal bis zur Höhe ihrer Quote, für Ausfälle der anderen Poolgemeinden einzustehen. Sie wird dann beansprucht, wenn alle anderen Maßnahmen zur Behebung eines Zahlungsverzugs in einer Gemeinde nicht zum Erfolg führen.

(4) Das Finanzdebakel der Gemeinde Leukerbad im Kanton Wallis 1998 hatte das Vertrauen der Finanzmärkte in die ESG erschüttert. Deren Emissionstätigkeit wurde dadurch nahezu unmöglich, da die Kapitalmarktfähigkeit der Schweizer Gemeinden in Frage gestellt war. Die ESG hat mit verschiedenen Neuerungen reagiert, um das Vertrauen des Marktes wiederzuerlangen. Insbesondere wurde die Quotenbürgschaft durch eine Versicherung ergänzt. Diese zusätzliche Versicherung ist der Quotenbürgschaft vorgeschaltet. Die Versicherung deckt vorrangig Zahlungsausfälle im Umfang bis zu 10 % des jeweiligen Anleihevolumens. Die Prämie wird im Rahmen der Emissionskosten bezahlt und beträgt pro Anleihe 1,1 % für eine ESG-Anleihe mit Laufzeit 10 Jahre, also 11 Basispunkte p. a. Mit der Versicherung wird die Wahrscheinlichkeit einer Beanspruchung der Eventualverpflichtung der Quotenbürgschaft auf ein Minimum reduziert. Kommt es im Rahmen der neuen ESG-Anleihen bei einer Kapitalrückzahlung oder bei einer Zinszahlung zur Zahlungsstörung in einer Gemeinde, so kann die ESG die Versicherungsleistung umgehend auslösen. In diesem Fall begleicht der Versicherungsgeber den Zahlungsverzug anstelle des säumigen Poolmitglieds. Im Gegenzug erhält der Versicherungsgeber ein Rückgriffsrecht gegenüber der in Verzug geratenen Gemeinde. Die Poolmitglieder werden mit dieser vorrangigen Versicherung erheblich entlastet, da Verzüge bis 10 % des Emissi-

onsvolumens von der Versicherung gedeckt sind und eine Beanspruchung der Quotenbürgschaft bis zu dieser Höhe nicht notwendig wird.

(5) Auch die Portfolio-Politik der ESG wurde geändert: Abgestimmt auf die Versicherung können künftig die Gemeinden nur noch mit einem Anteil von maximal 10 % des Anleihevolumens und maximal mit 10 Mio. Franken an einer Emission teilnehmen. Im Sinne einer ausgewogenen Schuldnerstruktur wird zudem ein Übergewicht der ESG-Anleihenbeteiligung vermieden. Als Richtwert soll der ESG-Anteil an der Gesamtverschuldung bei der jeweiligen Gemeinde nicht mehr als 50 % – bei guter Staffelung und entsprechenden Perspektiven nicht mehr als 2/3 – ausmachen. Mit diesen Neuregelungen wird das Risiko der Poolmitglieder hinsichtlich der Quotenbürgschaft weitgehend reduziert.

Weiterhin wurden die Prüfkriterien insofern verschärft, als die ESG im Vorfeld einer Emission nunmehr auch die Einhaltung bestimmter Kennziffern der Verschuldung nachvollzieht.

Schließlich wendet die ESG nunmehr ein internes Ratingverfahren an. Es basiert auf den von den kantonalen Finanzdirektoren empfohlenen Kennzahlen:

- Selbstfinanzierungsgrad,
- Selbstfinanzierungsanteil,
- Zinsbelastungsanteil und
- Kapitaldienstanteil.

Gemeinden mit einer deutlich schwächeren Finanzlage, d. h. mit einem schlechteren Rating, haben bei einer Beteiligung an einem Emissionspool einen Risikozuschlag zwischen 1/8 % und 1/4 % zu bezahlen. Diese Zuschläge werden in einer Reserve angelegt und dienen der Deckung künftiger Risiken. Auf der Grundlage dieser Strukturen erhalten die ESG-Anleihen ein Rating, etwa ein AA von Standard & Poor's. Im Übrigen erhält jedes Mitglied eines Pools und jeder Investor die volle Transparenz über die Finanzkennzahlen der an einem Anlagepool Beteiligten.

(6) Ein ähnlicher Ansatz wird jetzt in Mecklenburg-Vorpommern verfolgt:[168] Der Städte- und Gemeindetag Mecklenburg-Vorpommern hat in 2006 das Projekt „Kommunale Finanzagentur Mecklenburg-Vorpommern" aufgesetzt, um auch den kleineren Gemeinden kostengünstig diese Möglichkeiten (gemeint sind Zinssicherungsinstrumente)

---

168 Vgl. o. V. (2006).

zu erschließen, insbesondere um die Kosten eines unbedingt notwendigen Risikomanagements gering zu halten.

Angestrebt wird,

- allen Kommunen in Mecklenburg-Vorpommern ein aktives Schuldenmanagement zu ermöglichen,
- Zinsoptimierungen mit einer kompetenten Stelle durchzuführen,
- Kostenvorteile eines gemeinsamen Schuldenmanagements zu nutzen,
- die Möglichkeit zur Inanspruchnahme bankunabhängiger Beratung.

Das Schuldenmanagement soll in einer ersten Stufe das aktive Management der Zinsen, vorrangig bezogen auf die Investitionskredite des Vermögenshaushaltes, das Zinsmanagement der Kassenkredite sowie das Management der Liquidität umfassen.

Mit dem Zinsmanagement sollen im Wesentlichen folgende Ziele verwirklicht werden:

- Transparenz der bestehenden und künftigen Zinsrisiken,
- Planbarkeit und damit Steuerbarkeit des Zinsaufwandes,
- Beobachtung und Analyse des Geld- und Kapitalmarktes und
- Abschluss von Zinsderivaten zur Absicherung von Zinsrisiken und zur Optimierung.

In einer zweiten Stufe des Aufbaus soll auch das Management der Liquidität dieser Einrichtung übertragen werden. Ziel soll es dabei sein, künftig alle Kredite als Roll-over-Kredite auf Euribor-Basis aufzunehmen. Die Finanzagentur soll die Möglichkeit erhalten, die gemeinsame Liquiditätsbeschaffung zu organisieren und zwar durch gemeinsame Ausschreibungen, standardisierte Angebotsunterlagen und mit einer gemeinsamen Kassenstelle (Kreditinstitut).

Dabei soll die Liquiditätsbeschaffung koordiniert werden durch

- Bündelung der Liquiditätsbedarfe der Kommunen,
- Synchronisation von Zinszahlungs- und Tilgungsterminen,
- Beschaffung der Liquidität durch Ausschreibung und
- Einbindung einer Kassenstelle (Kreditinstitut).

Die organisatorische Plattform soll durch einen Zweckverband oder alternativ durch eine Anstalt des öffentlichen Rechts dargestellt werden. Die Organe dieser Plattform sollen erstens eine Mitgliederversammlung sein, die die Zuständigkeit für die Grundsatzbeschlüsse, Risikorichtlinien usw. hat. Zweitens soll eine Geschäftsführung für die Umsetzung innerhalb geschlossener Leitplanken sein. Und drittens soll ein Zinsausschuss als Überwachungs- und Entscheidungsgremium eingereichtet werden.

Schließlich ist zu prüfen, ob die Finanzagentur ein Kreditinstitut nach dem KWG sein muss.
Die Entgeltregelungen sollen sich aus einem Fixbeitrag (für die Nutzung der Systeme, Vorhaltung Personal usw.), einem Betrag in Abhängigkeit von dem verwalteten Kreditvolumen sowie einem Anteil am wirtschaftlichen Erfolg darstellen.

(7) Eine vergleichbare Kooperation besteht bereits in Rheinland-Pfalz, wo sich 2005 eine Darlehensgemeinschaft der Landkreise gebildet hat.[169] Diese bündelt die Kreditaufnahme in Zusammenarbeit mit dem Land. Das Land selbst beteiligt sich nicht an der Kreditaufnahme, ist aber Koordinations- und Beratungsstelle. Es gilt das Prinzip der quotalen Haftung. Die Abwicklung erfolgt über die Landestreuhandstelle des Landes Rheinland-Pfalz. Damit handelt es sich für den Kreditgeber um ein einheitliches Rechtsgeschäft. Die Kreditaufnahme wird in einem „Aufnahmeausschuss" entschieden. Den Nachweis erfüllter Genehmigungsvoraussetzungen muss jede Kommune mit der Schuldurkunde erklären. Die Landestreuhandstelle haftet nicht, sie ist lediglich Zahlstelle.

4. Die Kommunalfinanzierung auf dem Europäischen Kapitalmarkt

(1) Die kommunale Kreditaufnahme im Ausland war bislang von untergeordneter Bedeutung. Die in den Kreditrundschreiben der Bundesländer niedergelegten Ausführungsbestimmungen zur kommunalen Kreditwirtschaft untersagen die Auslandsverschuldung zwar nicht, empfehlen jedoch ausgesprochene Zurückhaltung.[170] Dies ist nicht zuletzt durch die schwierigen Erfahrungen mit der Verschuldung deutscher Städte und Gemeinden im Ausland während der Weimarer Republik begründet. Das Wechselkursrisiko kann möglicherweise erheblich sein. Trotz des in Euroland nach wie vor relativ niedrigen Zinsniveaus gibt es Länder, in denen der Zins zumindest in der Vergangenheit unter diesem Niveau liegt. Beispiele dafür sind die Schweiz und Japan. Die Zinsen in diesen beiden Ländern sind sowohl im kurz- als auch im langfristigen Laufzeitbereich niedriger als der jeweilige Vergleichszins für Euro-Kredite. Kurssicherungsgeschäfte (Swaps) sind zur Absicherung von Fremdwährungsgeschäften im kommunalen Bereich bislang insofern nicht möglich, da langfristige Devisenswaps nicht angeboten werden. Man ist hier auf eine

169 Vgl. Schwarting, G. (2007), S. 134 f.
170 Vgl. J. P. Morgan (1997).

sorgfältige „Break Even-Analyse" bei Simulation unterschiedlicher Szenarien für Wechselkursparitäten angewiesen.

(2) Der Euro-Raum bietet nunmehr aber auch für die Kommunalfinanzierung einen erweiterten Marktrahmen.[171] Mit der Beseitigung des Wechselkursrisikos in Euroland ist unmittelbar ein europäischer Markt auch für Kommunalfinanzierungen entstanden. Da der Fremdwährungsvorbehalt für die Aufnahme von Kommunalkrediten, der im Bundesgebiet flächendeckend in den Krediterlassen der Bundesländer enthalten ist, weitgehend gegenstandslos geworden ist, können auch Banken des Euro-Währungsraumes in Deutschland als Anbieter von Kommunalfinanzierungen auftreten.

Inwieweit dies schon kurzfristig dazu führen wird, dass deutsche Kommunen in nennenswertem Umfang Kommunalkredite im Ausland aufnehmen, wird nicht zuletzt davon abhängen, ob ausländische Banken sich den im Kommunalkredit in Deutschland üblichen Geschäfts- und Vertragsusancen anschließen können und wollen. Dies betrifft zum einen die im Inlandsmarkt übliche und von der Sache her notwendige Geschäftsanbahnung über telefonische Kontakte. Hier spielen nicht nur vorhandene Sprachbarrieren eine Rolle, sondern auch die Bereitschaft ausländischer Banken, auf Anfrage kurzfristig mit verbindlichen Angeboten zur Verfügung zu stehen.

(3) Ein weiteres Feld, in dem Vereinheitlichungsnotwendigkeiten bestehen, ist die jeweils angewandte Methode der Zinsberechnung. Darlehenskonditionen werden im Inland i. d. R. nach der deutschen Zinsmethode (360 Zinstage pro Jahr, 30 Zinstage pro Monat) kalkuliert. Innerhalb der Europäischen Union sind die in der jeweils nationalen Gesetzgebung verankerten Effektivzins-Rechenmethoden durch die ISMA-Renditemethode ersetzt worden. Diese Regelung ist in der Bundesrepublik Deutschland zum 1. September 2000 in Kraft getreten und hat damit die bisher in diesem Zusammenhang relevante Preisangabenverordnung abgelöst. Der auf EU-Ebene gesetzte Rahmen lässt jedoch für die jeweils nationale Gesetzgebung unterschiedliche Möglichkeiten zu. Für die pro Monat bzw. pro Kalenderjahr ansetzbaren Zinstage bestehen unterschiedliche Optionen, und zwar zum einen für eine taggenaue und zum anderen für eine standardisierte Tagesrechnung.

171 Vgl. Kesberg, H./Bütfering, P. [Hrsg.] (1991); Hypothekenverband bei der EG [Hrsg.] (1993); Kotz, H.-H./Welkenbach, H. G. (1994); Hornung, N./Schuchardt, C. (1998); Kaiser, H./Heilenkötter, A./Hermann, M. (1999), S. 79ff.

Die Ausprägung der ISMA-Renditemethode ist in Deutschland auf standardisierter Basis festgelegt worden, d. h., das Kalenderjahr wird grundsätzlich mit 365 Zinstagen (auch in Schaltjahren) und der Monat jeweils mit 30,41666 Zinstagen gerechnet.[172] Im europäischen Ausland ist die Entscheidung der nationalen Gesetzgeber jedoch teilweise zugunsten anderer, z. B. taggenauer, Ausprägungen gefallen. Auch wenn die jeweils gesetzlich fixierten Regelungen direkte und verbindliche Wirkungen i. d. R. nur im Rahmen des Privatkundengeschäfts haben, sind indirekt auch die Kommunalfinanzierungen betroffen. Denn zur Sicherstellung von Transparenz und Vergleichbarkeit würde es auch für das Kommunalkreditgeschäft nahe liegen, Konditionenvergleiche auf der Basis einer international harmonisierten Effektivzinsberechnung herbeizuführen. Teilweise hatten Kommunen bislang schon – ohne dass eine gesetzliche Grundlage die Marktteilnehmer dazu verpflichtete – Effektivzinsen nach Preisangabenverordnung abgefragt, um sich auf dieser Basis im Konditionenvergleich abzusichern.
Bezogen auf diese Zielsetzung ist das Vorhaben der EU, eine europaweite Harmonisierung in der Zinsrechnung zur Förderung einer Marktintegration herbeizuführen, nicht mit dem erwünschten Erfolg umgesetzt worden. Internationale Renditevergleiche auf ISMA-Basis sind damit im Kommunalkreditgeschäft, bei dem die Feinjustierung der Konditionen bis in die dritte Stelle hinter dem Komma reicht, nicht zielführend. Ein europaweiter Konditionenvergleich kann deswegen exakt nur auf der Basis der jeweils genannten Nominalzinsen erfolgen. Dabei besteht allerdings die Notwendigkeit, die Darstellungselemente des jeweiligen Kredits (wie Auszahlungskurs, Auszahlungsdatum, Verzinsung, Auszahlungs- bzw. Rückzahlungstag, Leistungstakte, -termine, vorschüssige/nachträgliche Leistung, Kreditnebenkosten u. a.) exakt zu definieren und in jeder Weise verbindlich vorzugeben.[173]
Darüber hinaus ist auf die Einheitlichkeit der Vertragsgestaltung zu achten. Dies betrifft Aspekte wie die Kündigungs- und Zinsanpassungsmodalitäten, die Berechnung von Bereitstellungs- und Verzugszinsen, Berichtspflichten des Kreditnehmers sowie die Stellung von Sicherheiten. Dabei ist im Einzelnen zu prüfen, ob es sich um Vertragsgestaltungen handelt, die gegenüber den in Deutschland üblichen Bedingungen zu wirtschaftlichen Nachteilen führen oder die Bestimmungen enthalten, die mit den Vorgaben der Krediterlasse (z. B. Kündigungsmöglichkeit) nicht

172 Vgl. Deutsche Bundesbank (2004a), S. 47 ff.
173 Vgl. Walter, J. (2001), S. 61.

vereinbar sind. Per saldo ist jedoch davon auszugehen, dass sich der Bankenwettbewerb um Kommunalfinanzierungen durch den Markteintritt ausländischer Banken intensivieren wird. Dabei wird für die notwendige Vereinheitlichung der Usancen ein erheblicher Zeitbedarf anzusetzen sein, sodass gegebenenfalls realisierbaren Finanzierungskostenvorteilen zunächst ein spürbarer Prüfungsaufwand gegenübersteht. Auch die Umsetzung des „Aktionsplan Finanzdienstleistungen" der Europäischen Kommission geht in dieser Hinsicht relativ zähflüssig voran.[174]

(4) Gleichwohl gewinnt die Berücksichtigung ausländischer Kreditangebote nach In-Kraft-Treten der sog. Dienstleistungsrichtlinie (92/50 EWG) sowie der Sektorenrichtlinie (93/38 EWG) zum 1. Juli 1993 an Bedeutung, auch wenn die kommunale Kreditaufnahme bisher nicht den dort niedergelegten Verfahrensregeln unterliegt. Ursprünglich präferierte die EU-Kommission den Plan, konkrete Regelungen über die Ausschreibung von Finanzdienstleistungen zu erlassen.[175] Demnach sollte der Kreditbedarf der Kommunen öffentlich ausgeschrieben werden. Die Kommission konnte sich jedoch in dieser Hinsicht gegenüber dem Ministerrat und dem Europäischen Parlament nicht durchsetzen. Somit bleibt die Inanspruchnahme von Finanzdienstleistungen durch Kommunen explizit von der Ausschreibungspflicht ausgeschlossen.[176]

(5) Der Ausschluss ist unter praktischen Erwägungen zu begrüßen. Mit der Ausschreibung wäre ein erhöhter Kosten- und Verwaltungsaufwand einhergegangen, dem keine erkennbaren Vorteile für den öffentlichen Auftraggeber gegenüberstehen. Die hohe Volatilität der Finanzmärkte zwingt die Anbieter von Kommunalkrediten weiterhin zu kurzen Bindungsfristen von u. U. nur wenigen Stunden bis zum Gremienbeschluss des kommunalen Haushaltsgesetzgebers. Bei engen Margen, die ein Zinsänderungsrisiko nicht abdecken können, würden längere Bindungsfristen nur mit erheblichen Zinsaufschlägen möglich sein. Zur schnelleren Ausnutzung aktuell günstiger Marktgegebenheiten liegen vielen Kämmereiverwaltungen Vorratsbeschlüsse ihrer Gremien vor. Diese ermöglichen der Kämmerei jederzeit unter Beachtung der festgelegten Rahmenbedingungen eine schnelle Kreditaufnahmeentscheidung. Die Kriterien des EU-Ausschreibungsverfahrens lassen eine derart flexible Entscheidungsfindung nicht zu. Dazu kommt, dass in den derzeit üblichen Kreditausschreibungen häufig bestimmte Darlehensmodalitäten im Detail noch

174 Vgl. Deutsche Bundesbank (2004b), S. 33 ff.
175 Vgl. EU-Kommission, Beratender Ausschuss für das öffentliche Auftragswesen (1999).
176 Vgl. Europäisches Parlament (2004).

nicht festliegen (z. B. Zinsbindungstermin, Karenztage, Zahlungsrhythmen u. a.). Erst in der Nachverhandlung werden die speziellen Angebotsvarianten von der Kommune hinsichtlich effektiver oder marktmäßiger Vorteile bewertet. Insofern sind vollständige und starre Ausschreibungsunterlagen nicht die Regel. Eine Änderung dieser Usance ist nicht zu erwarten, weil die Kommunen in der Nachverhandlung Informationen über die allgemeine Zinssituation oder über besondere Refinanzierungsmittel erwarten, wobei sie Einfluss auf die Kreditausstattung nehmen können. Auch ausländische Kreditgeber werden künftig diesen kommunikativen Prozess gestalten müssen. Bei ortsansässigen Instituten hat überdies der Haushaltsgrundsatz der Wirtschaftlichkeit und Sparsamkeit beim Offertenvergleich eine besondere Bedeutung. Eine reine Aufblähung des Kreises der Interessenten ohne erkennbaren zusätzlichen Leistungsnachweis würde keine Vorteile bringen. Insgesamt bleibt festzustellen, dass dann ein „schwerfälliges" öffentliches Auftragswesen auf schnelllebige Kapitalmärkte träfe, die sich durch einen raschen und effizienten Ausgleich von Angebot und Nachfrage auszeichnen. Wegen des mit der europaweiten Ausschreibung verbundenen Zeitaufwandes wäre ein zeitnahes Agieren und Reagieren an den Kapitalmärkten kaum noch möglich gewesen.[177]

Das gilt umso mehr, als neuerdings Internet-Plattformen die Begleitung der klassischen Instrumente der Haushaltsfinanzierung von der Information über die Indikation bis zur Transaktion anbieten, d. h. Angebote verschiedener Kreditinstitute auf eine spezifische Finanzierungsanfrage vergleichbar gemacht werden und durch „Mausklick" vom jeweiligen Nachfrager entschieden werden können.[178] Auch dies hat insbesondere den Kreditinstituten aus dem Euroraum den Zutritt in den deutschen Markt für Kommunalfinanzierungen ermöglicht und die Wettbewerbsintensität auf diesem Markt erhöht.[179]

(6) Vor diesem Hintergrund werden jene Kommunen, die mit größeren Beträgen den Weg in den internationalen Kapitalmarkt suchen, sich der in dieser Sphäre üblichen Bonitätsbewertung über eine Klassifizierung (Rating) zu stellen haben (vgl. dazu oben D3). Sie müssen ein Ratingurteil einer Rating-Agentur vorlegen, um ihre Anleihen platzieren zu können. Der Prozess des externen Ratings ist relativ teuer.[180] Die Tatsache, dass

177 Vgl. Der Städtetag (2000), S. 42.
178 Vgl. Huss, H.-J./Franzmeyer, D. (2001), S. 92 f.
179 Vgl. Wesierski, B. (1998), S. 22 f.
180 Vgl. Price Waterhouse Cooper – PWC (2006).

die Einführung der Doppik – wesentliche Grundlage für das externe Rating – in Deutschland auch in einigen materiellen Punkten in den einzelnen Ländern unterschiedlich erfolgt, wird ein solches externes Rating nicht erleichtern.[181] In jedem Fall werden ungünstige Relationen i. S. eines doppischen Systems sich ceteris paribus negativ auf die Ratingnote auswirken, mit entsprechend negativen Auswirkungen auf die Finanzierungskosten der Kommunen auf dem organisierten Kapitalmarkt.[182]

Aus den oben genannten Gründen (vgl. D3 sowie F2) spielen bislang Anleihen generell, und damit speziell auch die Beanspruchung des internationalen Kapitalmarkts durch kommunale Emissionen nur eine nachgeordnete Rolle. Mit Ausnahme einiger weniger großer westdeutscher Städte, die den Kapitalmarkt mit Anleihen in Anspruch genommen haben, wurde von kommunalen Adressen der Kreditbedarf fast ausschließlich direkt über Banken gedeckt. Erst in jüngster Vergangenheit haben z. B. die Städte Chemnitz, Dresden, Leipzig, München, Weimar und Hannover wieder öffentliche Anleihen auch für die Platzierung im internationalen Markt begeben.[183] Eine Tendenz der Kommunen zur Anleihefinanzierung war jedoch in den vergangenen Jahren nicht erkennbar. Während die Städte noch 2000 ausstehende Anleihen im Umfang von rund einer Mrd. EUR aufwiesen, waren es Ende 2005 nur noch 470 Mio. EUR. Dies entspricht einem Anteil an der Gesamtverschuldung in Höhe von nicht einmal 1 % (vgl. hierzu oben A1).

(7) Eine weitere Form der Verbriefung ist der internationale Kreditvertrag, wie ihn z. B. 1996 die Stadt München mit einem Volumen von über 500 Mio. EUR mit der japanischen „Nippon-Life-Insurance-Company" abgeschlossen hat. Dabei handelte es sich um die erste internationale Kreditaufnahme einer deutschen Kommune in der Nachkriegszeit. Die Effektivverzinsung dieses Papiers lag unterhalb dem bei einer typischen kommunalen Schuldverschreibung üblichen Satz. Die Laufzeit des Darlehens betrug 10 Jahre mit Festzinssatz. Der Kredit soll der Finanzierung von Investitionen zur Stadtentwässerung dienen.[184]

(8) Sofern eine Kommune mit der Verbriefung sich sowohl in ihren Instrumenten als auch in den Fristigkeiten diversifizieren möchte, kann sie statt der Anleihe auf Medium-Term-Note-Programme zurückgreifen.[185] Das Mindestvolumen für solche Programme liegt bei ca. 50 Mio. EUR, rea-

181 Vgl. Vogelpoth, N./Poullie, M. (2007), S. 517 ff.
182 Vgl. Budäus, D. (2006b), S. 167 ff.
183 Vgl. o. V. (1999b), S. 3.
184 Vgl. o. V. (1996b), S. 17.
185 Vgl. Merl, G. (1994), S. 491 ff.; Verband öffentlicher Banken (1995); Walter, J. (1999), S. 44 ff.

listisch ist aber eher eine Größenordnung von 250 Mio. EUR, auch im Hinblick auf die Notwendigkeit, zunächst ein juristisches Rahmenwerk entwickeln zu müssen, dessen Kosten sich dann auf ein entsprechendes Volumen verteilen.

Medium-Term-Notes (MTNs) sind an den internationalen Finanzmärkten gebräuchliche, mittelfristig, teils aber auch langfristig verbriefte Finanzierungstitel. Es handelt sich dabei um Inhaberschuldverschreibungen, die i. d. R. eine nicht nachrangige, nicht dinglich besicherte Verbindlichkeit des Emittenten verbriefen. MTNs werden als Daueremission im Rahmen eines festgelegten Programms revolvierend emittiert und haben Laufzeiten von 1 bis zu 30 Jahren. Üblicherweise liegt das Schwergewicht jedoch bei Laufzeiten von 2 Jahren. Vertragliche Grundlage über die Auflegung eines MTNs-Programms ist eine im Allgemeinen zeitlich unbefristete Rahmenvereinbarung zwischen dem Kreditnehmer und einer als Arrangeur fungierenden Bank. Der Kreditnehmer (Emittent) hat dabei das Recht (nicht aber die Verpflichtung), jederzeit einzelne Serien (sog. Tranchen) von Inhaberschuldverschreibungen am Kapitalmarkt zu begeben. Durch Variation von Laufzeit, Betrag und Zinssatz lassen sich MTNs maßgeschneidert den Finanzierungs- und Liquiditätsbedürfnissen sowohl des Emittenten als auch des Geldanlegers anpassen. Außerdem ist eine rasche Reaktion auf günstige Marktverhältnisse gewährleistet. Beispielsweise kann in einer Phase sinkender Zinsen die sukzessive Platzierung der Tranchen die Kosten reduzieren.

(9) Von klassischen Anleiheemissionen unterscheiden sich MTNs-Emissionen vor allem dadurch, dass sie auch zur Aufbringung von kleineren Finanzierungsabschnitten geeignet sind. Des Weiteren entstehen geringere Emissionskosten, weil die Banken keine Übernahmeverpflichtung für die zu platzierenden Tranchen eingehen.

Da MTNs Kapitalmarktinstrumente sind, orientiert sich die Verzinsung an den Kapitalmarktzinssätzen bzw. bei variabler Verzinsung an den Geldmarktzinssätzen wie beispielsweise dem EURIBOR der entsprechenden Laufzeit. Je nach Bonität des Schuldners kann die erforderliche Verzinsung einen Auf- bzw. Abschlag auf den Kapitalmarkt- bzw. Geldmarktzins aufweisen.

Die Valutierung des Gegenwertes begebener MTNs beträgt mindestens zwei Bankarbeitstage. Eine Börseneinführung des MTNs-Programms sowie jeder Tranche im geregelten Markt ist möglich. Die langfristige Kreditfinanzierung der kommunalen Haushalte kann durch den Einsatz solcher MTNs- Programme um eine attraktive Finanzierungsalternative bereichert werden, sofern sich die hier anfallenden Kosten auf ein genügend großes Volumen verteilen. Dann erlauben MTNs im Vergleich zu einer Anleihe die Aufbringung kleinerer Finanzierungsbeträge bei mittelfristigen Laufzeiten, eine bessere Strukturierung der Fälligkeiten, eine bessere Fungibilität und geringere Emissionskosten.

Für die Abwicklung beauftragt die Kommune eine Bank mit der Auflegung eines MTNs-Programms, das als Rahmenvereinbarung für die jeweilige Laufzeit die Daueremission von Notes vorsieht. Neben der Abstimmung des zeitlichen Rahmens für einzelne Inanspruchnahmen wird das Mindestvolumen für Einzeltranchen festgelegt. Die Kommune (Emittent) wählt in Abstimmung mit dem beauftragten Kreditinstitut (Arrangeur) die platzierenden Banken (Plazeure) der MTNs aus. Die Anzahl und die Auswahl der Plazeure (überwiegend zwischen 3 und 5 Banken) hängen von der Art und dem Umfang des Programms sowie von den spezifischen Stärken in der Platzierung der jeweiligen Banken ab. In der Regel fungiert der Arrangeur auch als Emissions- und Zahlstelle und ist damit verantwortlich für die technische Abwicklung des MTNs-Programms.

Die platzierenden Banken verkaufen die MTNs der Kommune zu den jeweils günstigsten, am Markt angebotenen Konditionen („best-effort-basis"). Im Unterschied zum Übernahmekonsortium bei Anleihen besteht für die Plazeure keine Übernahmeverpflichtung für die MTNs, sondern sie treten lediglich als Vermittler zwischen Emittent und Anleger auf. Im Falle der Platzierung werden zwischen der Kommune und der Bank die Einzelheiten der Emission (Volumen, Laufzeit, Nominalverzinsung, Auszahlungsbetrag, Valutierungstag, Fälligkeitsdatum) festgehalten.

Für die Auflegung und Inanspruchnahme eines MTNs-Programms gelten folgende Rahmenbedingungen:

- Platzierungsprovision: nach Laufzeiten der jeweiligen Tranche (Ziehung) gestaffelt,
- Emissions- und Zahlstellengebühr,
- Arrangierungsprovision (einmalig),
- Börseneinführungsgebühr (sofern eine Einführung in den geregelten Markt an der entsprechenden Wertpapierbörse vorgenommen wird).

Zusammenfassend lässt sich festhalten, dass MTNs-Programme Alternativen der kommunalen Refinanzierung eröffnen, weil zur Aufbringung aktueller Finanzierungsteilbeträge bei mittelfristigen Laufzeiten und relativ geringen Emissionskosten eine eng an den Präferenzen der Kommune orientierte Ausgestaltung erfolgen kann.

(10) Wenn die Kommune bei ihrer Finanzierung auch im unterjährigen Bereich Möglichkeiten sucht, bieten innerhalb der verbrieften Titel „Commercial-Paper“ (CP) weitere Alternativen.[186]
CP sind kurzfristige Schuldverschreibungen, die vornehmlich von erstklassigen Industrieadressen am Geldmarkt begeben werden. In den USA kennt man sie bereits seit mehreren Jahrzehnten als kurzfristiges Refinanzierungsinstrument. Seit Anfang der 80er-Jahre hat sich dann in London ein funktionsfähiger Markt auch für Europa entwickelt.
Die Vorteilhaftigkeit von CP-Programmen ist von Fall zu Fall detailliert zu prüfen. Dabei spielen das Programmvolumen, die Kosten und der Bekanntheitsgrad des Kreditnehmers eine entscheidende Rolle.
Sofern eine Kommune sich über CP finanzieren möchte, beauftragt sie ihre Bank (Arrangeur und Plazeur), am Geldmarkt tätig zu werden. Die Bank vermittelt dann einzelne Tranchen an institutionelle Anleger (z. B. Investmentgesellschaften), die über einen entsprechenden Anlagebedarf im gewünschten Laufzeitbereich verfügen. CP-Programme haben üblicherweise eine Laufzeit von 7 Tagen bis zu 2 Jahren. Durch den schnellen und flexiblen Einsatz können günstige Geldmarktkonditionen ausgenutzt werden.
Inanspruchnahme und Abwicklung erfordern als vertragliche Grundlage zwischen Kommune und Bank ebenfalls eine unbefristete Rahmenvereinbarung. Das Mindestprogramm-Volumen liegt bei 25 Mio. EUR. Die Kommune beauftragt eine inländische Bank (Arrangeur) mit der Vorbereitung der Dokumentation zur Auflegung eines CP-Programms. Diese sieht als Rahmenvereinbarung die Daueremission von Inhaberschuldverschreibungen am inländischen Geldmarkt vor. Der Emittent wählt in Abstimmung mit dem Arrangeur die Plazeure, ebenfalls inländische Banken, aus. Die Anzahl und die Auswahl der Plazeure (überwiegend zwischen drei bis fünf Banken) hängen von Art und Umfang des Programms sowie von den spezifischen Stärken in der Platzierung der jeweiligen Banken ab. In der Regel fungiert der Arrangeur auch als Emissions- und Zahlstelle und ist damit verantwortlich für die technische Abwicklung des CP-Programms.
Für die Auflegung und Inanspruchnahme eines CP-Programms sind folgende Provisionen und Gebühren üblich:
– Platzierungsprovision,
– Servicegebühr,

186 Vgl. Deubel, I. (1992), S. 122 ff.

– Emissionsstellengebühr,
– Zahlstellengebühr,
– Arrangierungsprovision.

Da CP Geldmarktinstrumente sind, orientiert sich die Verzinsung am Geldmarktzinssatz (EURIBOR) und der entsprechenden Laufzeit. CP werden als abgezinste Papiere begeben. Sie stellen eine kostengünstige Finanzierungsalternative zu kurzfristigen Festzinskrediten dar. Zum einen entfallen Bereitstellungsprovisionen für die Kredite, zum anderen verringert sich die Kreditinanspruchnahme bei Banken selbst – es werden Liquiditätsreserven frei. Sie sind schnell und flexibel einsetzbar und erlauben es den Kommunen, ihr Cash Management durch Erweiterung der verfügbaren Produktpalette effizienter zu gestalten.

(11) Im Zusammenhang mit der „europäischen Dimension“ des Kommunalkredits ist schließlich auf die Problematisierung der Besicherung über Kommunalbürgschaften hinzuweisen. Wegen der Bedeutung dieses Themas für die kommunale Bürgschaftspraxis und die kommunale Wirtschaftspolitik sollen die wesentlichen Sachverhalte ausführlicher erörtert werden.

Die Besicherung von Krediten an kommunale Gesellschaften in privater Rechtsform durch Bürgschaften der jeweiligen Eigentümerkommune ist in Deutschland eine seit Jahrzehnten verbreitete Praxis. Seitens der Kreditinstitute können kommunalverbürgte Kredite auf der gleichen Rechtsgrundlage und Kalkulationsbasis wie im Kommunalkredit angeboten werden. Insofern kann auf diesem Wege die Kreditversorgung kommunaler Gesellschaften zu günstigen Konditionen und auf einfacher und schneller Abwicklungsbasis sichergestellt werden. Das auf diesem Wege dargestellte Finanzierungsvolumen hat sich in den letzten Jahren deutlich erhöht, nicht zuletzt dadurch, dass Kommunen aus vielfältigen Überlegungen heraus vermehrt dazu übergegangen sind, Maßnahmen in von ihnen beherrschte privat-rechtliche Gesellschaften auszulagern.

Eine aus dem EG-Vertrag resultierende Beihilfeproblematik wurde mit dieser Praxis zunächst weder seitens der Bürgen noch seitens der begünstigten Kreditnehmer und auch seitens der Kredit gewährenden Banken gesehen. Dabei stand die Betrachtung im Vordergrund, dass die typischerweise durch Bürgschaften begünstigten Stadtwerke in ihren traditionellen Sparten als bislang örtliche bzw. regionale, nicht im Wettbewerb stehende Monopolunternehmen außerhalb des Wettbewerbsrechts nach EG-Vertrag stehen. Insbesondere die mittlerweile weit fortgeschrittene Liberalisierung im Bereich der Stromversorgung zwingt dazu, diese Betrachtung zu relativieren und die Praxis der Verbürgung von Krediten unter dem Gesichtspunkt der Zulässigkeit staatlicher Garantien auf der Basis des europäischen Wettbewerbsrechts zu überprüfen.

Die EU-Kommission hat ihre Rechtsauffassung zu diesem Thema erstmalig in der Mitteilung vom 24. November 1999 über die Anwendung der EG-Beihilfevorschriften auf Haftungsverpflichtungen und Bürgschaften der öffentlichen Hand detailliert dargelegt. Diese Mitteilung soll den Mitgliedstaaten die Grundsätze erläutern, auf die die Kommission sich bei ihrer Auslegung der Artikel 87 und 88 EG-Vertrag und deren Anwendung auf staatliche Bürgschaften stützt. Damit gibt die Kommission ihre Rechtsauffassung wieder, ohne dass dieser Mitteilung ein Rechtsnormcharakter zuzuordnen ist.

Die Mitteilung ist auf kommunaler Ebene zunächst wenig beachtet worden, und erst allmählich schlägt die Erkenntnis durch, dass sie für die Praxis der Gewährung von Kommunalbürgschaften von erheblicher Relevanz ist. Insbesondere stößt auf Erstaunen, dass die rechtliche Verpflichtung, kommunale Bürgschaften dem Grunde nach durch die EU-Kommission notifizieren lassen zu müssen, bereits seit Bestehen des EG-Vertrages gegeben ist. Diese Verpflichtung ist allerdings aus den oben bereits angeführten Gründen kaum beachtet worden. Der Rechtsrahmen für das materielle EG-Beihilferecht war bisher auf kommunaler Ebene und zugegebenermaßen auch in der Kreditwirtschaft – soweit es kommunalverbürgte Kredite betrifft – nur unzureichend bekannt. Mit der Mitteilung der Kommission von November 1999 sollte die hohe praktische Relevanz dieser Problematik allerdings deutlich geworden sein.

Nach der von der Kommission vertretenen Auffassung sind beihilfeverdächtige kommunale Bürgschaften zu notifizieren, d. h. an die EU-Kommission zu melden und durch diese zu prüfen. Kernpunkt dieser Prüfung ist jeweils die Frage, ob durch eine kommunale Bürgschaft eine den zwischenstaatlichen Handel innerhalb der Gemeinschaft berührende Wettbewerbsverfälschung eintreten könnte. Ob jeweils ein Beihilfeverdacht gegeben ist, unterliegt einem vergleichsweise breiten Interpretationsspielraum. Eindeutige Aussage und operationale Kriterien sind hierzu seitens der Kommission bis heute nicht geboten worden. Die Kommunen sind bislang hinsichtlich der Bereitstellung von Verhaltensrichtlinien zu diesem Thema weder von den kommunalen Spitzenverbänden noch von den kommunalen Aufsichtsbehörden materiell bedeutsam unterstützt worden, sodass derzeit eine tiefe Verunsicherung vorherrscht.

Während die Relevanz des europäischen Beihilferechts für kommunalverbürgte Kredite, die zur Investitionsfinanzierung in der Strom- und Gasversorgung dienen, aufgrund der hier mittlerweile gegebenen Marktverhältnisse vom Grundsatz her außer Zweifel steht, kann dies für andere Sparten der kommunalen Daseinsvorsorge nicht ohne weiteres unterstellt werden. Hinsichtlich der hier bestehenden Relevanz beihilferechtlicher EU-Vorschriften hat sich die Kommission in ihrer Mitteilung vom 20. September 2000, „Leistungen der Daseinsvorsorge in Europa", bemüht, gewisse Klarstellungen herbeizuführen.

Hier heißt es wie folgt: „Noch bevor die Frage geklärt wird, wie weit die in Artikel 86 vorgesehene Möglichkeit der Ausnahme von den Wettbewerbsregeln und Binnenmarktvorschriften reicht, ist zu prüfen, ob diese Gemeinschaftsvorschriften überhaupt zur Anwendung gelangen. Dabei ist folgenden Aspekten Rechnung zu tragen: Unterscheidung zwischen wirtschaftlichen und nicht wirtschaftlichen Tätigkeiten, Auswirkungen auf den Handel zwischen Mitgliedstaaten und Vorgehen der Gemeinschaft gegenüber Bagatellfällen" (Randziffer 27). Nachfolgend findet sich folgende Aussage: „ ... in aller Regel finden die Binnenmarktvorschriften und Wettbewerbsregeln grundsätzlich keine Anwendung auf nicht wirtschaftliche Tätigkeiten und berühren daher auch nicht Leistungen der Daseinsvorsorge, die keine wirtschaftlichen Tätigkeiten darstellen."[187] Hieraus folgt, dass auf Aufgaben, die per se dem Staat vorbehalten sind „ ... die Wettbewerbsregeln und Binnenmarktvorschriften keine Anwendung finden und somit auch Artikel 86 und seine Bindungen nicht greifen" (Randziffer 28).

Die Mitteilung vom 20. September 2000 verdeutlicht darüber hinaus, dass Voraussetzungen für die Anwendung der Gemeinschaftsvorschriften eine „Auswirkung auf den Handel zwischen Mitgliedstaaten" (Randziffer 27) ist. Unter Hinweis auf die in den Artikeln 81 und 82 EG-Vertrag niedergelegten kartellrechtlichen Bestimmungen wird hierzu folgende Präzisierung gegeben: „... So wird eine Tätigkeit, die sich nur unwesentlich auf den Markt auswirkt, wie dies bei einer Reihe von Leistungen in der Daseinsvorsorge für ein räumlich begrenztes Gebiet der Fall ist, den Handel zwischen Mitgliedsstaaten normalerweise nicht beeinträchtigen und daher auch nicht unter die einschlägigen Regeln des Gemeinschaftsrechts fallen" (Randziffer 32).

187 Vgl. Europäische Kommission (2001), Randziffer 27.

Nunmehr hat die Kommission mit der „Verordnung (EG) Nr. 1998/2006 vom 15. Dezember 2006 über die Anwendung der Art. 87 und 88 EG-Vertrag auf die De-minimis-Beihilfen eine gewisse Präzision und damit auch Rechtssicherheit für den kommunalen Bürgschaftsgeber herbeigeführt. Danach dürfen die De-minimis-Einzelbürgschaften nur im Rahmen einer Bürgschaftsregelung gewährt werden. Diese muss alle Vorgaben der De-minimis-Verordnung erfüllen. Während solche Regelungen in Deutschland im Bereich der Wirtschaftsförderung existieren, fehlten sie bislang im Bereich der kommunalen Bürgschaften. Auf Anregung der Bundesvereinigung kommunaler Spitzenverbände wurde unter Mitarbeit der kreditwirtschaftlichen Spitzenverbände ein Vorschlag für eine kommunale Bürgschaftsregelung erarbeitet. Dieser kann den Städten, Gemeinden und Landkreisen als Muster für eine entsprechende Regelung dienen.[188] Inhaltlich werden in diesem Vorschlag die Vorgaben der neuen De-minimis-Verordnung umgesetzt. Entschließt sich eine Kommune, eine solche Regelung zu erlassen, so darf sie auf der Grundlage der Regelung kommunale Bürgschaften bis zu einer Höhe von 1,5 Mio. EUR gewähren, wobei höchstens 80 % des Kreditbetrages verbürgt sein dürfen. Wird die Bürgschaft für ein Unternehmen des Straßentransportsektors gewährt, so darf der verbürgte Teil des Darlehens insgesamt 750.000 EUR je Unternehmen nicht übersteigen. Der vorgenannte Bürgschaftsbetrag von max. 1,5 Mio. EUR bzw. 750.000 EUR entspricht einem Beihilfewert von 20 Mio. EUR bzw. 100.000 EUR, der in einem Zeitraum von drei Steuerjahren nicht überschritten werden darf. Die Höhe der Bürgschaft darf max. 80 % des Darlehens betragen.

188 Vgl. o. V. (2007a).

G. Das kommunale Debt Management[189]

1. Ziele und Konzepte

1.1 Die Determinanten der Ziele

(1) Als Dauerschuldner stehen die Kommunen nicht nur vor der Aufgabe, die Neuverschuldung fühlbar zu reduzieren, sie müssen auch ständig die Herausforderung bewältigen, den aufgebauten Bestand an Schulden zu bewirtschaften. Beides – die Rückführung der Neuverschuldung und die Bewirtschaftung des Schuldenstandes – stellen den Kämmerer immer wieder vor die Frage nach dem Zeitpunkt der Kreditaufnahme, nach der Laufzeit und nach der Verzinsungsform. Diese Fragen sind nur im Rahmen eines Verschuldungskonzeptes zu beantworten, über das jeder rational handelnde Dauerschuldner verfügen sollte. Nur ein solches Konzept ermöglicht die jeweils gegebenen Marktverhältnisse auf die individuelle Position zu beziehen und daraus dann den notwendigen Handlungsbedarf abzuleiten.

(2) Ein solches Konzept bedarf einer Zielsetzung. Die Zielsetzung des kommunalen Zinsmanagements ist zunächst die Gewährleistung der Liquidität. Dies beinhaltet die traditionelle Deckungsfunktion im Rahmen des Haushalts. Sie ist in den Ermächtigungen entsprechend veranschlagt.
Für die Gewährleistung der Liquidität und damit der Zahlungsfähigkeit der Kommune ist eine Liquiditätsplanung notwendig, die auch in den Gemeindeordnungen durchgängig haushaltsrechtlich vorgegeben ist. Gleichwohl bestehen hier Risiken der Prognose, da eine sichere Einschätzung der Zahlungsein- und -ausgänge nicht möglich ist. Diese Unwägbarkeit überträgt sich auch auf die Frage nach dem „richtigen" Zeitpunkt der Liquiditätsbeschaffung, der vor, bei und nach dem Liquiditätsbedarf liegen kann.
Der Liquiditätsbedarf bestimmt auch die Kapitalbindung. Die Gestaltung der Kapitalbindungsstruktur erfolgt durch Festlegung der Laufzeit und der Tilgungsform. Er muss sich dabei in erster Linie an der Schuldendienstplanung orientieren. Die Forderung nach einer langfristigen Kapitalbindung ist daher dann zu hinterfragen, wenn die Tilgungstermine der

189 Vgl. Deubel, I. (1992), S. 122 ff.; Pampel, R. (1993); Jünger, H./Walter, J. (1997); Hornung, N. (1999); Schwarz, G. (2001); Ritscher, J.-P. (2002); Müller, W./Fey, D./Nagel, J. [Hrsg.] (2004), S. 116 ff.; Hornung, N. (1997), S. 30 ff.; Rehm, H./Tholen, M. (2005); Birkholz, K. (2006b); Birkholz, K. (2007b).

bestehenden Schuld und die Liquiditätslage der Gemeinde es sinnvoll erscheinen lassen, kurz- oder mittelfristige Laufzeiten vorzuziehen. Gängige Tilgungsformen sind die o. g. Annuitäten- und Ratentilgung sowie die endfällige Tilgung. Dabei haben die Gemeinden wegen der Regelmäßigkeit des Schuldendienstes und der daraus resultierenden Planungssicherheit eine Präferenz für Annuitätendarlehen.

Für das einzelne Darlehen ist die Kapitalbindung während der Laufzeit, außer durch die teilweise oder vollständige außerplanmäßige Rückzahlung, nicht zu verändern. Ist eine vorzeitige Kündigungsmöglichkeit nicht vorgesehen, so ist aber eine Vorfälligkeitsentschädigung zu entrichten. Um sich flexiblere Eingriffe in die Fälligkeitsstruktur vorzubehalten, sollte der Debt Manager bei Neuverschuldungen neben der üblichen Tilgungsvereinbarung regelmäßig die Möglichkeit der vorzeitigen Kündigung vorsehen.

Von der Kapitalbindung zu trennen ist die Frage nach der Zinsbindung. Hier stehen bislang 10 bis 15jährige Zinsbindungsfristen im Vordergrund, obwohl die Vergangenheit zeigt, dass das Risiko einer 15jährigen Zinsbindung deutlich über dem einer variablen Finanzierung auf Basis des 6-Monats-Libor liegt.

Neben der festen und der variablen Finanzierung gibt es noch weitere Gestaltungsmöglichkeiten hinsichtlich der Zinsmodalitäten. Dazu gehören z. B. die Reverse-Floater, bei denen die Zinszahlung im inversen Zusammenhang zum Marktzins steht, oder auch die Gleit- oder Staffelzinsanleihen genannten Kombizinsanleihen, bei denen die jährlichen Zinszahlungen nicht über die Laufzeit konstant, sondern i. d. R. am Anfang deutlich unter und am Ende deutlich über dem aktuellen Marktzins liegen.

Die Steuerung der Zinsausgaben und der damit verbundenen Risiken stellt darüber hinaus aus wirtschaftlicher Sicht die eigentliche Herausforderung dar: Es geht um die Optimierung der im Haushalt veranschlagten Zinsausgaben über einen mittel- bis langfristigen Horizont. Diese Optimierung selbst beinhaltet wiederum die zwei am Kapitalmarkt für die Finanzierung klassischen (und konfliktären) Teilziele:

- Die Reduzierung der Zinsausgaben (Ergebnisverbesserung) und
- die Reduzierung der Risiken.

(3) Aus der Sicht des Zinsmanagements besteht dabei folgender Zusammenhang: In der Regel können (ex ante) geringere Zinsausgaben nur unter Inkaufnahme höherer Zinsänderungsrisiken erzielt werden. Im (nahezu) arbitragefreien Kapitalmarkt gibt es keine risikolosen Zusatzerträge. Jede

Entscheidung durch Festlegung der Zinsbindungsdauer ist immer auch eine Entscheidung über ein bestimmtes Risikoprofil, z. B. in Form einer variablen Verzinsung bzw. der früheren oder späteren Anschlussfinanzierung mit entsprechenden Folgekosten bei Fälligkeit. Die Aussage über Ergebnisse und Risiken sind deshalb untrennbar mit einander verbunden. Sie sind zwei Seiten einer Medaille. In der Kapitalmarkttheorie wird dieser Zusammenhang auf die Teilziele Rendite und Risiko (Volatilität) reduziert.
Die Praxis des Zinsmanagements betrachtet die beiden Teilziele nicht gleichwertig, sondern sieht die Zinsausgaben (Ergebnisse) als Zielgröße und die Risiken als Nebenbedingungen, die in Form eines Limits vorgegeben wird. Aufgrund der Rolle als Dauerschuldner bedeutet dies für die öffentliche Hand, dass die Optimierungszielsetzung sich zwangsläufig auf einen mittel- bis langfristigen Horizont beziehen muss. Dies unterscheidet die öffentlichen Kreditnehmer fundamental vom Bereich der Finanzintermediäre, vor allen von den Kreditinstituten, die aufgrund der Handelsgeschäfte einen wesentlich kürzeren Planungshorizont haben und im Übrigen nicht auf die Zinsausgaben hinsteuern, sondern sich an den Barwerten des Zinsaufwands orientieren.

1.2 Die Optimierung der Zinsausgaben

(1) Bei der Entwicklung eines Konzeptes für das kommunale Debt Management gibt es keine allgemein gültigen Maßstäbe.[190] Jede Gemeinde muss für sich bestimmen, wie sich die Zinsausgaben entwickeln sollen bzw. dürfen. Ein solches Konzept kann sich an verschiedenen Vorgaben orientieren:

- Es kann auf einen Quotienten als Kennziffer für die Entwicklung der Zinsausgaben, sei es in der Form der Zinssteuerquote, sei es in der Form der Zinsausgabenquote, abgestellt werden.
- Statt der Vorgabe von Quoten können für künftige Haushalte bzw. Finanzplanungsperioden auch absolute Vorgaben für die Höhe der Zinsausgaben festgelegt werden. Dabei muss man von der Höhe der gegebenen Schulden ausgehen und zunächst die bestehenden Zinsbindungen quantifizieren und für die neuen Schulden und künftigen Umschuldungen Annahmen hinsichtlich der vermuteten Zinsentwicklungen fixieren. Daraus können dann mit der Haushaltsentwicklung ver-

190 Vgl. Prautzsch, W.-A./Walter, J. (1998), S. B1; Schwarz, G. (2001), S. 44 ff.

tretbare absolute Vorgaben für die Entwicklung der Zinsausgaben abgeleitet und darauf aufbauend für jede Haushaltsperiode als Planungsvorgabe eine absolute Obergrenze für die Zinsausgaben festgelegt werden.

- Ein weiterer Konzeptbaustein zielt auf die Festlegung einer Relation von festverzinslich zu variabel verzinslichen Schuldtiteln. In einer solchen Relation kommt die Bereitschaft der Kommune zum Ausdruck, das Risiko einer variablen Verzinsung einzugehen. Die Chance besteht dann spiegelbildlich darin, an den i. d. R. niedrigeren variablen Sätzen partizipieren zu können.
- Schließlich sollte jedes Konzept ein bewertendes Element bzw. eine Kennziffer für Optimalität enthalten. Dies kann z. B. der durchschnittliche Zinssatz der Gesamtschulden der Kommune im Vergleich zu dem für den im Referenzzeitraum von der Bundesbank ermittelten Satz der Umlaufrendite für Bankschuldverschreibungen sein. Die stetige Messung an den tatsächlichen Marktverhältnissen führt dann zu einer laufenden Evaluierung des Konzepts.

(2) Die Entwicklung eines Optimierungsmodells für das kommunale Debt Management sollte in enger Abstimmung mit der kommunalen Verwaltung erfolgen und folgende Schritte umfassen:

- Bewertung der Ist-Situation und Liquiditätsentwicklung des kommunalen Haushalts,
- Erfassung und Darstellung des bestehenden Kreditportfolios,
- Erörterung und Festlegung zukünftiger Zinsszenarien und
- Analyse des kommunalen Schuldenbestandes vor dem Hintergrund der Zinsmeinung.

Ausgehend von diesem Grundlagenmuster können strategische Handlungsoptionen zur Zielerreichung entwickelt werden, die allerdings ihrerseits die Bildung einer Zinsmeinung voraussetzt. Diese begründet sich auf einer Betrachtung der historischen Zinsentwicklung. Sie sollte die Zinsprognosen von mehreren Kreditinstituten heranziehen sowie die erkennbaren Einflussfaktoren am Kapitalmarkt berücksichtigen.

Die instrumentalen Ansatzpunkte sind:

- Reduzierung/Optimierung des Tilgungsaufwandes,
- Reduzierung/Optimierung des Zinsaufwandes,
- Begrenzung von Zinsänderungsrisiken in der Zukunft und
- mehr Flexibilität bei der Gestaltung von Kreditmodalitäten.

(3) Üblicherweise ist die Umschuldung von Darlehen der klassische und von Kommunen laufend praktizierte Handlungsrahmen, um ihre Kreditver-

bindlichkeiten auf diese Ziele hinzusteuern. Für Darlehen, deren Zinsanpassung planmäßig ausläuft bzw. eine Kündigung während der Zinslaufzeit ohne Einhaltung besonderer Fristen möglich ist, gestaltet sich eine Neufestsetzung sämtlicher Kreditbewilligungen unproblematisch. Da die Vertragsbindung an den bisherigen Kreditgeber nicht mehr gegeben ist, erfolgt i. d. R. eine neue Kreditausschreibung.
Soll eine Umwandlung der Kreditkondition noch während der vertraglich vereinbarten Laufzeit erfolgen, berechnet die Gläubigerbank für die vorzeitige Rücknahme der Refinanzierungsmittel u. U. einen Wiederanlageverlust. Diese Kosten werden i. d. R. in den neuen Zinssatz eingerechnet. Grundsätzlich sind bei dieser Situation zwei Handlungsalternativen zu unterscheiden:
Erstens: Die Kommune erwartet gestiegene Zinsen zum regulären Zinsanpassungstermin und möchte ein Zinsänderungsrisiko ausschließen. Sie vereinbart daher bereits jetzt einen neuen Zinssatz, beispielsweise für 10 Jahre mit Wirkung ab Zinsanpassungstermin (Forward-Darlehen).
Zweitens: Die Kommune möchte das aktuell niedrige Zinsniveau nutzen, um den Zinsaufwand für ein Altdarlehen zu reduzieren. Sie vereinbart daher einen neuen Zinssatz für beispielsweise 10 Jahre, der sofort wirksam wird. Die dafür anfallende Vorfälligkeitsentschädigung kann in den neuen Zinssatz eingerechnet werden. Sowohl bei Neuaufnahmen als auch bei anstehenden Zinsanpassungen werden verstärkt Darlehen auf variabler Zinsbasis aufgenommen. Der Zinssatz setzt sich aus einem Referenzzinssatz (vgl. dazu unten unter G1.5) und einem vertraglich fixierten Aufschlag zusammen.
Obwohl der Zinssatz sich in jeder Periode ändert, handelt es sich nicht um eine Zinsanpassung im originären Sinn. Da eine feste Vereinbarung über einen längeren Zeitraum geschlossen ist, muss das Darlehen zu den Roll-over-Terminen nicht erneut ausgeschrieben werden. Trotzdem gibt es durch ein Kündigungsrecht zu jedem dieser Termine die Möglichkeit, das Darlehen umzugestalten oder zurückzuzahlen (Roll-over-Darlehen).

1.3 Die Reduzierung der Risiken

(1) Diese wenigen Hinweise haben verdeutlicht, dass die laufende Umschuldung der ausstehenden kommunalen Kreditverbindlichkeiten ein relativ schwerfälliges und für die Kommune auch teures Verfahren ist.[191] Diese

191 Vgl. Bähr, U. (1999), S. 1 ff.; Fischer, T. (2000), S. 1027 ff.; Kocher, P.-A. (2005a); Brüggemeier, M./Schauer, R./Schedler, K. [Hrsg.] (2007), S. 185 ff.

Nachteile bei der Steuerung der Zinsausgaben können durch den Einsatz von derivativen Finanzierungsinstrumenten deutlich eingeschränkt werden (vgl. dazu unten unter G1.5). Voraussetzung ist allerdings, dass die Risiken beim Einsatz dieser Instrumente beherrscht und gesteuert werden können. Insofern ist die Risikosteuerung – neben der Steuerung der eigentlichen Zinsausgaben – die zweite Säule eines Konzeptes für kommunales Debt Management. Hier sollen diese Risiken zunächst skizziert werden, an anderer Stelle (unter G1.4) wird erläutert werden, mit welchen methodischen und organisatorischen diese gesteuert werden können.

Die für die Praxis des kommunalen Zinsmanagements wesentlichen Risikokategorien sind das Marktrisiko, das Kreditrisiko (Bonitätsrisiko) und das operationelle Risiko.

Dabei ist die für die Ergebnis-Risiko-Steuerung zentrale Risikokategorie das Marktrisiko oder – bezogen auf die Zinskonditionen – das Zinsänderungsrisiko. Unter diesen wird die Gefahr einer negativen Wertentwicklung von Einzelpositionen oder des Portfolios aufgrund von Marktzinsänderungen verstanden. Die zentrale Voraussetzung für die Steuerung und Begrenzung des Zinsänderungsrisikos ist die zieladäquate Messung der negativen Wertentwicklung unter Einbeziehung möglicher Marktzinsänderungen mit Hilfe von geeigneten Verfahren. Dabei stellen sich folgende wesentliche Aufgaben:

- die Definition der Steuerungsgrößen, insbesondere für die Ergebnisse und Risiken,
- die Gestaltung der Ergebnis-Risiko-Steuerung, d. h. die Planungssteuerung und Kontrolle des Zielkonflikts im Vergleich zu einem Maßstab (Benchmark) und
- die Limitierung der Risiken.

Die beiden anderen Risiken, das Bonitätsrisiko und das operationelle Risiko, sind gegenüber der Bedeutung des Zins-(änderungs-)risikos vergleichsweise nachgeordnet. Das Bonitätsrisiko bezieht sich auf die wirtschaftliche Leistungsfähigkeit des jeweiligen Partners der Kommune. Das operationelle Risiko betrifft die Verfahrensabläufe bei der Vorbereitung, Durchführung und Dokumentation der jeweiligen Geschäfte.

(2) Das Zinsrisiko besteht darin, dass aufgrund von Änderungen des Zinsniveaus oder der Zinsstruktur sich

- der Wert des Kreditportfolios verändert (Barwertrisiko) oder

– die Zinszahlungen in einem zukünftigen Haushaltsjahr anders ausfallen als erwartet (Cash Flow-Risiko).[192]

Der Barwert eines Festzinskredites nimmt bei einer Zinssenkung ab, soweit der Kredit auf einen Zinssatz und einen Auszahlungsstrom festgelegt ist und nicht von Zinssenkungen profitieren kann. Umgekehrt nimmt das Barwertrisiko eines Kredits zu, wenn Festzinsbindungen verlängert oder variable Kredite in Festzinskredite umgewandelt werden. Das Barwertrisiko eines Kredits ist dann am geringsten, wenn es ausschließlich aus variabel verzinslichen Krediten besteht. Umso höher ist dann das Cash Flow-Risiko.

Unter dem Cash Flow-Risiko versteht man das Risiko schwankender Zinszahlungen. Im Kern geht es um die Frage, inwieweit sich ceteris paribus die laufenden Zinszahlungen der Kommune durch Marktzinsänderungen verändern. Dem Cash-Flow-Risiko sind alle Verbindlichkeiten ausgesetzt, deren Zinsbindung kürzer ist als die Gesamtlaufzeit, also insbesondere variabel verzinsliche Kredite. Aber auch Festzinskredite unterliegen dem Cash-Flow-Risiko, wenn die Zinsbindung kürzer ist als die Gesamtlaufzeit.

Das Barwertrisiko wird auch als Festzinsrisiko, das Cash Flow-Risiko auch als variables Zinsänderungsrisiko bezeichnet.[193]

Zusammenfassend ist festzustellen: Variabel verzinsliche Positionen enthalten kein Barwert-Risiko, aber ein Cash Flow-Risiko; festverzinsliche Positionen ein Barwert- aber (bis zu einer eventuellen Prolongation) kein Cash Flow-Risiko. Das Zinsmanagement ist im Wesentlichen eine Entscheidung zwischen Barwert- und Cash Flow-Risiko.

1.4 Die Bedeutung der Zinsstrukturkurve

(1) Die Grundlage für die im kommunalen Debt Management zu treffenden Entscheidungen ist die sog. Zinsstrukturkurve (auch übliche Bezeichnung: Zinskurve).[194] Dies ist der am Kapitalmarkt verwendete Begriff, um das jeweilige Verhältnis von Zinshöhe und Laufzeit zu charakterisieren. Die Zinsstrukturkurve selbst ist die grafische Darstellung von Zinssatz bzw. Rendite und Restlaufzeit von Schuldverschreibungen mit gleichem Kreditrisiko, aber unterschiedlichen Fälligkeiten zu einem gegebenen Zeitpunkt. Die Steigung der Zinsstrukturkurve lässt sich als die Dif-

192 Vgl. Tebroke, H.-J. (2007), S. 169 ff.
193 Vgl. Wesenberg, T. (2005), S. 118.
194 Vgl. Schwarz, G. (2001), S. 14 ff.

ferenz zwischen Zinssätzen für zwei ausgewählte Restlaufzeiten berechnen. Man spricht dann von einer normalen Zinsstrukturkurve, wenn die Höhe des Zinssatzes mit der Laufzeit positiv korreliert. Dies ist im Allgemeinen der Regelfall. Darin kommt zum Ausdruck, dass der Zins der Preis für die Nutzung fremden Kapitals ist. Je länger die Nutzung dauert, desto höher ist der Preis. Ein Beispiel: Der Zinssatz beträgt für ein Jahr 4 %, für 5 Jahre 5,50 % und für 10 Jahre 7 %.

Eine flache Zinsstrukturkurve liegt dann vor, wenn sich die Zinssätze in unterschiedlichen Jahren nur geringfügig oder gar nicht unterscheiden. Beispiel: Der Zinssatz beträgt für ein Jahr 5,30 %, für 5 Jahre 5,60 % und für 10 Jahre 5,80 %.

Die dritte mögliche Lage ist eine inverse Zinsstrukturkurve. In diesem Fall liegen die kurzfristigen Sätze über den Sätzen für lange Laufzeiten. Auch hier ein Beispiel: Der Zinssatz für ein Jahr beträgt 5%, für 5 Jahre 4,5% und für 10 Jahre 4,4%. Inverse Zinsstrukturkurven liegen oftmals vor, wenn die Marktteilnehmer z.B. eine veränderte Zinspolitik der Zentralbank erwarten.

Das Maß für die Steilheit der Zinskurve ist der sog. Spread, also der Unterschied zwischen den Sätzen für die Titel mit der Laufzeit von 1 Jahr, 5 oder 10 Jahren. Hinsichtlich der Entwicklung dieser Spreads in der Zukunft gibt es am Markt stets unterschiedliche Einschätzungen. Es sind diese differierenden Prognosen, die erst einen Markt entstehen lassen. Entsprechend ihrer eingenommenen Position, der sog. Zinsmeinung, sind dann die Marktteilnehmer bereit, entweder auf fallende, gleich bleibende oder steigende Zinsen zu setzen und am Markt entsprechende Kontakte anzubieten oder nachzufragen. Erst wenn die Kommune keine Überlegung hinsichtlich der Entwicklung bzw. Nutzung der Zinsstrukturkurve anstellt und jeden Kredit traditionell auf der Grundlage „10 Jahre fest" abschließt, bezieht sie eine für die Nutzung von Spreads durch andere Marktteilnehmer verwertbare Position. Denn Zinsfestschreibung über 10 Jahre bedeutet, dass die Gemeinde nicht damit rechnet, dass im Verlauf dieses Dezenniums die Zinsen sinken werden. Würde sie damit rechnen, könnte sie eine kürzere Kreditlaufzeit wählen. Für die Vermeidung dieses Risikos zahlt die Gemeinde eine Prämie, die aus dem Spread zwischen lang und kurz besteht und diese Prämie ist um so höher, je steiler die Zinskurve verläuft.

(2) Es liegt in der Natur des Kapitalmarkts, dass die Erwartungen über die Zinsentwicklung ständig im Fluss sind. Die Zunft der Analysten lebt davon, hierüber mehr oder weniger kontroverse Einschätzungen auszutau-

schen und den Marktteilnehmern zur Orientierung anzubieten. Entsprechend ihrer eingenommenen Zinsmeinung sind dann die Marktteilnehmer bereit, entweder auf fallende, gleich bleibende oder steigende Zinsen zu setzen und am Markt entsprechende Kontakte anzubieten oder nachzufragen. Wer z. B. eine Zinsobergrenze („Cap") kaufen möchte, fürchtet steigende Zinsen und wer eine Zinsobergrenze verkauft, sieht dieses Risiko nicht und rechnet damit, dass er sich der Prämieneinnahme aus dem Verkauf des Cap bis zur Fälligkeit ungeschmälert wird erfreuen können (Näheres zum „Cap" vgl. Anhang 2).

(3) Wenn eine Kommune von den Spreads profitieren möchte, könnte sie sich folgende Position aufbauen: Statt wie geplant ein Darlehen mit einer Laufzeit von zehn Jahren zu 7,00 % aufzunehmen, könnte die Kommune das gleiche Darlehen zunächst mit einer Laufzeit von nur fünf Jahren zu einem Satz von 5,50 % beschaffen und dann darauf hoffen, dass die Anschlussfinanzierung in fünf Jahren nicht teuerer sein wird als 7 % zuzüglich der Zinsersparnis aus den ersten fünf Jahren. Da es einen Markt gibt, auf dem Zinserwartungen gehandelt werden, sollte sich die Kommune nicht allein auf das Prinzip Hoffnung verlassen, sondern im Verlauf der ersten fünf Jahre im Vorgriff an der Festlegung des Zinssatzes für die zweiten fünf Jahre arbeiten. Die dafür verfügbaren Instrumente (Derivate) werden weiter unten ausführlich beschrieben (vgl. unten G2.).

(4) Dank der Entwicklung der Märkte ist es auch für die Kommune möglich geworden, die traditionelle Position des Stillhalters (Prototyp: „zehn Jahre fest") zu verlassen und die benötigten Darlehen aktiv zu strukturieren. Aus dieser neuen Herangehensweise an die Fremdfinanzierung folgt auch eine qualitative Veränderung der Beziehungen zwischen Kommune und Bank bzw. Sparkasse. Es kommt demnach nicht mehr nur darauf an, über die Gewährung eines Darlehens zu verhandeln, sondern stets die Finanzierungsstruktur insgesamt im Auge zu behalten: Einerseits die Bereitstellung der Liquidität und andererseits die Möglichkeiten einer davon unabhängigen Gestaltung der Zinskosten durch die Nutzung von derivativen Instrumenten.

1.5 Die Technik der Referenzzinssätze

(1) Der Referenzzinssatz ist ein variabler Zinssatz, auf den sich die Vertragspartner für bestimmte Finanzgeschäfte einigen. Sie legen bei Vertragsschluss fest, dass der an einem bestimmten Tag für eine bestimmte Laufzeit festgelegte („gefixte") jeweilige Referenzzinssatz für ihre Ge-

schäfte gelten soll. Die Verzinsung variabler Titel wird in aller Regel an einen anerkannten Referenzzinssatz gekoppelt. Dies hat für die Vertragsparteien den Vorteil, nicht anlässlich jeder Zinsanpassung erneut verhandeln zu müssen. Insbesondere eröffnet die Kopplung der Verzinsung eines Kredits an einen Referenzzinssatz die Möglichkeit, die Zinsausgaben mittels derivativer Instrumente zu gestalten. Der Bildung dieser Zinssätze liegt folgende Vorgehensweise zu Grunde:

(2) Bankarbeitstäglich tauscht eine Gruppe von 57 am Geldmarkt führenden europäischen Banken (deshalb: EURIBOR: „Euro Interbank Offered Rate“; Vorgänger war der FIBOR: „Frankfurt Interbank Offered Rate“; daneben gibt es den LIBOR: „London Interbank Offered Rate“) die Briefsätze für Laufzeiten von einem bis zwölf Monaten aus und „fixt“ nach einem bestimmten Verfahren die für diesen Tag geltenden Euriborsätze. Diese Sätze stehen etwa ab 11 Uhr Brüsseler Zeit zur Verfügung. Die Verbreitung erfolgt zeitgleich über die Kapitalmarktinformationssysteme, wie z. B. über Reuters, Bloomberg oder Telerate, und wird am folgenden Tag in der einschlägigen Wirtschaftspresse, wie z. B. in der Börsenzeitung, im Handelsblatt oder in der FAZ veröffentlicht. Außerdem können diese Sätze inzwischen dank Internet am gleichen Tag mit etwas Zeitverzögerung aus den Internetseiten zahlreicher Banken und Zentralbanken entnommen werden (z.B. www.bundesbank.de). Mit diesem Verfahren ist gewährleistet, dass für Geschäfte am Geldmarkt täglich marktgemäße und faire Referenzzinssätze zur Verfügung stehen. Träger des Fixingverfahrens sind die „European Banking Federation“ (EBF) und die „Financial Markets Association“ (FMA).

(3) Eine Vereinbarung, den Referenzzinssatz zu Grunde zu legen, lautet entweder auf „EURIBOR Flat“ oder auf „EURIBOR Minus bzw. Plus“. Der Bund und die Länder erreichen stets ein „EURIBOR Minus“, wie z. B. „6-Monats-EURIBOR minus 10“. Das heißt: als Zinssatz für die Zinsperiode von sechs Monaten gilt der jeweils gefixte Satz für sechs Monate abzüglich von 0,10-Prozentpunkten p. a. Im Falle „EURIBOR Flat“ erfolgt weder ein Auf- noch Abschlag auf den gefixten Satz. Die jeweilige Vereinbarung ist das Ergebnis der Verhandlungen über einen Kredit. Ob es der Gemeinde gelingt, einen Satz in Form von „EURIBOR minus“ herauszuholen, hängt von ihrem Standing und der Marktlage ab. Ein „EURIBOR flat“ sollte für die kommunale Ebene stets möglich sein.

2. Der Einsatz derivativer Instrumente im kommunalen Debt Management[195]

2.1 Die Charakteristika der derivativen Instrumente

(1) Die Verwirklichung der oben genannten Zielsetzungen des kommunalen Debt Management und die Umsetzung der dazu möglichen – beispielhaft geschilderten – Konzepte erfordern von einem aktiven Debt Management nicht nur eine möglichst kostenoptimale Erstausstattung von Krediten, sondern auch die Anpassung des Kreditbestandes an neue Marktkonstellationen und -erwartungen. Dies kann z. B. nicht durch ständige Umschichtungen bestehender Kreditpositionen erfolgen, zumal eine solche Vorgehensweise mit hohen Transaktionskosten verbunden wäre. Die Marktvolatilitäten machen vielmehr den Einsatz von Instrumenten notwendig, mit deren Hilfe Zinserwartungen umgesetzt werden können, ohne die zugrunde liegende Position verändern zu müssen. Zinskostenreduzierung und Risikosteuerung sind Ziele, die durch den Einsatz sog. Derivate erreicht werden können. Bei diesen handelt es sich im Regelfall um eine Kombination von bisher bereits üblichen Verschuldungstechniken. Derivate sind Finanzierungsverträge, die – wie der Begriff verdeutlicht – keine völlig unabhängigen Instrumente darstellen, sondern von Basiswerten abgeleitet werden. Der zentrale Unterschied zwischen Basiswert und Derivat liegt in ihrem Markt und damit in der Form des Leistungsaustausches, in der diese gehandelt werden.

(2) Die Trennung der Beschaffung der Liquidität von der Gestaltung der Zahlungsströme ist möglich geworden, weil der Kapitalmarkt sich seit Ende der 80er Jahre zu einem sich ergänzenden System von drei Teilmärkten entwickelt hat (vgl. Abb. 7):
- Kassa-Markt,
- Markt für den Tausch von Zinssätzen (Swap-Markt) und
- Markt für Optionen auf Zinssätze in der Zukunft (Options-Markt).

Dank dieser drei Teilmärkte wird es dem Schuldner bzw. der Gemeinde möglich, die Kapitalbeschaffung und die Festlegung der Zinsen zeitlich, sachlich und institutionell von einander getrennt zu managen.

Auf dem Kassa-Markt werden das benötigte Kapital und die Zinsen in einem Geschäft gefixt. Anders dagegen am Swap- und am Options-

---

195 Vgl. Merl, G. (1994), S. 491 ff.; Hornung, N. (1999); Schwarz, G. (1999), S. 253 ff.; Kirchhoff, U./Henning, H. (2000b), S. 27 ff.; Müller, W. [Hrsg.] (2004); Kutschera, F. (2003), S. 112 ff.; Birkholz, K. (2006c); Schwarting, G. (2007), S. 107 ff.

Markt: An diesen Märkten wird nicht mit Kapital gehandelt, sondern mit Erwartungen über zukünftige Zinssätze.
Am Swap-Markt treffen sich Partner, die bereit sind, ihre jeweiligen Zinsverpflichtungen zu tauschen. Der Zahler eines Festzinssatzes sucht demnach einen Partner, der diese Zahlungsverpflichtung übernimmt. Er bietet ihm im Gegenzug an, seine variablen Verpflichtungen zu übernehmen. Auch die umgekehrte Vertragsgestaltung ist möglich. Beide Partner erwarten sich aus dem Tausch eine relative Besserstellung ihrer ursprünglichen Situation.
Am Options-Markt geben die Marktteilnehmer ihren Zinserwartungen dadurch Ausdruck, dass sie z. B. bereit sind, für die Zusage eines bestimmten Zinssatzes in fünf Jahren einen Preis, die sog. Optionsprämie, zu bezahlen oder bereit sind, gegen die Vereinnahmung einer Optionsprämie einem anderen Marktteilnehmer einen bestimmten Zinssatz zu garantieren.
Das Bindeglied zwischen dem Kassa-Markt und dem Swap- bzw. Options-Markt sind die Referenzzinssätze. Referenzzinssätze sind jene Zinssätze, auf die sich die Marktteilnehmer im Voraus einigen, ohne ihre jeweilige Höhe zu kennen. Diese Referenzzinssätze werden bankarbeitstäglich für die Laufzeiten von einem Monat bis zwölf Monate festgelegt (gefixt). Die Festlegung erfolgt durch eine Gruppe ausgewählter Banken. Seit Beginn der Europäischen Währungsunion ist hierfür eine Gruppe europäischer Banken zuständig. Der Referenzzinssatz ist der EURIBOR. Der jeweils gefixte Satz entspricht dem Mittelwert aus den Angeboten der ausgewählten Bankengruppe (vgl. dazu oben unter G1.5).
Neben der Möglichkeit, Zinsänderungs- und Währungsrisiken abzugrenzen und abzusichern („hedgen“), ohne die Liquiditätssphäre zu berühren, haben die derivativen Instrumente auch den Vorzug, von unterschiedlichen Zins- und Wechselkurserwartungen der Marktteilnehmer profitieren zu können. Natürlich können die am Markt bestehenden Risiken durch den Einsatz von Derivaten nicht vollkommen ausgeschaltet werden. Dies wäre nach wie vor nur durch eine sichere Zinsprognose möglich, die es nicht gibt. Derivate bieten aber den Vorteil, Marktrisiken handelbar zu machen. Damit wird deren Überschaubarkeit für die Marktteilnehmer erhöht und gleichzeitig die Möglichkeit eröffnet, sie solchen Marktpartnern zuzuweisen, die diese zu tragen willens und fähig sind.[196]

196 Vgl. o. V. (1996a); Wuerst, A./Horn, R. (1998), S. 66 ff.

Abb. 7: Der Kapitalmarkt und seine Teilmärkte

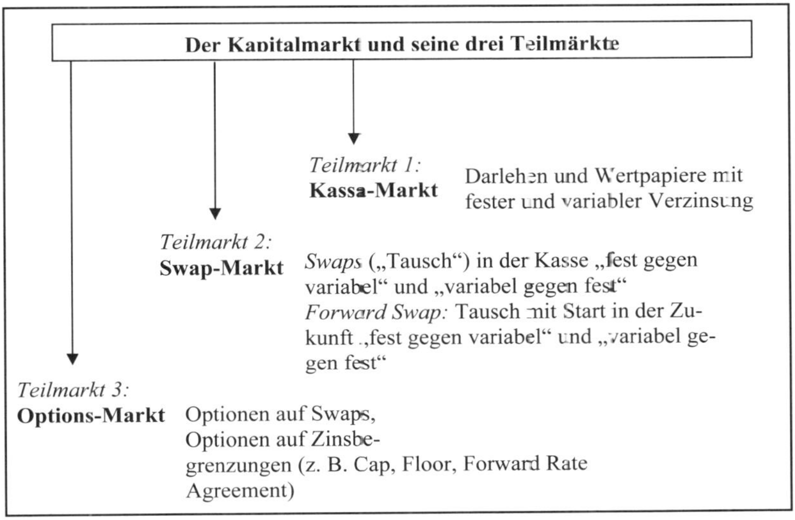

Quelle: Schwarz, G. (2001).

(3) Auch in der Vergangenheit konnten z. B. Zinserwartungen durch Kredite und Wertpapiere mit festem oder variablem Zinssatz umgesetzt werden. Diese Finanzierungsinstrumente bewegen jedoch stets Kapitalströme, so dass jede Transaktion auch liquiditätswirksam wird. Durch die Instrumente des Zinsmanagements können dagegen Entscheidungen getroffen werden, die keine Konsequenzen für die Liquiditätssphäre nach sich ziehen. Bei einer genauen Betrachtung von Instrumenten des Zinsmanagements ist deshalb immer die klare Trennung von Liquiditäts- und Zinsströmen zu beachten. Es wird lediglich das Zinsrisiko bzw. das Zinsänderungsrisiko, nicht aber das Liquiditätsbeschaffungsrisiko tangiert. Dies ist der wesentliche Unterschied zum Festzinskredit, bei dem die Liquiditätsbeschaffung und die Zinsbindung gleichzeitig erfolgen. Darin liegt auch der Vorteil der neuen Instrumente, mit deren Hilfe Zinsentscheidungen ohne direkte Konsequenzen für die Liquiditätssphäre getroffen werden können. Die Trennung von Liquiditäts- und Zinsrisiko erlaubt deren separate Steuerung. Dadurch besteht auch die Möglichkeit, Zinsrisiken abzugrenzen und abzusichern, ohne die Liquidität zu bewegen.[197]

197 Vgl. Rehm, H. (2001a), S. 272; Ritscher, J.-P. (2002), S. 39 ff.

(4) Die Entwicklung von Derivaten orientiert sich im Allgemeinen an sog. Basiswerten (z.B. an einer festverzinslichen Anleihe). Man spricht hier vom „Underlying". Steigt der Basiswert, so gilt das ebenfalls für das Derivat. Neben dem klassischen „Underlying" durch den Basiswert, der am Kassa-Markt gehandelt wird, haben sich Instrumente herausgebildet, die sich selbst auf ein Derivat als Basis beziehen (z. B. Optionen auf Futures oder sog. Swaptions).

Um die Einsatzmöglichkeiten der Zinsderivate (die folgende Darstellung beschränkt sich auf Zinsderivate, da diese im kommunalen Schuldenmanagement die entscheidende Rolle spielen, sie können jedoch analog auf Währungsderivate übertragen werden) sowie deren Zielsetzung und Ausgestaltung analysieren zu können, ist eine Systematisierung der verschiedenen Derivateformen notwendig. Diese Analyse soll anhand der Grundformen der sog. „plainvanilla"-Derivate erfolgen. Diese sind

- Swaps,
- Optionen,
- Futures und
- Forwards.

Deren Charakterisierung und Unterscheidung erfolgt nach zwei Kriterien: Der Art des Leistungsaustausches und der institutionellen Gestaltung des Marktes.

a) Hinsichtlich des Leistungsaustausches ist zu fragen, welche terminbezogenen Pflichten die Parteien mit dem Kontrakt auf sich nehmen. Zu unterscheiden sind Derivate mit Options- und solche mit Verpflichtungscharakter. Bei der Gruppe mit Optionscharakter bestehen keine automatischen Verpflichtungen zu Vertragsbeginn. Vielmehr hat ein Vertragspartner die Möglichkeit zu entscheiden, ob im Zeitpunkt (oder -raum) der Fälligkeit ein Austausch des Basiswertes zu der fixierten Gegenleistung zustande kommt oder nicht.

b) Das zweite Unterscheidungskriterium für Derivate besteht in der institutionellen Gestaltung des Marktes. Auf der einen Seite stehen die börsengehandelten Derivate. Diese sind in ein hoch standardisiertes und formalisiertes (Handels-)System eingebunden, wodurch die Voraussetzung für einen liquiden Markt geschaffen wird. Unmittelbar mit den börsengehandelten Derivaten ist ihre Abwicklung über sog. Clearingstellen verknüpft. Diese treten stets als passive Partei auf und sie gewährleisten eine möglichst effiziente Durchführung des derivativen Geschäfts. Daneben stehen die Over-the-Counter-Derivate (OTC- Derivate), deren Ausgestaltungsmerkmale in ihrem strengsten Sinne direkt zwischen zwei Verhandlungsseiten festgesetzt werden und die keinerlei institutionell geprägter Ordnung unterliegen.

Abb. 8: Systematik der Grundformen von Derivaten

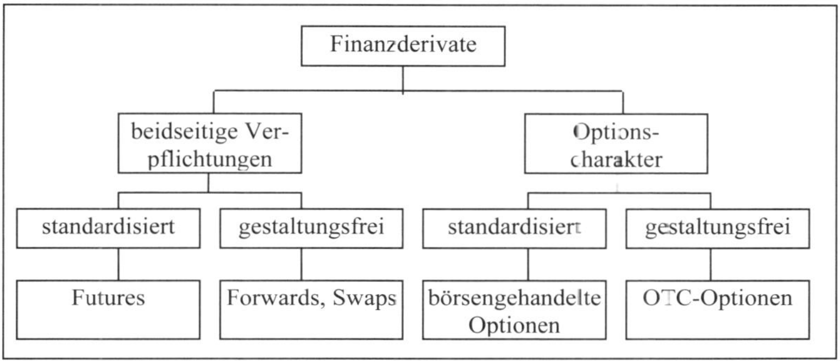

Quelle: Ritscher, J.-P. (2002).

(5) Wie bereits erwähnt, erlaubt der Einsatz von Derivaten die Kapitalbeschaffung einerseits und die Festlegung der Zinsen andererseits sachlich, zeitlich und institutionell voneinander getrennt zu managen, so dass zwei Rechtsgeschäfte entstehen. Wenn also eine Gemeinde einen Kreditbedarf hat, hat sie immer die Möglichkeit, die benötigte Liquidität zunächst durch die Aufnahme eines Darlehens am Kassa-Markt zu beschaffen und dann je nach Lage der Verhältnisse am Swap- und Options-Markt die Gestaltung der Zinsen für dieses Darlehen zu verändern. So kann sie einen Festsatz in eine variable Verzinsung swapen und umgekehrt; sie kann auf eine variable Verzinsung eine Zinsobergrenze (Cap) kaufen, um so einerseits von dem in der Regel tieferen variablen Sätzen zu profitieren und gleichzeitig gegen einen starken Anstieg der variablen Sätze geschützt zu sein. Sie kann derartige derivative Vereinbarungen treffen für neu aufzunehmende Darlehen, für bereits im Bestand befindliche Darlehen und für in der Zukunft geplante Darlehen. Weiter ist wichtig, dass diese derivativen Vereinbarungen nicht das Grundgeschäft in Form des aufgenommenen Darlehens tangieren und dass sie überdies unabhängig vom Darlehensgläubiger geschlossen werden können. Daraus ergibt sich für die Gemeinde eine bisher nicht gekannte Dispositionsfreiheit zur Gestaltung der Zinsbelastung bzw. der diesbezüglichen Titel im Haushalt.

2.2 Die Einsatzmöglichkeiten der derivativen Instrumente

(1) Im Folgenden soll die Wirkungsweise der wichtigsten **Zins**sicherungsinstrumente dargestellt werden. Dabei handelt es sich im Kern um verschiedene Ausprägungen von Swap-Geschäften und Options-Geschäften. Die wichtigsten derivativen Finanzierungsinstrumente sind in Abb. 9 dargestellt.

Abb. 9: Wichtige derivative Finanzierungsinstrumente

Termin-/Verpflichtungsgeschäfte	**Options-Geschäfte**
• Swaps (Tausch in der Kasse)	• Optionen auf Zinsbegrenzungen
- fest gegen variabel	- Cap
- Variabel gegen fest	- Floor
• Doppel-Swaps	- Collars
• Forward Swaps	- Forward Rate Agreements
(Tausch mit Start in der Zukunft)	
- fest gegen variabel	• Optionen auf Swaps (Swaptions)
- variabel gegen fest	

Quelle: Rehm, H./Tholen, M. (2005).

(2) Bei Zinsswap-Geschäften erfolgt ein Tausch von Zinszahlungen, i. d. R. feste gegen variable Zinsen, innerhalb einer festgelegten Laufzeit, bezogen auf einen zugrunde liegenden Kapitalbetrag. Der variable Zins ist – wie oben dargestellt – immer an einem Referenzzinssatz orientiert, zumeist LIBOR oder EURIBOR. Für die Kommune kann es z. B. interessant sein, bei steigenden Zinsen ein variables Darlehen abzusichern, d. h. variable Zinsen gegen feste Zinsen zu tauschen. Sie hat dann variable Zinsen zu zahlen, bekommt aber gleichzeitig auch variable Zinsen vom Swap-Partner vergütet, so dass sich diese Zahlungen ausgleichen. Übrig bleibt die Verpflichtung zur Zahlung eines festen Zinssatzes aus dem Swap-Vertrag (Payer swap). Damit wird der ursprünglich variable Kredit wirtschaftlich gesehen in einen Festzinskredit verwandelt (vgl. Abb. 10). Wird dagegen ein fallender Zins erwartet, kann umgekehrt ein Festzins durch einen variablen Zins flexibilisiert werden (Receiver swap).

Der Einsatz[198] eines Zinsswaps kann an folgenden Beispielen verdeutlicht werden:
Die Kommune hat einen Kredit von 8 %, der noch eine Restlaufzeit von 5 Jahren aufweist. Bei der herkömmlichen Verfahrensweise war die Gemeinde auf die Bereitschaft der Bank angewiesen, diesen Kredit vorzeitig abzulösen, um in den Genuss des jeweils niedrigeren Zinsniveaus zu kommen. Gleichzeitig war damit eine Ausgleichszahlung (Vorfälligkeitsentschädigung) an die Bank verbunden, die damit ihren Verlust aus der Rücknahme des Kredits kompensieren konnte.

Abb. 10: Das Grundmuster eines Swap-Geschäfts

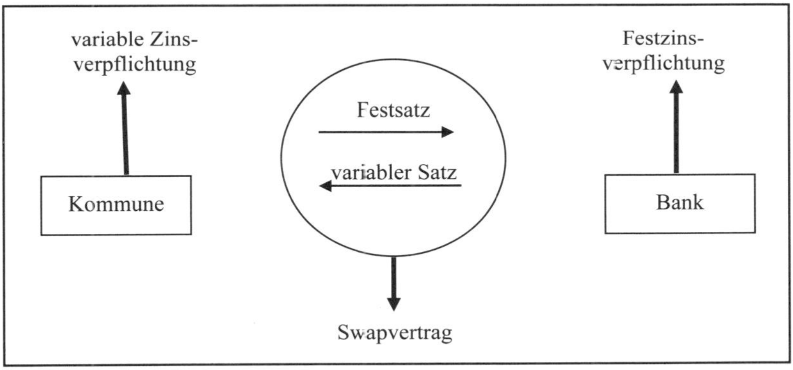

Quelle: In Anlehnung an Rehm, H./Tholen, M. (2005).

Über einen Zinsswap wird der Kommune von einem Swap-Partner der feste Satz von 8 % gezahlt. Dafür verpflichtet sich diese, einen variablen Satz des Partners zu tragen. Der Vorteil liegt für die Gemeinde bei fallenden Zinstrends darin, dass sie insgesamt einen niedrigen Zinsaufwand hat, also an fallenden Zinsen partizipiert, ohne sich aus ihrer ursprünglichen festen Zinsvereinbarung lösen zu müssen.

(3) Bei einer Terminzinsvereinbarung („Forward Rate Agreement“, FRA) legen die zwei Vertragspartner einen Zinssatz bereits heute für ein in der Zukunft liegendes Geschäft (Geldaufnahme/Geldanlage) fest. Da beide Partner die Zinsentwicklung nicht exakt voraussehen können, brauchen sie einen Risikoausgleich, der dadurch abgegolten wird, dass zu dem Zeitpunkt, an dem das Geschäft konkret wird, ein Ausgleich von dem

198 Im Text wird die Anwendung der Instrumente beschrieben, die Beschreibung und Definition der Instrumente finden sich im Anhang 2 zu diesem Abschnitt.

Partner mit der „falschen“ Erwartung gezahlt wird. Die Befristung für derartige Vereinbarungen liegt i. d. R. unter einem Jahr.
Geht man davon aus, dass der Kommune die Notwendigkeit einer kurzfristigen Geldaufnahme bereits zum heutigen Zeitpunkt bekannt ist, der Bedarf aber z. B. erst in 3 Monaten auftritt, so lässt sich heute ein FRA mit der Bank abschließen, und zwar zu einem niedrigeren Satz, als man vielleicht in 3 Monaten erwartet. Das bedeutet, dass man sich für einen bestimmten Kapitalbetrag einen Zinssatz reserviert. Vereinbart werden muss außerdem ein Referenzzinssatz, der die Bezugsgröße für spätere Ausgleichszahlungen bildet (vgl. Abb. 11).
Zum Zeitpunkt des Geldbedarfs wird der FRA-Zinssatz mit dem Referenzzinssatz verglichen. Sofern die Erwartung steigender Zinsen richtig war, erhält die Gemeinde von ihrem Vertragspartner (Bank) die Differenz zwischen FRA-Satz und dem gestiegenen Referenzzins. Bei gegenläufiger Entwicklung zahlt sie die Differenz an die Bank. Wirtschaftlich gesehen bedeutet dies, dass die Kommune in jedem Fall den FRA-Satz zahlt, sie also eine feste Kalkulationsbasis hat. Ob dies auch die günstigste Lösung war, stellt sich erst zum Zeitpunkt der Geldaufnahme heraus. Auch dafür ein Beispiel:

Abb. 11: Die Grundmuster eines „Forward Rate Agreement“

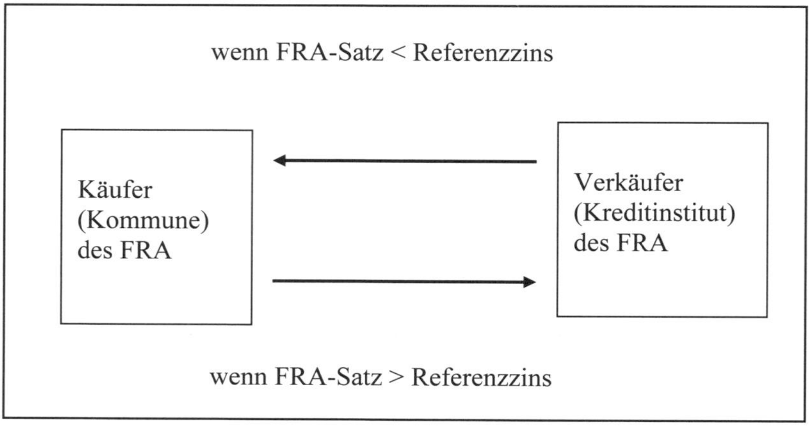

Quelle: Rehm, H./Tholen, M. (2005).

Der Kommune ist bekannt, dass sie in 3 Monaten einen Kassenkredit für 6 Monate benötigt. Sie schließt mit der Bank einen FRA-Kontrakt zu

7 % ab und sichert sich somit gegen steigende Zinsen ab. Am Fixingtag beträgt der Zinssatz für einen 6-Monats-Kassenkredit 8 %, d. h. die Bank ist verpflichtet, der Gemeinde die Differenz zu erstatten Lautet der Zins am Fixingtag dagegen 6 %, muss der öffentliche Vertragspartner der Bank die Differenz erstatten.

(4) Bei den Zinsbegrenzungsvereinbarungen handelt es sich um Limitierungen nach oben („Cap"), nach unten („Floor") aber auch gleichzeitig nach beiden Seiten hin („Collar").
Möchte sich ein Kreditnehmer gegen steigende Zinsen absichern, so kann er für ein zugrunde liegendes Darlehen eine Zinsobergrenze vereinbaren, d. h. einen Cap kaufen. Er kann dann sicher sein, dass seine Zinsverpflichtung diese Zinsobergrenze nicht überschreitet. Als Gegenleistung zahlt er dafür eine Prämie direkt bei Vertragsabschluss. Es kann also vorteilhaft sein, sich bei zinsvariablen Darlehen mit einem Cap die feste Kalkulationsbasis zu schaffen.
Der Kauf eines Floor, also die Vereinbarung einer Zinsuntergrenze, ist für zinsvariable Geldanlagen interessant und funktioniert in seiner Wirkungsweise in entgegen gesetzter Richtung.
Der Collar ist eine Kombination von Cap und Floor und kann dazu dienen, den Prämienaufwand zu begrenzen. Zum Beispiel kann bei Absicherung eines variablen Darlehens durch eine Zinsobergrenze der Kreditnehmer gleichzeitig durch Akzeptanz einer Kredituntergrenze seine Prämie ermäßigen, weil er insofern auch das Risiko seines Partners mindert.
Die Wirkungsweise von Zinsbegrenzungsvereinbarungen soll zunächst am Beispiel des Caps verdeutlicht werden:
In der Niedrigzinsphase nimmt die Kommune ein zinsvariables Darlehen in Höhe von 10 Mio. EUR über 5 Jahre auf. Für dieses Darlehen zahlt sie den 6-Monats-EURIBOR, der 5 % betragen soll. Um sich vor einer starken Zinssteigerung zu schützen, kauft sie bei der Bank einen Cap mit einer Zinsobergrenze von 6,50 %. Dafür bezahlt sie eine Prämie von 2,60 %, also 260.000 EUR. Liegt in den folgenden 5 Jahren alle 6 Monate der 6-Monats-EURIBOR über 6,5 %, so bezahlt die Bank die Differenz zwischen beiden Zinssätzen nachschüssig. Die Gemeinde bezahlt weiterhin Darlehenszinsen in Höhe des 6-Monats-EURIBOR. Sie hat also ein zinsvariables Darlehen aufgenommen und ihre maximale Zinsbelastung auf 6,50 % festgeschrieben, wobei für den Effektivzins der Prämienaufwand zu berücksichtigen ist (vgl. Abb. 12).

(5) Als Erweiterung zum Fallbeispiel Cap wird angenommen, der Kommune sei die Cap-Prämie zu hoch. Zur Senkung der Prämien-Kosten besteht

für die Bank die Möglichkeit, gleichzeitig zum Verkauf des Caps an den Kunden, von diesem einen Floor zu kaufen. Diese Kombination eines Cap-Verkaufs mit einem Floor-Kauf – bzw. umgekehrt – wird als Collar bezeichnet (vgl. Abb. 13). Ein Floor ist die Vereinbarung einer Zinsuntergrenze, die der variable Zins – hier der 6-Monats-EURIBOR – nicht unterschreiten darf. Da die Kommune Verkäufer des Floor ist, erhält sie hierfür eine Prämie. Im Gegenzug muss sie bei Unterschreitung der vereinbarten Floor-Untergrenze die Zinsdifferenz als Ausgleichszahlung an ihren Collar-Partner (Bank) zahlen. In Kombination mit einem variablen Darlehen resultiert somit eine Zinsuntergrenze, die der variable Darlehenszins zzgl. Kreditmarge nicht unterschreiten kann. Die Gemeinde verzichtet dabei allerdings auf die Chance, an niedrigen variablen Zinsen unterhalb der Floor-Untergrenze zu partizipieren.

Abb. 12: Das Grundmuster eines Cap

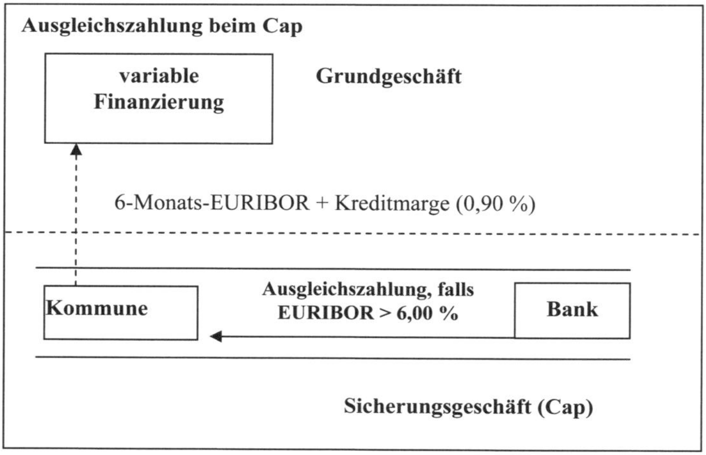

Quelle: Rehm, H./Tholen, M. (2005).

Ein Collar – die Kombination einer Zinsober- mit einer Zinsuntergrenze – ist somit die Vereinbarung eines Zinskorridors. Die Reduzierung der Kosten des Caps durch Abschluss eines Collar ergibt sich aus der Aufrechnung der von der Kommune zu zahlenden Prämie für den Kauf des Caps mit dem Erlös aus dem Verkauf des Floor.

Neben den Vereinbarungen von Zinsobergrenzen für den variablen Zins (Cap) sowie von Zinsuntergrenzen für variable Zinsen (Floor) bzw. dem Collar als Kombination von Cap und Floor sind auch Terminvereinbarungen auf den Abschluss eines genau spezifizierten Swaps (Forward Swap) und Optionen auf ein Swap-Geschäft (Swaptions) möglich. Beide Möglichkeiten sollen im Folgenden dargestellt werden.

Abb. 13: Das Grundmuster eines Collar

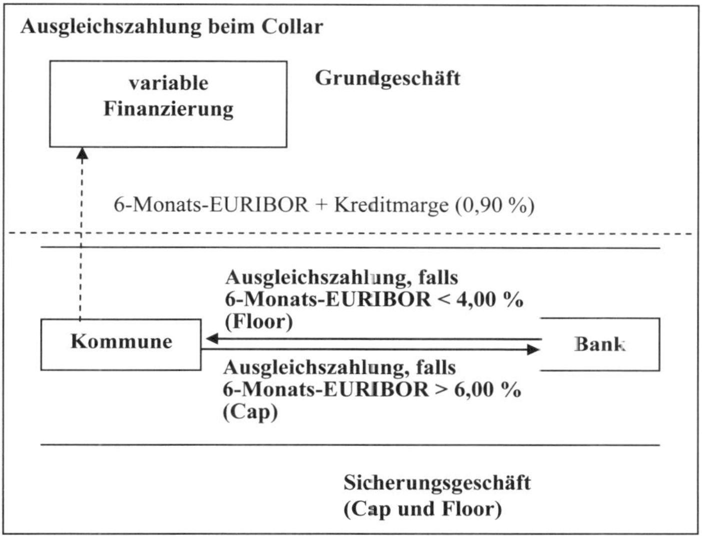

Quelle: Rehm, H./Tholen, M. (2005).

(6) Der Forward Swap ist ein Swap, der erst nach Ablauf einer Vorlaufperiode beginnt. Der Wirkungsmechanismus ist an folgendem Beispiel zu verdeutlichen:
Die Kommune hat vor 5 Jahren einen Kredit mit 1 % Anfangstilgung abgeschlossen. Der Zinssatz beträgt aktuell 7,2 % und ist in 12 Monaten zur Zinsanpassung/Umschuldung fällig. Man möchte das günstige heutige Zinsniveau für die Anpassung nutzen sowie Zinsänderungsrisiken absichern und eine Bereitstellungsprovision vermeiden. Die Zinsmeinung der Kommune geht auf Sicht von einem Jahr von einer deutlichen Zinssteigerung aus. Diese Einschätzung liegt oberhalb der Terminkurve in 12 Monaten. Die Lösung einer solchen Konstellation besteht darin, dass die Gemeinde sich den heute günstigen Zinssatz durch einen Forward Swap sichert. In 12 Monaten, bei Fälligkeit des jetzigen Kredits, nimmt sie ein variabel verzinsliches Darlehen auf. Gleichzeitig steigt sie in den vorab vereinbarten Swap ein und wird zum Festzinszahler (vgl. Abb. 14).

Abb. 14: Die Konstruktion eines Forward-Swap

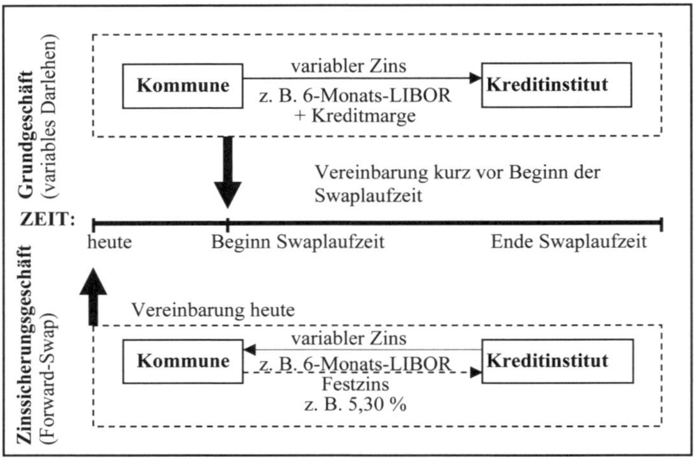

Quelle: Rehm, H./Tholen, M. (2005).

(7) Eine Swaption, d. h. eine Vorvereinbarung von Zinstauschgeschäften, wäre für folgende Ausgangssituationen die Lösung (vgl. Abb. 15):
Ein kommunaler Eigenbetrieb plant z. B. den Bau einer neuen Kläranlage. Die Kredit- und Verpflichtungsermächtigung für die beiden Folgejahre sind im lfd. Haushalt bereits berücksichtigt. Man möchte eine sichere Kalkulationsgrundlage für zukünftige Abwassergebühren, eine Absicherung gegen Zinsänderungsrisiken, und die Möglichkeit, bei einem günstigeren Marktzins diesen zu nutzen. Weiterhin soll der Tag der Liquiditätsaufnahme flexibel gewählt werden können und es sollen Bereitstellungsprovisionen gespart werden. Schließlich geht der Geschäftsführer des Eigenbetriebes davon aus, dass auf Sicht von einem Jahr eine Zinssteigerung von 0,4- bis 0,5-Prozentpunkten eintritt. Mitunter wird diese Steigerung auch in Basispunkten angegeben; 10 Basispunkte entsprechen dann 0,1 Prozentpunkten. Die Zinsmeinung des Geschäftsführers liegt oberhalb der Terminkurve in 12 Monaten. Aufgrund dieser Konstellation kann der Eigenbetrieb eine Option auf einen Forward Swap erwerben. Er sichert sich somit das heute günstige Marktniveau, hält sich aber auch die Möglichkeit offen, die Option verfallen zu lassen und sich zu dem späteren aktuellen Marktzins zu refinanzieren.[199]

199 Vgl. Kirchhoff, U./Henning, H. (2005), S. 654 ff.

Abb. 15: Die Grundstruktur einer Swaption

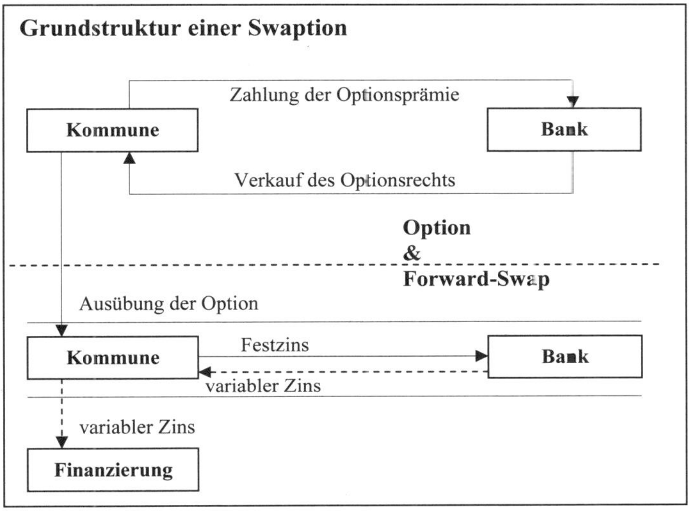

Quelle: Rehm, H./Tholen, M. (2005)

Die Intention, mit Swap-Operationen variable und flexible Kreditkonditionen für die Kommune zu erreichen, erinnert an die früher üblichen variabel verzinslichen Darlehen. Diese waren allerdings weit weniger flexibel, da die Zinsvereinbarung und der Kredit ein einheitliches Rechtsgeschäft darstellten. Variabel verzinsliche Kredite konnten – bei steigenden Zinsen – zu einem erheblichen Haushaltsrisiko werden, da der Schuldendienst auch ohne weitere Neuverschuldung zunahm. Zwar gab es die Möglichkeit, mit der Neufestsetzung der Zinsen das Darlehen zu kündigen, allerdings entstand dann die Notwendigkeit der kompletten Umschuldung. Der Swap hingegen erlaubt eine separate Steuerung der Zinslast aus einem Darlehen, ohne die Liquidität aus der Kreditvereinbarung selbst zu tangieren.

2.3 Die Vorteilhaftigkeit des Einsatzes derivativer Instrumente

(1) Nachdem die für das kommunale Debt Management wesentlichen derivativen Instrumente kurz vorgestellt wurden, soll ein Zwischenergebnis gezogen werden. Wichtig für einen konzeptionellen Einsatz von Derivaten ist, dass der kommunale Handel sich von der Kreditbeschaffung und von punktuellen Aktivitäten löst und dauernd den Schuldenstand daraufhin analy-

siert, ob die Zinsbelastung angesichts der Möglichkeiten des Swap- und Options-Marktes reduziert werden kann. Dabei sind die Chancen für relative Verbesserungen herauszuarbeiten und durch eine Entscheidung der für die Haushaltspolitik zuständigen Organe zu beurteilen.
Der Einsatz der Derivate sollte zum einen aus dem Verschuldungskonzept abgeleitet werden. Zum anderen sollte er sich an einem zu fixierenden Zinsänderungsrisiko, also an einer in den Prämissen nachvollziehbaren Zinsprognose und dem im Zusammenhang damit festzulegenden Zinsänderungsrisiko pro Periode orientieren. Dieses Zinsänderungsrisiko leitet sich ab aus den fälligen Umschuldungen, den Zinsverpflichtungen aus variabel verzinslichen Schuldtiteln und der wahrscheinlichen Neuverschuldung. Es muss in seiner Höhe fixiert und in der Begründung dokumentiert, also nachvollziehbar sein. Dabei kann die oben (vgl. G1.3) erwähnte Unterscheidung in Barwert- und Cash-Flow-Risiko hilfreich sein. Nur durch ein solches begründetes und dokumentiertes Konzept lässt sich die Entscheidung zum Einsatz von Derivaten rechtfertigen. Von dieser „ex-ante"-Dimension im Entscheidungszeitpunkt zu trennen sind die „ex-post"-Beurteilung und damit die haushaltswirtschaftliche Bewertung des Erfolgs des Instrumenteneinsatzes.

(2) Auf das so „legitimierte" Zinsänderungsrisiko muss jedes Derivat bezogen werden. Denn im Kern führt der Einsatz eines Zinsderivates immer dazu, entweder eine feste Position in eine variable umzuwandeln oder aus einer variablen in eine feste Verpflichtung zu drehen. Deshalb setzt der vertretbare Einsatz von Derivaten immer die Entscheidung über die Höhe des Zinsänderungsrisikos als Prämisse voraus. Transaktionen mit Derivaten dürfen sich nur im Rahmen dieser Prämisse bewegen.

(3) Eine erste Indikation, ob es wirtschaftlich Vorteile erbringen kann, ein Derivat einzusetzen, ergibt sich aus dem Vergleich der eigenen Bestände mit dem aktuellen Verlauf der Zinsstrukturkurve. So kann es bei extremer „Steilheit" Sinn machen, auf eine feste Verpflichtung einen „Forward Swap" abzuschließen. In diesem Fall kann der Schuldner einen Festzins in einen variablen Zins mit sehr hohem Abschlag wandeln. Dies soll am Beispiel der Zinssituation von Ende 1994 verdeutlicht werden, als das Zinsniveau relativ hoch war:[200]

200 Vgl. Schwarz, G. (1997), S. 13.

Auf ein mit 6,75 % (Marktzinssatz zum damaligen Zeitpunkt) zu verzinsendes Darlehen mit einer Restlaufzeit von 9 Jahren konnte ein sog. „1 + 8-Forward-Swap“ mit einem Festsatz in Höhe von 8,25 % gelegt werden. Der Schuldner, also die öffentliche Hand, erhielt dann in einem Jahr für die folgenden 8 Jahre 8,25 % fest und zahlte variabel, i. d. R. den 6-Monats-LIBOR. Wirtschaftlich hatte die öffentliche Hand dann folgende Zahlungsströme in der Kasse:
6,75 % für das Darlehen minus und im Swap plus 8,25% minus 6-Monats-LIBOR.
Saldiert lautet die neue Belastung:
6-Monats-LIBOR abzüglich 1,50 %.
Zum Vergleich:
Drei Jahre später lag der 6-Monats-LIBOR bei 3,15625 %. Über einen solchen Swap wäre eine ursprüngliche 6,75 %-Verpflichtung auf 1,65625% reduziert worden (3,15625 % - 1,50 %).

(4) Ob es vertretbar ist, für diese Chance der Verbilligung der Zinskosten das Risiko variabler Sätze in der Zukunft von über 8,25 % einzugehen, hängt von der Einbettung dieses Swap in das Verschuldungskonzept ab. So müsste im Beispiel die variabel geswapte Position auf den Anteil der ohnehin am Gesamtschuldenbestand beabsichtigten variablen Position angerechnet werden. Nur dann wäre das im Verschuldungskonzept als verantwortbar erachtete Zinsänderungsrisiko nicht tangiert.
In dem genannten Fall war eine bestehende Position durch den Wechsel von einer festen in eine variable Verpflichtung verändert worden. Natürlich hätte man Derivate auch von vornherein in das neue Geschäft einbauen können. Gut zu handhaben, sowohl beim Abschluss als auch in der Bewirtschaftung, ist z. B. der Verkauf einer Payer Swaption. In diesem Fall kauft der Investor das Recht, mit der Kommune in der Zukunft, z. B. in 4 Jahren, in einen Swap eintreten zu können, bei dem die Gemeinde variabel bezahlt und fest empfängt. Die Höhe der Prämie hängt ab von der Wahl des Festsatzes, dem sog. „Strike“. Je höher der „Strike“, desto geringer ist die Prämie, da die Ausübungswahrscheinlichkeit mit der Höhe des „Strikes“ sinkt.

(5) Umgekehrt steigt natürlich die Prämie, je tiefer der „Strike“ ist. Erforderlich ist also die Abwägung der Höhe der Prämie einerseits und der Situation der Kommune im Falle der Ausübung andererseits. Auch hierzu ein Beispiel.

Zeitgleich mit der Emission eines 10-jährigen Schuldscheins (Kupon: 6,75 %) wird eine sog. „4 + 6 Payer Swaption" mit einem „Strike" von 8,25 % verkauft. Die hierfür erzielbare Prämie in Höhe von 2,00 % wird in den Kupon investiert. Er sinkt dann von 6,75 % auf 6,47 %, d. h., statt mit 6,75 % ist die Kommune auf 10 Jahre nur mit 6,47 % belastet.
Es sei angenommen, die Option laufe vier Jahre. Wird die Option am Ende der Laufzeit ausgeübt, bleibt die Kommune durch den Schuldschein weiterhin mit 6,47 % belastet, empfängt aber im Swap 8,25 % fest und bezahlt im Swap variabel i. d. R. den 6-Monats-LIBOR. In der Kasse hat die Kommune dann für die kommenden 6 Jahre die Belastung 6-Monats-LIBOR minus 178 Basispunkte (8,25 %./. 6,47 %).
Im Verlauf der vierjährigen Laufzeit hat die Kommune die Möglichkeit, die Option zu schließen. Das bietet sich an, wenn der Preis für die Option verfällt, womit bei einem steigenden Markt immer gerechnet werden kann. Außerdem verliert die Option im Zeitablauf an Wert.
Insgesamt ergibt sich für die Kommune mit dem Verkauf von „Payer Swaption" eine gut ausbaufähige Position: Auf jeden Fall wird eine Anfangsentlastung der Zinskosten durch Investition der Prämie in den Kupon realisiert. Während der Optionslaufzeit besteht die Chance, die Option unter den Einstandskosten zu schließen. Selbst wenn die Option ausgeübt wird, bietet die Position LIBOR minus 178 Basispunkte erneut eine gute Ausgangslage, diese variable Position zu einem späteren Zeitpunkt durch einen weiteren Swap wieder in eine feste Position zurückzuwandeln.
Lässt der Optionskäufer die Option verfallen, hat die Kommune ein 10-Jahres-Papier zu 6,47 % statt zu 6,75 %. Auch ein solches Geschäft ist allerdings nur vertretbar, wenn es im Rahmen des verantwortbaren Zinsänderungsrisikos verbleibt bzw. auf dieses angerechnet wird.

(6) Durch den Einsatz von Derivaten können auch bestehende Darlehen gemäß der Interessenlage der Kommune verändert werden. Derivate können zur Strukturierung bereits herausgelegter Darlehen eingesetzt werden, und zwar unter Vermeidung der oben (vgl.F1) dargestellten Friktionen und Transaktionskosten der Umschuldung. Dies soll im Folgenden näher erläutert werden.

Die Kommunaldarlehn zeichnen sich im Allgemeinen durch einfache Regelungen aus: Gläubiger und Schuldner verständigen sich über einen bestimmten Kreditbetrag, über den Zinssatz und über die Laufzeit. Ein weiteres Merkmal ist, dass Darlehen i. d. R. unkündbar sind. Jedoch können Schuldner und Gläubiger bei Vertragschluss weitere Vereinbarungen treffen, die im Ergebnis dazu führen, dass die Darlehensbedingungen in Form einer bestimmten Struktur gestaltet werden.

Obwohl im Bereich der Strukturen Gestaltungsfreiheit gegeben ist, haben sich inzwischen folgende vertragliche Gestaltungen in Bezug auf das Recht zur Kündigung, d. h. Rückzahlung des Kapitals vor der vereinbarten Fälligkeit, und in Bezug auf die Wandlung des ursprünglich vereinbarten Zinssatzes herausgebildet:[201]

- Darlehen mit dem Recht des Gläubigers auf einmalige Kündigung zu einem bestimmten Zeitpunkt,
- Darlehen mit dem Recht des Gläubigers auf einmalige Wandlung des Zinssatzes von fest in variabel bzw. von variabel in fest zu einem bestimmten Zeitpunkt und
- Darlehen mit dem Recht des Schuldners auf einmalige Kündigung zu einem bestimmten Zeitpunkt.

Werden diese vertraglich vereinbarten Rechte am Tag der Fälligkeit des Rechts nicht ausgeübt, läuft das Darlehen planmäßig bis zum Ende der vertraglichen Laufzeit.

(7) Wenn der Schuldner ein Kündigungsrecht bzw. ein Wandlungsrecht für den Gläubiger akzeptiert, erhält er dafür vom Gläubiger eine „Prämie" in Form einer unter dem Marktsatz liegenden Verzinsung. Wenn z. B. ein Darlehen mit einer Laufzeit von zehn Jahren marktmäßig mit 6,25 % fest verzinst wird, könnte eine Bank der Gemeinde folgendes Angebot machen: Laufzeit zehn Jahre, Zinssatz 5,75 %, wenn die Gemeinde der Bank nach fünf Jahren ein Kündigungsrecht einräumt. Die Zinsreduktion ist die „Prämie" für das Kündigungsrecht. Geht die Gemeinde darauf ein, trägt sie das Risiko der Zinsänderung in fünf Jahren. Es könnte sein, dass der 5-Jahres-Zins zum Zeitpunkt der Kündigung in fünf Jahren bei 8 % liegt. In diesem Fall wird die Bank kündigen und die Gemeinde muss den Tilgungsertrag am Markt zu den dann herrschenden Konditionen in Höhe von 8 % beschaffen. Im Gegenzug wird die Bank in die Lage versetzt, den Rückzahlungsbetrag am Markt zu 8 % anzulegen. Liegen die Zinssätze zum Zeitpunkt der Kündigung bei 5,75 % und darunter, wird die Bank natürlich nicht kündigen. In diesem Fall läuft das Darlehen bis zur Fälligkeit unverändert weiter. Der Gemeinde bleibt dann die Prämie ungeschmälert erhalten.

---

201 Vgl. Schwarz, G. (2001), S. 14 ff.

Umgekehrt kann die Gemeinde für sich mit der Bank ein Schuldnerkündigungsrecht vereinbaren und dafür einen Zinssatz bezahlen, der über dem Marktsatz liegt. Nur auf den ersten Blick erscheint es für eine Gemeinde abwegig, dies zu tun. Wenn die Gemeinde dieses Recht gekauft hat, hat sie aber die Chance, an künftigen Zinssenkungen zu partizipieren. Denn sinken die Zinsen, kann sie kündigen und sich auf einem tieferen Niveau refinanzieren.

(8) Statt des Rechts auf Kündigung kann ein Recht auf Wandlung des Zinssatzes von fest in variabel vereinbart werden. Auch hier besteht der Preis für dieses Recht in einer entsprechenden Reduzierung des Zinssatzes. In der Regel lautet die Wandlungsformel „Recht auf Wandlung der Verzinsung in 6-Monats-EURIBOR minus 0,25 %-Punkte p. a.“. Im Unterschied zur Kündigung wird hier kein Kapital bewegt, es werden nur die Zinssätze ausgetauscht. Der Verkäufer dieses Rechts hat bei Ausübung kein Liquiditätsrisiko, sondern „nur“ ein Zinsänderungsrisiko.

Für diese Konstellation gelten die in Bezug auf die Swaption angestellten Überlegungen: Wenn die Gemeinde das Kündigungsrecht kauft, riskiert sie nur den Kaufpreis und erhält dafür die Chance, durch eine Kündigung an sinkenden Sätzen zu partizipieren. Beim Verkauf des Kündigungsrechts trägt sie das Risiko erhöhter Zinsen zum Zeitpunkt der Kündigung und hat dafür aber den reduzierten Zinssatz – zumindest bis zur Kündigung.

(9) Das verdeutlicht, dass ein strukturiertes Darlehen als die Kombination aus einem festverzinslichen Darlehen und einer Option auf einen Swap verstanden werden kann. Wenn die Kommune das Angebot einer Bank erhält, ein strukturiertes Darlehen mit einem Gläubigerkündigungsrecht abzuschließen, kann sie wie folgt vorgehen: Sie schließt ein festverzinsliches Darlehen zu marktmäßigen Konditionen ab und verkauft gleichzeitig an die Bank, die den besten Preis bietet, eine Option auf einen Swap, eine Payer Swaption. Mit dem Optionspreis senkt sie den Kupon ab und hat eine entsprechend geringere Zinsbelastung. Im Falle der Ausübung der Option wird die Verzinsung von fest in variabel gewandelt. Dieses Vorgehen hat gegenüber der üblichen Strukturierung von Darlehen zwei Vorteile:

Erstens: Die Gemeinde kann den Abschluss des Darlehens und den Verkauf der Option jeweils mit dem Bestbieter am Markt durchführen.

Zweitens: Die verkaufte Option ist ein separates Rechtsgeschäft, das während der Laufzeit auch separat bewirtschaftet werden kann. Entwickelt sich der Markt gegen die Position der Gemeinde, kann sie die Option noch rechtzeitig zu marktmäßigen Konditionen schließen. Im Falle des strukturierten Darlehens müsste sie mit dem Darlehensgläubiger in Verhandlungen treten; hierbei hätte sie von vornherein die schwächere Position. Im Ergebnis bedeutet dies, dass an die Stelle der Strukturierung von Darlehen i. S. von vereinbarten Fälligkeiten und im Hinblick auf die Wandlung des ursprünglich vereinbarten Zinssatzes die Verknüpfung eines Grundgeschäftes mit einem Derivat tritt.

(10) Die Frage nach dem „Ob" des Einsatzes von Derivaten im kommunalen Finanzmanagement hat der Markt bereits entschieden. Allerdings zeigt eine Untersuchung von Birkholz,[202] dass die Umsetzung – wie nicht anders zu erwarten – nicht flächendeckend, sondern nur schrittweise erfolgt. Entscheiden für die Inanspruchnahme von Derivaten ist allerdings das „Wie". Die hierauf bezogenen Warnungen an die Verantwortlichen, nur hinreichend vorbereitet in den Markt zu treten, sind ernst zu nehmen. Wie diese Aufforderungen im kommunalen Debt Management Rechnung getragen werden kann, soll im Folgenden dargelegt werden.

Abb. 16: Nutzung von Derivaten in den Jahren 2003 und 2004

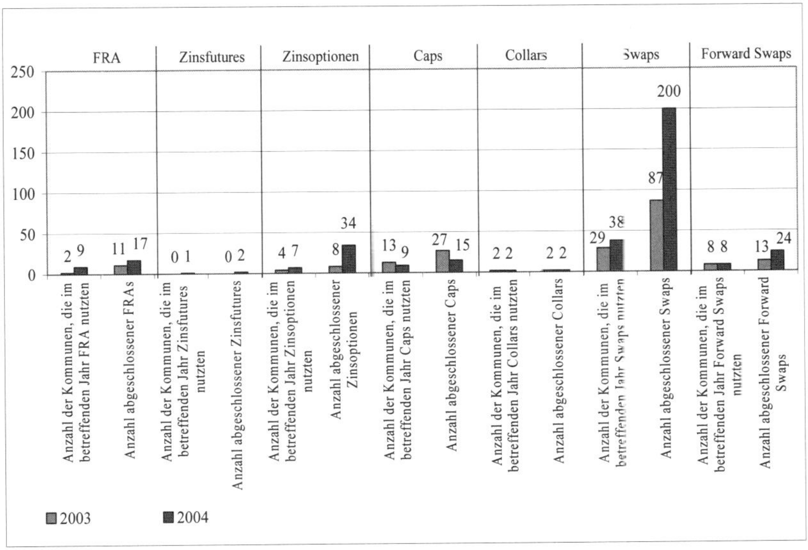

Quelle: Birkholz, K. (2007a).

202 Vgl. Birkholz, K. (2007a), S. 178 ff.

3. Der Rechtsrahmen für den Einsatz derivativer Instrumente

(1) Derivate sind keine Kreditgeschäfte, mithin fallen sie nicht unter die einschlägigen Vorschriften der Krediterlasse.[203] Sie sind vielmehr Teil der Konditionsvereinbarung. Insofern war es folgerichtig, dass z. B. das Bayerische Staatsministerium des Innern als Kommunalaufsichtsbehörde in einer der ersten Verlautbarungen über „Derivative Finanzierungsinstrumente für Kommunen, insbesondere Swap-Geschäfte" vom 8. November 1995 erklärte, dass die Nutzung derivativer Finanzierungsinstrumente zwar keiner besonderen Genehmigung bedürfe, allerdings angezeigt werden müsse und deren Einsatz an bestimmte Voraussetzungen zu knüpfen sei. Ein vom Bundesverband Öffentlicher Banken und dem Deutschen Sparkassen- und Giroverband in Auftrag gegebenes Gutachten bestätigt die genannte Rechtsauffassung, dass Kommunen eindeutig im Rahmen ihrer sog. Verwaltungszuständigkeit derartige Geschäfte tätigen können und jeder Vertragspartner der Kommune sich auf die Rechtswirksamkeit dieser Geschäfte verlassen kann. Diese seien weder an einen Rechtsbeschluss gebunden noch von der Aufsichtsbehörde genehmigungspflichtig, da sie weder ein Kreditgeschäft noch ein kreditähnliches Rechtsgeschäft[204] seien.

(2) Unabhängig von dieser generellen Haltung hat die Kommunalaufsicht Kriterien entwickelt, um im Interesse aller Beteiligten, der Kommune, der Kreditinstitute und der Rechnungsprüfungsbehörden Klarheit über die Voraussetzungen für den Einsatz derivativer Instrumente zu schaffen. Unbeschadet der Tatsache, dass sie (zivilrechtlich) grundsätzlich rechtswirksam abgeschlossen werden können[205], sollten sie im Hinblick auf die Wirkungen im Innenverhältnis zum Verwaltungsträger bestimmten Beschränkungen unterworfen werden. Dabei werden im Wesentlichen folgende Restriktionen genannt:
- Das Spekulationsverbot (um zu verhindern, dass die rechtliche Selbstständigkeit der Instrumente dazu führt, dass die Gemeinde als Anbieter oder Nachfrager, losgelöst vom zugrunde liegenden Kreditgeschäft, auftritt),
- die Unzulässigkeit der Abdeckung von Zinsrisiken Dritter;

203 Vgl. Bücker, T. (1993), S. 190 ff; Schwarz, G. (2001), S. 155 ff.
204 Vgl. o. V. (1994b).
205 Vgl. Kewenig, W./Schneider, H. (1992); Bücker, T. (1993), S. 212 ff.

- die Unterwerfung unter die Kreditprüfung (einschließlich der Vorlage der entsprechenden Verträge nach Abschluss gegenüber der Rechtsaufsichtsbehörde zur Information) und
- die Begrenzung der Geschäftspartner, z. B. auf Triple-A-Adressen.

(3) Eine besondere Rolle spielt im Zusammenhang mit den Legitimationsvoraussetzungen der Maßstab der Konnexität. Konnexität ist – nach herrschender Auffassung – gegeben, wenn
- ein gegenständlicher Bezug (objektives Erfordernis),
- eine zeitliche Begrenzung und
- ein subjektives Erfordernis

vorliegen.

Eine gegenständliche Verknüpfung besteht, solange sich das Derivat in (weit) überwiegendem Maße (z. B. durch Bezugsbetrag und Laufzeit) im Rahmen des Kredits bewegt, da es dann immer noch auf diesen bezogen ist, dessen Konditionengestaltung dient und nicht zu einem von ihm losgelösten Geschäft wird.

Der zeitliche Bezug liegt vor, wenn das Derivatgeschäft gleichzeitig mit dem Kreditgeschäft oder während der Laufzeit des Kreditgeschäfts abgeschlossen wird.

Das subjektive Erfordernis ergibt sich aus der Feststellung der Ziele des Derivateinsatzes. Diese sollten als „Optimierung der Kreditkonditionen" und „Begrenzung des Zinsänderungsrisikos" konkretisiert werden.

(4) Unabhängig von diesen generellen Festlegungen gibt es gleichwohl eine Reihe von Auslegungsfragen.[206] Diese sind ursächlich dafür, dass viele Gemeinden bisher mit dem Einsatz von Zinsderivaten gezögert haben. Diese Interpretationsfragen sollen im Folgenden aufgezeigt werden.

Unzweifelhaft sind derivative Geschäfte, die ausschließlich auf Spekulationsgewinne ausgerichtet sind, für Gemeinden unzulässig (vgl. z. B. hierzu § 108 Abs. 2 HGO; siehe auch Tab. 17). Die Grenzen zur Spekulation sind allerdings fließend, da jede Zinserwartung als Voraussetzung für die Kaufentscheidung eine Antizipation der Zukunft ist. Wegen dieser Unsicherheit empfiehlt sich in jedem Fall eine klare Dokumentation der Zinsmeinung und auch des Prozesses ihrer Ableitung.

Ähnliche Auslegungsfragen gibt es bei dem Begriff der Konnexität. Dienen Geschäfte zur Gestaltung und Kontrolle der Zinsänderungsrisiken eines konkreten Grundgeschäftes, so liegt Konnexität vor. Unterschieden wird dabei in sachliche Konnexität, d. h. die Nominalbeträge und die

---

206 Vgl. Schaffer, K./Jungk, C. (1994); Kutschera, F. (2003), S. 155 ff.

Währung von Grund- und Derivategeschäft sind identisch, sowie die zeitliche Konnexität, d. h. die Laufzeit des Derivates überschreiten die Laufzeit des Grundgeschäftes nicht. Werden diese Grundsätze eingehalten, ist der i. S. einer dokumentierten Zinsprognose „spekulativ" motivierte Einsatz von Derivaten legitimiert.

(5) Im Hinblick auf den auch i. S. der Zinsprognose „nicht-spekulativen" Einsatz von Derivaten wird die Ansicht vertreten, dass deren Einsatz dann zulässig ist, wenn zwischen den abzuschließenden Transaktionen und dem gemeindlichen Kreditbestand ein gegenständlich-finaler Bezug, eine sog. gelockerte Konnexität besteht. So werden z. B. Swapgeschäfte bewusst mit dem Ziel eingesetzt, die Kosten konkreter Finanzierungen unmittelbar oder mittelbar zu senken, bestehende bzw. neu aufzunehmende Kredite gegen Zinsrisiken abzusichern oder konkrete Kreditverpflichtungen an die erwartete Kapitalmarktentwicklung anzupassen.

Dem Debt Manager ermöglicht das gelockerte-konnexe Prinzip einen flexibleren und ökonomischeren Umgang mit Zinsderivaten, denn durch einen solchen „Makro Hedge" kann er sich auf den Abschluss eines übergreifenden Derivates beschränken, während er bei dem nach dem strengen Konnexitätsprinzip ausschließlich zulässigen „Mikro Hedge" für mehrere selbständige Kreditverhältnisse mehrere separate Derivate eingehen müsste. Dadurch kann er den Transaktions- und Dokumentationsaufwand verringern und durch den höheren Nennbetrag die Marktfähigkeit und die Konditionen des Zinsderivates verbessern.

(6) Unterschiedliche Ansichten gibt es über den Abschluss von Zinsderivaten in Konnexität zu zukünftigen Krediten. Dieses ist nach enger Auslegung nicht zulässig und wird in Baden-Württemberg, Rheinland-Pfalz und Sachsen-Anhalt explizit ausgeschlossen. Ein Grenzfall besteht, wenn die Herstellung des gegenständlichen Bezugs zwischen Kredit- und Zinssicherungsgeschäft für FRA und Swaption möglich ist, so z. B. im Zusammenhang mit der Finanzierung von größeren Infrastrukturprojekten, deren Erstellung sich über mehrere Haushaltsjahre erstreckt, der zukünftige Kreditbedarf bereits bekannt und in der Finanzplanung berücksichtigt ist.

(7) Wie Abb. 17 verdeutlicht, sind die rechtlichen Regelungen für den Einsatz von Zinsderivaten durch Gemeinden in einzelnen Bundesländern nicht identisch. In den meisten Bundesländern veröffentlichten die für die Kommunalaufsicht zuständigen Ministerien Erlasse oder Rundschreiben, die den Abschluss von Derivaten durch Gemeinden regeln sollen.

Daneben besteht eine Musterdienstanweisung des Deutschen Städtetages für den Einsatz von Finanzderivaten im kommunalen Zins- und Schuldenmanagement, deren Inhalt in Abb. 18 wiedergegeben wird. Abb. 19 zeigt beispielhaft die Ausformung dieser Rahmenbedingungen im Debt Management der Stadt Salzgitter.
Während die Kommunalaufsicht in Hessen und NRW außerordentlich liberal vorgeht, sind die entsprechenden Grenzen in Sachsen relativ eng gezogen. Unterschiede in den geltenden Regelungen bestehen vor allem in der geforderten Konnexität und der Melde- und Genehmigungspflicht. Im Einzelnen ergibt sich folgendes Bild: Während es in Hessen und NRW keinerlei Einschränkung für den Einsatz von Zinsderivaten gibt, haben die Gemeinden in Baden-Württemberg, Brandenburg, Sachsen und Schleswig-Holstein explizite Vorgaben für die Organisation und die Dokumentation der Geschäfte mit Zinsderivaten (vgl. hierzu auch unten G1.4, insbesondere Abb. 17). In Brandenburg müssen die Kommunen die Aufsichtsbehörden über jedes Geschäft auf einem standardisierten Meldebogen informieren. In Sachsen ist die Aufsichtsbehörde am Ende der Laufzeit des Derivates über die Ergebnisse der Wirtschaftlichkeitsprüfung zu unterrichten. In Schleswig-Holstein gibt es zahlreiche Dokumentationspflichten, darunter auch eine laufende Ergebniskontrolle.

4. Die Steuerung der relevanten Risiken beim Einsatz von Derivaten

4.1 Die relevanten Risiken

(1) Unter Risiko wird die Gefahr negativer Abweichung des tatsächlichen vom erwarteten Wert aufgrund unzureichender Informationen verstanden.[207] Mit Blick auf das kommunale Debt Management ist zu unterscheiden zwischen
- den Risikoarten,
- der Risikobegrenzung und
- der Risikosteuerung.

Die für die Praxis des kommunalen Zinsmanagements wesentlichen Risikoarten – wie bereits erwähnt – (vgl. oben, insbesondere Abb. 3 in C3) sind das Marktpreisrisiko (Zinsänderungsrisiko), das Kreditrisiko (Bonitätsrisiko) und die operationellen Risiken. Letztere konkretisieren sich vor allem in Rechtsrisiken und in Betriebsrisiken.

207 Vgl. Heuser-Greipl, U. (1999); Jöhnk, T. (1999), Boll, M. (2000), S. 271 ff.; Schwarting, G. (2003), S. 117 ff.; Jungk, C. (2004), S. 37 ff.; Kocher, P.-A. (2005b).

a) **Marktpreisrisiken (Zinsänderungs- und Währungsrisiken)**
Grundsätzlich beschreibt das Zinsänderungsrisiko den potenziellen Verlust aufgrund einer Veränderung der Zinsstrukturkurve. Dieser besteht dann, wenn sich zinsabhängige Zahlungsansprüche und zinsabhängige Zahlungsverpflichtungen unausgeglichen gegenüberstehen (offene Zinspositionen). Entsprechend beinhaltet das Währungsrisiko die Volatilität an den Devisenmärkten.

b) **Kreditrisiko (Bonitätsrisiken)**
Als Adressenausfallrisiko wird der potenzielle Verlust aus derivativen Finanzinstrumenten bei Ausfall des Kontraktpartners definiert. Von besonderer Bedeutung für die öffentliche Hand ist das sog. Eindeckungsrisiko, das die Gefahr zusätzlicher Kosten für einen Neuabschluss des ausgefallenen Geschäfts beschreibt. Dieses besteht bei Zinsswaps, Forward-Zinsswaps und Forward Rate-Agreements in Höhe des im jeweiligen Geschäft vorhandenen Bewertungsgewinnes und bei Optionsgeschäften (Zinsswap-Optionen und Zinsbegrenzungsvereinbarungen) in Höhe der aktuellen Optionsprämie. Zusätzlich ergibt sich ein Vorleistungsrisiko für den Fall, dass der Kontrahent trotz erfolgter Leistung durch die Kommune (z. B. Up Front Payments bei Zinsswaps) seine Gegenleistung nicht erbringt.

c) **Liquiditätsrisiko**
Eine besondere Kategorie der Kreditrisiken ist das Marktliquiditätsrisiko. Dieses beschreibt den potenziellen Verlust aus einer Marktsituation, bei der derivative Geschäfte aufgrund unzulänglicher Markttiefe oder anderer Marktstörungen nicht aufgelöst oder glattgestellt werden können. Eine Quantifizierung dieses Risikos ist ex ante nicht möglich.

d) **Rechtsrisiko**
Ein Rechtsrisiko aus derivativen Geschäften besteht immer dann, wenn zwischen den Kontrahenten keine Einigkeit über den Inhalt der jeweils abgeschlossenen Vereinbarung herrscht. In derartigen Fällen kann es vorkommen, dass Verträge nicht anerkannt oder falsch interpretiert werden.

e) **Betriebsrisiko**
Das Betriebsrisiko aus derivativen Finanzgeschäften hat seine Ursache zumeist in Schwächen der Aufbau- oder Ablauforganisation sowie des internen Kontrollsystems. Derartige Mängel ziehen potenzielle Verluste aus Handlungen oder Zuständen (z. B. Doppelzahlungen, Zahlungsverspätungen, unerkannte offene Zinspositionen) nach sich.

Abb. 17: Synopse des Rechtsrahmens für den Einsatz von Derivaten in Kommunen

Regelungen zum Einsatz von Derivaten in einzelnen Bundesländern[1]

Kriterien	**Baden-Württemberg**	**Bayern**	**Brandenburg**	**Mecklenburg-Vorpommern**	**Niedersachsen**	**Saarland**	**Sachsen**	**Sachsen-Anhalt**
Erlass der Innenministerien	17.8.1998 AZ 2-2251.2/2	8.11.1995 nicht aktualisiert AZ IB 4-513.1-2	28.1.2000 Runderlass II/20	Runderlass vom 6.7.2002	siehe Anmerkung[2]	siehe Anmerkung[3]	28.4.1999 Runderlass 32.14-10245/1	28.9.1999 AZ-23a-2252.10/18
Spekulationsverbot	X	X	X	X		X	X	X
Prinzip der Konnexität	X	X	X			X	X	X
Organzuständigkeit		X	X			X	X	X
Vertragspartner		X	X				X	
Vertragsumfang		X	X				X	
Organisatorische Voraussetzungen	X		X				X	X
Anforderungen an Finanzmanagement	X	X	X	X		X	X	X
Dokumentation		X	X	X			X	X
Genehmigung	X	X	X	X		X	X	X
Rechtsaufsichtliche Prüfung			X	X			X	

Quelle: Bundesverband öffentlicher Banken [Hrsg.] (2006). Die Inhalte der spezifischen Regelungen für Derivate sind dort jeweils unter der Ziff. 5 der länderweisen Darstellung vollständig abgedruckt.

Anmerkungen:

1 In Hessen, Nordrhein-Westfalen, Rheinland-Pfalz, Saarland und in Thüringen bestehen keine expliziten Regelungen.

2 Anweisung des Innenministeriums des Landes Niedersachsen an die Aufsichtsbehörde, im Einzelfall die Rechtslage des Landes Baden-Württemberg anzuwenden.

3 Kein Erlass; die Haltung des Ministeriums des Innern des Saarlandes zum Abschluss von Derivaten, insbesondere Swap-Geschäften, durch die Kommunen wird in einem Schreiben vom 12.11.1998 an den Saarländischen Städte- und Gemeindetag dargestellt.

Abb. 18: Muster-Dienstanweisung[1] für den Einsatz von derivativen Finanzinstrumenten im kommunalen Zins- und Schuldenmanagement

Inhaltsverzeichnis

Anmerkung:

[1] Der Erlass einer Dienstanweisung für den Einsatz von Finanzderivaten im kommunalen Zins- und Schuldenmanagement ist conditio sine qua non (vgl. Sachsen, Derivaterlass vom 28.4.1999, Nr. 5.2; Thüringen, Derivaterlass vom 26.6.2006 Nr. 4) bzw. „empfohlen“ (vgl. Sachsen-Anhalt, Derivaterlass vom 31.5.2005 Nr. 5).

Quelle: Grunwald, E. (2004), S. 90.

Abb. 19: Strukturierung für den dokumentierten und nachvollziehbaren Einsatz von Derivaten – Das Beispiel der Stadt Salzgitter

1. Einleitung
2. Rahmenbedingungen
   - 2.1 Ausgangslage
     - 2.1.1 Liquiditätsmanagement
       - 2.1.1.1 Wirtschaftlichkeitsrechnungen
         - 2.1.1.1.1 Finanzierungsmittel
         - 2.1.1.1.2 Zahlungsstromerwartung
     - 2.1.2 Zinsmanagement
3. Strategie der Stadt Salzgitter
4. Märkte, an denen abgeschlossen werden darf
5. Art, Umfang, Rechtliche Gestaltung und Dokumentation der Geschäfte
   - 5.1 Art und Umfang der Geschäfte
     - 5.1.1 Kassenkredite
       - 5.1.1.1 mit variabler Verzinsung
       - 5.1.1.2 mit Zinsfestschreibungen
       - 5.1.2 Kommunalkredite mit und ohne Zinsfestschreibung
       - 5.1.3 Derivate
   - 5.2 Dokumentation und Vertragsgestaltung
     - 5.2.1 Kreditverträge/-zusagen
     - 5.2.2 Derivate/Rahmenvertrag für Finanztermingeschäfte
6. Kennzahlen (Verfahren zur Messung, Analyse, Überwachung und Steuerung der Risiken
   - 6.1 Risikoarten
     - 6.1.1 Cash Flow-Risiko
     - 6.1.2 Wertänderungsrisiko
   - 6.2Risikokennzahlen
     - 6.2.1 Offene Positionen durch variable und aus der Zinsbindung kommende Kredite, für die neue Zinsvereinbarungen getroffen werden müssen (Kassenkredite und Kommunalkredite)
       - 6.2.1.1 Aussage
       - 6.2.1.2 Messmethode/Modell
         - 6.2.1.2.1 Volumen der offenen Positionen
         - 6.2.1.2.2 Berechneter Rückzahlungswert der Prognose
         - 6.2.1.2.3 Berechneter Wert der offenen Positionen

6.2.2 Durchschnittliche Kapitalbindungsdauer

6.2.2.1 Aussage

6.2.2.2 Messmethode/Modell

6.2.3 Durchschnittliche Zinsbindungsdauer

6.2.3.1 Aussage

6.2.3.2 Messmethode/Modell

6.2.4 Berechneter Wert der Kredite und Derivate

6.2.4.1 Aussage

6.2.4.2 Messmethode/Modell

6.2.5 Überschlägiger Kurs der Kredite

6.2.5.1 Aussage

6.2.5.2 Messmethode/Modell

6.2.6 Value at Risk der offenen Positionen

6.2.6.1 Aussage

6.2.6.1.1 Value at Risk der offenen Positionen für Kommunalkredite

6.2.6.1.2 Value at Risk der offenen Positionen für Kassenkredite

6.2.6.2 Messmethode/Modell

6.2.7 Sensitivitäten

6.2.7.1 Aussage

6.2.7.2 Messmethode/Modell

7. Höhe der zulässigen Limite für ausgewählte Risikopositionen und Vorgaben für die ausgewählten Benchmarks

7.1 Limite

7.1.1 Value at Risk der offenen Positionen

7.1.2 Volumen der Kassenkredite gem. Genehmigung

7.1.3 Volumen der Kommunalkredite

7.1.4 Volumen der Derivate

7.2 Benchmarks

7.2.1 Zinssatz für Kommunalkredite

7.2.2 Zinssatz für Kassenkredite

8. Inkraftsetzung

Quelle: Grunwald, E. (2004), S. 91 f.

4.2 Die Ansätze zur Risikobegrenzung

(1) Ein funktionaler, sukzessiver Risikomanagement-Prozess ist durch die Schritte[208]
- Risikoidentifizierung,
- Risikoquantifizierung,
- Risikosteuerung und
- Risikocontrolling

gekennzeichnet.

In einem ersten Schritt sind im Rahmen der Risikoidentifikation die Zinsänderungsrisiken zu erfassen. Dabei sollte ein Zinsbindungsverlauf des Portfolios erstellt werden. Dieser weist den Anteil der Kredite mit einer variablen und festen Zinsbindung aus. Dabei gelten Festzinskredite, die in der jeweils betrachteten Periode aus der Zinsbindung auslaufen als variable Positionen.

Die Risikoquantifizierung kann mit Hilfe der Szenarioanalyse erfolgen. Dabei kann die Bewertung der Zinsänderungsrisiken entweder mit der Hilfe von „value at risk“ oder den auf dieser Basis aufbauenden „cash flow at risk“-Größen erfolgen.

Die so identifizierten und quantifizierten Zinsänderungsrisiken sind zu steuern. Das Ziel der Risikosteuerung ist die Eintrittswahrscheinlichkeit dieser Risiken zu reduzieren oder deren Tragweite zu begrenzen. Diese Steuerung muss sich an festgelegten Risikolimiten orientieren.

Die Risikosteuerung kann aktiv darauf abzielen, Risiken zu vermeiden, zu minimieren bzw. zu diversifizieren. Passiv kann sie auf Risikotransfer bzw. Risikovorsorge angelegt sein.

Das Risikocontrolling prüft, ob die rechtlichen Voraussetzungen für den Instrumenteneinsatz vorlagen und die definierten Risikolimite eingehalten worden sind. Der Instrumenteneinsatz ist zu dokumentieren und ein turnusmäßiger Bericht ist für die politischen Gremien zu erstellen.

(2) In Ergänzung dieser generellen Struktur der Risikosteuerung ist Folgendes anzumerken:

Im Hinblick auf die Eingrenzung des Zinsänderungsrisikos bedarf es zum einen klarer Vorgaben zur Risikobegrenzung durch die politischen Gremien[209], zum anderen aber auch eindeutiger Regeln für die Steuerung des Risikos (vgl. auch Abb.3 in C3). Hinsichtlich der Risikolimitierung reicht eine haushaltsrechtliche Begrenzung auf den Nominalwert der zu-

208 Vgl. Birkholz, K. (2007a), S. 179.

209 Vgl. Landesrechnungshof Schleswig-Holstein (1997); C & L Deutsche Revision (1996).

lässigen Geschäfte nicht aus. Durch diese am Nennwert der Geschäfte orientierte Betrachtung bleiben risikoreduzierende Effekte zwischen originären und derivativen Finanzgeschäften unberücksichtigt. Weiterhin geht bei einem solchen Ansatz die mittlere durchschnittliche Laufzeit der zugrunde liegenden Titel (Duration) nicht in die Risikobetrachtung ein. Insbesondere bei Optionsgeschäften, deren Wert in hohem Maße von der Schwankungsbreite des Marktkurses (Volatilität) abhängt, führt eine Risikobeurteilung auf der Basis nominaler Kontraktvolumina nicht zu sachgerechten Ergebnissen. Auch deshalb ist es zur globalen Begrenzung der Zinsänderungsrisiken sinnvoll, den haushaltsrechtlichen Ermächtigungsrahmen für den Abschluss derivativer Finanzgeschäfte um eine am Marktpreisrisiko orientierte Größe (z. B. die zu Marktpreisen bewertete offene Zinsposition) zu ergänzen.

(3) Aus den genannten Gründen wäre es ebenfalls zweckmäßig, im Zusammenhang mit der Steuerung des Zinsänderungsrisikos die bisherige einzelgeschäftsbezogene Betrachtung aufzugeben und stattdessen zu einer portfoliobezogenen Sichtweise überzugehen. Das Zinsänderungsrisiko der öffentlichen Hand kann nur dann effizient gesteuert werden, wenn sämtliche originären Mittelaufnahmen und die ihnen gegenüberstehenden Derivate in einem Risiko-Portfolio zusammengefasst werden. Innerhalb dieses Portfolios sollten die Geschäfte in regelmäßigen Abständen (z. B. einmal pro Monat) mit einem einheitlichen Maßstab bewertet werden. Als Wertgröße kommen hierfür z. B. die aktuellen Marktpreise der Geschäfte oder die Zinsprognosewerte der Debt-Manager in Betracht. Die Beurteilung anhand aktueller Marktpreise und die Einführung eines Risikosteuerungssystems auf der Grundlage von Verlustlimiten (z. B. nach dem „money-at-risk"-Ansatz) setzt eine entsprechende EDV-Struktur voraus, um die alternative Zinsstrukturkurve laufend in die Betrachtung einbeziehen zu können. Neben der stichtagsbezogenen Ermittlung von Risikobeiträgen könnte mit Hilfe des Portfolioansatzes untersucht werden, welche Gewinne oder Verluste aus den im Portfolio zusammengefassten Geschäften bei einer Veränderung der Zinsstrukturkurve zu erwarten sind. Derartige Sensitivitätsanalysen sind ein unabdingbarer Bestandteil der Risikosteuerung.[210] In diesem Zusammenhang sollen diese generellen Hinweise genügen, die damit zusammenhängenden Einzelfragen werden im Abschnitt G5 erörtert.

210 Vgl. Schaffer, K. (2001), S. 11 ff.

(4) Ansätze für eine entsprechende Steuerung dieser Risiken sind z. B. das Portfoliokonzept des Landes Schleswig-Holstein[211] bzw. das Konzept des Idealportfolios der Stadt München.[212]

Das Portfoliokonzept im Debt Management des Landes Schleswig-Holstein kann verstanden werden als wirtschaftliche Ergebnis-Risikosteuerung unter Berücksichtigung der haushaltsmäßigen Rahmenbedingungen:

- Grundlage für die Steuerung sind die jährlichen Zinsausgaben aus Zinsderivaten über den Planungshorizont von 10 Jahren (cash flow-Orientierung). Die Höhe der Zinsausgaben im Zeitablauf i. S. effektiver Ausgaben ist ein zentraler Aspekt für die Haushaltsführung. Damit unterscheidet sich die Zielgröße insbesondere vom Bankenbereich, wo mit Blick auf das Handelsgeschäft die cash flows im Barwert als Zielgröße zusammengefasst werden.
- Mit dem Verfahren werden die Zinsausgaben aus dem Ist- und aus dem Plan-Portfolio wirtschaftlich im Vergleich zu den Zinsausgaben eines (synthetischen) Referenz-Portfolios gesteuert. Die Zinsausgaben des Referenz-Portfolios sind sowohl der Maßstab für die Ergebnis-Risiko-Steuerung als auch für die Ergebniskontrolle. Die wirtschaftlichen Ergebnisse in Form der jährlichen Zinseinsparung im Vergleich zum Referenz-Portfolio werden zusammen mit den haushaltsmäßigen Zinsausgaben im Haushalt ausgewiesen.
- Weiterhin werden mit Hilfe des Verfahrens die Zinsausgaben des Haushalts und der mittelfristigen Finanzplanung geplant und gesteuert. Die Zinsänderungsrisiken sind in diesem Zusammenhang die potenziellen Zinsmehrausgaben, die sich bei einer von den Zinsannahmen des Haushalts abweichenden Zinsentwicklung ergeben. Die Ist-Zinsausgaben werden im Rahmen der kommunalen Haushaltsrechnung nachgewiesen.
- Die Zinsszenarien enthalten grundsätzlich mehrere Zinskurven im Zeitablauf. Dadurch lassen sich mit Blick auf die längerfristige Zielsetzung der Optimierung Zinsentwicklungen im Zeitablauf simulieren.
- Zur Errechnung der Zinsänderungsrisiken wird dem Haushalts-Zinsszenario ein sog. Risiko-Zinsszenario gegenüber gestellt. Das Risiko-Zinsszenario wird mit Hilfe eines standardisierten Verfahrens auf der Basis historischer Zinssätze ermittelt. Das Risiko-Zinsszenario ist

211 Vgl. Jungk, C. (2004), S. 47 ff.
212 Vgl. Sperl, R. (2004), S. 63 ff.

mit einer wahrscheinlichkeitstheoretischen Aussage verknüpft (Konfidenzniveau 95 %).

- Zur Begrenzung der Zinsänderungsrisiken wird mit dem Haushalt Jahresweise eine Obergrenze (Limit) per Gesetz parlamentarisch festgelegt. Das Limit bezieht sich auf die Schwankungsbreite der gesamten Zinsausgaben im Haushalt bei einer abweichenden Zinsentwicklung. Darüber hinaus besteht ein Bestandslimit für Zinsderivate in der Form, dass der laufende Vertragsbestand höchstens die Hälfte des Gesamtschuldenstandes ausmachen darf. Geschäfte zur Begrenzung des Zinsänderungsrisikos sind dabei ausgenommen. Die Limite werden im Rahmen des Berichtswesens und des Controllings im Vollzug laufend überwacht.
- Schließlich wird im Haushalt eine sog. Zinsausgleichsrücklage gebildet. Diese dient – mit Blick auf die längerfristige Zielsetzung der Optimierung – der Verbuchung von Zinsbestandteilen aus Zinsderivaten zur risikoadäquaten und periodengerechten Abgrenzung der Zinsausgaben. Damit wird der Gefahr kurzfristiger Ergebnisverbesserung zu Lasten größerer langfristiger Zinsänderungsrisiken begegnet. Die Zweckbindung der Rücklage ist im Haushaltsgesetz verankert.

(5) Die Stadt München setzt das Konzept für das kommunale Debt Management auf ein „Idealportfolio“. Dieses ist jenes Portfolio, bei dem sich Zinshöhe und Risiko ausgleichen. Ermittelt wird es durch finanzmathematische Berechnungen auf Basis von Daten der zurückliegenden 20 Jahre. Das Idealportfolio gliedert sich dabei in einen Geldmarktanteil und in einen Kapitalmarktanteil. Dabei werden für den Geldmarktbereich die Zinsbindungsfristen aufgrund der Zinsentwicklung der zurückliegenden Jahre vorgegeben. Als Resultate ergeben sich die idealen Zinsbindungsfristen für den Kapitalmarktbereich. Dieses Idealportfolio wird in zwei- bis dreijährigen Abständen neu berechnet und wird durch das Debt Management sukzessive nachmodelliert.

Im Rahmen dieses Konzeptes hat der Stadtrat von München den zulässigen Geldmarktbereich – und damit das offene Risiko – auf 30 % des aktuellen Kreditportfolios begrenzt. Dieser Geldmarktbereich kann mit Hilfe von Zinsderivaten gesichert werden. Als Reflex des Geldmarktbereiches umfasst der Kapitalmarktbereich des Idealportfolios 70 % des jeweils aktuellen Gesamtkreditportfolios. Auf Basis finanzmathematischer Berechnung gliedert sich der Kapitalmarktbereich in drei Zinsbindungssegmente: Das kurzfristige Kapitalmarktsegment mit Zinsbindungsfristen von mehr als einem Jahr bis zu drei Jahren ist auf maximal 30 % des Kapitalmarktbereiches (insgesamt also 30 % von 70 % = 21 %) begrenzt, das mittelfristige Kapitalmarktsegment mit Zinsbindungsfristen von vier bis sieben Jahren darf maximal 70 % des Kapitalmarktbereiches (70 % von 70 % = 49 %) betragen, das langfristige Kapitalmarktsegment mit Zinsbindungsfristen von acht Jahren und mehr muss mindestens 30 % (= 21 % des Kapitalmarktbereiches) umfassen. Die Segmente werden als Limite behandelt und überwacht.

(6) Hinsichtlich der Begrenzung des Adressenausfallrisikos ist auf Folgendes zu verweisen: In der Regel ist die Gemeinde Schuldner, d. h. sie erhält einen Kredit, das Kreditrisiko trägt die Bank als Gläubiger der Kreditsumme und der Zinsen. Diese Konstellation gilt jedoch nicht für Geschäfte mit Derivaten. Wenn die Gemeinde z. B. einen Cap kauft, nimmt sie die Position des Gläubigers ein. Das heißt, sie leistet eine Prämienzahlung und erwartet dafür eine Ausgleichszahlung im Falle des Eintritts einer bestimmten Zinssituation. Sie trägt damit das Risiko, das die Bank, die den Cap verkauft hat, auch leistet. Ähnlich ist die Situation für die Kommune im Swap, wenn sie an die Bank variabel (z. B. den 6-Monats-EURIBOR) bezahlt und von der Bank den Festsatz erhält. Denn gemäß den Usancen im Swap wird der Festsatz jährlich nachträglich gezahlt mit der Folge, dass der Zahler der variablen Seite seine Zahlung zur Hälfte ein halbes Jahr früher leistet und erst am Ende des Jahres erfolgt die volle Gegenrechnung von variabler und fester Zahlung. Das Risiko, dass die andere Seite nicht leistet, muss durch die Wahl des Geschäftspartners ausgeschaltet werden. Es kann also nur mit sog. ersten Adressen kontrahiert werden, d. h. mit Banken, die mindestens über ein A-Rating verfügen. Das Adressenausfallrisiko kann insbesondere durch die Begrenzung des Kreises der Kontrahenten sowie durch die Vorgabe von Kontrahentenlimiten begrenzt werden. Bei der Auswahl der Adressen sollte man sich ausschließlich auf Partner mit einem Rating, zumindest auf dem Niveau „investment grade", beschränken.
Für die Kontrahentenlimite bietet es sich an, die Nominalbeträge der abgeschlossenen Geschäfte mit geeigneten Verfahren in Kreditäquivalente umzurechnen. Dadurch wird eine Gleichnamigkeit der Risikobeträge aus originären und derivaten Finanzgeschäften erreicht. Die Ermittlung der kreditäquivalenten Beträge sollte mit Hilfe der vom Bundesaufsichtsamt für das Kreditwesen entwickelten Laufzeitmethode gemäß Grundsatz I Abs. 6 KWG (heute: Solvabilitätsverordnung).[213]

213 Vgl. Prager, T. (1997), S. 471 ff.

Im Zusammenhang mit der Begrenzung der Adressenausfallrisiken sollte der haushaltsrechtliche Ermächtigungsrahmen um eine an kreditäquivalenten Beträgen orientierte Vorgabe für die maximale Gesamthöhe des Adressenausfallrisikos ergänzt werden.

(7) In Bezug auf das Marktliquiditätsrisiko sollte es sich bei den derivativen Finanzinstrumenten hinsichtlich des Volumens, der Produktart und der Ausstattung um „gängige“ Produkte handeln. Die zulässigen geographischen Märkte sollten auf das Inland und auf die großen Finanzzentren beschränkt werden. In den liquiden Instrumenten wird eine vorübergehende Verzerrung rasch durch Arbitragegeschäfte der Marktteilnehmer aufgehoben. Bei komplexeren und damit tendenziell weniger liquiden Instrumenten und insbesondere bei angespannten Marktsituationen besteht ein Substitutionsrisiko. Darunter ist das Risiko zu verstehen, dass beim gewünschten Schließen einer offenen Position nicht oder nicht schnell genug der faire Wert erzielt werden kann. Wird aber eine Position dann durch Abschluss eines Gegengeschäftes aufgelöst, bestehen zwei Positionen mit entsprechenden Bonitätsrisiken.

(8) Rechtsrisiken sollten weitgehend dadurch ausgeschlossen werden, dass den einzelnen Geschäftsarten Rahmenverträge zugrunde gelegt werden und deren Verwendung obligatorisch ist. Hinsichtlich derivativer Geschäfte bei Kommunen ist darüber hinaus auf eine Besonderheit hinzuweisen:

- Der sachliche Zusammenhang zwischen der Kreditaufnahme und dem Derivat sollte durch eine rechtsverbindlich unterzeichnete Erklärung (Grundgeschäftserklärung der Gemeinde) bestätigt werden.
- Mit dem Dritten Finanzmarktförderungsgesetz aus dem Jahr 2000 sind die in § 31 Abs. 2 WpHG geregelten Mitteilungspflichten auf Derivate erweitert worden. Die hiernach erforderliche Aufklärungspflicht der Banken vollzieht sich in zwei Stufen. Zum einen über die Aushändigung der Broschüre „Basisinformationen über Finanzderivate“, zum anderen über ein qualifiziertes Beratungsgespräch, in dem die Gemeinde auf die möglichen Chancen und Risiken des Derivates hingewiesen wird. In diesem Zusammenhang sollte auch die Zinsmeinung der Gemeinde erörtert werden. Da diese nicht börsentermingeschäftsfähig sind, ist die für die Wirksamkeit bestimmter Finanztermingeschäfte erforderliche Börsentermingeschäftsfähigkeit nur durch Aushändigung des Informationsblattes („Wichtige Informationen über Verlustrisiken bei Börsentermingeschäften“) herzustellen.

(9) Das Betriebsrisiko kann durch die o. g. aufbau- und ablauforganisatorischen Maßnahmen begrenzt werden. Detaillierte Hinweise für solche Regelungen finden sich z. B. in dem Bericht der C & L Deutsche Revision „über die sachverständige Tätigkeit im Zusammenhang mit dem Einsatz derivativer Finanzinstrumente durch das Land Schleswig-Holstein für den Landesrechnungshof Schleswig-Holstein“ von 1996.[214]
Zusammenfassend ist festzuhalten, dass das Betriebsrisiko beim Einsatz von Derivaten im Debt Management durch folgende Voraussetzungen bzw. Maßnahmen auf ein vertretbares Maß eingegrenzt werden kann:
- eindeutige Funktionstrennung zwischen Handel, Abwicklung und Risiko-Controlling,
- eine Ablauforganisation auf überprüfbarer Basis,
- schriftliche Regeln für die Bewilligung und den Einsatz der Marktinstrumente und der Kontrahenten,
- eindeutige Limite durch Vorgabe der politischen Gremien,
- ein regelmäßiges Berichtswesen, das für Risikotransparenz sorgt und das vor allen Dingen das ökonomische Zinsrisiko transparent macht, d. h. nicht nur den Effekt steigender Zinsen im Hinblick auf den Aufwand reflektiert (cash flow-Risiko), sondern auch die potenziellen Barwertschwankungen eines Kreditportfolios indiziert (Barwertrisiko),
- für Zins- und Liquiditätsrisiken einen Abgleich zwischen aktueller Position und Limit zeigt und
- die eingesetzten Instrumente und Kontrahenten identifiziert.

In diesem Zusammenhang ist zu unterstreichen, dass für den Handel und die Abwicklung derivativer Finanzgeschäfte nach Maßgabe dieser Kriterien ein integriertes EDV-System mit entsprechenden Schnittstellen und Kontrollroutinen erforderlich ist, vor allem in Hinblick auf die Anbindung an das sog. HKR-Programm (EDV-Programm für Haushaltskassen und Rechnungswesen).[215]

(10) An dieser Stelle ist darauf zu verweisen, dass die durch die Bundesanstalt für Finanzdienstleistungen (BaFin) für Kreditinstitute erstellten Mindestanforderungen an das Risikomanagement[216] eine Trennung von Markt bzw. Handel, Marktfolge, Risikocontrolling sowie Abwicklung und Kontrolle vorsehen. Diese Anforderungen hat die Arbeitsgruppe „Finanzmanagement/Treasury“ beim Deutschen Städtetag in der erwähnten Muster-

214 Vgl. Halvax, G. (1989), S. 1149 ff.
215 Vgl. Finanzbehörde der Freien und Hansestadt Hamburg (1998), S. 228.
216 Vgl. Bundesanstalt für Finanzdienstleistungsaufsicht [Hrsg.] (2005).

dienstanweisung für die Aufnahme und die Umschuldung von Krediten aufgegriffen und fordert unter Punkt 2.3 die „strikte funktionale Trennung zwischen Handel und Abwicklung nach dem Vieraugenprinzip“. Empirische Analysen[217] zeigen allerdings, dass diesen Anforderungen bislang nur unzureichend Rechnung getragen wird. Die Umfragen zeigen, dass knapp 40 % der Kommunen eine solche funktionelle Trennung bislang nicht vollzogen haben. Eine organisatorische Trennung wird von 55 % der befragten Kommunen nicht praktiziert. Die o. g. Voraussetzungen wurden bisher in knapp 85 % der insgesamt 212 befragten Kommunen nicht erfüllt. Zwar reduziert sich dieser Anteil unter jenen Kommunen, die Derivate nutzen. Ebenfalls fehlen Maßnahmen für evtl. virulent werdende Risiken. So erfasst die Stadt München „die Ergebnisse des Kredit- und Derivatemanagements“ laufend über eine gesonderte Rücklage (Zinsausgleichsrücklage).[218] Auch in diesem Bereich identifizierte die Umfrage noch ein deutliches Defizit, da rd. 92 % der Kommunen nicht über ein Instrument der Risikovorsorge verfügen.

(11) Der Bund und die Länder haben Anfang der 90er Jahre zusammen mit dem Bundesverband deutscher Banken und dem Bundesverband öffentlich-rechtlicher Banken ein abgestimmtes standardisiertes Vertragsmuster für die Dokumentation von derivativen Geschäften ausgearbeitet. Sie stehen seit dem in Kontakt und passen das Vertragswerk bei Bedarf einvernehmlich an neue Entwicklungen an. Es liegt nahe, dass auch die kommunale Ebene sich dieses Vertragsmusters bedient. Dieses hat folgenden Aufbau: Die öffentlich-rechtliche Körperschaft und die Bank schließen einen Rahmenvertrag ab und innerhalb dieses Rahmenvertrages werden die einzelnen Geschäftsabschlüsse jeweils bei Abschluss auf einem dafür vorgesehenen Formular dokumentiert. Im Ergebnis bilden der Rahmenvertrag und alle einzelnen Abschlüsse einen einheitlichen Vertrag.

Abb. 20[219] gibt eine erste Orientierung für eine rechtlich einwandfreie Dokumentation von derivativen Geschäften am Beispiel des Kaufs einer Zinsobergrenze. Dieses Muster enthält eine Struktur sowohl für die interne Dokumentation als auch für die gegenseitige Bestätigung der Geschäfte zwischen der Bank und der Gemeinde. Sie entspricht der dabei anzulegenden Sorgfaltspflicht und ist nicht nur im Verhältnis zwischen Bank und Kommune von Bedeutung, sondern auch im Hinblick auf die

217 Vgl. Birkholz, K. (2007a), S. 182.
218 Vgl. Sperl, R. (2004), S. 70.
219 Vgl. Schwarz, G. (2001), S. 61.

Prüfung des Einsatzes von Derivaten durch die Kommunalaufsicht bzw. durch den Rechnungshof.

Abb. 20: Dokumentation für den Kauf einer Zinsobergrenze (Cap)

1. Daten zum Cap
Datum
Eigene lfd. Nummer
Vertragspartner
Nr. des Vertragspartners
Name des Gesprächspartners
Uhrzeit des Abschlusses
Bezugsbetrag (Mio. EUR)
Basissatz
Höchstsatz (Satz der Zinsobergrenze, die sog. Cap Rate)
Vertragsbeginn
Erstes Fixing
Vertragsende
Letztes Fixing
Zahlungstermin im Falle einer Ausgleichszahlung
Prämienzahlung in einer Summe am ...... in Höhe von ...... EUR
Prämienzahlung annulisiert in Höhe von ..... EUR, erstmals am .....
2. Daten zum Grundgeschäft
Darlehen Nr.
Betrag
Zinszahlungstermin
Beginn Zinslauf
Ende Zinslauf
Fällig am ..... in Höhe von (voraussichtlich) .....
3. Bemerkungen
Konzeptionelle Begründung
Zinsumfeld

Quelle: Schwarz, G. (2001).

4.3 Die instrumentellen und organisatorischen Voraussetzungen für eine integrierte Ergebnis-Risiko-Steuerung

(1) Unabhängig von den genannten Einzelaspekten der Risikosteuerung kommt es darauf an, diese Elemente in einem übergeordneten strategischen Zusammenhang zu stellen und auf ein gemeinsames Ziel auszurichten. Diese Integrationsleistung definiert gleichzeitig die spezifische Rolle des Risikocontrollings im Rahmen einer integrierten Ergebnis-Risiko-Steuerung.

Aus strategischer Sicht muss die Risikosteuerung bei diesem Ansatz zwei Grundsatzfragen beantworten:

- Die Frage nach der Risikotragfähigkeit und
- die Frage nach der Risikoperformance (Lohnt sich die Risikoübernahme?).

(2) Diese Fragestellungen verdeutlichen, dass in eine so verstandene Risikosteuerung alle wichtigen Risikokategorien und alle Ergebnis- bzw. Ertragskomponenten einfließen müssen. Die konkrete Umsetzung erfordert eine hohe Integrationsqualität und -fähigkeit. In der Praxis sind für den prozessualen Ablauf dabei folgende Maßnahmen wesentlich:

- Ableitung und Überwachung von Kontrollgrößen, durch Gegenüberstellung von Ist- und Planwerten, Überwachung von Limiten und Erfassung von Abweichungen,
- Ursachenbestimmung, d. h. Quantifizierung der Teilabweichungen sowie Analyse von deren Herkunft und Einfluss,
- Beurteilung der Abweichungen, d. h. die Darstellung der Auswirkungen bzw. Konsequenzen und
- Erarbeitung von Korrekturvorschlägen.

(3) Die Erfahrungen zeigen, dass dabei vor allen Dingen folgende Anforderungen erfüllt sein müssen:

- Entsprechende personelle Ressourcen, insbesondere mit einer fachbezogenen Ausbildung und einer entsprechenden laufenden Weiterbildung, müssen verfügbar sein.
- Eine entsprechende Hardware-Umgebung (leistungsfähiger Rechnung bzw. Datenbankserver) vor allem zur Steuerung der Zinsausgaben und der damit verbundenen Risiken muss eingerichtet werden. Der Schwerpunkt muss auf der portfolio-orientierten Ergebnis-Risiko-Steuerung der Zinsausgaben (Marktrisiko) liegen.
- Die Entscheidungsträger müssen frühzeitig eingebunden werden. Die Risikosteuerung setzt voraus, dass die Verantwortung für die Beurteilung der Risikotragfähigkeit und die Ableitung von Limiten klar definiert und entsprechend zugeordnet ist.
- Ein aussagekräftiges Berichtswesen und ein regelmäßiger Berichtsturnus müssen implementiert werden.
- Es muss eine unabhängige Controllingeinheit geschaffen werden.

(4) Im Folgenden sollen einige Hinweise auf die organisatorische Umsetzung dieser Anforderungen gegeben werden.

- Es ist durch geeignete Aus- und Weiterbildungsmaßnahmen zu gewährleisten, dass das Qualifikationsniveau des Personals dem aktuellen Stand der Entwicklung entspricht. Dabei ist insbesondere den Anforderungen der Bundesanstalt für Finanzdienstleistungen (BaFin) im RS 5/2007 – „Mindestanforderungen an das Risikomanagement" (MaRisk) – zu entsprechen.

– Für die Aufbauorganisation empfiehlt es sich, den für das Schuldenmanagement zuständigen Fachbereich in Anlehnung an die MaRisk in ein Frontoffice (Handelstätigkeit), ein Backoffice (Abwicklung Controlling/Rechnungswesen) sowie in ein Middleoffice (Controllingüberwachung, Innenrevision) zu gliedern.
– Die EDV muss dieser Gliederung von Frontoffice über Middleoffice zu Backoffice zumindest mit folgenden Komponenten entsprechen:
  - Darlehensbuchhaltung,
  - Derivatebuchhaltung,
  - Marktinformationssystem (z. B. Reuters, Blomberg oder sonstige), das ein Einspielen jeweils aktueller Marktdaten in das Gesamtsystem ermöglicht und
  - ein Risikomanagementsystem, mit dem die jeweiligen Risiken aktuell bewertet bzw. die erwarteten Risiken und Entwicklungen betrachtet werden.

(5) Ein aktives Schuldenmanagement erfordert weiterhin ein über die kommunalgesetzlichen Anforderungen hinausgehendes aussagefähiges Berichtswesen, insbesondere für die politischen Entscheidungsträger. Beispielhaft soll hier das Reporting, das die Stadt Salzgitter im Rahmen ihres kommunalen Debt Management eingeführt hat und das im quartalsmäßigen Rhythmus erfolgt, dargestellt werden (Vgl. hierzu Abbildung 19). Dabei werden die konkreten vertraglichen Vereinbarungen über Kredit- und – soweit abgeschlossen – Derivateverträge mit der zu 95 % unterstellten Wahrscheinlichkeit eintretenden Zinsentwicklung für die nächsten 21 Arbeitstage abgeglichen. Damit wird implizit die Frage nach notwendigen Strategiewechseln gestellt, weil sich eben der Zinsmarkt zu einer 95 %igen Wahrscheinlichkeit verändert oder eben nicht verändert. Das Reportsystem ist auf die aktuelle Strategie der Stadt Salzgitter ausgerichtet, die darin besteht, dass der Wert, der in der Zukunft tatsächlich zu leistenden Zins- und Tilgungsaufwendungen den Wert der in der mittelfristigen Finanzplanung geplanten Zins- und Tilgungsaufwendungen nicht übersteigt. Die Abb. 21 zeigt schematisch den Inhalt dieses Reports. Mit diesem Reporting ist zugleich auch eine Erfolgskontrolle des kommunalen Debt Management gewährleistet. Die Abb. 22 fasst die

Rahmenbedingungen für einen erfolgreichen Einsatz von Derivaten im kommunalen Schuldenmanagement zusammen.

Abb. 21: Beispiel für einen Report für den Kauf einer Zinsobergrenze

Buchwert der Kredite in EUR	10.000.000
berechneter Rückzahlungswert der Prognose (Planung) in EUR	12.000.000
ber. Rückzahlungswert der Kredite und Derivate in EUR	11.000.000
berechneter Wert der offenen Positionen in EUR	1.000.000
Value at Risk aus der Zinsbindungslücke innerhalb eines Monats (Konfidenzniveau 95 % in EUR)	240.000
aktuelle Limitausnutzung	24 %
max. Limitausnutzung	70 %
berechneter Kurs der Kredite	110,0 %
Durchschnittsverzinsung der Planung per Stichtag	6,5 %
Durchschnittsverzinsung der Kredite per Stichtag	5,5 %
Durchschnittliche Zinsbindung der Kredite in Jahren	6,5
Durchschnittliche Kapitalbindung der Kredite in Jahren	9,5

Quelle: Schwarz, G. (2001).

Dabei sind:

- Buchwert der Kredite – aktueller Kontostand der Kredite.

- Berechneter Rückzahlungswert der Prognose – die geplanten Zins- und Tilgungsleistungen der in die Haushalts-/Finanzplanung eingehenden Kredite werden diskontiert und mit ihrem Wert ausgewiesen.

- Berechneter Rückzahlungswert der Kredite und Derivate – die Zins- und Tilgungszahlungen bis zum vereinbarten Zinsbindungsende der abgeschlossenen Kredite und Derivate werden diskontiert und mit ihrem Wert ausgewiesen.

- Berechneter Wert der offenen Positionen (Zinsbindungslücke) – die Differenz der beiden zuletzt genannten Werte entspricht dem Wert der offenen Positionen (Zinsbindungslücke). Der Wert sollte nicht negativ sein, da ansonsten die Planung nicht eingehalten werden kann.

- Value at Risk (VaR) – dieser Wert wird in Euro ausgewiesen und gibt an, wie sich in einem Zeitraum von 20 bzw. 21 Arbeitstagen (= ein Monat) und einer Wahrscheinlichkeit von 95 % der berechnete Wert der offenen Positionen aufgrund der Veränderbarkeit (Volatilität) der Marktzinsen ändern kann.

- maximale Limitausnutzung – um sicherzustellen, dass die Planung eingehalten werden kann, darf der VaR den Wert der offenen Positionen nicht übersteigen. Somit entspricht das Limit dem Wert der offenen Positionen (= 100 %). Um einen Sicherheitsabstand einzuhalten, wird das VaR-Limit auf 70 % des Wertes der offenen Positionen – für jede Kommune individuell – angepasst.

- aktuelle Limitausnutzung – der VaR wird ins Verhältnis zur offenen Position gesetzt und zeigt an, ob Steuerungsbedarf besteht (maximale Limitausnutzung wird erreicht oder gar überschritten) und nicht besteht (aktuelle Limitausnutzung < maximaler Limitausnutzung). Zur Steuerung werden dann Zinsbindungsvereinbarungen in Kreditverträgen oder über Derivate eingesetzt. Die gewünschten Einspareffekte können im Wesentlichen durch die Nutzung der Zinsdifferenz/des Carry zwischen den Geld- und Kapitalmarktzinsen (Kurz- und Langfristzinsen) erzielt werden, wobei das Risiko des Zinsanstieges gegenüber der Planung durch den Einsatz von Zinssicherungsinstrumenten (Derivaten) gesteuert und das Risiko über den Report transparent gemacht wird.

- Kurs der Kredite – diese Kennzahl stellt die Relation zwischen Buchwert (= Kontoauszug) und dem aktuellen Marktwert der Kredite dar. Kurse > 100 % zeigen einen für die Stadt nicht vorteilhaften Marktwert bei vorzeitiger Tilgung an, das heißt, der Rückzahlungsbetrag ist höher als der Buchwert laut Kontoauszug. Noch nicht berücksichtigt ist dabei der von der Bank i. d. R. in Rechnung zu stellende Margenschaden, der den Rückzahlungsbetrag weiter erhöht.

- Die übrigen Kennzahlen sind selbsterklärend.

Abb. 22: Die Bedingungen für einen erfolgreichen Einsatz von Derivaten

Allgemeine gesetzliche Legitimation: Die Kommunalaufsicht und die Bürgervertretung der Kommune sollten per Gesetz bzw. Verordnung sowohl das Volumen als auch die Art der Derivate und eine Risikogrenze genehmigen.
Haushaltsrechtliche Bedingung der Wirtschaftlichkeit und Sparsamkeit: Unter Berücksichtigung der allgemeinen Haushaltsgrundsätze ist das Eingehen von Risiken an strenge Bedingungen gebunden. Eine tragfähige Konzeption des Risikomanagements und der Risikokontrolle muss daher realisiert werden können. Dabei muss das Konnexitätsprinzip, also die Bindung eines Derivats an ein abgeschlossenes Basisgeschäft, gewährleistet sein.
Rechnungslegung: Voraussetzung für die Risikosteuerung und Öffentlichkeit des Derivateinsatzes ist die getrennte Veranschlagung der derivaten Geschäfte in der Rechnungslegung der Kommune.
Funktionentrennung: Die Aufbauorganisation muss eine Funktionentrennung zwischen Geschäftsabschluss, Abwicklung und Risikosteuerung gewährleisten. Die Ablauforganisation sollte durch geeignete Regelungen die Funktionentrennung in der Aufbauorganisation unterstützen und den Kenntnisstand der Mitarbeiter berücksichtigen.
Zinsmeinung: Eine regelmäßige Feststellung der Zinsmeinung (Zinsprognose) muss institutionalisiert sein.
Controlling: Eine systematische Erfolgsmessung durch ein anerkanntes Verfahren ist Voraussetzung für einen dauerhaften, wiederholten Einsatz von Derivaten.
IT: Eine angemessene personelle und EDV-technische Ausstattung ist notwendig.
Transparenz: Der Derivateinsatz muss für die Öffentlichkeit transparent sein. Eine regelmäßige Berichterstattung an die Bürgervertreter ist wünschenswert.

Quelle: Reding, K./Müller, W. (2002),

4.4 Die Auslagerung des kommunalen Debt Managements

(1) Obwohl die Erfahrungen und das Wissen im Bereich der Kreditportfoliosteuerung bei den Kämmerern stetig zunehmen, sind die umfangreichen Anforderungen in den Kommunen selbst oft nicht oder nur mit einem unverhältnismäßig hohen Aufwand zu erfüllen.[220] Nicht zuletzt haben Banken deshalb verschiedene Beratungskonzepte für die öffentliche Hand entwickelt. Diese Ansätze lassen sich in zwei Grundrichtungen untergliedern, den Beratungs- und den Treuhandansatz.[221]

(2) Beim Treuhandansatz wird das Management der kommunalen Schulden komplett an einen externen Berater vergeben. Die Kommune wird sowohl von der Arbeit als auch von den Entscheidungen in Bezug auf das Management entlastet. Das Risiko verbleibt in den meisten Fällen jedoch vollständig bei der öffentlichen Hand. Ein Wissensaufbau in den Kämmereien erfolgt bei diesem Konzept nur bedingt. Eine Beurteilung bzw. eine Kontrolle der abgeschlossenen Produkte durch die Kommunen ist somit nahezu unmöglich, wenn sie nicht über Steuerungs- und Bewertungstools einer Bank verfügt. Dies ist insbesondere dann problematisch, wenn ein solcher Treuhandvertrag beendet wird und das fremd gemanagte Schuldenportfolio wieder von der Kommune übernommen werden muss.

In der Planungsphase individualisiert die Gemeinde das Produktangebot des externen Debt Managers, in dem sie den Einsatz der Gestaltungsparameter abwägt. Hier liegen die Gemeinde und der externe Debt Manager gemeinsam den Grundstein für den Erfolg oder Misserfolg des Debt Management-Mandates.

Die anschließende Wahl des Stils des Portfoliomanagement hängt wesentlich von der Risikoneigung der kommunalen Entscheidungsträger und ihrer Einschätzung der Prognosefähigkeiten des Debt Managers ab. In den Bereichen Kontroll- und Anreizmechanismen kann die Auftraggebende Kommune ihre Einflussnahme darauf beschränken, mit dem Debt Manager einen mittel- bis langfristigen Schuldendienstplan festzulegen, eine adäquate Benchmark zu fixieren und die wichtigsten Rahmenbedingungen vorzugeben. In diesem Rahmen kann sie dann dem externen Debt Manager die Freiheit lassen, über den Einsatz der Aktionsparameter in eigener Verantwortung zu entscheiden. Eine solche Treuhandlösung ist z. B. der Vertrag, den die Stadt Bottrop mit der Westdeutschen

220 Vgl. Kutschera, F. (2003), S. 166 ff.
221 Vgl. Schremmer, H. (1999), S. 94 ff.; Hornung, N. (2006), S. 127 ff.

Landesbank in 2002 geschlossen hat. Bei diesem Vertrag berechnet die WestLB 0,15 % des städtischen Schuldenbestandes zur Abdeckung der Grund- und Gemeinkosten. Die Bank profitiert darüber hinaus mit 20 % an der finanziellen Verbesserung, die bei der Stadt Bottrop erreicht wird.[222]

(3) Beim Beratungsansatz verbleibt die Entscheidungshoheit bei der Kommune, die dadurch laufenden Einfluss auf die gewünschten Produkte und Risiken für das Portfolio nimmt. Dieser Einfluss kann institutionalisiert werden mit einem sog. Portfoliobeirat, der sich aus Entscheidungsträgern und den betroffenen Mitarbeitern der Kommune sowie Vertretern der Bank zusammensetzt. Dieses Gremium kann als zentrales Informations- und Kompetenzzentrum fungieren, in dessen Rahmen die für das Portfoliomanagement relevanten Entscheidungen getroffen werden. Ziel der Beratungen dieses Portfoliobeirates ist ein auf der gefundenen Zinsmeinung der Kommune aufbauendes strategisches und taktisches Management. Beim strategischen Management steht die Steuerung der Marktrisiken über einen längerfristigen Zeitraum im Vordergrund. Ziel ist die Nutzung eines günstigen Zinsniveaus zur längerfristigen Zinssicherung und sofortigen Zinsentlastung. Das taktische Management dagegen arbeitet mit den kurzfristigen Schwankungen an den Zinsmärkten, die im Jahresverlauf ausgenutzt werden können. Bei einem solchen Beratungsansatz trifft sich der Portfoliobeirat i. d. R. zwei bis vier Mal im Jahr, um die Strategie zu optimieren, die Taktik an den aktuellen Marktgegebenheiten auszurichten und neue Handlungsoptionen zu beschließen. Bei diesem Ansatz erhält das Kreditinstitut für die erbrachte Beratungsleistung ein periodisch festzusetzendes Entgelt.

(4) Nach empirischen Erhebungen nutzen z. Z. rd. 40 % der Kommunen Derivate in ihrem Debt Management. Dabei besteht offensichtlich ein signifikanter Zusammenhang zwischen dem Derivateeinsatz und der Frage, wie das Debt Management in der einzelnen Kommune durchgeführt wird. Erfolgt die Umsetzung vollständig in eigener Regie, so verzichten rd. 42 % der Kommunen auf die Nutzung dieser Finanzinstrumente. Wird das Debt Management jedoch unter Beteiligung von externen Beratern/Finanzinstituten durchgeführt, so kehrt sich das Verhältnis um: Unter diesen Voraussetzungen machen 75 % der Kommunen von Derivaten Gebrauch. In der Mehrzahl der Fälle wird das Debt Management in Ei-

222 Vgl. Noetzel, P. (2004), S. 8.

genregie durchgeführt. Interessant ist jedoch, dass mit höherem Schuldenvolumen stärker auf externe Unterstützung zurückgegriffen wird.[223]

(5) Diese instrumentellen und organisatorischen Voraussetzungen laufen allerdings ins Leere, wenn es an einem „vernünftigen" Risikobewusstsein fehlt. In jüngerer Zeit klagten einige deutsche Kommunen gegen ein großes deutsches Kreditinstitut, weil sie aus komplizierten Zinsswaps Millionen-Verluste erlitten haben.[224] Gegenstand der Klagen sind die Empfehlungen zu sog. CMS-Spread-Ladder-Swaps (CSL). CMS steht hierbei für „Constant Maturity Swap", d. h., die Laufzeit der vereinbarten und zugrundegelegten Zinsswaps bleibt stets gleich. Das Basisgeschäft orientiert sich somit nicht auf die Zinssätze am Geld- bzw. Kapitalmarkt, sondern auf die die Sätze von Swapgeschäften, die ihrerseits wiederum auf bestimmte Zinssätze am Geld- und Kapitalmarkt bestimmt werden. „Spread" weist darauf hin, dass nicht nur auf einen Zinssatz zurückgegriffen wird, sondern auf die Differenz von zwei Zinssätzen. Es handelt sich somit um ein Zinsdifferenzgeschäft. „Ladder" deutet darauf hin, dass sich im Zeitablauf des Geschäftes eine treppenförmige Abfolge von festen Zahlungselementen ergibt.

CSL verkörpern im Endeffekt Spekulationen auf die Entwicklung der Zinsstruktur-Kurve am Swapmarkt.[225] Konkret: Sie unterstellen einen zunehmenden „Spread" zwischen einem langfristigen und einem kurzfristigen Swapsatz. Während ein „klassischer" Zinsswap z.B. Zinsrisiken variabler Kredite eleminieren kann – dies ist z. B. dann der Fall, wenn die der Zahlungsanspruch aus dem Swap variabel, die Zahlungsverpflichtung aber konstant und damit kalkulierbar ist – ist dies beim CSL-Swap nicht der Fall. Im Gegenteil: Die komplexe Konstruktion verstärkt sogar die Risiken, da sowohl die Zahlungsansprüche wie auch die Zahlungsverpflichtungen variabel vereinbart werden und damit nur schwer kalkulierbar sind: Der CSL-Inhaber empfängt auf der einen Seite Zahlungsströme in Abhängigkeit von kurz- bis mittelfristigen Swapkonditionen, auf der anderen Seite leistet er Zahlungen in Abhängigkeit von den längerfristigen Zinssätzen. Sowohl die empfangenen wie auch die geleisteten Zahlungen orientieren sich an den variablen Swapmarktsätzen, die je nach Marktgeschehen sehr volatil ausfallen können.

Im Fall der kommunalen Klagen gegen das Kreditinstitut führten die CSL zu Verlusten, weil seit 2006 der Abstand zwischen lang- und kurz-

223 Vgl. Birkholz, K. (2007a), S. 180.
224 Vgl. Haacke, B. v. (2007), S. 52 ff.
225 Vgl. Stark, G./Loose, C. (2007), S. 610 ff.

fristigen Zinsen gering und zeitweise sogar negativ („invers“) geworden ist. Die spekulative Gestaltung dieses Produkts wird in Abb. 23 verdeutlicht. Prinzipiell ist es daher zweifelhaft, ob CSL den Vorgaben der Kommunalaufsicht entsprechen.[226] Für das spekulative Element spricht auch die Tatsache, dass nur der Bank, nicht aber der Kommune ein Kündigungsrecht eingeräumt wurde und die in der Konstruktion eingebauten Hebel aus Kundensicht im Verlustfall stärker als im Gewinnfall wirken.[227]

Abb. 23: Der CMS-Spread-Ladder-Swap (CSL)

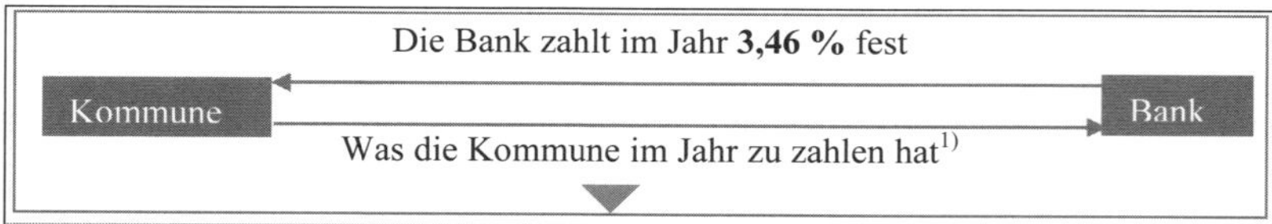

1. Jahr	**2,00%**	(1)	(2)	(3)	(4)
	Variable: Differenz zwischen zehnjährigem und zweijährigem Swapzins	bei Zinsdifferenz[2)] von ... **2%**	**1%**	**0%**	**-0,2%** ... zu zahlender Bruttozins (in %)
2. Jahr	Zins der Vorperiode plus dreimal (**1,10%** minus Zinsdifferenz)	**0**	**2,30**	**5,30**	**5,90**
3. Jahr	Zins der Vorperiode plus dreimal (**0,95%** minus Zinsdifferenz)	**0**	**2,15**	**8,15**	**9,35**
4. Jahr	Zins der Vorperiode plus dreimal (**0,80%** minus Zinsdifferenz)	**0**	**1,55**	**10,55**	**12,35**
5. Jahr	Zins der Vorperiode plus dreimal (**0,65%** minus Zinsdifferenz)	**0**	**0,50**	**12,50**	**14,90**

1) Der Zinssatz kann nicht negativ werden.
2) Differenz zwischen Zehnjahres- und Zweijahres-Swapzins.

Quelle: FAZ (2007).

Die Abb. 23 illustriert die Konsequenzen eines solchen Produkts für eine Gemeinde bei unterschiedlichen Zinsstrukturen. Zugrundegelegt für das CSL-Geschäft ist die Differenz zwischen einem zwei- und einem zehnjährigem Swapzins. Im Beispiel zahlt die Bank jedes Jahr 3,46 % auf den unterliegenden Betrag, zum Beispiel 10 Millionen Euro, an den Kunden. Der Kunde zahlt im ersten Jahr einen Zins von 2 % – was ihm im ersten

226 Vgl. Wickel, H.-P. (2007), S. 20.
227 Vgl. Maier, A (2007), S. 18.

Jahr einen Netto-Zinsgewinn von 1,46 % beziehungsweise 146.000 Euro garantiert. Vom zweiten Jahr an richtet sich die Zinszahlung des Kunden nach der sich jährlich ändernden Formel. Deren Kernelement ist der Zinsabstand zwischen dem Zehn- und dem Zweijahreszins, gemessen als Spread an einem Stichtag. In der Abbildung sind vier fiktive Szenarien durchgespielt. Die erste Spalte unterstellt, dass der Zinsabstand in jedem Jahr 2 Prozentpunkte beträgt. Aus der Formel ergibt sich ein negativer Zins; laut Vertrag beträgt der vom Kunden zu zahlende Zins dann 0 %, und er erzielt den für ihn maximalen Netto-Zinsgewinn von 3,46 %. In Spalte 4 ist eine leicht inverse Zinsstrukturkurve unterstellt: Der Zweijahreszins liegt um 0,2 Prozentpunkte über dem Zehnjahreszins. In diesem Fall ergeben sich für den Kunden jährlich stark zunehmende Zinszahlungen und hohe Netto-Zinsverluste. Der CSL ist in der Risikostruktur ein hoch spekulatives Termingeschäft, der im Fall eines Misserfolgs ähnliche Auswirkungen haben kann wie der Leerverkauf von Optionen.

Dies wird deutlich am Beispiel der Stadt Dortmund: Das Schuldenmanagement der Stadt hatte durch das Eingehen eines CSL einen Verlust in Höhe von 6,2 Mio. EUR zu konstatieren. Die nordrhein-westfälische Stadt Hagen muss im schlimmsten Fall sogar mit einem Verlust von bis zu 51 Mio. EUR bis zum Ende der Laufzeit ihrer CSL-Geschäfte rechnen.[228] Andererseits kann sich diese Entwicklung auch umdrehen und aus dem Minus ein Plus werden, wenn sich die Lage an den Zinsmärkten verändert. Auch hier wird der hochspekulative Charakter der CSL deutlich.

Nicht nur der Fall der CSL, der inzwischen zu einer breiten Klagewelle von rd. 40 deutschen Kommunen gegen dieses deutsche Kreditinstitut geführt hat, unterstreicht die Bedeutung einer sachgerechten Einordnung der im Debt Management eingesetzten Finanzprodukte hin auf eine wirklich ausgewogene Beurteilung von Chancen und Risiken. Auch die ähnlich gelagerten Vorgänge in den 80er Jahren bei der britischen Gemeinde Hammersmith und dem kalifornischen Distrikt Orange County, wie auch die jüngste Fehlspekulation bei den norwegischen Städten Narvik, Hamnes, Rana und Hattfjielldal[229] unterstreichen die Bedeutung eines funktionierenden Risikobeurteilungs-, Steuerungs- und Controlling-Systems für das kommunale Schuldenmanagement.

228 Vgl. Rottwilm, C. (2007).

229 Die norwegischen Städte hatten für 4 Mrd. norwegische Kronen sog. „Collaterialized Debt Obligations“ (CDOs) platziert, die im Zuge der US-Hypothekenkrise um ca. 50 % schrumpften, womit die Gemeinden gegenüber den Zeichnern garantiepflichtig wurden [vgl. Ibison, D. (2007), S. 7].

(1) Unter Steuerungsgesichtspunkten kommt der Ermittlung des wirtschaftlichen Erfolgs des Derivateeinsatzes eine besondere Bedeutung zu.[230] In einer ersten Annäherung könnte man argumentieren, die Kreditkonditionen seien dann optimiert, wenn sich der Zinssatz einer festverzinslichen Mittelaufnahme durch den Abschluss derivativer Geschäfte reduziert. In der einzelgeschäftsbezogenen Erfolgskontrolle werden zur Ermittlung des wirtschaftlichen Erfolges die Einheit aus Bezugsdarlehen und Derivat entsprechend dem Konnexitätsprinzip einer originären Kreditaufnahme ohne Derivat, dem sog. Vergleichsdarlehen, gegenübergestellt. Das Vergleichsdarlehen entspricht dabei in Laufzeit und Ausstattung jenem des Bezugsdarlehens. Als Grundlage der Erfolgsermittlung dienen die historischen und die künftigen Zahlungsströme während des gesamten Finanzierungszeitraums. Der wirtschaftliche Erfolg aus dem Abschluss eines einzelnen derivativen Finanzgeschäfts ergibt sich durch den Vergleich des Barwertes aus dem Bezugsdarlehen und dem Zinsderivat mit dem Barwert des Vergleichsdarlehens.

(2) Es wurde bereits darauf hingewiesen, dass es aus Gründen der Risikosteuerung angezeigt ist, für die originären und die derivativen Finanzgeschäfte portfoliobezogene Risikogrößen zu ermitteln und diese im Hinblick auf deren mögliche Risikoentwicklung sog. Sensitivitäts-Analysen zu unterwerfen (vgl. G4.2). Für eine auf Portfolien abstellende Risikoquantifizierung spricht, dass sich die Einzelrisiken in ihren Auswirkungen gegenseitig beeinflussen können und damit das Risiko des Portfolios geringer sein kann als die Summe der Einzelrisiken. Der „Value at Risk“ ist dafür das geeignete Risikomaß: „Value at Risk is a measure of the maximum potential change in value of a portfolio of financial instruments with a given probability over a pre-set horizon. VaR answers the question: how much can I lose with x % probalitiy over a given time horizon.“[231] Damit stellt sich die Frage, ob nicht auch bei der Beurteilung des wirtschaftlichen Ergebnisses des Derivateeinsatzes auf eine Portfoliobetrachtung abgestellt werden sollte. Ein solcher Portfolio-Ansatz stößt zunächst an die Grenzen des Konnexitätsprinzips. Dies fordert – wie bereits dargestellt –, dass nur ein konkreter Kredit und nicht ein Portfolio Gegenstand einer „Ergänzung“ durch ein Derivat sein kann, da letzteres aufgrund verschieden gestalteter und teilweise wechselnder

230 Vgl. Fox, K.-P. (1998b); Rehm, H. (2005), S. 587 ff.
231 Vgl. J. P. Morgan (1996).

Kredite zu uneinheitlich und damit kein geeigneter Gegenstand für die Ergänzung i. S. der strengen Konnexität sein könne.
Dies würde bedeuten, dass die Kommune zwar zur regelmäßigen Quantifizierung und Steuerung von Zinsänderungsrisiken von originären und derivativen Finanzgeschäften sämtliche Grund- und Sicherungsgeschäfte in einem Risikoportfolio zusammenfassen kann, dies jedoch nicht dazu führen darf, dass derivate Geschäfte nur auf das Portfolio und nicht auf einen bestimmten Kredit bezogen werden können. Diese Auslegung ist durch das Spekulationsverbot geprägt. Es stellt sich die Frage, ob dies eine sinnvolle Maxime für ein zinskostenoptimierendes Debt Management ist.

(3) Wenn man einerseits davon ausgeht, dass durch die vorgenannten Bedingungen und Maßnahmen ein risikobewusster und entsprechend gesteuerter Einsatz von derivativen Finanzierungsinstrumenten erfolgt, andererseits gerade unter dem Gesichtspunkt der Risikosteuerung eine Portfoliobetrachtung angezeigt ist, so stellt sich die Frage, ob sich nicht auch die Kriterien der Messung des wirtschaftlichen Erfolges von der einzelgeschäftlichen Betrachtung hin zu einer Portfoliobetrachtung weiten sollten, d. h. das Debt Management als ein umfassendes Liability Management begriffen und fortentwickelt werden sollte. Abb 24 verdeutlicht, dass es mit Hilfe von Zinsderivaten möglich ist, das Zinsrisiko des bestehenden Schuldenportfolios entsprechend der Zinsprognose/Zinserwartung zu gestalten, da so die Steuerung von Marktpreisrisiken zeitlich, sachlich und institutionell unabhängig vom zugrunde liegenden Marktgeschäft möglich ist.
Bei diesem Verständnis sind folgende Gesichtspunkte zu beachten:
– Die einem solchen Liability Management zugrunde zu liegenden Strategien,
– die für die Verfolgung dieser Strategien verfügbaren Möglichkeiten, das Zinsänderungsrisiko zu steuern und zu überwachen und die Möglichkeiten zur Messung des wirtschaftlichen Erfolgs solcher Strategien der Portfolio-Steuerung.

Abb. 24: Separate Steuerung von Liquidität und Zinsen in der Portfolio-Steuerung

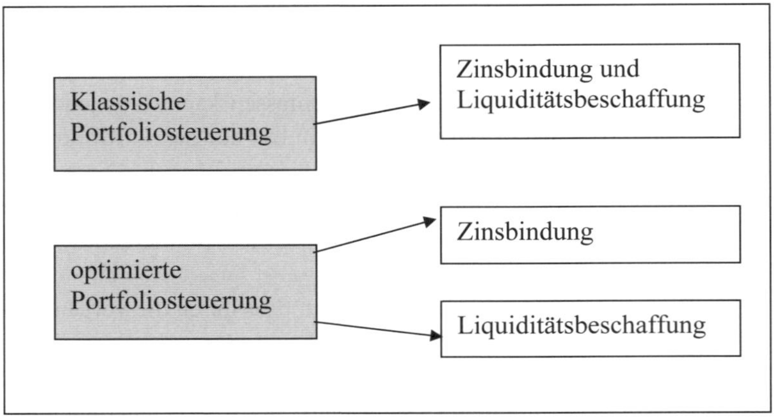

Quelle: Hornung, N. (1997), S. 32.

(4) Zunächst zu den möglichen Strategien: Niedrige Finanzierungskosten sowie Sicherheit in der Finanzplanung sind vorrangige Zielsetzungen im öffentlichen Schuldenmanagement. Die Auswahl der Finanzierungsinstrumente und der Fälligkeiten soll dazu führen, dass ein Anstieg des Zinsaufwands vermieden oder begrenzt werden kann. Drei Grundmuster von Strategien sind denkbar:

Bei der defensiven Strategie erfolgt die Finanzierung auf der Grundlage langfristiger Festzinsdarlehen. Auf mögliche Kostenvorteile aus Derivaten wird hierbei zugunsten der Planungssicherheit weitgehend verzichtet. Mit der Streuung der Fälligkeiten über mehrere Jahre kann bei Einsetzen einer Hochzinsphase zwar ein sprunghafter Anstieg der gesamten Zinsausgaben vermieden werden, allerdings unter Inkaufnahme eines hohen, länger anhaltenden Durchschnittswerts. Bei der offensiven Strategie werden Art und Dauer der Finanzierung aus Marktprognosen abgeleitet. Auf diese Weise sollen die Chancen einer an unterschiedliche Zinsphasen angepassten Finanzierung genutzt werden. Hierbei erfolgt eine langfristige Festfinanzierung in Erwartung nachhaltig steigender Kapitalmarktsätze, eine variable oder kurzfristige Finanzierung bei der Prognose gleich bleibender oder sinkender Zinssätze. Der Chance auf Kostensenkungen steht das Risiko ungeplanter Mehrausgaben gegenüber. In der optimierten Defensivstrategie werden zunächst die historischen Aufwands-/Risiko-Werte der verschiedenen Zinsinstrumente analysiert und daraus die optimale Portfoliozusammensetzung ermittelt.

(5) Die Steuerung des Schuldenportfolios wird also aus den historischen Ergebnissen der Zinsinstrumente abgeleitet.[232] M. a. W.: Es wird ein Analysekonzept entwickelt, das es erlaubt, unterschiedliche Umschuldungsstrategien zu bewerten. Die Analyse hat das Ziel, das Potenzial alternativer Schuldenportfolios zur Senkung des Zinsaufwands aufzuzeigen. Gesucht wird diejenige Kombination von Zinsinstrumenten, die bei einem mit der vorhandenen Schuldenstruktur vergleichbaren Risiko eine Aufwandsminimierung bewirkt. Unter Aufwand wird der aus dem Zinsinstrument resultierende Gesamtaufwand (Kupon und Wertveränderung), unter Risiko die Schwankung des Aufwands um den historischen Durchschnittswert verstanden. Die Definition des Aufwands bezieht entstandene Wertveränderungen der Zinsinstrumente mit ein, da die Belastung des Haushalts bei alleiniger Betrachtung der Zinskuponaufwendungen nur unvollständig widergespiegelt würde. Mit dem durchschnittlichen Aufwand und der Schwankung der Aufwandswerte um ihren Mittelwert stehen Kriterien zur Beurteilung der Vorteilhaftigkeit von Zinsinstrumenten zur Verfügung. Ein Performancevergleich (vorhandene Schuldenstruktur versus alternative Portfoliostrukturen) macht deutlich, ob und in welchem Ausmaß mit einer Restrukturierung des Schuldenstandes eine Senkung des Aufwands und/oder des Risikos erzielt werden kann.

(6) Allerdings bedingen solche Ansätze, dass die Zinsänderungsposition bezogen auf Gesamtportfolios gesteuert werden kann. Mit dieser Anforderung ist ein Schlüsselthema in der aktuellen Diskussion über den Einsatz von Derivaten in öffentlichen Haushalten, nämlich das bereits erwähnte Konzept der Konnexität, angesprochen.[233] Zur Erinnerung: Im Kern besagt dieses Konzept, dass das Derivategeschäft nur der Konditionengestaltung eines einzelnen bestimmten Kredits dienen darf. Die objektive Konnexität verlangt nach Kewenig und Schneider, dass der Nominalbetrag des Derivats den Nominalbetrag des Kredits, auf den das Derivat bezogen ist, nicht übersteigt, dass die Laufzeit des Derivats nicht größer ist als die des entsprechenden Kredits und dass Kongruenz hinsichtlich der Währung von Derivat und Kredit besteht. Subjektive Konnexität liege dann vor, wenn derjenige, der ein Derivat abschließt, dies in der Absicht tut, die Konditionen eines konkreten Einzelkredits zu gestalten.

232 Vgl. Hornung, N. (1997), S. 27 ff.
233 Vgl. Kewenig, W. A./Schneider, H. (1992).

Möglicherweise motiviert durch die von Kewenig und Schneider getroffene Abgrenzung zwischen dem (legitimen) konnexen Einsatz von Derivaten einerseits und ihrer (nicht legitimen) spekulativen Verwendung zum Zweck der Einkommenserzielung andererseits, wird mitunter die Auffassung vertreten, die Einhaltung des Konnexitätsprinzips gewährleiste die Begrenzung des Zinsrisikos aus dem Einsatz von Derivaten.[234] Wäre dies tatsächlich der Fall, so wäre dies in der Tat ein wichtiger Grund für die Durchsetzung des Konnexitätsprinzips beim Einsatz von Derivaten bei der öffentlichen Hand. Beispiele aus der Praxis des Schuldenmanagements der öffentlichen Hand belegen jedoch, dass das Konnexitätsprinzip als Risikobegrenzungsnorm ungeeignet ist.

(7) Angenommen, das Debt Management deckt einen Teil des Kreditbedarfs revolvierend durch kurzfristige Schuldscheindarlehen mit einer Laufzeit von etwa 6 Monaten, da diese Darlehen aufgrund spezieller Konstruktionen eine besonders günstige Finanzierung erlauben. Der Kreditreferent ist bestrebt, das Zinsänderungsrisiko, das durch die kurzfristige Zinsbindung entsteht, zu begrenzen. Er schließt dazu langlaufende Payer Swaps ab. Insgesamt liegt die Zinsbelastung aus dieser Konstruktion unterhalb der Zinsbelastung, die bei einem Festzinsdarlehen mit einer den Payer Swaps vergleichbaren Laufzeit zu erzielen gewesen wäre. In diesem Beispiel erfüllen die Swaps jedoch nicht die Voraussetzungen der Konnexität nach Kewenig und Schneider, da ihre Laufzeit die jedes einzelnen Kredits, auf den sie während ihrer Laufzeit bezogen sind, deutlich übersteigt. Die Swaps können daher bei Abschluss nicht als Konditionengestaltung konkreter Einzelkredite aufgefasst werden. Sie sind vielmehr Teil einer langfristigen Portfoliostrategie. Wollte man in dieser Situation die Einhaltung des Konnexitätsprinzips erzwingen, so hätte der Kreditreferent die Wahl, entweder auf die besonders günstigen Finanzierungskonditionen zu verzichten oder aber ein deutlich erhöhtes Zinsänderungsrisiko in Kauf zu nehmen.

Umgekehrt ist es nicht möglich, durch die Bezugnahme auf das Konnexitätsprinzip zu verhindern, dass unerwünschte Risiken eingegangen werden. Dies zeigt das Beispiel der strukturierten Darlehen. Da sie in idealtypischer Weise die Anforderungen des Konnexitätsprinzips erfüllen, könnte sich die öffentliche Hand im Bestreben, günstige Konditionen zu erzielen und das Konnexitätsprinzip einzuhalten, auf den Abschluss solcher Konstruktionen konzentrieren. Strukturierte Darlehen können aber

234 Vgl. Hessischer Landtag (2005).

eine Vielzahl von beliebig komplexen und risikoreichen Derivaten enthalten, die der Debt-Manager möglicherweise gar nicht bewerten oder in ihrem Risikogehalt nicht korrekt einschätzen kann. Dazu kommt, dass die Preisfindung bei strukturierten Darlehen intransparent ist, sodass er möglicherweise Risiken übernimmt, ohne dafür ein angemessenes Entgelt zu erhalten.

(8) Wichtig für ein effektives Risikomanagement ist daher weniger die Herstellung einer engen Verbindung von Derivat und Grundgeschäft als vielmehr die Zerlegung von komplexen Konstruktionen in ihre Bestandteile, die dann einzeln einer risikomäßigen Beurteilung und Steuerung unterworfen werden können. Diese Vorgehensweise entspricht im Übrigen auch aktuellen Entwicklungen im Zusammenhang mit der Umsetzung der Bestimmungen der Solvabilitätsverordnung im Bankbereich.

Darüber hinaus ist zweifelhaft, ob die Durchsetzung des Konnexitätsprinzips tatsächlich zu einer effektiven volumenmäßigen Begrenzung des Einsatzes von Derivaten in öffentlichen Haushalten führen würde. In dem Verständnis von Kewenig und Schneider können durchaus mehrere Derivate auf ein Grundgeschäft bezogen werden. In den Schuldenportfolios der Kommunen wird sich i. d. R. immer ein Grundgeschäft finden, mit dem ein abzuschließendes Derivat gemäß dem Konnexitätsprinzip verknüpft werden kann. Die Einhaltung des Konnexitätsprinzips wird dann zu einer rein formalen Übung.[235] Zudem wäre eine Volumensbegrenzung leicht durch eine explizite Formulierung in der Haushaltssatzung zu erreichen, wie sie in der Praxis bereits häufig angewandt wird. Auf das Konnexitätsprinzip kann also auch in diesem Zusammenhang verzichtet werden.

Schließlich sei darauf hingewiesen, dass die Auffassung, das Konnexitätsprinzip schließe den Einsatz von Derivaten zur Zinsrisikosteuerung auf Gesamtportfolioebene aus, im Widerspruch zu dem erwähnten Erfordernis der Ermittlung des Zinsrisikos auf der Basis des gesamten Schuldenportfolios steht. So schlägt Freiling gerade mit Blick auf die Risikobegrenzung vor, dass die „Risikomessung ... dabei auf der Grundlage eines Portfolios erfolgen (sollte), das sämtliche originären Mittelaufnahmen und die zugehörigen Derivate enthält".[236] Zusammenfassend kann festgehalten werden, dass die Einhaltung des Konnexitätsprinzips weder notwendig noch hinreichend für ein effektives Zinsrisikomanagement ist.

---

235 Vgl. Fox, K.-P. (1998a): S. 4.

236 Freiling, A. (1998), S. 7.

Das Konzept der Konnexität ist aber auch mit Blick auf Performancemessung bei Einsatz von Derivaten durch die öffentliche Hand unzureichend. In der Tat erlaubt die Zuordnung von Derivaten zu bestimmten Krediten einen Vergleich der Kosten der Mittelaufnahme mit und ohne Derivat. Zu fragen aber ist, ob dieser Vergleich tatsächlich zu einer sinnvollen Aussage über die Leistung des Schuldenmanagements führt. Denn zunächst zeigt er lediglich, dass sich ex post in Bezug auf einen speziellen Kredit eine bestimmte Konditionengestaltung – und nichts anderes ist der Abschluss von Derivaten unter dem Konnexitätsprinzip – als vorteilhafter erwiesen hätte als eine andere. Dies stellt letztlich nur eine Überprüfung der Prognosefähigkeiten des verantwortlichen Kreditreferenten dar. Wichtige Aspekte der Performancemessung bleiben dabei unberücksichtigt.

(9) Ausgangspunkt einer jeden Performancemessung ist eine klare Zieldefinition. Die exakte Prognose der Zinsentwicklung ist nicht das einzige oder wichtigste Ziel des Debt Management. Überzeugender sind Zielsetzungen wie die Einhaltung der jährlichen Haushaltsansätze für die Zinsausgaben, die Verstetigung der Zinsausgaben im Zeitablauf relativ zur finanziellen Leistungsfähigkeit der Kommune, aber auch die Schaffung von Spielräumen für die Politik durch die Erzielung dauerhaft günstiger Kreditkonditionen. Diese Zielsetzungen knüpfen am Gesamtportfolio an. Sie verbinden – wie in der Portfoliotheorie üblich – Ertrags- (hier Zinsaufwand) und Risikogesichtspunkte. Sie sind zukunftsorientiert auf die Entwicklung der Zinsbelastung und des Zinsrisikos im Zeitablauf ausgerichtet.

Die Erreichung dieser Ziele lässt sich durch eine an der Konnexität anknüpfende Performancemessung nicht überprüfen. Indem der Blick auf den einzelnen Kredit eingeengt wird, bleibt die Laufzeitstruktur des Gesamtportfolios, die für den dauerhaften Erfolg jedes Zinsrisikomanagements von großer Bedeutung ist, unberücksichtigt. Zudem wird häufig fälschlicherweise unterstellt, die natürliche Alternativfinanzierung zu einem Kredit mit Derivat sei eine Festzinsfinanzierung mit gleicher Laufzeit wie der betrachtete Kredit. Möglicherweise hätte aber im Rahmen einer Gesamtportfoliobetrachtung z. B. statt eines 10-Jahres-Floaters plus Cap nur ein Festzinsdarlehen mit 5-jähriger Laufzeit eher zu der gewünschten Zinsreagibilität des Gesamtportfolios geführt. Schließlich bleibt bei der Performancemessung auf Basis des Konnexitätsprinzips der Zinsrisikoaspekt einer Finanzierung völlig außer Acht. Dieser ist auch eine Funktion der Zeitachse. Die in diesem Zusammenhang häufig anzutreffende Behauptung, Festzinsdarlehen seien risikofrei, ist augenscheinlich falsch. Es kommt offensichtlich bei der Frage nach dem Zinsrisiko auf den Planungshorizont an.

(10) Aus allem folgt, dass die Konnexität als Basis der Performancemessung eine unbefriedigende Behelfslösung ist. Erforderlich ist ein Vorgehen, bei dem Portfoliostrategien hinsichtlich der mit ihnen verbundenen Zinsbelastungen und Zinsrisiken miteinander verglichen werden. Risiko- und Performancemessung sind damit untrennbar miteinander verknüpft.

Der Schlüssel zu diesem Ansatz ist die Definition einer Benchmark-Portfoliostrategie als Vergleichsmaßstab und Meßlatte.[237] Diese sollte folgende drei Eigenschaften haben:

1. Sie sollte dem Konzept einer passiven Portfoliosteuerung genügen und außer der jeweils aktuell gültigen Zinskurve keine Informationen benutzen. Insbesondere soll die Benchmark-Portfoliostrategie unabhängig von Zins- oder Konjunkturprognosen sein.
2. Die Benchmark-Portfoliostrategie sollte keine Zinsderivate oder variabel verzinsliche Papiere benutzen. Einzige Steuerungsvariable sollte die Aufteilung der Bruttokreditaufnahme auf die verschiedenen am Markt gängigen Restlaufzeiten sein.
3. Die Zinsbelastung aus der Benchmark-Portfoliostrategie gemessen als periodenbezogene Zinsauszahlungen aus den im Portfolio befindlichen Krediten soll im Zeitablauf relativ zur Gesamtverschuldung möglichst langsamen Veränderungen unterliegen.

Mit diesen Eigenschaften wäre die Benchmark-Portfoliostrategie eine am Markt umsetzbare Alternative zu einem aktiven Portfoliomanagement, die zudem einem geringen Zinsrisiko unterläge. Die geforderte weitgehende Konstanz der Zinsbelastung über die Zeit erlaubte es darüber hinaus, auf die Berücksichtigung zukünftig erhöhter oder reduzierter Zinsbelastungen zu verzichten.[238] Eine solche Benchmark-Portfoliostrategie ist das Ergebnis einer empirischen Ableitung. Es ist zu vermuten, dass eine Portfoliostrategie, basierend auf einer gleichmäßigen Streuung der Kredite über alle marktgängigen Restlaufzeiten, die Anforderungen insgesamt recht gut erfüllen würde. Ziel des Portfoliomanagements muss es sein, möglicherweise unter Einsatz aller haushaltspolitisch und -rechtlich legitimierten Finanzinstrumente eine geringere periodenbezogene Zins-

237 Vgl. Hashagen, J./Sommer, D./Steitz, M. (1999), S. 107 ff.; Kutschera, F. (2003), S. 166 ff.

238 Unter Zinsbelastung oder Zinsauszahlungen sollen im Folgenden der Saldo aus Zinsein- und -auszahlungen einschließlich der im Zusammenhang mit dem Derivategeschäft stehenden Einmalzahlungen verstanden werden.

belastung zu erzielen, als dies mit der Benchmark-Portfoliostrategie möglich wäre. Daneben kann zusätzlich das durch das aktive Portfoliomanagement generierte Zinsrisiko berücksichtigt werden. Wie stark diese Risikokomponente in die Zielsetzung für das Portfoliomanagement eingehen soll, ist haushaltspolitisch und -rechtlich vorzugeben.

(11) Die periodenbezogene Zinsbelastung durch das aktiv gesteuerte Portfolio kann wie folgt ermittelt werden:

$$(PVB_{t1} - PVA_{t1}) + Za_{t1-t0} - (PVB_{t0} - PVA_{t0})$$

mit

$t_{1:}$ Ende der Betrachtungsperiode

$t_{0:}$ Anfang der Betrachtungsperiode

PVB: Barwert des Benchmark-Portfolios

PVA: Barwert des aktiv gesteuerten Portfolios

ZA_{t1-t0}: Saldo aller im Zeitraum von t_0 bis t_1 angefallenen Zins- und Einmalzahlungen im Zusammenhang mit dem aktiv gesteuerten Portfolio (z. B. Optionsprämien, Agio, Disagio, nicht jedoch Tilgungsleistungen und Nettokredite).

Wirtschaftlich steht hinter dieser Form der Berechnung der Zinsbelastung folgende Vorstellung: Zu Beginn der Periode tauscht der Kämmerer das Benchmark-Portfolio in das aktiv gesteuerte Portfolio. Dabei realisiert er Aus- oder Einzahlungen in Höhe von $PVB_{t0} - PVA_{t0}$. Im Laufe der Betrachtungsperiode entstehen sodann Zinsbelastungen für das aktiv gesteuerte Portfolio in Höhe von ZA_{t1-t0}. Schließlich tauscht der Kämmerer sein aktiv gesteuertes Portfolio zum Zeitpunkt t_1 zu den dann gültigen Preisen wieder in das Benchmark-Portfolio und realisiert dabei eine Aus- oder Einzahlung in Höhe von $PVB_{t1} - PVA_{t1}$. Mit dieser Berechnung der Zinsbelastung aus dem aktiv gesteuerten Portfolio gelingt es, zukünftige durch das gegenwärtige Portfolio bedingte Zinsbelastungen in der Zinsbelastung der Betrachtungsperiode mit zu berücksichtigen und gleichzeitig der Tatsache Rechnung zu tragen, dass das Schuldenportfolio nicht glattgestellt werden kann. Die Glattstellung wird durch die Umschichtung in die Benchmark-Portfoliostrategie ersetzt. In dem Maße, wie durch die Umschichtung in die Benchmark-Portfoliostrategie Einnahmeüberschüsse erzielt werden, können diese auch tatsächlich durch die Kommune haushaltswirksam vereinnahmt werden.

(12) Die Berechnung eines Zinsrisikos für das aktiv gesteuerte Portfolio kann in Bezug auf eine bestimmte Betrachtungsperiode z. B. in der Weise erfolgen, dass auf der Basis vordefinierter Szenarien die Abweichungen der Zinsbelastungen durch die aktive Portfoliostrategie von den Zinsbelastungen infolge der Benchmark-Portfoliostrategie berechnet werden. Das Risiko der aktiven Portfoliostrategie könnte man dann als maximale Überschreitung der Zinsbelastung bei der Benchmark-Strategie durch die mit der aktiven Portfoliostrategie einhergehende Zinsbelastung definieren. An dieser Risikodefinition kann dann ein auf das Gesamtportfolio bezogenes Risikolimit festgemacht werden. Die mögliche Einführung spezieller Produktlimits oder Limits auf Teilportfolien bleibt davon unberührt.

Letztlich kann die tatsächlich realisierte Abweichung der periodenbezogenen Zinsbelastung aus einer aktiven Portfoliostrategie von der Zinsbelastung durch die Benchmark-Portfoliostrategie mit dem ex ante bestehenden Risiko der aktiven Portfoliostrategie gemäß den politischen Vorgaben zu einer angepassten risikoadjustierten Performancekennzahl verknüpft werden.

Mit diesem Konzept wäre das kommunale Debt Management in der Lage, den verantwortlichen Politikern ein „Menü" für die Steuerung des Schuldenportfolios vorzustellen, aus dem diese dann auswählen könnten. Hätten sie ihre Wahl getroffen, so wäre für die Haushaltsrechnung eine realistische Prognose über die aus dieser Entscheidung resultierende Zinsbelastung zu treffen, die auch die planmäßig eingegangenen Risiken einschließt. Diese Zahl wäre in den Haushaltsplan einzustellen. Sie sollte so gewählt sein, dass sie bei korrekter Umsetzung der politischen Vorgaben zur Steuerung des Schuldenportfolios gemäß dem oben skizzierten Konzept nur in sehr seltenen Fällen überschritten würde. Das Ziel der Einhaltung des Haushaltsansatzes wäre dann weitgehend redundant, da sich der Haushaltsansatz aus vorgelagerten Entscheidungen über die Steuerung des Schuldenportfolios ergäbe.

(13) Angesichts stetig wachsender Verbindlichkeiten der Kommunen ist der konsequente Einsatz moderner Finanzinstrumente in Verbindung mit bewährten Finanzierungsmethoden nicht mehr wegzudenken. Die damit zusammenhängende Anforderung, die Einflüsse des Einsatzes dieser Finanzinstrumente auf Zinsrisiko und Performance im Schuldenmanagement jederzeit transparent darstellen zu können, wird jedoch mit zunehmender Anzahl und Komplexität der in den Gemeindehaushalten im Einsatz befindlichen Finanzinstrumente nicht einfacher. In der Tat ist es aber

der Diskussion um den Derivateeinsatz bei den Kommunen zu danken, dass Themen wie Zinsrisiko und Performance im Schuldenmanagement im Kommunalhaushalt zum Gegenstand einer breiteren Debatte geworden sind. Die darin liegende Chance sollte genutzt werden, um adäquate Konzepte für die Messung und Steuerung dieser beiden Größen im kommunalen Haushalt zu entwickeln.

H. Die Finanzierungsalternativen im Kommunalhaushalt

1. Zur Privatisierungsdiskussion im kommunalen Bereich

(1) Die Frage, ob und unter welchen Voraussetzungen im Einzelnen an die Stelle der „klassischen“ Haushaltsverschuldung alternative Finanzierungsinstrumente zur Darstellung kommunaler Investitionen eingesetzt werden sollen, ist in den zurückliegenden Jahren Gegenstand eines intensiven Dialogs zwischen den Kommunen, der Kreditwirtschaft und den Rechnungsprüfungsbehörden geworden. Die Diskussion über Finanzierungs-Alternativen im kommunalen Bereich verbindet sich häufig mit dem Schlagwort der Privatisierung kommunaler Leistungen und führt gerade deshalb auch ebenso häufig zu Missverständnissen. Diese werden auch ausgelöst durch mangelnde Präzisierung des Begriffs „Privatisierung“. Deshalb sind folgende Klarstellungen[239] vorauszuschicken:
Bei der Organisationsprivatisierung bedient sich die Gemeinde bei der Wahrnehmung einer öffentlichen Aufgabe nicht mehr einer öffentlich-rechtlichen Betriebsform, sondern wählt dazu im Rahmen ihrer Organisationshoheit die Form des Privatrechts. Da sie unverändert für die Erfüllung der Aufgabe zuständig bleibt, wird diese Form der Privatisierung auch als formelle oder Scheinprivatisierung bezeichnet.
Auch bei der funktionalen Privatisierung verbleiben die Aufgabenzuständigkeit und damit die Aufgabenverantwortung bei der Kommune. Lediglich der Vollzug einer gemeindlichen Aufgabe wird ganz oder teilweise auf ein (nicht lediglich formales) Privatrechtssubjekt übertragen. Das Modell der Einschaltung Privater als Verwaltungshelfer der Kommune kennt verschiedene graduelle Abstufungen der Erfüllungs- und Durchführungsverantwortung, die nicht zuletzt auch von aufgabenrechtlichen Bestimmungen geprägt sind.
Unter Vermögensprivatisierung wird allgemein die Übertragung staatlichen Eigentums auf Private verstanden. Gegenstand dieser Form der Privatisierung sind z. B. kommunale Liegenschaften oder auch der Beteiligungsbesitz an kommunalen Unternehmen. Die Vermögensprivatisierung kann Teil der funktionalen Privatisierung sein, wenn zur Durchführung der Aufgabe dem Privaten öffentliches Vermögen überlassen wird, überwiegend ist sie aber Teil der Finanzierung von Investitionen durch den öffentlichen Haushalt.

239 Vgl. Dautel, R. (2007), S. 76 ff.; Schuppert, G. F. (1994), S. 17 ff.; Rehm, H. (2001b), S. 37 ff.; Hill, H. (2004).

(2) Die genannten Ausprägungen sind deshalb lediglich eine formelle Privatisierung, da die Kommune in der Verantwortung für die Erfüllung der gemeindlichen Aufgabe bleibt. Anders dagegen bei der materiellen Privatisierung. Hier zieht sich die Kommune im Rahmen der gemeindlichen Aufgabenkritik aus der Wahrnehmung einer Aufgabe zurück. Deshalb ist bei Gemeinden eine materielle Privatisierung nur bei freiwilligen Selbstverwaltungsaufgaben möglich, bei den Fremdverwaltungs- und bei den pflichtigen Selbstverwaltungsaufgaben liegt das Recht der Aufgabenkritik dagegen beim Landes- und Bundesgesetzgeber. Wirtschaftlich – auch mit Blick auf die Haushaltsentlastung – ist entscheidend, dass dann auch das Finanzierungs- und Betreiberrisiko in den privaten Sektor verlagert werden.[240]

(3) Mit diesen Hinweisen soll von vornherein verdeutlicht werden, dass es im Spannungsfeld zwischen Status quo und Privatisierung kommunaler Aufgaben unter Finanzierungsgesichtspunkten in der Praxis nicht den Königsweg gibt. Auch wenn die differenzierende Namensgebung von öffentlichen und privaten Finanzierungen es nahe legen mag, bei letzteren von Privatisierung zu sprechen, so trifft dies i. d. R. nicht für den Finanzierungsteil zu. Es wird zwar häufig von privater Finanzierung kommunaler Infrastruktur gesprochen, aber der Schritt zu einer echten Privatisierung wird unter Berücksichtigung der praktisch verbleibenden öffentlichen Verantwortungs- und Haftungstragung häufig nicht gesetzt. Dies liegt unter anderem daran, dass unter Finanzierungsaspekten Rechtsform und Organisationsform der Aufgabenerfüllung für die Kreditvergabeentscheidung zwar nicht unwesentlich, aber doch von nachrangiger Bedeutung sind. Öffentliche Interessenslage und infrastrukturtypische Risikokategorien gestatten wegen der verbundenen Risiken allenfalls partiell und projektphasenbezogen unternehmerische Selbständigkeit für private Beteiligte. Konzessionsabhängigkeit, staatliches Absicherungserfordernis, z. B. durch Bürgschaften, Patronate, Garantien, Einrede- und Einwendungsverzichte oder verlorene Zuschüsse, bewirken selbst bei Betreibermodellen eine so gut wie ausschließliche Abstellung der Finanzierung auf die beleihende und bezuschussende Kommune. Darin wird eines der Kernprobleme dieser Ansätze deutlich: Die tatsächliche Verlagerung von bestimmten Risiken, z. B. der Bevölkerungsentwicklung, der Gewerbeansiedlung, der Verkehrsströme und der Aufrechterhaltung der sozialen wie ökologischen Standards in den privaten Sektor.

240 Vgl. Rehm, H. (1997), S. 70.

(4) Zwar gelten Betreibermodelle gemeinhin als die Musterbeispiele für private Aufgabenerfüllung. Die Praxis der zurückliegenden Jahre zeigt jedoch, dass in Deutschland so gut wie keine Kreditvergabeentscheidung für den kommunalen Bereich auf ausschließlich privatwirtschaftlicher Bonitätsbasis getroffen wurde. In diesem Zusammenhang spricht man bei privaten Projektfinanzierungen auch nur von modifizierten Projektfinanzierungen oder „Public Private Partnership" und bringt damit die wesentliche Abhängigkeit der privaten Seite von der Kommune zum Ausdruck. Reine privatwirtschaftliche Projektfinanzierungen im öffentlichen Bereich sind bislang in Deutschland die Ausnahme.[241] Die Regel sind Investitionsfinanzierungen im Bereich der infrastrukturellen Daseinsvorsorge, die in einer projektbezogene Vorgehensweise auf in sich geschlossene Maßnahmen gerichtet sind und die technisch, rechtlich, wirtschaftlich und kalkulatorisch zu selbständigen Ansätzen führen.

2. Die Gründe für neue Finanzierungsansätze im kommunalen Bereich

Generell stellt sich die Frage, weshalb sich der kommunale Bereich mit neuen Finanzierungsansätzen auseinandersetzen sollte. Dafür sind sowohl gesamtwirtschaftliche als auch einzelwirtschaftliche Gründe maßgeblich.

(1) Aus makroökonomischer Sicht sind vor allem folgende Aspekte zu nennen:
Erstens: Die kommunale Infrastruktur in der Bundesrepublik ist stark erneuerungsbedürftig, und zwar nicht nur in den neuen Bundesländern, sondern mittlerweile auch in den alten Bundesländern. Der dafür notwendige Investitionsbedarf wurde auf 670 Mrd. EUR veranschlagt.[242]
Zweitens: Das Thema berührt das traditionelle spiegelbildliche Denken in den Kategorien der Kreditfinanzierung einerseits, des Vermögenshaushaltes andererseits. Wenn es aber richtig ist, dass der Wandel in Wirtschaft und Gesellschaft sich beschleunigt, dann gilt dies allemal für die Struktur der kommunalen Aufgaben. Wie kann sich der kommunale Sektor langfristig jene finanzpolitische Flexibilität erhalten, um auf veränderte Parameter, zum Beispiel in der Bevölkerungsentwicklung, zu reagieren? Ist die Schule in der Version A am Standort B im Hinblick auf Anforderungen in der Zukunft auf noch in 20 Jahren adäquat oder wird dann die Version C am Standort D benötigt? Muss die Kommune immer und zwingend Eigentümerin der Wirtschaftsgüter sein, die sie zur Dar-

241 Vgl. Jacob, D./Kochendörfer, B. (2000).
242 Vgl. Deutsches Institut für Urbanistik (2002).

bietung der Leistungen für die Daseinsvorsorge befähigen? Ist dies langfristig wirklich sparsam und wirtschaftlich?

Drittens ist unstrittig, dass solche kommunalen Vorleistungen wesentliche Faktoren für unternehmerische Investitionsentscheidungen im privaten Sektor sind, also maßgeblich zur gesamtwirtschaftlichen Produktivität beitragen und damit auf lange Sicht auch Voraussetzung für die Attraktivität jeder Kommune als Gewerbestandort sind.[243]

Viertens ist aber gerade diese Intention eine Funktion der Zeitachse. Die wirtschaftlichen Wirkungen kommunaler Investitionen sind grundverschieden, je nach dem ob sie heute, in fünf oder zehn Jahren erfolgen.

(2) Mikroökonomisch sind es vor allem budgetmäßige Restriktionen bei Sprunginvestitionen, die den Rückgriff auf Finanzierungsalternativen veranlassen:
- Eine zunehmende Zahl kommunaler Unternehmen wie Stadtwerke und Eigengesellschaften steht vor Problemen der Eigenkapitalzuführung oder sieht sich bei konventioneller Unternehmensfinanzierung erweiterten Besicherungserfordernissen ausgesetzt.
- Andere gemeindliche Unternehmen sind trotz guter Bilanzrelationen durch einen hohen Kapitalbindungsgrad in ihrer Liquidität angespannt und auf externe Mittelzuführung angewiesen. In diesen Fällen ist zwar Eigenkapital vorhanden, aber es ist aufgrund vorangegangener Investitionen in den Anlagenbestand nicht für Kapitalumschichtungen auf der Aktivseite verfügbar.

(3) In diesem Zusammenhang könnte argumentiert werden, den sich darin verkörpernden Bedarfslagen könnte durch eine entsprechende finanzpolitische Prioritätensetzung Rechnung getragen werden, wie dieses für die Strukturierung von Haushaltsplänen und mittelfristigen Finanzplanungen typisch sei. Dieses Argument greift zu kurz, denn die finanzpolitische Entscheidung zugunsten eines solchen Vorhabens ist eine notwendige, nicht aber auch hinreichende Bedingung dafür, dass der Output dieser Investitionen, d. h. die öffentliche Leistung, tatsächlich zum erwünschten Zeitpunkt zur Verfügung steht. Mit anderen Worten: Es geht hier nicht darum, das Primat der Finanzpolitik, den Vorrang essentiell politischer Entscheidungen, in Frage zu stellen. Es geht auch nicht um das Aushebeln des Willensbildungsprozesses einer demokratisch legitimierten Finanzpolitik, sondern nur um das „Wie“ und „Wann“ für deren Umsetzung.

243 Vgl. Conrad, K./Seitz, H. (1994), S. 303 ff.; Schlag, C. H. (1997), 82 ff.

(4) Daraus erhellt sich zugleich auch, dass diese Finanzierungen nicht „am Haushalt vorbei“ erfolgen und kein Annex des Budgets sein sollten. Sie müssen inhärenter Bestandteil der Haushaltssatzung bzw. des Haushaltsplans sein und dürfen keine Ausnahmen von den Grundsätzen der Wahrheit, Klarheit und Vollständigkeit des Budgets auslösen. Die damit zusammenhängenden haushaltstechnischen Darstellungsfragen sind geklärt, beispielhaft ist hier auf die Ausarbeitung des Bund-Länder-Arbeitsausschusses „Haushaltsrecht und Haushaltssystematik“ vom Mai 1996 zu verweisen.[244]

Kurzum: Das Thema bedeutet nicht
- Schlupflöcher für den kommunalen Haushalt,
- Gestaltungsmöglichkeiten für „freie Spitzen“ oder ähnliche Haushaltskennziffern oder
- die Umgebung von Regeln der Nettokreditaufnahme.

Es geht allein darum, ob diese Alternativen, sofern sie im Rahmen eines demokratisch legitimierten Budgetierungsprozesses getroffen und im Haushaltsplan verankert sind,
- gegenüber der „klassischen“ Kreditfinanzierung Vorteile bieten,
- wie diese zu ermitteln und
- worin diese begründet sind.

3. Die Modelle zur Finanzierung kommunaler Investitionen durch Private im Überblick

(1) Untersucht man die möglichen Haushaltsentlastungen am Beispiel einer öffentlichen Infrastrukturinvestition, so ist zwischen den drei Bereichen
- Erstellung (einschließlich Planung),
- Finanzierung und
- Betreiben

zu unterscheiden.[245] Diese Bereiche können sowohl öffentlich als auch privat durchgeführt werden. Eine vollständige Privatisierung liegt vor, sofern Finanzierung, Erstellung und Betreiben ausschließlich privat erfolgen, d. h. das Vorhaben ist auch materiell privatisiert, es liegt außerhalb der kommunalen Finanzwirtschaft. Der Entgegengesetzte Pol ist eine vollständige öffentliche Wahrnehmung der genannten Bereiche. Dies ist der klassische Fall der konventionellen Haushaltsbudgetierung und -finanzierung. Die beiden erwähnten Konstellationen markieren die je-

244 Vgl. Bund-Länder-Arbeitsausschuss (1996).
245 Vgl. Rehm, H. (1994), S. 17.

weiligen Endpunkte eines Kontinuums der Arbeitsteilung zwischen der Kommune auf der einen Seite und Privaten auf der anderen Seite. Zwischen diesen Endpunkten liegt theoretisch eine Vielzahl von Kombinationsmöglichkeiten kommunaler und privater Aktivitäten. So kann z. B. die Finanzierung über einen Kommunalkredit, die Erstellung über Private, das Betreiben wiederum durch die Gemeinde erfolgen.

(2) Will man die einzelnen auf diesem Band liegenden möglichen Kombinationen zwischen privater und kommunaler Zuständigkeit beurteilen, so ist mit Blick auf die Aufwandseite zu unterscheiden zwischen
- Erstellungsaufwand,
- Finanzierungsaufwand und
- Betreiberaufwand.

Dabei ergibt sich mit Blick auf unsere Fragestellung, dass bei der Beurteilung möglicher Lösungsansätze jeweils im Einzelfall zu prüfen ist, für welche der denkbaren Alternativen die Resultate aus diesen drei Aufwandsblöcken am günstigsten ist.

Die alternativen Finanzierungsansätze im kommunalen Bereich lassen sich auf zwei Grundmuster reduzieren: Die echte Projektfinanzierung einerseits, die modifizierte Projektfinanzierung andererseits.

Echte Projektfinanzierungen abstrahieren von den Bonitäten der Initiatoren und Besicherungsmöglichkeiten der Objekte und stellen als sog. „Non Recourse Financing" allein auf eine die Fremdkapitalrückführung gewährleistende Funktionserfüllung der investiven Maßnahme ab.[246] Es wäre aus volkswirtschaftlicher Sichtweise wünschenswert, privatwirtschaftliche Finanzierungen kommunaler Aufgaben dann als echte Projektfinanzierungen zu gestalten, wenn kommunalrechtlich eine materielle Privatisierung möglich ist.

(3) Bei modifizierten oder unechten Projektfinanzierungen werden zwar die Aufgabenerfüllung privatisiert, nicht jedoch die gesellschaftlichen Risiken. Als Risiken sind beispielhaft Verbrauchsgewohnheiten, demographische Entwicklung und künftige Umweltgesetzgebung zu nennen. Der projektbezogene Cash-flow ist dann kein Ergebnis freier unternehmerischer Entscheidungsfindung, sondern umfangreicher kommunaler Vorgaben und Interessen. Eine modifizierte Projektfinanzierung bringt zum Ausdruck, dass die Kommune als Projektinitiator, Verantwortungsträger und größter Nutznießer mindestens gleichfalls einen Beitrag zur Absicherung des Cash flow zu erbringen hat. Insofern gehen modifizierte

246 Vgl. Tytko, D. (1999), S. 14.

Projektfinanzierungen immer nur mit einer formellen Privatisierung kommunaler Aufgabenerfüllung einher.
Im Folgenden werden zunächst die modifizierten Projektfinanzierungen skizziert. Diesem Überblick folgt eine Analyse der gegen diese Ansätze vorgetragenen Einwände. In einem weiteren Schritt wird für bestimmte kommunale Aufgabenbereiche der Frage nachgegangen, ob in diesen echte Projektfinanzierungen möglich sind. Dabei werden die Bestimmungsgründe der Risiken im Einzelnen dargestellt und es wird der Frage nachgegangen, ob diese ohne Einbindung der Kommune tragbar sind. Aufbauend auf die entwickelten Ergebnisse werden die vorgetragenen Ansätze schließlich finanz- und ordnungspolitisch bewertet.

4. Die Varianten modifizierter Projektfinanzierungen

(1) Die modifizierten Projektfinanzierungen erfolgen in unterschiedlichen Varianten. Gleichwohl lassen sich auch hier zwei Grundmuster unterscheiden:
- Die eine Variante ist dadurch gekennzeichnet, dass die Errichtung und die Finanzierung privat, das Betreiben dagegen nach kommunalen Vorgaben und unter kommunaler Aufsicht erfolgt.
- Für die andere Variante ist typisch, dass sowohl die Errichtung, die Finanzierung und das Betreiben privatwirtschaftlich erfolgen, letzteres aber weiterhin wie bei der ersten Variante der kommunalen Aufsicht unterliegt. In diesem Fall spricht man von einer öffentlich-privaten Partnerschaft.

In finanzierungstechnischer Hinsicht lassen sich beide Varianten auf ein Grundmuster reduzieren. Kernpunkt dieser Basisstruktur ist eine Besitz- oder auch Objektgesellschaft, die das jeweilige Infrastrukturprojekt errichtet (vgl. Abb. 25).
Soweit diese Besitzgesellschaft das Objekt nicht auch selbst betreibt, vermietet sie es längerfristig an den Betreiber, der über die Mietzahlungen sicherstellt, dass die Besitzgesellschaft in der Lage ist, den Kapitaldienst zu erbringen. Der Betreiber und damit Mieter kann unmittelbar eine kommunale Adresse sein. Man kann aber auch eine privatrechtlich organisierte Betreibergesellschaft errichten, etwa eine GmbH, deren Geschäftsanteile mehrheitlich von der Kommune gehalten werden. Bei dieser auf den kommunalen Hintergrund des Betreibers abstellenden Variante gehen die Finanzierer der Besitzgesellschaft, der Eigenkapitalgeber und der Kreditgeber, lediglich ein überschaubares Risiko ein, weil der

langfristig zu Mietzahlungen verpflichtete kommunale Nutzer von zweifelsfreier Bonität ist. Im Folgenden sollen Finanzierungsmodelle vorgestellt werden, die auf diesem Grundmuster aufbauen.[247]

(2) Das Forfaitierungsmodell kommt insbesondere im öffentlichen Hochbau zur Anwendung. Forfaitierungsmodelle sind in diesem Bereich regelmäßig als Mietkaufmodelle oder Kaufpreisstundungsmodelle konzipiert. Forfaitierungsmodelle profitieren von den budgetbedingten Nachteilen der Hochbaufinanzierung über VOB-Zahlungen, da Kaufpreisraten über einen Zeitraum von üblicherweise 10 Jahren und mehr annuitätisch, d. h. in jährlich gleich bleibender Höhe, verteilt werden.

Abb. 25: Die Objektgesellschaft-Struktur der Beteiligten

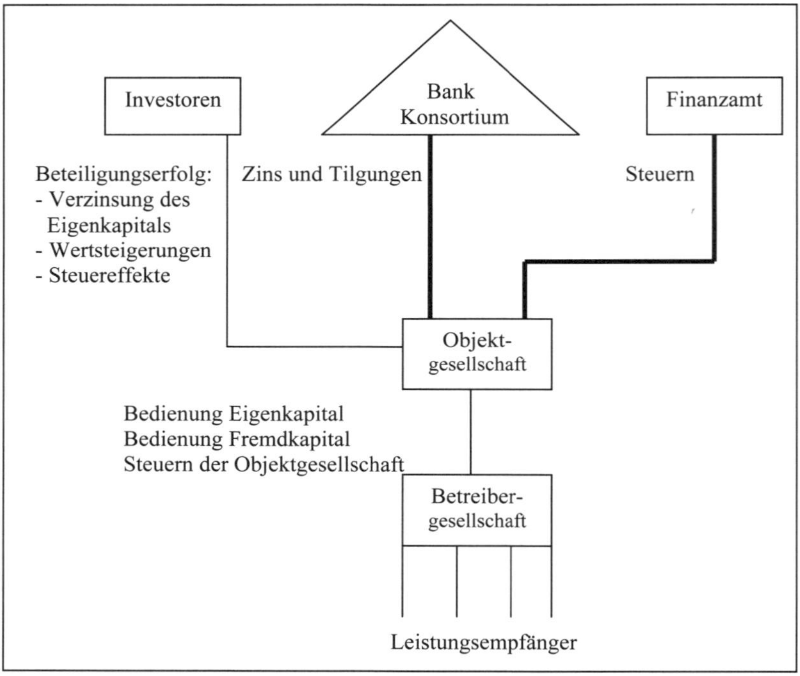

Quelle: Rehm, H./Tholen, M. (2005)

Damit kann die Kommune Investitionsprojekte zugunsten von Kapazitätserweiterungseffekten zeitlich vorziehen. Die annuitätische Verteilung

247 Vgl. Rehm, H. (1994); Kolodziej, M. (1996); Kirchhoff, U./Müller-Godeffroy, H. (1996); Willms, M. (1998); Matschke, M. J./Hering, T. (1998), S. 183 ff.; Heppe, K (1999); Kröger, C. (2002).

wird zu Lasten einer Finanzierung der Projektgesellschaft vorgenommen, die ihren Mittelbedarf durch Verkauf der Kaufpreisraten an ein Kreditinstitut deckt. Teilweise ist die Projektgesellschaft mit dem Generalunternehmer identisch. Sofern die Kommune gegenüber dem Kreditinstitut einen Einrede- und Einwendungsverzicht erklärt, erhält die Projektgesellschaft annähernd gleiche Konditionen wie ein Kommunalkredit, so dass sich die Finanzierungskosten diesbezüglich kaum verändern.

Da die Projektgesellschaft in der Regel auch die Vorfinanzierung während der Bauzeit übernimmt und erst später bei Abnahme des Hochbaus in die Bemessungsgrundlage der dann einsetzenden Mietraten einrechnet, ergeben sich für den kommunalen Haushalt in dieser Zeit zusätzliche Entlastungseffekte. Dieses Prozedere ist mit Zinskostenvorteilen verbunden, wenn – wie in der Praxis festzustellen – die Kommune mit Auszahlung der VOB-Abschlagszahlungen sofort in die mittel- bis langfristige Endfinanzierung eintritt, die Projektgesellschaft hingegen auf kurzfristiger EURIBOR-Basis bis zum Abnahmezeitpunkt zwischenfinanziert. Anders als bei Leasing- oder Betreibermodellen sind die Vertragswerke inhaltlich gut überschaubar, und Fragen wie die Einräumung von Erbbaurechten oder Verkehrswertbestimmung stehen nicht an.

Der Projektcharakter der Forfaitierung kommt haushaltsmäßig in der periodisierten Belastung der Jahresbudgets durch Verpflichtungsermächtigungen zum Ausdruck; von Bankenseite steht die private Vorfinanzierungszeit mit dem nicht kommunal gesicherten Fertigstellungsrisiko und das Vertragswerk zwischen kommunaler Einrichtung und Projektgesellschaft im Vordergrund. Zinsen auf die Zwischenfinanzierung stellen bezüglich der umsatzsteuerlichen Behandlung ein besonderes Problem dar und bedingen eine hierauf rücksichtnehmende Gestaltung der Finanzierungsverträge. Die Kommune ist bei diesem Modell noch weitestgehend Herr des Verfahrens, was z. B. in einer vorgegebenen Bauplanung oder Bewirtschaftung zum Ausdruck kommt. Wenn auch dieser Bereich in private Hände gelegt wird, erfolgt nach systematischer Würdigung der potenziellen Gesamtoptimierungseffekte der Übergang zu einem „Public Private Partnership"-Modell, wo die Forfaitierung für ähnliche Modellkonstruktionen eingesetzt wird.

Die Forfaitierung ist auch ein Instrument eher konventioneller Finanzierungen im kommunalen Bereich: Beispielsweise im Schul- und im Krankenhausbereich lassen sich durch Bescheid konkretisierbare Fördermittel mittels Forfaitierung als Ankauf der künftigen Zahlungen kurzfristig vorfinanzieren. Für Stadtwerke und Eigengesellschaften ist die Forfaitierung als langfristige Unternehmensfinanzierung interessant, sofern sie regelmäßige Einnahmen aus Lieferung und Leistung an ihre Muttergemeinwesen mit Einredeverzicht an ein Kreditinstitut abtreten. In diesen Fällen kommen auch Institutionen privaten Rechts – wie erwähnt – in den Genuss von kommunalkreditähnlichen Konditionen.

(3) Das kommunale Finanzierungsleasing ist analog dem einfachen Forfaitierungsmodell im Wesentlichen auf die Finanzierungsfunktion reduziert, ohne die bauplanerische Seite der Projekte näher einzubeziehen. Die charakteristischen Merkmale sind entsprechend verwandt: Einrede- und Einwendungsverzicht auf die Leasingraten, Entlastung des kommunalen Haushalts in der Vorfinanzierungsphase und annuitätische Belastung in den Folgejahren. Die Endschaftsregelung, d. h. die Regelung über den Verbleib des Eigentums und ggf. zu entrichtende Kaufpreise bei Leasingvertragsende, ist im Sinne von Flexibilität offen gehalten und sieht ein Andienungsrecht der Leasinggesellschaft und/oder eine Kaufoption des Leasingnehmers vor. Wie auch bei der Forfaitierung liegt das uneingeschränkte Finanzierungsrisiko bei der refinanzierenden Bank.
Die Konditionierung eines normalen Leasings ist bedingt kommunalkreditähnlich. Im Unterschied zu einem mietkaufbasierten Forfaitierungsmodell können jedoch Mehrkosten anfallen, da beim Leasing zum Unterhalt der Projektgesellschaft Verwaltungskosten und leasingbedingte Zusatzversicherungskosten einkalkuliert werden. Ob Leasing als Finanzierungsalternative günstiger ist, hängt im Wesentlichen von der Einräumung eines Erbbaurechts zur Verkehrswertbestimmung und von der steuerlichen Anerkennung (Stichwort: Spezialleasing) ab.

(4) Eine Erweiterung des kommunalen Finanzierungsleasings sind Leasing Fonds-Konstruktionen. Aufgrund von Steuervorteilen sind private Fondsanteilszeichner zu Konditionenzugeständnissen bei der Eigenkapitalverzinsung bereit. Dabei akzeptieren die Zeichner eine für den kommunalen Investor wichtige niedrige Anteilsrendite vor Steuern aufgrund der hohen Anteilsrendite nach Steuern und des im Vergleich zu konventionellen Gewerbefonds relativ geringen Ausfallwagnisses. Fondskapital ist darüber hinaus zinsänderungssicher und steht bei entsprechender Konzeption für mehr als doppelt so lange Zeiträume zur Verfügung, wie sie der Kapitalmarkt ansonsten für langfristige Zinsfestschreibungen anbietet.

Aufgrund einer Fülle von anbietendem Finanzdienstleistern steht das kommunale Fonds Leasing in seiner Form als Finanzierungsleasing in einem starken Wettbewerb, der die konditionenabhängige Platzierungsfähigkeit unter Druck setzt. Das anbieterseitige Interesse ist im Vergleich zum ertragsstarken, konventionellen gewerblichen Fonds Leasing verhalten. Einzelne Leasinggesellschaften haben ihre Aktivitäten im kommunalen Leasing zurückgenommen, um ihre Vertriebskanäle nicht mit minderrentierlichen Produkten zu verstopfen.

Das kommunale Finanzierungsleasing bietet ohne Optimierungsmöglichkeiten im Bauplanungsbereich und ohne etwaige fondsspezifische Steuervorteile relativ geringe spezifische Vorteile. Entsprechend werden Bauplanung, -durchführung und -überwachung durch Übertragung auf die Leasinggesellschaft i. d. R. in diesem Ansatz implementiert, denn durch diesen Baustein lassen sich erfahrungsgemäß die größten Kosteneinsparungen beim Leasing erwirken. Derart umfassende Vertragskonstruktionen sind jedoch selten anzutreffen, und viele angedachte kommunale Projekte haben die Hürde, bei der kommunalen Verwaltung Bereitschaft und erforderliches Vertrauen, auch die Planungsfunktion aus den Händen zu geben, nicht überwinden können.

Bei einzelnen Objekten, wie z. B. Kläranlagen und Heizkraftwerken wird im Rahmen des Leasings auch die Betriebsführung in die Hände der Leasinggesellschaft bzw. einer von dieser zu benennenden Projektgesellschaft gelegt. Gewerblich geprägte Leasingmodelle sind im kommunalen Bereich jedoch die Ausnahme, nicht zuletzt weil sie ganz besondere Anforderungen an das Know-how der Leasinggesellschaft stellen, wie z. B. den technischen Betrieb.

(5) Eine spezielle Variante des Leasingmodells ist das sog. „Cross-Border-Leasing" (CBL)[248], das in den zurückliegenden Jahren vielfach von deutschen Gemeinden genutzt wurde. Beim CBL wird eine im deutschen Eigentum befindliche Anlage für bis zu 99 Jahre an einen US-Trust vermietet (Hauptmietvertrag) und im gleichen Zug von diesem für 30 Jahre an den deutschen Eigentümer zurückvermietet. Durch den Hauptmietvertrag wird dem US-amerikanischen Vertragspartner nach US-Steuerrecht das wirtschaftliche Eigentum an der betroffenen Anlage verschafft. Dieses versetzt den US-Trust in die Lage, das Objekt abzuschreiben und Steuerstundungseffekte zu erzielen. Davon profitiert die deutsche Kommune durch den sog. Barwertvorteil, der ihr bei Vertragsabschluss zufließt. Kreditinstitute finanzieren den Fremdkapitalanteil des US-Trusts und gewährleisten die Mietzahlung im Rahmen des Untermietvertrages. Die deutsche Gebietskörperschaft tritt im Rahmen einer Erfüllungsüber-

248 Vgl. Biagosch, P./Weinand-Härer, K. (1998), S. 340 ff.; Lingemann, T. (2001), S. 87 ff.; Rügemer, W. (2004).

nahme die Zahlung der Miete an Banken ab und wird so wirtschaftlich gesehen von ihren Schulden befreit.
Beim CBL liegen die größten Risiken im Vorfeld der Transaktion in einem möglichen Bonitätsverlust der beteiligten Banken oder auch in evtl. Nachverhandlungen der Verträge.[249] Risiken für die Gewährung der Daseinsvorsorge bestehen nicht, da die Interessen der US-amerikanischen Investoren in der Erzielung des Steuervorteils liegen und nicht im Betrieb einer Anlage der öffentlichen Daseinsvorsorge in Deutschland. Andererseits hat die Kommune die Verpflichtung, das Objekt während der Vertragslaufzeit immer betriebsbereit zu halten. Hinsichtlich der haushaltstechnischen und kommunalaufsichtsrechtlichen Behandlung bestehen bislang kaum eindeutige und zwischen den Ländern vergleichbare Regelungen. In den USA sind in 2004 durch eine Änderung des Steuerrechts die entsprechenden Steuervergünstigungen für die US-Investoren weggefallen. Es ist jedoch nicht auszuschließen, dass CBL-Geschäfte in Zukunft stattfinden mit Partnern in Schweden, Japan, Frankreich oder Großbritannien, da hier ähnlich strukturierte Geschäfte initiiert werden.

5. Das Betreibermodell

(1) Das Betreibermodell setzt auf das erläuterte Grundmuster einer Besitz- oder Objektgesellschaft auf (vgl. Abb. 25) und variiert dieses Grundmuster durch unterschiedliche Vertragsmuster, welche die Rechte und Pflichten der Vertragspartner, der Kommune einerseits, des Betreibers andererseits fixieren. Es ist Ausgangspunkt einer Reihe von weiteren Modellentwicklungen, deshalb wird es hier etwas ausführlicher dargestellt. Für die Kommune liegen die Vorteile

- in der partiellen Entlastung des kommunalen Vermögenshaushalts durch Auslagerung der Finanzierung auf ein privates Unternehmen, den Betreiber,
- in der Schaffung neuer Investitionsspielräume, da die ersparten öffentlichen Mittel nunmehr einer anderen Verwendung offen stehen,
- in der personellen und sachlichen Entlastung bei der Aufgabenerfüllung,
- in der Konzentration auf die Überwachungsfunktionen,

249 Vgl. Lenk, T./Köpping, H. (2004), S. 331 ff.

– in der bei hoheitlichen Aufgaben erfolgenden Umqualifizierung in eine gewerbliche Tätigkeit, die entsprechende umsatz- und ertragssteuerliche Vorteile mit sich bringen kann.

Die Vorgehensweise sei am Beispiel der Abwasserentsorgung skizziert, gilt aber auch gleichermaßen für die Entsorgungswirtschaft: Unter Federführung der Kommune und gegebenenfalls in Zusammenarbeit mit einem Beratungsunternehmen werden zu Projektbeginn die Vorgaben für eine Ausschreibung nach der Verdingungsordnung für Leistungen (VOL) ermittelt. Im Rahmen dieser Ausschreibung wird der günstigste Anbieter identifiziert. Einer vom ausgewählten Anbieter zu gründenden Betreibergesellschaft (Projektgesellschaft) wird in einem nächsten Schritt das Eigentum an den vorhandenen, den noch zu erstellenden Anlagen und an den erforderlichen Grundstücken übertragen.

Hierbei kommen regelmäßig Erbbaurechtsverträge zur Anwendung. Parallel dazu wird ein langfristiger Betreibervertrag geschlossen, der die Dienstleistungspflichten des Betreibers regelt. Die entsorgungspflichtige Körperschaft erlässt durch Satzung einen Anschluss- und Benutzungszwang und erhebt Entgelte nach dem Kommunalabgabenrecht. Die Vergütung für die genannten Dienste erfolgt durch Weiterleitung der Entgelte. Diese dienen neben der Deckung der laufenden Betriebskosten zur Rückführung der durch den Betreiber aufgenommenen Finanzierung. Die meisten Betreiberverträge enden nach etwa 25 bis 30 Jahren. Zu diesem Zeitpunkt fallen Erbbaurechte und Eigentumsrechte an den Anlagen ggf. gegen einen vorab vereinbarten Restkaufpreis wieder an die Kommune zurück.

(2) Das B.O.T.-Modell („build - operate - transfer"[250]) ist eine Kurzläufer-Variante des Betreibermodells. Trotz eines im Grundsatz langfristig angelegten Vertragskonzepts hält sich die Kommune nach Ablauf von 5 - 8 Jahren das Optionsrecht zur eigenständigen öffentlichen Aufgabenerfüllung offen, d. h. das Recht einer vorzeitigen Übernahme der Anlagen zur Restvaluta. Im Interesse der Gebührensicherheit ist es empfehlenswert, dem als Betreiber eingeschalteten Fachunternehmen eine über zehn Jahre laufende, zinsfeste Finanzierung aufzuerlegen. Im Falle der Optionsausübung tritt die Kommune unter Verrechnung mit dem Restbuchwert der Anlagen in das Kreditverhältnis ein. Das in den ersten Betriebsjahren am höchsten einzustufende technische Risiko trägt der private Betreiber.

250 Vgl. Niklisch, F. (1988), S. 2 ff.

Diese Jahre bieten der Kommune die Gelegenheit, den Betreiber bezüglich seiner Zuverlässigkeit und technischen Kompetenz zu prüfen.

(3) Das Contracting-Modell kommt insbesondere im Energiebereich zur Anwendung. Es handelt sich dabei um investitionsprogrammbezogene Vertragswerke, die zum einen über Fondskapital zum anderen alternativ über ein kommunal gesichertes Darlehen oder eine Forfaitierung finanziert werden. Das Contracting-Modell entspricht in seiner am weitesten verbreiteten Variante dem oben skizzierten Betreibermodell. Der Grundgedanke dieses Ansatzes, der insbesondere bei der Energieversorgung zum Tragen kommt, besteht darin, die Investition in ein Energieprojekt von der mit Energie zu versorgenden einzelnen kommunalen Einrichtung und deren Inanspruchnahme unabhängig zu machen. In diesem Sinne wird das Investitionsprojekt (z. B. eine Anlage zur Nutzung industrieller Abwärme) in einer eigens dafür gegründeten Betreibergesellschaft durchgeführt. An der Betreibergesellschaft können sich die Energieversorgungsunternehmen, die Anlagenhersteller und auch die kommunalen Abnehmer als „Kontraktoren“ beteiligen.

6. Public-Private-Partnership als kommunale Finanzierungsalternative

(1) Allen genannten Modellen ist gemeinsam, dass sie durch „Public Private Partnership“ (PPP) Fragen der Gesamtoptimierung und der Risikoverteilung beantworten. Diese Ansätze sind durch die Einbeziehung des gesamten Projektlebenszyklus, durch die Risikoverteilung zwischen Kommunen und privaten Unternehmen, durch eine ergebnisbezogene Leistungsbeschreibung, die Spielräume für den Anbieter schafft, sowie durch leistungsorientierte Vergütungsregeln gekennzeichnet.[251]
Der Projektlebenszyklus ist eher langfristig, da die Betriebsphase einbezogen wird. Bei den Risiken trägt der Private i. d. R. finanzielle, entwurfs- und baubedingte Risiken sowie Betriebs- und Marktrisiken, während gesetzgeberische und politische Risiken bei der Kommune verbleiben. Die Vergütungsregelungen sind gekoppelt an Verfügbarkeitskriterien und Qualitäten. PPP-Projekte erfordern auf der Seite der kommunalen Verwaltung die Fähigkeit zu einem kompetenten und umfassenden Ausschreibungs- und Vertragscontrolling. Das bedingt ein Informationssystem (Monitoring), das nicht nur Abweichungen vom gewünschten

---

251 Vgl. Sack, D. (2003), S. 353 ff.; Grüb, B. (2006), S. 321 ff.; Budäus, D. [Hrsg.] (2006a); Ziekow, J. (2006), S. 49 ff.; Rehm, H. (2007), S. 440; Budäus, D./Grüb, B. (2007), S. 245 ff.; Hüffner, P. (2007), S. 24 ff, Eisenkopf, A. (2007), S. 720; Ziekow, J./Windoffer, A. (2007).

Kurs, sondern auch Vergleiche mit konkurrierenden Gemeinwesen ermöglicht (Benchmarking).

Die Umsetzung dieses Ansatzes erfolgt durch Verträge, die primär definieren:

- Die Regeln zum Inhalt der Leistungen und weniger die Art und Weise der Gestaltung und Beschaffung der Infrastruktur,
- die benötigten Leistungen, d. h. den Output und weniger den Input,
- die Nutzungsdauer, verbunden mit Plan, Bau und Betrieb der Infrastruktur,
- die Verpflichtung, wer und in welchem Umfang und zu welchen Konditionen die Finanzmittel beschafft,
- die Zahlungen der Kommune für vereinbarte Quantität und Qualität der Leistungen,
- die Verteilung und die Steuerung der Risiken und
- die Struktur und Höhe der notwendigen Einnahmen.

(2) Die Chancen von PPP liegen darin, dass sich durch die Einbeziehung von Privaten eine bisher in kommunaler Hoheit erstellte Leistung effizienter erbringen lässt. Dies dürfte i. d. R. der Fall sein, wenn über den gesamten Lebenszyklus das Projekt geplant, finanziert, betrieben und erfolgsabhängig gesteuert wird. Ein besonderer Vorteil des Lebenszykluskonzeptes resultiert dabei daraus, dass sämtliche Kosten für eine bestimmte Leistung über die gesamte Projektlaufzeit erfasst und transparent gemacht werden. Beispielsweise empfiehlt ein Leitfaden des Bundesbauministeriums und der dort angesiedelten PPP-Task-Force aus 2006 zum Bau von Schulen die Verfügbarkeit von Klassenzimmern, Räumen für Fachunterricht, Nebenräumen und Sanitärräumen genau festzuschreiben. Für jeden Raum wird in Minuten je Monat gemessen, wie lange er nicht verfügbar ist. Fehlzeiten führen je nach Raumtyp und Ausfallzeit zu Maluspunkten. Je nach Zahl der Maluspunkte sinkt dann die monatliche Nutzungsgebühr – zu Lasten des Betreibers – um festgelegte Prozentsätze.

Mit diesen Ansätzen kann ein nicht zu unterschätzendes Innovations- und Managementpotenzial in die kommunale Verwaltung transferiert werden. Zugleich lösen diese einen Wettbewerbsdruck gegenüber den weiterhin ausschließlich in kommunaler Hoheit erstellten Leistungen aus. Förderlich ist dabei eine Risikoverteilung zwischen den beteiligten Partnern. Allerdings sollte nicht die Diskussion über die Risikoverteilung im Vordergrund stehen, sondern die Vermeidung von Risiken. Notwendig ist die Implementierung von Risikomanagement- und Informationssystemen. Aufgrund der nicht für die gesamte Vertragslaufzeit eindeutig definierten Leistungen, Kosten und Risiken sowie der Komplexität von Vertragswerken ist bereits bei Vertragsabschluss ein systematisches Vertragsmanagement festzulegen.

(3) Bei der Vertragsgestaltung sind die Interessenlagen der Partner in einer PPP zu identifizieren und im Vertrag zu modifizieren. Was die Interessenlage der Kommune betrifft, so ist ihr primäres Interesse die Vorteilhaftigkeit eines solchen Finanzierungsweges gegenüber einer klassischen Haushaltsfinanzierung. Bei einer solchen Vergleichsbetrachtung ist zunächst zu berücksichtigen, dass sich die Kommune als erste Adresse an den Geld- und Kapitalmärkten finanzieren kann. Allerdings fallen z. B. über den Lebenszyklus eines Gebäudes 70 % bis 80 % der Kosten nach dessen Errichtung an. Daher sind allgemeine Aussagen zu einem Kostenvergleich auf der Finanzierungsseite wenig hilfreich. Notwendig ist vielmehr eine ins Detail gehende konkrete Berechnung im Einzelfall. Dabei sind auch die spezifischen Vorteile einer Projektfinanzierung zu berücksichtigen: Diese sind der Zeitvorteil durch die Vergabe des Gesamtpaketes, verbunden mit Optimierungseffekten.

Da PPP-Projekte naturgemäß relativ hohe Transaktionskosten verursachen, sollte seitens der Kommune vor allen Dingen folgendes beachtet werden:[252]

- Um maximale Effizienzgewinne zu erzielen, sollten dem privaten Anbieter nur funktionale Vorgaben gemacht werden, damit er sein Know-how in die Konzeption und Planung des Projektes einbringen kann. Mit anderen Worten, es sollte nur eine funktionale Leistungsbeschreibung vorgegeben werden, nur das „Was“, aber nicht das „Wie“.
- Um maximale Effizienzgewinne zu erzielen, muss ein PPP-Projekt alle Phasen des Lebenszyklus eines Projektes umfassen (Planung, Errichtung, Betrieb). Es sollte auf eine entsprechende Koordination der Schnittstellen zwischen diesen Phasen geachtet werden.
- Die Risiko-Zuordnung sollte in detaillierten Verträgen festgehalten werden.

252 Vgl. Pfnür, A. (2007), S. 221 ff.

- Der Wirtschaftlichkeitsvergleich soll wertneutral und ergebnisoffen, die konventionelle Beschaffungsvariante und die PPP-Variante gegenüberstellen. Die PPP-Variante sollte nur zur Anwendung kommen, wenn sie sich über dem gesamten Lebenszyklus eines Projektes als vorteilhaft gegenüber der konventionellen Variante erweist. In diesem Zusammenhang ist auf den bundeseinheitlichen Leitfaden „Wirtschaftlichkeitsuntersuchungen bei PPP-Projekten" zu verweisen.

Besonders wichtig ist eine optimale Risiko-Allokation zwischen den Partnern. Dabei sollte der Grundsatz gelten, dass die Risiken jeweils jenem Partner zuzuordnen sind, der sie am besten (= kostengünstigsten) managen kann. Dieser von allen PPP-Befürwortern akzeptierte Grundsatz wird häufig nicht oder unzureichend beachtet. Beispiele dafür finden sich in den einzelnen Phasen eines Projektes:

a) Risiken in der Planungs- und Bauphase
   - das Genehmigungsrisiko wird häufig dem privaten Partner angelastet,
   - das Baugrundsrisiko wird häufig dem privaten Partner angelastet, ohne dass er Umfang und Methodik der Baugrunduntersuchung beeinflussen oder sich auf vorliegende Gutachten verlassen kann.

b) Inbetriebnahme
   - das Auslastungsrisiko eignet sich nur in sehr wenigen Fällen zur Übertragung auf den privaten Partner.

c) Betriebsphase
   - das Risiko aus Änderung gesetzlicher Anforderungen wird häufig auf den privaten Partner übertragen.
   - die Risiken aus Änderungen der Steuergesetzgebung müssen zwischen öffentlichen und privaten Partner aufgeteilt werden.
   - es ist zu klären, wer das Risiko geänderter Leistungsanforderung während der (langen) Vertragslaufzeit trägt.

d) Übergabe
   - In welchem Zustand ist das Projekt am Ende der Vertragslaufzeit zu übergeben und wer stellt fest, ob dieser Zustand gegeben ist?
   - Wer trägt das Restwertrisiko?

(4) Die PPP-Projekte unter diesen Aspekten sachgerecht auszuschreiben, die eingereichten Gebote zu vergleichen, den Vertrag im Detail auszuformulieren, erfordert eine spezielle Expertise. Daran fehlt es in der Kommunalverwaltung häufig.

Grundsätzlich sind folgende Vertragsvarianten zu unterscheiden:

- Erwerbermodell
  Ein Privatunternehmen überlässt der Gemeinde ein Gebäude zur Nutzung. Nach der Vertragslaufzeit – etwa 25 bis 30 Jahre – geht das Objekt an die Kommune über.
- Inhabermodell
  Im Unterschied zum Erwerbermodell wird die Kommune sofort nach Abschluss der Baumaßnahme Eigentümer. Der private Partner erhält das Besitzrecht im Wege eines Nießbrauchs. Diese Variante wird vornehmlich bei Sanierungen und Erweiterungen gewählt, weil dort der kommunale Auftraggeber ohnehin Eigner des Gebäudes ist.
- Vermietungsmodell
  Das Gebäude ist Eigentum des Privaten, der dem kommunalen Partner die Miete plus Betreiberkosten in Rechnung stellt. Kaufoptionen sind möglich, wobei der Preis offen bleibt. Kommunen wählen diese Variante, wenn sie ein Objekt nur während der Betriebsphase nutzen wollen.
- Leasingmodell
  Entspricht weitgehend dem Vermietmodell, aber es besteht eine Kaufoption zum kalkulierten Restwert.

(5) Der Bedarf an PPP-Finanzierungen wird aufgrund des geschätzten Instandsetzungsrückstaues der öffentlichen Hand im Hoch- und Tiefbau in Deutschland auf ungefähr 600 Mrd. EUR geschätzt. Neubauten sind in dieser Hochrechnung noch nicht enthalten. Die Wirtschaftsprüfungsgesellschaft Ernst & Young leitet aus einer Umfrage bei 300 Kommunen ab, dass die Zahl der Gemeinden und Städte, die auf PPP-Projekte setzen, von 2007 bis 2013 deutlich ansteigen werden. So hätten 16 % der befragten Finanzverwaltungen angegeben, bereits in den nächsten drei Jahren solche Projekte zu planen.

Mit dem in 2005 verabschiedeten sog. „Beschleunigungsgesetz“ (Gesetz zur Beschleunigung öffentlich-privater Partnerschaften) sollten die Rahmenbedingungen für PPP's befördert werden. Diese Absicht wurde unterlegt durch die Einrichtung von gemeinsamen Plattformen, die bundesweit eine Koordinations- und Informationsbasis bilden sollen. Um das angesprochene grundsätzliche Wissensdefizit der Kommunen auf dem Gebiet der PPP zu beheben, ist auf Initiative der Bundesregierung und der privaten Wirtschaft die Beratungsgesellschaft „Partnerschaften Deutschland GmbH“(PDG) gegründet worden. Diese soll standardisierte Verträge ausarbeiten, damit nicht jede Kommune z. B. bei einer Schulsanierung nur auf sich selbst verwiesen ist. Konkret soll die PDG das Wissen von Beratern, Bankern und der öffentlich-rechtlichen Hand bündeln. Es sollen zum einen Projekte auf ihre PPP-Tauglichkeit hin überprüft und zum anderen die Vergabestellen beraten und diese mit standardisierten Leitfäden und Vertragsmustern unterstützt werden Ziel der PDG ist es somit, allen Projektbeteiligten mehr Sicherheit im Ausschreibungsverfahren zu geben, Verfahren zu beschleunigen und insgesamt den Aufwand zu reduzieren.

Dazu dienen auch Leitfäden, mit denen die Initiatoren den derzeit vergleichsweise hohen Beratungsbedarf bei PPP-Projekten und die damit verbundenen Transaktionskosten senken wollen. Der Ausgangspunkt dafür war ein vom Bundesverkehrs- und -bauministerium beauftragtes Gutachten aus 2003[253], das die rechtlichen Rahmenbedingungen, die notwendigen Wirtschaftlichkeitsuntersuchungen, den PPP-Eignungstest und den sog. Beschaffungsvariantenvergleich darstellt. Mittlerweile bestehen solche Leitfäden z. B. zu den Chancen und Risiken von PPP in den neuen Bundesländern und für einen Kriterienkatalog, mit dem Kommunen Schulprojekte auf ihre Eignung als PPP-Projekt hin untersuchen können. Ein weiterer Leitfaden zeigt auf, wie Kommunen Ausschreibungsunterlagen strukturieren können. Ein vierter Leitfaden beinhaltet das Beispiel einer PPP-Wirtschaftslichkeitsuntersuchung eines Schulprojektes sowie eine gesonderte Datei für eigene Eingaben. Der fünfte Leitfaden schließlich umfasst zwei Musterverträge. In dieser bundesweiten Einrichtung besteht auch Länderweise sog. Task Forces für PPP-Projekte, die in den Landesverwaltungen angesiedelt sind.

(6) Bislang sind auf kommunaler Ebene insbesondere Schulsanierungen in öffentlich-privater Partnerschaft durchgeführt worden. Diese basieren auf dem Inhabermodell.[254] Nach einer Studie des Deutschen Instituts für Urbanistik[255] entfallen auf dieses Modell etwas 40 % der eindeutig zuzuordnenden Vorhaben. Am bekanntesten und umfangreichsten ist das Projekt zur Schulsanierung des Landkreises Offenbach, das ein Volumen von rd. 800 Mio. EUR hat. Die Mehrzahl der übrigen abgeschlossenen kommunalen Vorhaben befindet sich bis jetzt in Nordrhein-Westfalen.

253 Vgl. Price Waterhouse Coopers/Freshfield Bruckhaus Deringer (2003).
254 Vgl. Dünchheim, T. (2004).
255 Vgl. Deutsches Institut für Urbanistik [Hrsg.] (2005).

Ein aktuelles Beispiel für die Anwendung für ein Public Private Partnership-Projekt (PPP) ist die komplette Sanierung und das künftige Betreiben von fünf städtischen Schulen in der Stadt Magdeburg. Dabei erfolgte die Auswahl der Projektgesellschaft auf der Grundlage einer europaweiten Ausschreibung, die u. a. folgende Eckpunkte enthielt:

- Der mit den Sanierungsmaßnahmen geschaffene Startzustand ist nachhaltig durch professionelle Bewirtschaftung geeignet, geplante Durchführung aller Wartungen, Instandhaltungen und Instandsetzungen zu erhalten.
- Die Bauunterhaltung umfasst „alle konsumtiven Maßnahmen“, die der Erhaltung der baulichen Anlage einschließlich der technischen Anlagen (Betriebstechnik) und der Außenanlagen dienen.
- Die Instandhaltung wird als auf die Wartung folgende, nächst intensivere Maßnahme verstanden.
- Die Wartung umfasst „alle Maßnahmen zur Verzögerung des Abbaus des vorhandenen Abnutzungsvorrats“.
- Die Instandsetzung umfasst „alle Maßnahmen zur Rückführung einer Betrachtungseinheit in den funktionsfähigen Zustand, mit Ausnahme von Verbesserungen“. Sie wird immer dann notwendig, wenn das Bauteil oder die technische Anlage ausgefallen oder wesentlich beeinträchtigt ist (ungeplanter Verlust der Funktionsfähigkeit).

Die Stadt Magdeburg hatte im Rahmen der Ausschreibung eine Projektgesellschaft ausgewählt, die von der IW Bauwert-Consult & Verwaltungsgesellschaft (IW-BCV) Wernigerode geführt wird. Die Abb. 25 bis 27 verdeutlichen

- die Aufgaben in den Phasen Planung, Bau, Betrieb,
- die Rolle und Einbindung des Projektführers aus Nutzersicht und
- die Aufgabenverteilung aus Projektsicht.

Die Prozessstruktur von der Auftragsannahme über die Auftragsgenerierung ist derart geregelt, dass der Ablauf vor der Auftragsannahme über die Auftragsgenerierung, die Abstimmung mit der Instandhaltungsplanung, die Auftragsabwicklung bis hin zur Auftragsrückmeldung hinsichtlich evtl. notwendiger Haushaltsinformationen mit der Stadt Magdeburg vorbesprochen wird. Die spätere Festlegung erfolgt durch den Projektführer als Basis der Prozess- und Qualitätssicherung in einem Prozessleitfaden.

Abb. 26: Die Aufgaben in den Phasen Planung, Bau, Betrieb

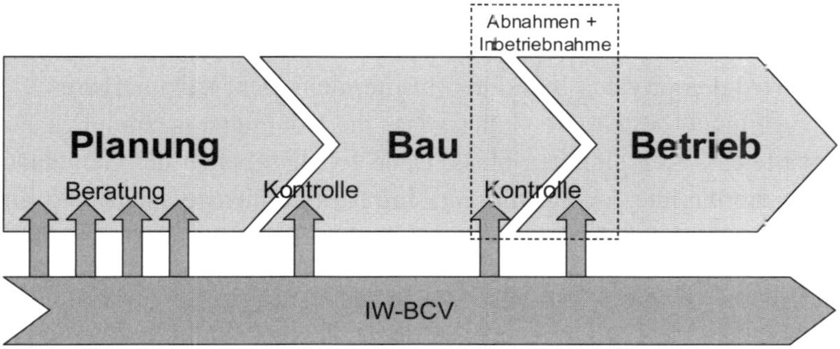

Abb. 27: Rolle und Einbindung des Projektführers aus Nutzersicht

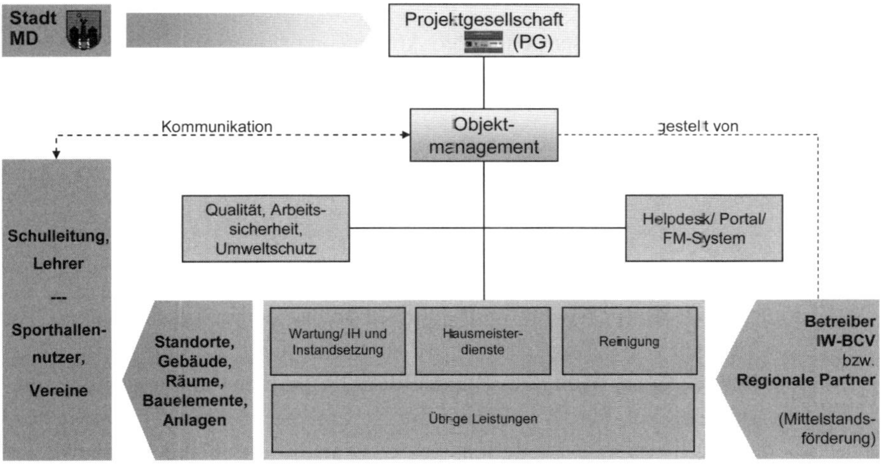

Abb. 28: Die Aufgabenverteilung aus Projektsicht

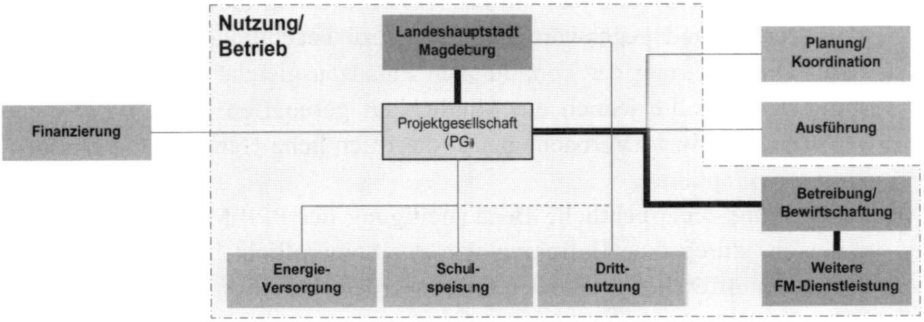

Quelle: Planungsunterlagen der Stadt Magdeburg (2007).

Gerade am Beispiel der privaten Finanzierung von Schulen wird ein grundsätzliches Problem von PPP deutlich, nämlich die Frage, wer letztlich das Auslastungsrisiko trägt: Der private Investor oder die Kommune.[256] Wird den privaten Investoren insofern ein nicht kalkulierbares Risiko zugemutet, besteht die Gefahr, dass die Kommune nachträglich für unerwartete Kosten eintreten muss. Denn letztlich behält die Gemeinde auch weiterhin die Verantwortung, Infrastrukturdienste langfristig zu planen und zu unterhalten und sie wird die Bereiche der Daseinsvorsorge nicht vollständig der privaten Wirtschaft überlassen können.

7. Die Restriktionen für die Umsetzung von Modellen des Public Private Partnership

(1) Unabhängig von dieser generellen Anmerkung stehen aber einer nachhaltigen Vertiefung dieser Ansätze auch im kommunalen Bereich folgende Restriktionen entgegen:
Zunächst sind umsatzsteuerliche und ertragssteuerliche Belastungen zu erwähnen. Die umsatzsteuerliche Belastung der PPP-Modelle bedeutet z. B., dass der Personalaufwand, den ein Privater im Rahmen eines solchen Projektes übernimmt, mit 19 % Mehrwertsteuer belastet ist. Dies ist für sich genommen auch der Grund dafür, dass die Gewerkschaften vermuten, dass dieser Nachteil nur „durch Flucht aus den Tarifverträgen" zu kompensieren ist. Empfehlenswert ist daher die Einführung eines Refundmentsystems nach dem Beispiel Großbritanniens und der Niederlande. Das Ziel solcher Systeme ist die Neutralisierung von Umsatzsteuerbelastungen bei PPP-Modellen, in dem der die durch die Umsatzsteuer verursachte Differenzbetrag zwischen Eigenleistung und PPP-Modell in einen Fond eingestellt wird und die Fondmittel später der öffentlichen Hand gutgeschrieben werden. Die Verwirklichung dieser Ansätze würde in Deutschland gegenwärtig allerdings zu beachtlichen Problemen bei der Durchführung des kommunalen Finanzausgleichs führen. Unabhängig davon sollte jedoch die Möglichkeit geschaffen werden, bei einer Vermietung bzw. Verpachtung an die öffentliche Hand für die Umsatzsteuer zu optieren.
Die grundsteuerrechtliche Benachteiligung der PPP-Modelle könnte einerseits durch eine Befreiung von der Steuerpflicht bei Gebäuden, die von der öffentlichen Hand genutzt werden, beseitigt werden. Andererseits

256 Vgl. Jacob, D. (2003); Pfeiffer, M. (2004); Pfnür, A./Eberhardt, T. (2006), S. 159 ff.

seits wäre auch denkbar, die öffentliche Hand per se als grundsteuerpflichtig zu behandeln.

(2) Ertragssteuerrechtlich wird durch die Unternehmenssteuerreformen 2008 eine weitere beachtliche Hürde für solche Ansätze aufgestellt. Die Ursache dafür ist die sog. „Zinsschranke“. Diese soll ab 2008 den Abzug von Zinskosten deutlich einschränken. Zukünftig dürfen Unternehmen nur noch Zinsaufwendungen in Höhe des Zinsertrags und darüber hinaus nur noch in Höhe von 30 % des steuerlich vorgegebenen Gewinns nach EBITDA (Earnings Before Interest, Taxes, Depreciation and Amortization) tatsächlich in Abzug bringen. Der Ertrag vor Abzug von Zinsen, Steuern, Abschreibungen auf Sachanlagen und Abschreibungen ist hier somit relevant. Nur wenn die Zinsaufwendungen nach Saldierung mit den Zinserträgen unter der sog. Freigrenze von einer Million Euro bleiben darf ein vollständiger Zinsabzug erfolgen. Viele kommunale Projekte, wie Schulen oder Schwimmbäder, überschreiten jedoch diese Grenze. In Zeiten steigender Zinsen können bereits Investitionsvolumina von etwas mehr als 15 Mio. EUR diese kritische Schwelle übersteigen.

Besonders problematisch ist an der Zinsschranke, dass auf Seiten des Zahlungspflichtigen der Betriebsausgabenabzug zum Teil versagt wird, obwohl der Zinsempfänger diesen in vollem Umfang versteuern muss. Zwar sollen die Zinsen auf Folgejahre vorgetragen werden können. Aber auch das ändert nichts an der Tatsache, dass derartige Finanzierungsprojekte mit einer Laufzeit von oft 15 bis 25 Jahren im Zeitpunkt des Exits, d. h. am Ende der Partnerschaft, keine bzw. keine ausreichend hohen Gewinne realisieren, die eine vollständige Verrechnung mit Zinsen erlauben werden. Die Zinsen werden damit zu einem Kostenblock und Liquiditätsproblem. Auch die Finanzverwaltung hat offensichtlich dieses Problem erkannt. Derzeit wird diskutiert, ob das Weiterreichen der Zinsen im Rahmen der Projektierungsgebühren an den Auftraggeber eine denkbare Lösung sein kann.

(3) Vergaberechtlich muss ein fairer und transparenter Wettbewerb als Grundlage für die erwarteten Effizienzvorteile sichergestellt werden. Dabei sollten die mittelständischen Interessen durch die Förderung der Beteiligung von entsprechenden Bietergemeinschaften sowie im Rahmen der (wettbewerblichen) Vergabe von Unteraufträgen wirksam berücksichtigt werden. Die im deutschen Vergaberecht vorherrschende Meinung, dass Auftragnehmer die an sie vergebenden Leistungen zu wesentlichen Teilen im eigenen Betrieb zu erbringen haben, ist im Ergebnis hinderlich für die Umsetzung von PPP-Projekten. Insgesamt zielen die

Regelungsinhalte des „Beschleunigungsgesetzes“ auf mehr Rechtssicherheit bei der Auftragsvergabe, was angesichts der Tatsache, dass zur Zeit über 40 Beschwerden über die Auftragsvergabe bei der Immo-Kommission anhängig sind, positiv zu bewerten ist. Das Gesetz folgt der Vorgabe der EU-Kommission, das z. Z. vorherrschende Verhandlungsverfahren um den neuen und komplizierten Weg des wettbewerblichen Dialogs als Vergabeart zu ergänzen und die Funktion des Generalunternehmers bei der Auftragserfüllung zuzulassen.[257]

8. Haushaltsrechtliche Aspekte der Finanzierungsalternativen

(1) Die Entscheidung der Kommune für die Art der Durchführung eines Investitionsvorhabens hat sich am Wirtschaftlichkeitsgebot zu orientieren. Das kommunale Haushaltsrecht bedingt, dass für Investitionen unter mehreren Möglichkeiten die wirtschaftlichste zu wählen ist. Diese Länderweise ähnliche Vorschrift ist nicht allein auf die Art und den Umfang des jeweiligen Projektes beschränkt. Sie schließt die Überlegungen, Private bei Planung und Betrieb einzubeziehen, nicht aus. Eine weitergehende Aufforderung zur Prüfung einer Einbeziehung Privater enthalten ausdrücklich die Kommunalverfassungen in Bayern (Art. 61 Abs. 2 S. 2 GOBY) und in Schleswig-Holstein (§ 2 Abs. 1 GOS-H). Danach sind die Gemeinden nicht verpflichtet, öffentliche Aufgaben selbst zu erfüllen, wenn dies eben so gut auch durch andere z. B. Private erfolgen kann.
Im kommunalen Bereich handelt es sich bei PPP-Projekten grundsätzlich um kreditähnliche Geschäfte i. S. der Gemeindeordnung, die in fast allen Ländern der Genehmigung der Kommunalaufsicht bedürfen. Soweit nur eine Anzeigepflicht besteht, stellen sich für die Kommunalaufsicht umso höhere Anforderungen. „Da einerseits sowohl die Kommunalverwaltungen als auch die für die Entscheidung zuständigen Vertretungskörperschaften und andererseits auch die unteren Kommunalaufsichtsbehörden regelmäßig nicht über den notwendigen Sachverstand zur Beurteilung derartiger Geschäfte verfügen, sollen Mindestanforderungen an derartige Geschäfte durch Verwaltungsvorschriften allgemein vorgegeben werden.“[258]
Dieser Genehmigungsvorbehalt und die damit korrespondierenden Mindestanforderungen sind auch deshalb geboten, weil die Kommune bei einer formellen Privatisierung dafür sorgen muss, dass der maßgebliche

257 Vgl. Kommission der Europäischen Gemeinschaften (2004).
258 Vgl. Rechnungshöfe des Bundes und der Länder (2006), S. 6.

gemeindliche Einfluss auf die entsprechende Aufgabenerfüllung erhalten bleibt. Gleichermaßen muss die finanzielle Haftung der Kommune begrenzt werden, etwa durch Weisungsvorgaben, Zustimmungsvorbehalte für wichtige Geschäfte sowie den Ausschluss von Nachzahlungsverpflichtungen.[259]

(2) Darüber hinaus muss die Kommune einen Wirtschaftlichkeitsvergleich mit einer herkömmlichen Investition der Kommune, die durch einen Kommunalkredit finanziert wird, vorlegen. Ausgehend von den Grundsätzen der Wirtschaftlichkeit und Sparsamkeit muss die Kommune im Rahmen des Genehmigungsverfahrens darlegen, dass sie nicht schlechter gestellt ist, als bei einer Finanzierung über einen Kommunalkredit.

Für die Beurteilung der Wirtschaftlichkeit eines PPP-Ansatzes reichen die reinen Investitions- und Finanzierungskosten jedoch nicht aus. Das kommunale Haushaltsrecht verlangt grundsätzlich bei größeren Investitionsvorhaben eine Berücksichtigung der Folgekosten, d. h. aller bis zum Ende der Nutzung des Objektes anfallenden Kosten (Lebenszyklusbetrachtung). Wegen der Vielfalt und Komplexität der jeweiligen vertraglichen Vereinbarungen sind verallgemeinernde Aussagen über die Wirtschaftlichkeit der verschiedenen Modelle nicht möglich. Jeder Fall ist einzeln zu prüfen und zu bewerten.

Ungeachtet der genannten Begründungen, Argumente und komparativen Vorteile sehen sich diese neuen Finanzierungsansätze gerade bei den Wirtschaftlichkeitsbetrachtungen nach wie vor erheblichen Einwänden ausgesetzt, die im Folgenden analysiert werden sollen. Die Stichworte dieser Kritik sind im Wesentlichen:

- Steuereffekte,
- der originäre Konditionenvorteil des Kommunalkredits und
- methodische und theoretische Probleme der Vorteilhaftigkeits-Analyse.

Die Berechtigung bzw. die Stichhaltigkeit dieser Einwände soll im Folgenden überprüft werden:

Bei einer Reihe der genannten Modelle – so z. B. beim Leasingmodell aber auch beim Leasing-Fondsmodell – wird die Vorteilhaftigkeit auf der Finanzierungsseite maßgeblich durch steuerliche Effekte[260] derart bestimmt, dass unter gewissen Voraussetzungen dem Leasinggeber das wirtschaftliche Eigentum zugeordnet oder – bei Fondsfinanzierungen –

259 Vgl. Hornung, N. (1995).
260 Vgl. Heidemann, O. (1997), S. 83 ff.

den Fondszeichnern die steuerrechtliche Qualifikation als Bauherren zuerkannt wird. Dadurch verbilligen sich die Konditionen für den Eigenkapitaleinsatz. Dieser Effekt kann kalkulatorisch im Zinsanspruch weitergegeben werden.

(3) Dazu wird immer wieder – auch in den Stellungnahmen der Rechnungshöfe[261] – betont, dass dies sowohl verteilungspolitisch, fiskalpolitisch aber auch unter Aspekten des Finanzausgleichs bedenklich sei. Gegen diese Kritik ist einzuwenden, dass jene Effekte natürlich auch eintreten, wenn diese Finanzierungsformen für private Investitionen gewählt werden.

Gerade mit Blick auf den erwähnten kommunalen Investitionsbedarf ist gesamtwirtschaftlich vertretbar, ja geradezu erwünscht, wenn es den Kommunen auf diese Weise gelingt, den Wettlauf der Investoren um privates Anlagekapital zumindest partiell zu ihren Gunsten zu entscheiden.

Die Finanzpolitik hat Steuersubventionen immer dann toleriert, wenn man sich durch diesen Instrumenteneinsatz Erfolge hinsichtlich anderer, häufig allerdings unscharfer wirtschaftspolitischer Ziele versprach. Eine Großzügigkeit, die man im Übrigen auch gegenüber Steuerverschiebungen zwischen den staatlichen „Ebenen" infolge einer solchen Politik an den Tag legte. Insofern sollte hier nicht mit zweierlei Maß gemessen werden. Man wird steuerpolitische Erwägungen kaum überstrapazieren, wenn steuerlich Finanzierungsformen begünstigt werden, deren volkswirtschaftlicher Stellenwert außer Zweifel steht, insbesondere wenn man die gesamtwirtschaftlichen und finanzpolitischen Multiplikatorwirkungen der damit angestoßenen Investitionen berücksichtigt.

(4) Zum immer wieder behaupteten relativen Zinskostenvorteil des Kommunalkredits sind drei Aspekte kritisch zu überdenken:[262]

Erstens: Die relative Günstigkeit ist nicht unbedingt eine absolute. Die Empirie zeigt, dass die kommunale Verschuldung per Saldo nicht getilgt wird (Stichwort: Nettoneuverschuldung). Infolgedessen ist die Zinsbelastung (Zinsbelastung = Zinssatz x zu verzinsender Saldo) deutlich höher als bei einem Unternehmenskredit, bei welchem regelmäßig von einer signifikanten Tilgung auszugehen ist.

Zweitens: Der Kommunalkredit ist als Mittelbeschaffung von der Mittelverwendung getrennt. Für die allgemeine Haushaltsfinanzierung hat dies seine Berechtigung, nicht jedoch für volumenmäßig bedeutende Vorhaben. Hier ist die Finanzierung Teil einer Gesamtinvestition, und es stehen

261 Vgl. Bundesrechnungshof (1995), S. 26.
262 Vgl. Schwegmann, K. (1997), S. 111.

verschiedene zu optimierende Finanzierungsalternativen zur Auswahl. Die Argumentation, eine investive Maßnahme über den Kommunal-Haushalt deshalb abzuwickeln, weil der Kommunalkredit die günstigste Lösung ist, greift zu kurz. Es wird nämlich übersehen, dass bei der Mittelverwendung ebenfalls die optimale Kostengünstigkeit nachzuweisen wäre, die wiederum in Abhängigkeit zur gewählten Finanzierungsform steht. Bei einer privaten Unternehmensfinanzierung sind Mittelbeschaffung und Mittelverwendung in ein Entscheidungssystem für die Finanzierung, nämlich die Investitionsrechnung, integriert.

Drittens: Der Kommunalkredit ist ein spekulatives Finanzierungsinstrument, das von der realwirtschaftlichen Sphäre vollkommen isoliert ist. Es ist in das Belieben des staatlichen Portfolio-Managers gestellt, welche Kreditaufnahmetermine, welche Zinsbindungsfristen und welche Tilgungssätze gewählt werden. Bei variabel verzinsten Kommunalkrediten erfolgt eine Spekulation auf die Indexstabilität und -repräsentativität. Die Zahlungstakte werden zudem vielfach unter Verkennung der Effektivzinsprämissen von den tatsächlichen Zahlungsströmen gelöst mit der Folge, dass im Kreditvertrag ein „pseudooptimaler" Zinssatz steht. Unternehmensfinanzierungen zielen dagegen auf eine Homogenisierung des Liquiditätsstroms. Die Zinsbindungsfristen werden unter dem Aspekt der langfristigen Kalkulationssicherheit gestaltet, die Tilgungsverläufe sind abschreibungsorientiert.

(5) Einen besonderen Stellenwert nehmen in der Diskussion über alternative Finanzierungsansätze im kommunalen Bereich die Maßstäbe, Normen und Kriterien für die Beurteilung der komparativen Vorteile dieser Ansätze gegenüber der „konventionellen" Haushaltsfinanzierung ein. Auch die vorliegenden Beurteilungen durch die Rechnungshöfe zeichnen dazu ein widersprüchliches Bild.[263] Woran liegt das? Wie kann es zu unterschiedlichen Ergebnissen und Bewertungen kommen, wenn allgemein die Wirtschaftlichkeit alternativer Modelle nach der sog. Barwertmethode beurteilt wird? Dabei ist durchaus anzuerkennen, dass mit dem Beschluss der Konferenz der Präsidenten der Rechnungshöfe des Bundes und der Länder vom 7. Mai 1996 über „Leitlinien für die Beurteilung von Immobilien-Leasing" sowie mit den erwähnten Ergebnissen des Bund-Länder-Arbeitsausschusses „Haushaltsrecht und Haushaltssystematik" zur „Privaten Vorfinanzierung öffentlicher Investitionen" bereits

263 Vgl. Rehm, H. (1997), S. 76.

einige Zweifel geklärt wurden. Gleichwohl sind hier noch Fragen offen. Nur einige sollen hier angedeutet werden:

- Die Bestimmung der Vergleichsdaten für die fiktiven Eigenbauten ist mit Unsicherheiten behaftet. Dies beginnt bei der Festlegung der fiktiven Baukosten. Ist es zum Beispiel zulässig, Richtwerte der Bauverwaltung heranzuziehen? Diese sind eben nur Orientierungswerte, die auch dann noch auskömmlich sein müssen, wenn die Bauwirtschaft boomt.
- Wie hoch ist der Zinssatz für die fiktiven Kredite bei einem Eigenbau zu bemessen? Geht man vom Durchschnittszinssatz der letzten 10 Jahre aus oder wählt man den zur Zeit der gedachten Baumaßnahme aktuellen Zinssatz?
- Wie hoch sind die jährlichen Unterhaltungskosten zu veranschlagen?
- Sind die Bauzeitzinsen kreditfinanziert oder werden sie aus laufenden Einnahmen bestritten bzw. welche Alternative unterstellt man?
- Wie werden zukünftige Finanzierungsabschnitte nach Ablauf von Zinsbindungsfristen simmulativ behandelt?
- Wie werden sich die Mieten entwickeln? Welche Größenordnungen sind also in die Vergleichsrechnung einzustellen?
- Welche Bauzeiten sind realistisch? Wie sind diese für die fiktive Eigenbaumaßnahme zu veranschlagen und welche Konsequenzen haben diese für den Vergleich der Bauzeitzinsen?
- Sind bei der Kommune – die sich nicht versichert hat – fiktive Versicherungsbeiträge zu veranschlagen und falls ja, in welcher Höhe?
- Wie beeinflussen unterschiedliche Möglichkeiten der Inanspruchnahme öffentlicher Fördermittel einerseits, unterschiedlicher Steuerpflichtigkeit und Steuergestaltung (z. B. Vorsteuer-Abzug) die Vergleichsrechnung?[264]

Es gibt also eine Fülle offener Fragen. Bei aller Übereinstimmung, dass eine dynamische Investitionsrechnung nach der Barwertmethode durchgeführt werden muss, liegt der Teufel nach wie vor im Detail. Solange sich die Verwaltungen und die Rechnungshöfe bis hin zu diesen Einzelaspekten noch nicht auf einheitliche Annahmen geeinigt haben, wird es hier zu strittigen Auseinandersetzungen kommen. Um Rechtssicherheit für alle Beteiligten, die Verwaltung, die Banken und die Investoren, zu schaffen, wäre es lohnend, die Frage, was, wann und wie verglichen wird, möglichst präzise zu beantworten.

264 Vgl. Wendt, R. (1994), 54 ff.

(6) In Großbritannien, wo das PPP bereits einen größeren Anteil an öffentlichen Investitionen hat als hierzulande, wird ein solcher Wirtschaftlichkeitsvergleich in der Regel durch den „Public Sector Comperator“ (PSC) abgebildet. Konkret werden die Barwerte des Cash Flow sowie der Ausgaben einer konventionellen Realisierung miteinander verglichen.[265] Neben den soeben aufgezeigten Einzelfragen ist bei einem solchen „Public Sector Comperator“ (PSC) generell Folgendes zu beachten:

- Bei der Ermittlung der Zahlungsströme sind sämtliche Kosten einzubeziehen, namentlich verwaltungsinterne Overheadkosten sowie Transaktionskosten, die vor und während des Vertragsschlusses als Sicht-, Informations-, Verhandlungs- und Entscheidungskosten und nach Vertragsschluss als Kosten für die Kontrolle anfallen.
- Die Sicherung der Gemeinwohlverantwortung der Kommune besteht auch bei kooperativer Aufgabenerfüllung in Gestalt der Gewährleistungshaftung fort. Diese erfordert spezielle Vorkehrungen.

9. Die Agency-Theorie als Ansatz für die Analyse der neuen Finanzierungsansätze

(1) Einen theoretischen Ansatz zur Analyse und Bewertung der Vorteilhaftigkeit neuer Finanzierungsansätze im öffentlichen Bereich versucht die sog. „Agency-Theorie“. Ausgangspunkt dieser Betrachtungen ist die Tatsache, dass mit der Substitution herkömmlicher Investitions- und Finanzierungsverträge nicht nur die Aufgabenbündel einer Investition, sondern auch die mit ihnen verbundenen Weisungs-, Kontroll- und Delegationsrechte zwischen den Vertragsparteien anders als bisher aufgeteilt werden. Das Interesse einer Vorteilhaftigkeitsbetrachtung muss deshalb der Frage gelten, ob sich die Kommune mit der durch die Sonderfinanzierungsform geänderten Verfügungsrechtssituation bei der Verfolgung ihrer Interessen besser stellt, als ihr das im Wege einer herkömmlichen Finanzierung von Investitionen möglich ist.[266]

Die Agency-Theorie bietet ein Instrumentarium zur Analyse und Beurteilung vertraglich gefasster Verfügungsrechtssituationen, indem sie das Verhalten der Kooperationspartner in solchen Situationen systematisiert und bewertet. Grundlage einer agency-theoretischen Betrachtung sind Auftragsbeziehungen zwischen zwei Wirtschaftssubjekten, wie sie auch

---

265 Vgl. Bundesverband deutscher Banken (2004), S. 15.

266 Vgl. Wenger, E./Terberger, E. (1988), S. 506 ff.; Brockenkamp, S. (1999); Eudäus, D./Grüning, G. (2006), S. 25 ff.; Mühlenkamp, H. (2006), S. 29 ff.; Arrow, K. (1991), S. 37 ff.

in Investitions- und Finanzierungsverträgen zwischen der Kommune und Privaten festgeschrieben werden. Auf der Basis von Sonderfinanzierungsverträgen sollen aus der Perspektive des Staates potenzielle Informationsvorsprünge privater Unternehmen dazu führen, die Erfüllung öffentlicher Aufgaben vorteilhafter zu finanzieren, als dies dem Staat in Eigenregie möglich wäre. Hingegen besteht für die Kommune ein Informationsdefizit im Hinblick auf das eigeninteressierte und potenziell opportunistische Verhalten des privaten Unternehmers.

(2) Entscheidend für die Vorteilhaftigkeit von Sonderfinanzierungsformen im Vergleich zu einer herkömmlichen Investitionsfinanzierung und -durchführung ist deshalb, ob sie „bessere" Kooperationsdesigns im Sinne einer besseren Handhabung des mit dem Informationsgefälle entstandenen Prinzipal-Agenten-Problems erlauben. Bei einer agencytheoretisch fundierten Bewertung von Finanzierungsformen werden somit Kooperationsdesigns einer herkömmlichen Finanzierung mit Kooperationsdesigns von Sonderfinanzierungsformen verglichen. Den mit der Finanzierungsform verbundenen Opportunismusspielräumen des Agenten werden mögliche Sicherungsformen des Prinzipals, d. h. der Kommune, zur Verringerung dieser Anreizprobleme gegenübergestellt. Sicherungsformen und verbleibende Opportunismusspielräume verursachen stets Kosten, deren Minimierung eine vorteilhafte Finanzierung auszeichnet.[267] Im agencytheoretisch fundierte Untersuchungsmodelle sind

- die Kosten das Entscheidungskriterium,
- die anreizoptimale Vertragsgestaltung der Finanzierungsform die Entscheidungsvariable und
- der Wissensstand der Vertragspartner und die Informationsmöglichkeiten von Prinzipal und Agent die unabhängigen Variablen.

(3) Die Möglichkeiten, aber auch die Grenzen dieses Ansatzes, lassen sich wie folgt zusammenfassen: Auch wenn abschließend die Effizienz von Sonderformen kommunaler Investitionsfinanzierung nur im Einzelfall nach den Kriterien von Wirtschaftlichkeitsrechnungen bestimmbar ist, kann doch mit diesem Ansatz eine Vorentscheidung bei der Wahl der Form einer Finanzierung abgeleitet werden. Dies gilt insbesondere für Situationen, in denen derartige Vergleichsrechnungen ex ante, d. h. vor Vertragsabschluss, nicht möglich sind oder nur zu Scheingenauigkeiten führen.

267 Vgl. Dautel, R. (1997), S. 205.

Darüber hinaus verdeutlicht dieser Ansatz, dass es auch bei den effizienten Finanzierungsformen sorgfältiger Vorarbeiten bei der Modellgestaltung und bei der vertraglichen Ausgestaltung der Kooperationsbeziehung bedarf, damit die Interessen der Kommune gewahrt und inverse Anreizstrukturen vermieden werden. Die Privatisierung kommunaler Aufgaben lässt die erhofften Effizienzgewinne nur in Verbindung mit der Vereinbarung von entsprechend gestalteter Anreiz-Regelungen erwarten.

10. Die finanz- und ordnungspolitische Bewertung der alternativen Finanzierungsansätze im kommunalen Bereich

(1) Mit den vorangegangenen Ausführungen sollte versucht werden, die wesentlichen Ausprägungen neuer Finanzierungsansätze im kommunalen Bereich vorzustellen und kritisch zu analysieren. Dabei ist deutlich geworden, dass es im Kern nicht nur um Finanzierungsansätze, sondern um spezielle Formen der Reorganisation des kommunalen Verwaltungshandelns überhaupt geht. Kennzeichnend für alle diese Ansätze ist der Versuch, die Elemente Planen, Finanzieren und Durchführen in einer neuen Struktur zu kombinieren und aus einer Hand darzustellen. Die Finanzierung ist dabei nur ein Teilaspekt. Die Finanzierung kann dabei so in die Gesamtstruktur der Verfahrensabläufe eingepasst werden, dass auch von der finanzierungstechnischen Seite das Investitionsprojekt vorgezogen und die Investitionsdauer verkürzt werden kann.

(2) Die Erfüllungsverlagerung in den privaten Sektor, der ganzheitliche Beschaffungsansatz im Rahmen eines Lebenszykluskonzeptes und die Bereitstellung von Leistungen unter Wettbewerbsbedingungen (Innovationswettbewerb auf der Bieterseite) können zu Effizienzvorteilen führen. Wesentliche Treiber von Effizienzgewinnen aus der gemeinsamen Realisierung von Projekten sind eine adäquate Risikoverteilung, funktionale Leistungsbeschreibung und ein Anreiz für Optimierung von Zahlungsmechanismen. Damit erweitern diese Ansätze den Kanon kommunaler Beschaffungsmodelle. Sie erhöhen die Kostentransparenz und zeigen die wirtschaftlichen Zusammenhänge von Investitions-, Finanzierungs- und Bewirtschaftungskosten (Lebenszyklusansatz) auf. Sie ermöglichen einen Wissenstransfer aus der Privatwirtschaft in die Verwaltung, führen dort zur Optimierung tradierter Abläufe und leisten insofern einen Beitrag zur Verwaltungsmodernisierung.

Die Entscheidung „rein kommunal oder mittels Einschaltung Privater" sollte nicht dogmatisch gefällt, sondern pragmatisch getroffen werden.

Entscheidend ist, dass der Wettbewerbsgedanke tatsächlich umgesetzt wird. Bei PPP wird der Wettbewerb nicht nur auf die Ausschreibung der Bauleistung beschränkt. Diese Ansätze ermöglichen vielmehr auch Risiken und Erträge zu übertragen und innerhalb der Projektstrukturen so aufeinander abzustimmen, dass der öffentliche Sektor im Ergebnis einen besseren Gegenwert für die investierten Mittel erzielt.

(3) Im Einzelnen kann sich die höhere Effizienz aus Folgendem ergeben:

- Durch die private Mittelbereitstellung können Vorhaben eher begonnen und ein schnittstellenfreies Management über alle Projektstufen hinweg sichergestellt werden. Dies auch durch die Möglichkeit, als Investor das Gesamtvorhaben optimieren zu können.
- Die Mechanismen einer Projektfinanzierung führen zu einer nachhaltigen Absicherung von Zeit, Kosten und Qualität.
- Es erfolgt eine stärkere Orientierung an den Bedürfnissen des „Kunden", d. h. des Nutzers.
- Das Kostenbewusstsein für die Inanspruchnahme von Infrastruktur führt zu einem wirtschaftlicheren Verhalten der Nutzer von Infrastrukturleistungen.

Richtig ist, dass sich trotz der von der Praxis immer wieder behaupteten Potenziale für solche alternativen Ansätze sich de facto ein ernüchterndes Bild zeigt. Das hängt offensichtlich auch damit zusammen, dass wesentliche Fragen dieses Ansatzes noch intensiver aufgearbeitet werden müssen, um auch in der Praxis zu belastbaren Modellen zu kommen. Das gilt für die vertragstheoretischen Grundlagen, für die Methoden der Risikosystematisierung und -vorbeugung, für die Probleme der Komplexität sowie für die Höhe der Transaktionskosten. Kurzum: Die Erfolgsfaktoren dieser Ansätze müssen noch konkreter herausgearbeitet werden.

Gleichwohl bleibt aber auch richtig, dass die neuen privatwirtschaftlichen Ansätze alternative Handlungsstrukturen aufzeigen und damit auch die Kommune zwingen, unter Konkurrenzdruck über eine grundsätzliche Reorganisation ihrer Entscheidungs- und Vollzugsabläufe nachzudenken.

(4) Die mit den neuen Ansätzen mögliche Neustrukturierung der Verfahrensabläufe für die Gestaltung kommunaler Investitionen ist offensichtlich durch Einschaltung Privater häufig leichter durchzusetzen als innerhalb der gegebenen institutionellen Rahmenbedingungen des politisch-administrativen Systems. Daraus allein kann jedoch kein abschließendes Urteil über die ordnungspolitische Vorzugswürdigkeit der beiden prinzipiellen Lösungsansätze abgeleitet werden. Insofern geht auch die Dogmatisierung der Diskussion im Sinne einer Polarisierung unter dem

Schlagwort „Privatisierung versus staatliches Handeln“ am Kern der eigentlichen Fragestellung vorbei. Unter ökonomischen Aspekten kann die Frage nach dem Umfang und der Struktur öffentlicher Aufgaben nicht abschließend beantwortet werden. Dies ist eine originär politische Fragestellung. Die Antwort ist deshalb stets zumindest auch durch gesellschaftspolitische Werturteile geprägt. Die entscheidende Frage zielt auf das „Wie?“ der Erfüllung kommunaler Aufgaben.
Insofern ist bloße Ablehnung seitens der Kommune gegen eine vermeintliche Privatisierung öffentlicher Aufgaben genauso wenig am Platz wie eine mehr oder weniger blauäugige Zuversicht, dass privatwirtschaftliche Organisationsformen per se besser, das heißt effizienter seien.

(5) Die häufig vorgetragenen Beteuerungen, die den privatwirtschaftlichen Ansätzen zugeschriebenen Rationalisierungspotenziale könne die Kommunalverwaltung auch ausschöpfen, sind deshalb nicht überzeugend, weil dies offensichtlich im bestehenden System des Verwaltungshandelns nicht möglich ist. Andernfalls wäre es nicht zu dem schleichenden Kompetenzverlust der öffentlichen Verwaltung gekommen.
Die genannten Anstoßwirkungen sollten also positiv gewertet werden, denn es geht letztlich um die Lage der finanzpolitischen Handlungsfähigkeit überhaupt. Man sollte sich vorurteilsfrei mit diesen Ansätzen befassen und für jeden Einzelfall prüfen, welcher Lösungsweg vorzuziehen ist. In dem nunmehr möglichen Szenario konkurrierender Ansätze liegt vielleicht die größte Chance für eine Selbstbesinnung und Neuausrichtung des kommunalen Handelns.

I. Ausblick und Perspektive

(1) Versucht man, ein Resümee der kommunalen finanzwirtschaftlichen Situation und ihrer mittel- und langfristigen Perspektive zu ziehen, so sind folgende Eckpunkte festzuhalten:
Durch die Föderalismusreform I wurden die Aufgaben der Gebietskörperschaften in Deutschland neu geregelt. Allerdings wurde schnell deutlich, dass mit dem Aufschnüren des Föderalismuspaketes in die Bereiche Aufgabenregelung (Föderalismusreform I) und Finanzierung (Föderalismusreform II) eine Lücke entstanden ist.

(2) Obwohl den Kommunen in der Vergangenheit vielfach auch Aufgaben gegen ihren Willen übertragen wurden, deren Finanzierung nicht vollständig vom Auftraggeber, somit dem Bund oder den Ländern, übernommen wurde, können die Städte und Gemeinden nicht freigesprochen werden für den Status quo der Verschuldung. Dies gilt für ihre vielfältige Neigung, sich an den „goldenen Zügel" eines Systems von Mischfinanzierungen bzw. Zuwendungen legen zu lassen, um kurzfristige kommunalpolitische Erfolge zu erzielen, ohne gegebenenfalls abwägend die Folgebelastungen zu klären. Aktuell ist insbesondere auf die fragwürdige Verwendung von kurzfristigen Kassenkrediten für investive Aufgaben hinzuweisen. Durch die neue doppische Rechnungslegung werden überdies viele Fehler der Vergangenheit in Form von Fehlinvestitionen künftig in den Bilanzen der Kommunen sichtbar. Das Rating bzw. der Einsatz von Ratingkriterien zum Zweck der „kommunalen Steuerung" kann dazu beitragen, dass diese Fehlinvestitionen künftig nicht mehr auftreten.

(3) Das gemeindliche finanzwirtschaftliche Instrumentarium, das ebenfalls erörtert wurde, kann diese Situation lediglich abmildern, jedoch nicht grundsätzlich korrigieren. Privatisierung, Betreiben von öffentlichen Aufgaben durch Private sowie alternative Finanzierung kommunaler Investitionen sind nicht der „Königsweg" schlechthin, sie können in Einzelfällen aber Vorteile generieren. Diese Ansätze finden ihre Grenzen jedoch dort, wo sie die kommunale Selbstverwaltung selbst in Frage stellen.

(4) Aufs Ganze gesehen sollten sich die Kommunen, wollen sie sich nicht ausschließlich auf eine hinsichtlich der zeitlichen und sachlichen Perspektive ungewisse Verfassungsreform verlassen, ihrer eigenen politischen Gestaltungsmöglichkeiten besinnen. Diese müssen letztlich darauf zielen, die (beteiligten) Gemeindebürger zu Betroffenen in dem Sinne zu machen, dass sie einen Prozess akzeptieren, bei dem sie über ihre Zah-

lungsbereitschaft den Umfang und die Struktur der kommunalen Leistungen bestimmen. Die neuen Steuerungsmodelle können als Instrument der Transparenz, der Hinwendung zum Bürger und der Anerkennung seiner Souveränität die notwendige Erneuerung der kommunalen Selbstverwaltung unterstützen.

Anhang 1: Übersicht über die Ergebnis- und Finanzpositionen

Ergebnisplan/-rechnung		
1		Steuern und ähnliche Abgaben
2	+	Zuwendungen und allgemeine Umlagen
3	+	Sonstige Transfererträge
4	+	Öffentlich-rechtliche Leistungsentgelte
5	+	Privatrechtliche Leistungsentgelte
6	+	Kostenerstattungen und Kostenumlagen
7	+	Sonstige ordentliche Erträge
8	+	Aktivierte Eigenleistungen
9	+/-	Bestandsveränderungen
10	**=**	**Ordentliche Erträge**
11	-	Personalaufwendungen
12	-	Versorgungsaufwendungen
13	-	Aufwendungen für Sach- und Dienstleistungen
14	-	Bilanzielle Abschreibungen
15	-	Transferaufwendungen
16	-	Sonstige ordentliche Aufwendungen
17	**=**	**Ordentliche Aufwendungen**
18	**=**	**Ergebnis der laufenden Verwaltungstätigkeit (= Zeilen 10 und 17)**
19	+	Finanzerträge
20	-	Zinsen und ähnliche Aufwendungen
21	**=**	**Finanzergebnis (= Zeilen 19 und 20)**
22	**=**	**Ordentliches Ergebnis (= Zeilen 18 und 21)**
23	+	Außerordentliche Erträge
24	-	Außerordentliche Aufwendungen
25	**=**	**Außerordentliches Ergebnis (=Zeilen 23 u. 24)**
26	**=**	**Jahresergebnis (= Zeilen 22 und 25)**

Teilergebnisplan/-rechnung		
1		Steuern und ähnliche Abgaben
2	+	Zuwendungen und allgemeine Umlagen
3	+	Sonstige Transfererträge
4	+	Öffentlich-rechtliche Leistungsentgelte
5	+	Privatrechtliche Leistungsentgelte
6	+	Kostenerstattungen und Kostenumlagen
7	+	Sonstige ordentliche Erträge
8	+	Aktivierte Eigenleistungen
9	+/-	Bestandsveränderungen
10	**=**	**Ordentliche Erträge**
11	-	Personalaufwendungen
12	-	Versorgungsaufwendungen
13	-	Aufwendungen für Sach- und Dienstleistungen
14	-	Bilanzielle Abschreibungen
15	-	Transferaufwendungen
16	-	Sonstige ordentliche Aufwendungen
17	**=**	**Ordentliche Aufwendungen**
18	**=**	**Ergebnis der laufenden Verwaltungstätigkeit (= Zeilen 10 und 17)**
19	+	Finanzerträge
20	-	Zinsen und ähnliche Aufwendungen
21	**=**	**Finanzergebnis (= Zeilen 19 und 20)**
22	**=**	**Ordentliches Ergebnis (= Zeilen 18 und 21)**
23	+	Außerordentliche Erträge
24	-	Außerordentliche Aufwendungen
25	**=**	**Außerordentliches Ergebnis (=Zeilen 23 u. 24)**
26	**=**	**Ergebnis vor Berücksichtigung der internen** Leistungsbeziehungen (= Zeilen 22 und 25)
27	+	Erträge aus internen Leistungsbeziehungen
28	-	Aufwendungen aus internen Leistungsbeziehungen
29	**=**	**Ergebnis (=Zeilen 26, 27, 28)**

Finanzplan/-rechnung		
1		Steuern und ähnliche Abgaben
2	+	Zuwendungen und allgemeine Umlagen
3	+	Sonstige Transfereinzahlungen
4	+	Öffentlich-rechtliche Leistungsentgelte
5	+	Privatrechtliche Leistungsentgelte
6	+	Kostenerstattungen, Kostenumlagen
7	+	Sonstige Einzahlungen
8	+	Zinsen und ähnliche Einzahlungen
9	**=**	**Einzahlungen aus lfd. Verwaltungstätigkeit**
10	-	Personalauszahlungen
11	-	Versorgungsauszahlungen
12	-	Auszahlungen für Sach- und Dienstleistungen
13	-	Zinsen und ähnliche Auszahlungen
14	-	Transferauszahlungen
15	-	Sonstige Auszahlungen
16	**=**	**Auszahlungen aus lfd. Verwaltungstätigkeit**
17	**=**	**Cash Flow aus lfd. Verwaltungstätigkeit (= Zeilen 9 und 16)**
18	+	Investitionszuwendungen und -beiträge
19	+	Einzahlungen aus der Veräußerung von Vermögensgegenständen
20	-	Investitionsauszahlungen
21	+	Einzahlungen a.d. Veräußerung v. Finanzanlagen
22	-	Auszahlungen für den Erwerb von Finanzanlagen
23	**=**	**Cash Flow aus Investitionstätigkeit**
24	**=**	**Finanzmittelüberschuss/-fehlbetrag (= Zeilen 17 und 23)**
25	+	Aufnahme von Krediten
26	-	Tilgung von Krediten
27	**=**	**Cash Flow aus Finanzierungstätigkeit**
28	**=**	**Änderung d. Bestandes an Finanzmitteln (= Zeilen 24 und 27)**
29	+	Anfangsbestand an Finanzmitteln
30	+/-	Saldo aus durchlaufenden Posten
31	**=**	**Liquide Mittel (= Zeilen 28, 29 und 30)**

Teilfinanzplan/-rechnung	
Investitionstätigkeit	
Einzahlungen	
1	aus Zuwendungen für Investitionsmaßnahmen
2	aus der Veräußerung von Sachanlagen
3	aus der Veräußerung von Finanzanlagen
4	aus Beiträgen u. ä. Entgelten
5	Sonstige Investitionseinzahlungen
6	**Summe der investiven Einzahlungen**
Auszahlungen	
7	für den Erwerb von Grundstücken und Gebäuden
8	für Baumaßnahmen
9	für den Erwerb von beweglichem Anlagevermögen
10	für den Erwerb von Finanzanlagen
11	von aktivierbaren Zuwendungen
12	Sonstige Investitionsauszahlungen
13	**Summe der investiven Auszahlungen**
14	**Saldo Investitionstätigkeit (Einzahlungen ./. Auszahlungen)**

Quelle: Innenministerium des Landes Nordrhein-Westfalen (2003).

Aktiva	**Passiva**
A. Anlagevermögen	**A. Eigenkapital**
I. Immaterielle Vermögensgegenstände	I. Allgemeine Rücklage
II. Sachanlagen	II. Sonderrücklagen
1. Unbebaute Grundstücke und grundstücksgleiche Rechte	III. Ausgleichsrücklage
a) Grünflächen	IV. Jahresüberschuss/Jahresfehlbetrag
b) Ackerland	**B. Sonderposten**
c) Wald, Forsten	I. Zuwendungen
d) Sonstige unbebaute Grundstücke	II. Beiträge
2. Bebaute Grundstücke und grundstücksgleiche Rechte mit	III. Gebührenausgleich
a) Kindertageseinrichtungen	IV. Sonstige Sonderposten
b) Schulen	**C. Rückstellungen**
c) Wohnbauten	I. Pensionsrückstellungen
d) Sonstigen Dienst-, Geschäfts- u. a. Betriebsgebäuden	II. Rückstellungen für die Rekultivierung und Nachsorge von Deponien
3. Infrastrukturvermögen	III. Aufwandsrückstellungen
a) Grund und Boden des Infrastrukturvermögens	IV. Sonstige Rückstellungen
b) Brücken und Tunnel	**D. Verbindlichkeiten**
c) Gleisanlagen mit Streckenausrüstung u. Sicherheitsanlagen	I. Anleihen
d) Entwässerungs- und Abwasserbeseitigungsanlagen	II. Verbindlichkeiten aus Krediten
e) Straßennetz einschl. Wege, Plätze und Verkehrslenkungsanlagen	1. von verbundenen Unternehmen
f) Sonstige Bauten des Infrastrukturvermögens	2. von Beteiligungen,
4. Bauten auf fremdem Grund und Boden	3. von Sondervermögen,
5. Kunstgegenstände, Kulturdenkmäler	4. vom öffentlichen Bereich,
6. Fahrzeuge	5. vom privaten Kreditmarkt
7. Maschinen und technische Anlagen	III. Verbindlichkeiten aus Vorgängen, die Kreditaufnahmen wirtschaftlich gleichkommen
8. Betriebs- und Geschäftsausstattung	IV. Verbindlichkeiten aus Lieferungen und Leistungen
9. Geleistete Anzahlungen, Anlagen im Bau	V. Sonstige Verbindlichkeiten
III. Finanzanlagen	**E. Rechnungsabgrenzungsposten**
1. Anteile an verbundenen Unternehmen	
2. Beteiligungen	
3. Sondervermögen	
4. Wertpapiere des Anlagevermögens	
5. Ausleihungen an verbundene Unternehmen	
6. Ausleihungen an Beteiligungen	
7. Ausleihungen an Sondervermögen	
8. Sonstige Ausleihungen	
B. Umlaufvermögen	
I. Vorräte	
1. Roh-, Hilfs- und Betriebsstoffe, Waren	
2. Geleistete Anzahlungen	
II. Forderungen und sonstige Vermögensgegenstände	
1. Öffentlich-rechtliche Forderungen	
2. Sonstige Forderungen	
a) gegen den privaten Bereich	
b) gegen den öffentlichen Bereich	
c) gegen verbundene Unternehmen	
d) gegen Beteiligungen	
e) gegen Sondervermögen	
3. Sonstige Vermögensgegenstände	
III. Wertpapiere des Umlaufvermögens	
IV. Liquide Mittel	
C. Rechnungsabgrenzungsposten	

Quelle: Innenministerium des Landes Nordrhein-Westfalen (2003).

Anhang 2: Glossarium zu den im Text (Teil G) erwähnten Finanzinnovationen

1. Zinsswap (Interest Rate Swap)
   Ein Zinsswap ist der Austausch von Zinszahlungen einer Währung zwischen zwei Partnern. Der Austausch erfolgt, bezogen auf einen festen Kapitalbetrag und eine bestimmte Laufzeit, zu festgesetzten Zinszahlungsterminen. Er geschieht unabhängig von bestehenden oder neu zu begründenden Verbindlichkeiten oder Forderungen; durch den Zinsswap entstehen keine gegenseitigen Kapitalforderungen.

2. Forward Rate Agreements, FRA (Zinssicherungsvereinbarung)
   Um ein Zinsänderungsrisiko für die eigenen Gelddispositionen auszuschließen, d. h. um Zinssätze für bestimmte Zeiträume in der Zukunft festzuschreiben, werden FRAs geschlossen. Dies gilt sowohl für Zinssteigerungen (zukünftiger Kreditbedarf) wie für Zinssenkungen (zukünftiger Anlagebedarf).
   Als Verkäufer eines FRA wird derjenige bezeichnet, der sich in Kenntnis einer zukünftigen Mittelanlage gegen fallende Zinsen absichern will. Als Käufer der, der im Bewusstsein eines zukünftigen Mittelbedarfs eine Versicherung gegen steigende Zinsen eingehen will.
   Wesentlich ist, dass der zugrunde gelegte Kapitalbetrag nicht ausgetauscht wird, sondern nur kalkulatorische Bedeutung als Berechnungsgrundlage hat; d. h., die Partner bleiben frei, wo sie zum festgelegten Termin die Mittel aufnehmen bzw. anlegen. Zwei Valutatage vor Beginn der vertragsmäßigen Laufzeit (Fixingtag) wird lediglich die Differenz zwischen dem vereinbarten Zinssatz und dem als Basis dienenden Referenzzinssatz (LIBOR oder FIBOR für die entsprechende Laufzeit) festgestellt. Die durch die Marktentwicklung begünstigte Partei erhält von der benachteiligten eine (abgezinste) Kompensationszahlung in Höhe der Zinsdifferenz zwischen vereinbartem und Referenzzinssatz.

3. Swaption
   Eine Swaption ist die Kombination aus einem Swap und einer Option auf diesen Swap. Der Käufer kauft das Recht, aber nicht die Verpflichtung, einen Swap zu beziehen (Kauf oder Call) oder zu liefern (Verkauf oder Put). Der Verkäufer übernimmt im Gegenzug die Verpflichtung, das vereinbarte Swapgeschäft zu garantieren.

4. Cap

Ein Cap ist eine Vereinbarung zwischen dem Verkäufer des Caps und einem Käufer, dass bei Steigen eines festgelegten Marktzinses über eine vereinbarte Zinsobergrenze der Verkäufer dem Käufer den Differenzbetrag bezogen auf einen vereinbarten Nennwert erstattet. Die Zahlung des Verkäufers erfolgt dann und nur dann, wenn zu Beginn der festgelegten Zinsperioden der Referenzzinssatz oberhalb der Zinsobergrenze liegt. Die Zahlung erfolgt am Ende der Zinsperiode unter Berücksichtigung der Anzahl der Zinstage. Der Käufer zahlt für den Cap an den Verkäufer bei Vertragsabschluss eine pauschale Summe oder leistet periodische Zahlungen (Äquivalent der Einmalprämie).

5. Cap-Preisfindung

Caps können auf ein breites Spektrum von Zinsobergrenzen vereinbart werden. Unmittelbar einsichtig ist, dass die Prämie umso teurer wird, je niedriger die Zinsobergrenze gewählt wird.

Die Prämie hängt jedoch von mehreren Faktoren ab, vor allem von:

- dem Ausgangszinsniveau,
- dem festgelegten Höchstzinssatz,
- der Laufzeit des Vertrages,
- der erwarteten Schwankungsbreite des Referenzzinssatzes (sog. „Volatilität").
- Bei ansonsten gleichen Faktoren hat z. B. eine langlaufende Zinssicherung gegenüber einer kurzlaufenden einen höheren Wert, da aufgrund der höheren Anzahl der Referenztermine eine größere Chance besteht, eine Zahlung vom Verkäufer des Cap zu erhalten.

Technisch gesehen sind Caps eine Serie von Zinsoptionen; die Prämienberechnung erfolgt nach komplexen Modellen, der sog. Optionspreistheorie auf Basis von Computerprogrammen sowie gemäß Angebot und Nachfrage am Interbankenmarkt.

6. Floor

Floors sind quasi das spiegelbildliche Gegenstück zu Caps. Floors geben ihren Käufern die Garantie für eine Zinsuntergrenze für eine Geldanlage. Gegen Zahlung einer Einmal- oder von lfd. Prämie erstattet der Verkäufer dem Käufer die Differenz des Referenzzinssatzes zur vereinbarten Zinsuntergrenze, gemessen an festgelegten Stichtagen und bezogen auf ein vereinbartes Kapital.

Der Anspruch aus dem Kauf des Floors ist ebenfalls nicht an eine zugrunde liegende Geldanlage gebunden.

7. Collar

Collars sind Kombinationen von Caps und Floors. Der variable Zinssatz einer Verbindlichkeit des Käufers wird auf eine bestimmte Bandbreite zwischen Unter- und Obergrenze limitiert, z. B. „höchstens 7 % aber mindestens 5 %". Dadurch ist er Käufer eines Collars sowohl der Käufer eines Caps als auch der Verkäufer eines Floors: Er bezahlt für das Recht auf eine Obergrenze und wird für die Einräumung des Rechts auf eine Untergrenze bezahlt. Somit errechnen sich die Nettokosten eines Collars aus dem Cap-Wert abzüglich des Floor-Wertes; die Kosten eines Caps können also durch Collars reduziert werden. Collars sind wiederum nicht an zugrunde liegende Verbindlichkeiten oder Anlagen gebunden.

Anhang 3: Presseerklärung von S&P über das Rating des Landkreises Miesbach

The McGraw-Hill Companies GmbH

STANDARD
&POOR'S

Pressemitteilung

18. Januar 2006

Erster Landkreis mit Bonitätsrating in Deutschland. Standard & Poor's erteilt Landkreis Miesbach Erstrating von 'AA-'. Ratingausblick stabil.

Frankfurt/London (Standard & Poor's Ratings Services) 18. Januar 2006 - Mit Miesbach hat die Ratingagentur Standard & Poor's dem ersten Landkreis in Deutschland ein Rating erteilt. Standard & Poor's Ratings Services teilte heute mit, dass der Landkreis Miesbach das langfristige Emittentenrating 'AA-' und das kurzfristige Emittentenrating 'A-1+' erhalten habe. Der Ratingausblick ist stabil.

"Die Ratings werden gestützt durch den Finanzausgleich zwischen Bund, Ländern und Kommunen in Deutschland sowie das hohe Wohlstandsniveau und die niedrige Arbeitslosenquote in Miesbach", sagte Thomas Fischinger, Ratinganalyst bei Standard & Poor's in Frankfurt. Aufgrund der ausgezeichneten Lebensbedingungen und der guten Anbindung an die nahegelegene Landeshauptstadt München nimmt die Bevölkerungszahl im Landkreis Miesbach zu. "Weiterhin werden die Ratings durch die gesunden Haushaltsergebnisse des Landkreises unterstützt, der in den Jahren 2002-2004 durchschnittliche Überschüsse im Verwaltungshaushalt von 5% der laufenden Einnahmen auswies. Dadurch konnte der Landkreis einen Teil seines Investitionsbedarfs aus eigenen Mitteln finanzieren. Durch die Amortisierung von Investitionen und eine verringerte Neukreditaufnahme ist die Verschuldung seit 1998 stark rückläufig", erläuterte Fischinger.

Das Rating für Miesbach wird im wesentlichen begrenzt durch die immer noch überdurchschnittliche Verschuldung des Landkreises. 2005 wird die Verschuldungsquote 122% der laufenden Einnahmen betragen. 1998 lag diese Quote noch bei 221%. Außerdem verfügt Miesbach kaum über finanzielle Flexibilität, da es lediglich seine Kommunen besteuern kann, aber keine eigenen direkten Steuereinnahmen aufweist. Auch ist die auf Tourismus aufgebaute lokale Wirtschaft konjunkturabhängig.

Infolge des positiven Ausgangs der Verhandlungen über die Übernahme von unerwarteten Mehrkosten aus Hartz IV wird das tatsächliche Haushaltsergebnis 2005 für Miesbach voraussichtlich etwas über dem veranschlagten Budget liegen. Anstelle des Bundes wird der Freistaat Bayern (AAA/Stabil/A-1+) dem Landkreis die unvorhergesehenen Ausgaben erstatten. "Standard and Poor's Ratings Services sieht dies als Beispiel für die außerordentliche Leistungsfähigkeit des Bayerischen Unterstützungssystems für die Kommunen an", so Fischinger.

Ratingausblick

Im stabilen Ausblick für das Rating des Landkreises Miesbach spiegelt sich die Erwartung von Standard & Poor's wider, dass der Landkreis sein Haushaltsergebnis verbessern und seine finanzielle Flexibilität steigern wird. Dazu sollte der politische Wille zur strikten Ausgabenkontrolle und die Tatsache, dass auf absehbare Zeit wenig Investitionsbedarf besteht, beitragen. Aufgrund des Wohlstandsniveaus und der rückläufigen Arbeitslosigkeit sollte der Landkreis in der Lage sein, auch künftig solide Haushaltszahlen vorzulegen. In den nächsten Jahren könnte sich aus einer weiteren

Rückführung der Verschuldung und dem automatischen Rückgang der Eventualverbindlichkeiten seit dem Auslaufen der Gewährträgerhaftung für die Kreissparkasse Miesbach-Tegernsee (A/Stabil/A-1) ein positiver Trend für das Rating ergeben.

Ansprechpartner:

Analysten
Thomas Fischinger, Frankfurt (49) 69-33999-243
thomas_fischinger@standardandpoors.com
Alois Strasser, Frankfurt (49) 69-33999-240
alois_strasser@standardandpoors.com

PublicFinanceEurope@standardandpoors.com

Pressebüro Frankfurt:
Doris Keicher, Tel. +49 69 33999 225
doris_keicher@standardandpoors.com

London Media Hotline +44 20 7176 3605

Kurzfassung

Die Verschuldung der Kommunen in Deutschland hat in den vergangenen Dekaden deutlich zugenommen. Dies gilt insbesondere für das Instrument der Kommunalkredite. Die Finanzierung über Anleihen spielt – im Gegensatz zum wettbewerbsorientierten Föderalismus in den USA – in Deutschland bisher so gut wie keine Rolle. Als Problematisch ist insbesondere die Verschuldung der Kommunen durch das Instrument der Kassenverstärkungskredite anzusehen. Diese haben inzwischen den Charakter eines dauerhaften Verschuldungsinstruments angenommen, obwohl sie ursprünglich lediglich dafür vorgesehen waren, vorübergehende Liquiditätsengpässe zu überwinden.
Hintergrund für die zunehmende Verschuldung war insbesondere die weitgehende Stagnation auf der Einnahmenseite. Insbesondere in den Jahren 2001 bis 2005 hatten die Städte und Gemeinden in Deutschland erhebliche Defizite zu verzeichnen. Erst seit 2006 sind wieder leichte Überschüsse festzustellen.
Das Einnahmenproblem führte dazu, dass insbesondere auf der Investitionsseite erhebliche Einsparungen bei den Kommunen zu beobachten waren. Gleichzeitig nahmen die Ausgaben für soziale Leistungen deutlich zu. Per saldo führte dies dazu, dass sich auf der kommunalen Ebene ein erheblicher Investitionsstau aufgetan hat.
Mittel- bis langfristig müssen die Kommunen mit strukturellen Umbrüchen rechnen, was insbesondere die demografische Entwicklung in vielen ländlichen Regionen betrifft. Dies dürfte sich sowohl auf die Einnahmen- wie auch die Ausgabenseite auswirken. Durch die Einführung der Doppik in den meisten Bundesländern wird zudem stärker als in der bisherigen kameralistischen Rechnungslegung deutlich, dass die derzeit sichtbare Verschuldung vermutlich zu niedrig ausgewiesen ist. So sind z.B. Pensionsverpflichtungen sowie Garantien für Unternehmen in kommunalem Mehrheitsbesitz in der Kameralistik weitgehend unberücksichtigt.
Entscheidend für die Kommunen wird es jedoch sein, einen zeitnahen und realistischen Überblick über ihre Einnahmen- und Ausgabensituation zu erhalten. Die Einführung der Doppik wird hier einen erheblichen Beitrag leisten. Leider ist die Umsetzung dieses Ansatzes in den einzelnen Bundesländern unterschiedlich. Die Jahresabschlüsse der Kommunen sind daher zum einen länderübergreifend nicht mehr ohne weiteres zu vergleichen und zum anderen aller Voraussicht nach nur mit erheblichem bürokratischem Aufwand zu konsolidieren, um sie für statistische Zwecke (z.B. Berechnung der Maastricht-Kriterien) auszuwerten. Hier sollten sich die Länder und Gemeinden am Beispiel anderer föderalistischer Staaten wie der Schweiz bzw. der USA orientieren, in denen landesweit einheitliche

Rechnungslegungssysteme für die einzelnen Gebietskörperschaftsebenen bestehen.
Der finanzpolitische Handlungsspielraum von Städten und Gemeinden ist heute bereits vielfach ausgereizt. Dies ist umso bemerkenswerter, da sie in fast allen Bundesländern einer kompetenten Kommunalaufsicht unterliegen. Die finanzpolitischen Handlungsspielräume der Kommunen sind vor diesem Hintergrund damit eingeschränkt.
Der Einsatz moderner Instrumente des Debt Managements, insbesondere der derivativen Instrumente oder Modelle des Public-Private-Partnership, könnte dazu beitragen, dass die originären gemeindlichen Verschuldungsinstrumente effizienter als bisher zu steuern bzw. alternative Finanzierungsansätze für bestimmte Fallkonstellationen verfügbar sind. Dies alles ist allerdings kein Königsweg, um die kommunalen Finanzen wieder auf feste Füße zu stellen. Voraussetzung hierfür ist vielmehr eine solide Finanzpolitik der Städte und Gemeinden.

Summary

In the last decade the indebtedness of the local German governments has increased considerably. This is especially true for the instrument of local government loans. In the United States, with its more competition orientated Federalist system, financing via bonds plays a large role. In Germany at the local level, on the other hand, its insignificant. Indebtedness through cash advances has become especially problematic. These loans, which were originally only intended to bridge short-term liquidity shortages, are now being used in many cases to bridge funding gaps in current expenditure for longer periods of time. The main cause of the increasing deficit was the stagnation of revenue. In particular, between 2001 and 2005, city and local governments in Germany recorded large deficits. It is only since 2006 that they have returned to recording a small surplus.

The problem of stagnating revenue led to a considerable reduction in investment by local governments. At the same time, there was an increase in social benefit payments. These factors have led to a bottleneck of investment on the local governmental level.

In the mid to long-term, the local governments will have to face structural changes which will effect the demographics of the rural areas. This in turn will have an effect on both revenue and expenditure. With the replacement of the cameralistic accounting system by the double-entry bookkeeping system in most federal states, it is becoming clear that the current debt is understated. One example of the impact this will have is that pension obligations as well as guarantees for company where the local government is the majority owner are not accounted for in the cameralistic system.

It will be crucial for the communal governments to gain a prompt and realistic overview of the current income and expenditure situation. The implementation of the double-entry accounting system is anticipated to contribute to this task considerably. Problematic is however, that each Federal State is implementing the change according it its own timeframe. As a result, the annual financial statements of communal governments will be very difficult to compare on a national level and an enormous bureaucratic effort will be necessary to consolidate the statements for statistical purposes (e.g. calculation of the Maastricht-Criteria). The state and local governments should follow the example of other federalist countries such as Switzerland and the United States. Both have a uniform accounting system that is used at all levels of government.

The fiscal room for maneuver of the state and local governments has already been more than exhausted. This is all the more remarkable considering the fact that in most states they fall under the control of a supervisory body.

Bearing this in mind, it is clear that fiscal possibilities are hereby limited.
The use of modern debt management instruments, especially derivative instruments or public-private-partnership models could contribute to a more efficient implementation of the original debt instruments of communal governments. This would provide for better control and also allow for alternative financial approaches with more room for maneuver should a constellation arise where this would become necessary. This is not to be understood as an end all be all solution that can lead communal government's fiscal situation back on to solid ground. The prerequisite for this is a sound fiscal policy for the state and local governments.

Literaturverzeichnis

Administrative Office of the United States Court. Bankruptcy Basics, 3rd ed, Washington D.C., 2005, S. 50-57.

Alesina, Alfonso/Peroffi, Raul (1995): The Political Economy of Budget Deficits, IMF Staff Papers, Vol. 42.

American Bankruptcy Institute (2007): Chapter 9 Quaterly Fillings, abgerufen unter www.abiworld.org am 22.11.2007.

Andrae, Silvio (2003): Risikomanagement in der Kommune: Von der Sparkasse lernen?, in: Finanzwirtschaft, Heft 2, S. 42-47.

ARF (2005): Neues Kommunales Rechnungs- und Steuerungssystem, Freiburg.

Arrow, Kenneth (1991): The Economics of Agency, in: Prall, John/Zeckhauser, Richard [Hrsg.]: Principals and Agents: The Structure of Business, Boston, Mass., S. 37-51.

Bähr, Uwe (1999): Risikomanagement für Kommunen und öffentliche Unternehmen, in: Meurer, Erich/Stefan, Günter [Hrsg.]: Rechnungswesen und Controlling in der öffentlichen Verwaltung, Loseblattsammlung, München, S. 1-22.

Baseler Ausschuss für Bankenaufsicht (2004): Internationale Konvergenz der Kapitalmessung und Eigenkapitalanforderungen, Juni, Frankfurt am Main, abrufbar unter: www.bundesbank.de.

Bastiansen, Bodo (1992): Die Beurteilung der finanziellen Leistungsfähigkeit der Gemeinden nach den haushaltsrechtlichen Vorschriften, in: Der Gemeindehaushalt, Heft 2, S. 40-44.

Bayer, Detlef (1993): Staatliche Gemeindefinanzierung und Verfassungsrecht, in: Deutsches Verwaltungsblatt, S. 1287-1290.

Bayerisches Staatsministerium für Wirtschaft, Infrastruktur, Verkehr und Technologie (2003): Schreiben vom 22.10.2003: Drittes Konsultationspapier der EU-Kommission zur Umsetzung von Basel II in der EU vom 1.7.2003, München.

Berthold, Norbert/Drews, Stefan (2003): Nationaler Stabilitätspakt – Mehr Handlungsspielraum für Länder und Gemeinden?, in: Wirtschaftsdienst, Heft 8, S. 517-522.

Beyer, Lothar (2001): Öffentliches Rechnungswesen: Kameralistik oder Doppik, in: Bandemer, Stephan et al [Hrsg.]: Handbuch zur Verwaltungsreform, Opladen, S. 337-347.

Biagosch, Peter/Weinand-Härer, Karl (1998): US-Lease in/Lease out Transaktionen – eine alternative Finanzierungsform für die öffentliche Hand, in: Kroll, Martin [Hrsg.]: Leasing-Handbuch für die öffentliche Hand, Lichtenfels, S. 340-359.

Birkholz, Kai (2006a): Aktives kommunales Debt Management in Deutschland – ein bisher vernachlässigtes Sparpotential, in: Birkholz, Kai/Maaß, Christian/v. Maravié , Patrick/Siebart, Patricia [Hrsg.]: Public Management – eine neue Generation von Wissenschaft und Praxis. Festschrift für Christoph Reichard, Potsdam, S. 257-280.

Birkholz, Kai (2006b): Kommunales Debt Management in Deutschland, Arbeitsheft 12 des kommunalwissenschaftlichen Instituts an der Universität Potsdam, Potsdam.

Birkholz, Kai (2006c): Kommunales Debt Management in Deutschland – eine empirische Analyse, Potsdam.

Birkholz, Kai (2007a): Derivate zur Steuerung von Zinsänderungsrisiken in der kommunalen Praxis – empirische Befunde, in: Zeitschrift für das gesamte Kreditwesen, Heft 4, S. 178-183.

Birkholz, Kai (2007b): Zielsetzungen und Rahmenbedingungen eines kommunalen Debt Managements, in: Schauer, Reinbert/Budäus, Dietrich, Reichard, Christoph [Hrsg.]: Public und Nonprofit Management, Arbeitsberichte und Forschungsergebnisse aus Deutschland und Österreich, Potsdam, S. 47-82.

Blankart, Charles B. (2007a): Föderalismus in Deutschland und in Europa, Baden-Baden.

Blankart, Charles B. (2007b): Gutachterliche Stellungnahme vor dem Bundesverfassungsgericht zur Auslegung von Art. 115 Abs. 1 Satz 2 Grundgesetz und zum Reformbedarf bei der Schuldenbegrenzung vor dem Hintergrund von § 2 Bundeshaushaltsgesetz 2004 (n. F.) vom 8.2.2007, abgerufen am 6.11.2007 unter http://zope.wiwi.hu-berlin.de.

Blankart, Charles B./Klaiber, Achim (2004): Wer soll für die Schulden von Gebietskörperschaften haften?, in: Schaltegger, Christoph A./Schaltegger, Stefan C. [Hrsg.]: Perspektiven der Wirtschaftspolitik, Festschrift für René L. Frey, Zürich, S. 137-150.

Blankart, Charles B./Fasten, Erik R./Klaiber, Achim (2006): Föderalismus ohne Insolvenz?, in: Wirtschaftsdienst, Heft 9, Hamburg, S. 567-571.

Boll, Martin (2000): Einsatz derivativer Finanzinstrumente im öffentlichen Haushalt (II) – Gestaltung und Kontrolle von Risiken oder Risiken ohne Kontrolle?, in: Finanzwirtschaft, Heft 12, S. 271-275.
Boll, Stefan (1994): Intergenerative Umverteilungswirkungen der Fiskalpolitik in der Bundesrepublik Deutschland – Ein Ansatz mit Hilfe des Generational Accounting, Frankfurt/Main.
Bolsenkötter, Heinz (2005): Öffentliche Verschuldung und neues (integriertes) öffentliches Rechnungswesen, in: Goldbach, Armin u. a. [Hrsg.]: Entwicklungslinien und Problemschwerpunkte der öffentlichen Betriebswirtschaftslehre, Frankfurt/Main, S. 165-180.
Bolsenkötter, Heinz (2007): Haushaltssicherungskonzepte nach neuem kommunalen Haushaltsrecht, in: Brüggemeier, Martin u. a. [Hrsg.]: Controlling und Performance Management im öffentlichen Sektor, Festschrift für Dietrich Budäus, Bern-Stuttgart-Wien, S. 157-164.
Brede, Helmut (2001): Grundzüge der öffentlichen Betriebswirtschaftslehre, München, S. 143 ff.
Brockenkamp, Sybille (1999): Public Private Partnership, Entstehung und Funktionsweise kooperativer Arrangements zwischen öffentlichen Sektor und Privatwirtschaft, Frankfurt.
Brüggemeier, Martin/Schauer, Reinbert/Schedler, Kuno [Hrsg.] (2007): Controlling und Performance Management im öffentlichen Sektor, Festschrift für Dietrich Budäus, Bern-Stuttgart-Wien, S. 185-191.
Bücker, Thomas (1993): Finanzinnovationen und kommunale Schuldenwirtschaft. Zum Einsatz von Swap-Geschäften und Swap-Derivaten im Schuldenmanagement von Gemeinden, Baden-Baden, S. 190 ff.
Budäus, Dietrich [Hrsg.] (2006a): Kooperationsformen zwischen Staat und Markt, Baden-Baden.
Budäus, Dietrich (2006b): Rating von Bund, Ländern und Kommunen: Wie kreditwürdig ist der öffentliche Sektor?, in: Hill, H. [Hrsg.]: Die Zukunft des öffentlichen Sektors, Baden-Baden, S. 167-220.
Budäus, Dietrich (2006c): Reform des öffentlichen Haushalts- und Rechnungswesens, in: Die Verwaltung (2006), Heft 2, Berlin, S. 186-214.
Budäus, Dietrich/Grüning, Gernot (2006): Public Private Partnership – Konzeptionen und Probleme eines Instruments zur Verwaltungsreform aus Sicht der Public Choice-Theory, in: Public Private Partnership, neue Formen öffentlicher Aufgabenerfüllung von Budäus, Dietrich/Eichhorn, Peter [Hrsg.], Baden-Baden, S. 25-66.
Budäus, Dietrich/Grüb, Birgit (2007): Public Private Partnership: Theoretische Bezüge und praktische Strukturierung, in: Zeitschrift für öffentliche und gemeinwirtschaftliche Unternehmen, S. 245-272.
Bundesanstalt für Finanzdienstleistungsaufsicht [Hrsg.] (2005): Rundschreiben 18/2005: Anforderungen an das Risikomanagement.
Bundesgerichtshof (2007), Urteil des Bundesgerichtshofes vom 12. Dezember 2002, AZ III ZR 201/01, 17.12.2007, www.bundesgerichtshof.de.
Bundesministerium der Finanzen (2006): Die Föderalismusreform, in:
Monatsberichts des BMF, August, Berlin 2006, S. 81-90.
Bundesrechnungshof (1995): Bemerkungen zur Haushalts- und Wirtschaftsführung (einschl. der Feststellungen zur Jahresrechnung des Bundes 1993), BR-Drs. 552/95.
Bundesverband öffentlicher Banken [Hrsg.] (2006): Bankgeschäfte mit Kommunen – Rahmenbedingungen für die Kommunalfinanzierung, Berlin.
Bundesverband deutscher Banken (2004), Private Public Partnership, Chance für die Modernisierung von Infrastruktur und Verwaltung, Berlin.
Bundesvereinigung der kommunalen Spitzenverbände (2008): Kommunalfinanzen 2006 bis 2008 – Prognose der kommunalen Spitzenverbände, 30.01.2008, www.staedtetag.de.
Bund-Länder-Arbeitsausschuss (1996): „Haushaltsrecht und Haushaltssystematik", Private Vorfinanzierung öffentlicher Investitionen. Ergebnisse der Sitzung des Ausschusses am 8. und 9. Mai.
C & L Deutsche Revision (1996): „Über die Sachverständigentätigkeit im Zusammenhang mit dem Einsatz derivativer Finanzinstrumente durch das Land Schleswig-Holstein für den Landesrechnungshof Schleswig-Holstein", Hamburg.
Conrad, Karl/Seitz, Hans (1994): The economic benefits of public infrastructure, in: Applied Economics, Vol. 26, S. 303-311.
Daldoss, Marco/Foraita, Oliver (2003): Bonitätsbeurteilung subnationaler Gebietskörperschaften in föderalistischen Staatsstrukturen, Bamberg.
Dautel, Ralph (1997): Kommunale Sonderfinanzierung. Ökonomische Analyse innovativer Finanzierungsinstrumente, Wiesbaden, S. 76 ff.
Deubel, Ingolf (1992): Praxis des kommunalen Debt Managements, in: Sparkasse, Jg. 1992, Heft 3, S. 122-126.

Deutsche Bundesbank (1997): Die fiskalische Belastung zukünftiger Generationen – eine Analyse mit Hilfe des Generational Accounting, in: Monatsbericht, November 1997, Frankfurt am Main, S. 17-30.

Deutsche Bundesbank (2000): Die Beziehung zwischen Bankkrediten und Anleihemarkt, in: Monatsbericht Januar, Frankfurt am Main, S. 33-48.

Deutsche Bundesbank (2004a): Die neue EWU-Zinsstatistik – Methodik zur Erhebung des deutschen Beitrags, in: Monatsbericht Januar, Frankfurt am Main, S. 47-62.

Deutsche Bundesbank (2004b): Zur Regulierung der europäischen Wertpapiermärkte, in: Monatsbericht Juli, Frankfurt am Main, S. 33-49.

Deutsche Bundesbank (2004c): Tabelle Verschuldung der öffentlichen Haushalte, in: Monatsbericht August, Frankfurt am Main, S. 56.

Deutsche Bundesbank (2004d): Neue Eigenkapitalanforderungen für Kreditinstitute (Basel II), in: Monatsbericht September, Frankfurt am Main, S. 75-100.

Deutsche Bundesbank (2005): Defizitbegrenzende Haushaltsregeln und Nationaler Stabilitätspakt in Deutschland, in: Monatsbericht April, Frankfurt am Main, S. 23-37.

Deutsche Bundesbank (2006): Verordnung über die angemessene Eigenmittelausstattung (Solvabilität) von Instituten – Solvabilitäts-Verordnung, 15.11.2007, www.bundesbank.de.

Deutsche Bundesbank (2007a): Zur Entwicklung der Gemeindefinanzen seit dem Jahr 2000, im Monatsbericht Juli, Frankfurt am Main, S. 29-49.

Deutsche Bundesbank (2007b): Zum disziplinierenden Einfluss der Finanzmärkte auf die staatliche Haushaltspolitik, in: Monatsbericht Oktober, Frankfurt am Main, S. 60-61.

Deutsche Bundesbank (2007c): Zur Reform des deutschen Haushaltsrechts, in: Monatsbericht Oktober, Frankfurt am Main, S. 47-68.

Deutscher Städte- und Gemeindebund (2007): Kommission von Bundestag und Bundesrat zur Modernisierung der Bund-Länder-Finanzbeziehungen Kommissionsdrucksache 004: Zehn Erwartungen der Städte und Gemeinden zur Föderalismusreform II, 20.10.2007, www.bundestag.de.

Deutscher Städtetag (2000): Gemeindefinanzbericht 2000, Köln.

Deutscher Städtetag [Hrsg.] (2005a): Muster-Dienstanweisung für die Neuaufnahme von Krediten und die Umschuldung von Krediten, Berlin.

Deutscher Städtetag [Hrsg.] (2005b): Muster-Dienstanweisung zur Liquiditätssicherung (Kassenkredite), Berlin.

Deutscher Städtetag (2006a): Externes Rating von Kommunen – Beschluss des Präsidiums des Deutschen Städtetages vom 25.4.2006, 15.12.2007, www.staedtetag.de.

Deutscher Städtetag (2006b): Gemeindefinanzbericht, in: Der Städtetag, Heft 5, Köln, S. 14-99.

Deutsches Institut für Urbanistik (2002): Kommunaler Investitionsbedarf bis 2009, 15.12.2007, www.difu.de.

Deutsches Institut für Urbanistik [Hrsg.] (2005): Public Privat Partnership-Projekte, Berlin 2005.

Dünchheim, Theo (2004): Das Monheimer Modell zur Schulbausanierung, in: Eichhorn, Peter [Hrsg.]: Public Privat Partnership: Formen, Risiken, Chancen, Berlin 2004, S. 182-189.

Eichenberger, Reiner/Schelker, Martin (2007): Controlling Government bei Independent and Competing Policy Agencies, in: Public Choice, Heft 3, S. 79-88.

Eisenkopf, Alexander (2007): Daseinsvorsorge mit Public Private Partnership – ein dritter Weg?, in: Wirtschaftsdienst, Heft 11, S. 719-723.

Engesing, Felix (1997): Zahlungsunfähigkeit von Kommunen und anderen juristischen Personen des öffentlichen Rechts. Vollstreckung und finanzielle Einstandspflicht, Stuttgart u. a..

Esters, Christian (2003): Basel II und das Rating von Städten und Gemeinden, in: Finanzwirtschaft Nr. 2, S. 37-42.

EU-Kommission, Beratender Ausschuss für das öffentliche Auftragswesen (1999): Die Anwendung der Richtlinien 92/50 EWG und 93/38 EWG auf Finanzdienstleistungen, namentlich auf Fälle der Kreditaufnahme, CC/99/69-DE vom 26.10.1999, Brüssel.

Europäische Kommission (2001): Leistungen der Daseinsvorsorge in Europa, in: Mitteilung der Kommission, Amtsblatt der Europäischen Gemeinschaften Nr. 2001/C 17/04, Brüssel.

Europäische Union (2006): Richtlinie 2006/48/EG des Europäischen Parlaments und des Rates vom 14. Juni 2006 über die Aufnahme und Ausübung der Tätigkeit der Kreditinstitute, in: Amtsblatt der Europäischen Union L 177/1, Anhang VI, Randziffer 9.

Europäische Zentralbank (2000): Das Euro-Währungsgebiet ein Jahr nach Einführung des Euro: Wesentliche Merkmale und Veränderungen in der Finanzstruktur, in: Monatsbericht Januar, Frankfurt am Main.

Europäisches Parlament (2004): Richtlinie 2004/18 EG des Europäischen Parlaments und des Rates vom 31.3.2004 über die Koordinierung der Verfahren zur Vergabe öffentlicher Bauaufträge, Lieferaufträge und Dienstleistungsaufträge, insbesondere die Ziffern 27 sowie Artikel 16.
Faber, Angela (2006): Zahlungsunfähigkeit von Kommunen, in: Henneke, Hans-Günter u. a. [Hrsg.]: Recht der Kommunalfinanzen, München, S. 685-700.
Falke, Andreas (2004): Föderalismus und Kommunalpolitik, in: Lösche, Peter, Loeffelholz, Hans Dietrich (Hrsg.), Länderbericht USA, S. 261-287.
FAZ (2007): Bericht vom 31.08.2007, S. 20.
Färber, Gisela (2006): Haushaltsausgleich und Haushaltssicherungskonzept, in: Henneke, Hans-Günter u. a. [Hrsg.]: Recht der Kommunalfinanzen, München, S. 661-685.
Fehr, Hans (1995): Vom Defizit Accounting zum Generational Accounting. Ein neues Konzept zur Messung intergenerativer Belastungsverschiebung, in: Staatswissenschaft und Staatspraxis, S. 209-255.
Feld, Ludwig (2004): Fiskalischer Föderalismus in der Schweiz – Vorbild für die Reform der deutschen Finanzverfassung?, Gütersloh.
Feld, Ludwig P./Kirchgässner, Gustav (2001): Does direct democracy reduce public debt? Evidence from swiss municipalities: in: Public Choice, Vol. 4, S. 347-370.
Finanzbehörde der Freien und Hansestadt Hamburg (1998): Das Schuldenmanagement, Hamburg, S. 228.
Fischer, Thomas (2000): Debt Management, in: Obst, Georg/Hintner, Otto [Hrsg.]: Geld-, Bank- und Börsenwesen (bearb. von Johann Heinrich von Stein/Jürgen von Hagen), Stuttgart, S. 1027-1031.
Flöthmann, Jürgen/Tovote, Uwe/Schleifnecker, Thomas (2006): Ein Blick in die Zukunft: Deutschlands Kommunen im Wettbewerb um Einwohner, in: Bertelsmann Stiftung [Hrsg.]: Wegweiser Demographischer Wandel 2020 – Analysen und Handlungskonzepte für Städte und Gemeinden, Gütersloh, S. 11-96.
Fox, Klaus-Peter (1998a): Derivateeinsatz im öffentlichen Bereich nicht durch überbordende Regelungen ersticken, in: Blick durch die Wirtschaft (Beilage der FAZ) vom 14.7.1998, S. 4.
Fox, Klaus-Peter (1998b): Erfolgskontrolle für Finanzinnovationen. Grundsätzliches und Anwendung, Manuskript, Saarbrücken.
Franke, Günter (2000): Kreditgeschäft und Finanzmärkte, in: Hagen, J. et al [Hrsg.]: Obst/Hintner: Geld-, Bank- und Börsenwesen, Stuttgart, S. 231 ff.
Freiling, Andreas (1998): Mindestanforderungen an den Einsatz derivativer Finanzgeschäfte durch die öffentliche Hand, in: Blick durch die Wirtschaft (Beilage der FAZ) vom 18.5.1998, S. 7.
Funke, Stefan (1994): Die Verschuldungsordnung, Berlin, S. 333 ff.
Gandenberger, Otto (2004): Supranationale Regeln zur Sicherung finanzpolitischer Disziplin. Was taugt der Stabilitäts- und Wachstumspakt?, in: Milbradt, Georg/Deubel, Ingolf [Hrsg.]: Ordnungspolitische Beiträge zur Finanz- und Wirtschaftspolitik, Festschrift für Heinz Grossekettler zum 65. Geburtstag, Berlin, S. 45-63.
Gentinetta, Katja (2007): Die Last der Verschuldung, in: Schweizer Monatshefte, Heft 9/10, S. 14-15.
Glatthard, Alexander (2004): Emissionszentrale der Schweizer Gemeinden – Das Kapitalmarktportal der Schweizer Gemeinden, in: Müller, Walter [Hrsg.]: Reformoptionen für das kommunale Schuldenmanagement, Baden-Baden, S. 105-124.
Grossekettler, Heinz (2005): Funktionsfähigkeit der Nationalen Stabilitätspakte föderalistischer EU-Staaten im Lichte der Anforderungen des Europäischen Stabilitäts- und Wachstumspaktes, in: Genser, Bernd [Hrsg.]: Haushaltspolitik und öffentliche Verschuldung, Berlin, S. 53-94.
Grözinger, Gerd (2004): Staatsschuld und Sühnegeld, in: Deutsches Institut für Wirtschaftsforschung (Hrsg.), Die Zukunft des Stabilitäts- und Wachstumspaktes, Vierteljahreshefte zur Wirtschaftsforschung, Berlin, S. 460-470.
Grüb, Birgit (2006): Stand und Perspektiven von PPP in der Praxis – Zugleich Besprechung einer Grundlagenstudie zu PPP in der Schweiz, in: Zeitschrift für öffentliche und gemeinwirtschaftliche Unternehmen, Heft 3, S. 321-327.
Grunwald, Ekkehard (2004): Effizientes Zins- und Schuldenmanagement in der Stadt Salzgitter, in: Müller, Walter (Hrsg.]: Reformoptionen für das kommunale Schuldenmanagement, Baden-Baden, S. 74-92.
Haacke, Brigitte von (2007): Geld zurückholen, in: Wirtschaftswoche vom 19.3., S. 52-54.
Häde, Ulrich (2006): Kommunalfinanzen und europäische Integration. Einwirkungen der EG-Finanzverfassung und der Haushaltsdisziplin, in: Hennecke, Hans-Günter u. a. [Hrsg.]: Recht der Kommunalfinanzen, München, S. 97-107.

Häfner, Philip (2005): Doppelte Buchführung für Kommunen nach dem NKF, Freiburg.
Halvax, Günter (1989): Grundsätzliche Erfordernisse im internen Kontrollsystem als Voraussetzung einer wirksamen Risikokontrolle bei neuen Finanzinstrumenten, in: Österreichisches Bank-Archiv, S. 1149-1160.
Reinhardt, Björn (2006): Neue kommunale Finanzierungsmodelle und Zukunftsgerechtigkeit. Zugleich ein Plädoyer für den Schutz nachfolgender Generationen, Berlin.
Hansjürgens, Bernd (2001): Äquivalenzprinzip und Staatsfinanzierung, Berlin.
Hashagen, Jörg/Sommer, Daniel/Steitz, Marcus (1999): Zinsrisikosteuerung und Performancemessung. Derivateeinsatz und Schuldenmanagement der öffentlichen Hand, in Verwaltung und Management, Heft 2, S. 107-112.
Hausner, Karl Heinz/Simon, Silvia (2007): Die Verteilung der staatlichen Aufgaben, Ausgaben und Einnahmen, in: WiSt, Nr. 2, S. 103-107.
Heidemann, Otto (1997): Steuerrechtliche Prämissen und ihre finanziellen Konsequenzen für Kommune, Investor und Gebührenzahler, in: Fettig, Wolfgang/Späth, Lothar [Hrsg.]: Privatisierung kommunaler Aufgaben, Baden-Baden, S. 83-95.
Held, Friedrich W. (2001): Wir erinnern uns: Wichtige Entwicklungen in Kommunalpolitik und Kommunalaufsicht der zurückliegenden Jahre, in: Innenministerium des Landes Nordrhein-Westfalen [Hrsg.]: Forum Kommunalaufsicht, Düsseldorf, S. 38-45.
Helmedag, Fritz (2004): Ist das starre Festhalten an den Maastricht-Kriterien sinnvoll?, in: HWWA [Hrsg.]: Wirtschaftsdienst Nr. 9, Wiesbaden, S. 601-604.
Hennies, Marc (2005): Bilanzpolitik und Bilanzanalyse im kommunalen Sektor, München.
Heppe, Karl (1999): Private Finanzierung kommunaler Investitionen, Frankfurt/Main.
Hessischer Landtag (2005): Bericht des Landesschuldenausschusses nach § 6 Abs. 2 des Gesetzes zur Aufnahme und Verwaltung von Schulden des Landes Hessen, in: Hessischer Landtag, Drucksache 16/3824, Wiesbaden.
Heuser-Greipl, Ulrich (1999): Risikomanagement für Derivate, Wiesbaden.
Hill, Hermann (2004): Aufgabenkritik, Privatisierung und Neue Verwaltungssteuerung, Baden-Baden.
Homburg, Stefan/Röhrbein, Christina (2007): Ökonomische Anmerkungen zum Urteil des Bundesverfassungsgerichts vom 19. Oktober 2006, in: Der Staat, Heft 2, S. 1-17.
Hoppe, Werner (1972): Der Anspruch der Kommunen auf aufgabengerechte Finanzausstattung, in: Deutsches Verwaltungsblatt, S. 117-121.
Hornung, Norbert (1995): Die Durchführung der Privatisierungsverträge. Vertragsmanagement zwischen öffentlichem und privatem Recht, in: Der Betrieb, Heft 3, S. 309-316.
Hornung, Norbert (1997): Kreditportfoliomanagement in kommunalen Haushalten – eine permanente Chance, in: Kommunalwirtschaft, Heft 1, S. 27-36.
Hornung, Norbert (1999): Kommunales Schuldenmanagement, in: Der Gemeinderat, Hefte 1-4.
Hornung, Norbert (2006): Kommunales Kreditmanagement als Synthese von Haushalt und Markt, in: Sachsenlandkurier, Heft 3, S. 127-129.
Hornung, Norbert/Schuchardt, Christian (1998): Kommunale Verschuldung und Kommunalkredit in der Euro-Zeit, in: Der langfristige Kredit, Heft 1, S. 8-17.
Huertas, Thomas (1999): Das Finanzsystem in den USA, in: Hagen, J. et al [Hrsg.]: Obst/Hintner: Geld-, Bank- und Börsenwesen, Stuttgart, S. 470-515.
Hüffner, Peter (2007): PPP-Markt gewinnt an Dynamik, in: Die Bank, S. 24-29.
Hüther, Michael (2008): Intergenerational Justice and Economic Growth
– A Challenge for Economic Growth, erscheint in: Foundations fort he Rights of Future Generations: Demographic Change and Intergenerational Justice: The Implementation of Long -Term Thinking in the Political Decision Process.
Huss, Hans-J./Franzmeyer, Dirk (2001): www.ekommunen.de – Neuer Online-Service für Kommunen, in: Kommunalwirtschaft, Sonderausgabe, S. 92-93.
Hypothekenverband bei der EG [Hrsg.] (1993): Der Kredit an öffentliche Körperschaften und Organe in der EG, Bonn.
Ibison, David (2007): Cold winds of global credit squeeze blow into remote Norwegian towns, in: Financial Times 24.11.2007.
IMK (2003): Bericht des Unterausschusses „Kommunalverfassungsrecht und kommunale Personalangelegenheiten“ des AK III der IMK zur Entscheidung des Bundesgerichtshofes vom 12. Dezember 2002 zur Amtshaftung der Rechtsaufsichtsbehörde gegenüber der durch sie beaufsichtigten Körperschaft („Oderwitz-Sachsen“ vom 12. September 2003, Berlin).

Innenministerium Baden-Württemberg (2006): Informationen zum neuen kommunalen Haushaltsrecht in Baden-Württemberg, Stuttgart, 15.10.2007, www.innenministerium.baden-württemberg.de.
Innenministerium des Landes Nordrhein-Westfalen (2003): Neues Kommunales Finanzmanagement - Abschlussbericht des Modellprojekts "Doppischer Kommunalhaushalt in NRW" 1999 – 2003, Freiburg.
Innenministerium des Landes Nordrhein-Westfalen (2006): Kommunalpolitik und NKF. Basisinformationen für Rats- und Kreistagsmitglieder zum nordrhein-westfälischen Neuen Kommunalen Finanzmanagement, Düsseldorf 2006, 15.11.2007, www.im.nrw.de.
Innenministerium des Landes Nordrhein-Westfalen (2007): Kommunalfinanzbericht, Mai.
Jacob, Dieter (2003): Erstellung eines Gerüsts für ein Public Sector Comparator bei vier Pilotprojekten im Schulbereich, Forschungsbericht, Freiberg.
Jacob, Dieter/Kochendörfer, Bernd (2000): Private Finanzierung öffentlicher Bauinvestitionen – ein EU-Vergleich, Berlin.
Jochimsen, Beate (2007): „Staatsschulden ohne Haftung" – Eine Option für deutsche Bundesländer, in: Wirtschaftsdienst, Heft 8, S. 518-524.
Jochimsen, Beate/Konrad, Kai A. (2007): Anreize statt Haushaltsnotlagen, in: Diess. [Hrsg.]: Finanzkrise im Bundesstaat, Berlin, S. 11-28.
Jöhnk, Theo (1999): Risikosteuerung im Zinsmanagement, Wiesbaden.
Josten, Ralf (2006): Kommunalkreditgeschäft: Kommunen zwischen Insolvenzfähigkeit und finanzwirtschaftlichem Kollaps, in: Bank- und Kapitalmarktrecht, Heft 4, S. 133-139.
J. P. Morgan (1996): Risk MetricsTM, Technical Document.
J. P. Morgan (1997): European Markets: The Next 3 Years Life Beyond Government Bonds. Credit as an Asset Class, bearbeitet von Peter Rappoport, Istanbul.
Jünger, Heinz/Walter, Jochen (1997): Kommunales Finanzmanagement: Möglichkeiten und Grenzen des Einsatzes kreditwirtschaftlicher Instrumente im kommunalen Bereich, Köln.
Jungk, Christoph (2004): Steuerung und Begrenzung der Risiken aus Zinsderivaten, in: Müller, Walter [Hrsg.]: Reformoptionen für das kommunale Schuldenmanagement, Baden-Baden, S. 37-62.
Junkernheinrich, Martin (1991): Gemeindefinanzen. Theoretische und methodische Grundlagen ihrer Analyse, Berlin, S. 101 ff.
Junkernheinrich, Martin/Micosatt, Gerhard (2007): Kommunaler Schuldenreport Nordrhein-Westfalen, Gütersloh.
Kaiser, Helmut/Heilenkötter, Anja/Hermann, Markus (1999): Der Euro-Kapitalmarkt, Wiesbaden.
Kesberg, Harald/Bütfering, Peter [Hrsg.] (1991): Der Europäische Kapitalmarkt. Eine Herausforderung für Städte und Gemeinden, Düsseldorf.
Kewenig, Wilhelm A./Schneider, Hans (1992): Swap-Geschäfte der öffentlichen Hand in Deutschland, in: Wertpapiermitteilungen, Sonderbeilage 2.
Kirchhoff, Ulrich/Müller-Godeffroy, Heinrich (1996): Finanzierungsmodelle für kommunale Investitionen, Stuttgart.
Kirchhoff, Ulrich/Henning, Heiko (2000a): Rahmenbedingungen für die Ausgestaltung von Kommunalkrediten, in: Sparkasse, Heft 5, S. 217-221.
Kirchhoff, Ulrich/Henning, Heiko (2000b): Zinssteuerung von Kommunalschulden mit Hilfe von Zinsderivaten, in: Sparkasse, Heft. 7, S. 27-36.
Kirchhoff, Ulrich/Henning, Heiko (2005): Haushaltsspielräume durch modernes kommunales Finanzmanagement, in: Müller, Stefan/Jönk, Thorsten/ Bruns, Andreas: Beiträge zum Finanz-/Rechnungs- und Bankwesen. Gedenkschrift für Gebhard Zimmermann, Wiesbaden 2005, S. 636-659.
Klein, Richard R. (1977): Kommunale Schuldenpolitik, Stuttgart, S. 51 ff.
Kocher, Paul-Anton (2005a): Das öffentliche Schuldenmanagement – Controllingaudit des Landesrechnungshofes Vorarlberg, Bregenz.
Kocher, Paul-Anton (2005b): Gemeinden im Konflikt von Kostenreduktion und Risikobegrenzung: Schuldenmanagement ist kein trivialer Job, in: Kommunal: Offizielles Organ des österreichischen Gemeindebundes, Heft 4, S. 46-48.
Kolodziej, Markus (1996): Die private Finanzierung von Infrastruktur, Frankfurt/Main.
Kommission der Europäischen Gemeinschaften (2004): EU-Grünbuch zur öffentlich-privaten Partnerschaft und der gemeinschaftlichen Rechtsvorschriften für öffentliche Aufträge und Konzessionen.
Konrad, Kai A. (2007): Vorschläge zur wirksamen Verschuldungsbegrenzung der Länder, in: Wirtschaftsdienst, Heft 9, S. 581-585.
Körner, Heinz (2004): Reform des kommunalen Kassen- und Haushaltswesen, Berlin 2004.

Kotz, Hans-Helmut/Welkenbach, Hans Georg (1994): Handbuch des öffentlichen Kredits in Europa, Stuttgart.

KPMG (2005): Doppik schlägt Kameralistik. Fragen und Antworten zur Einführung eines doppischen Haushalts- und Rechnungswesens, 4. vollständig überarbeitete Auflage.

Krahnen, Jan-Pieter (2005): Der Handel von Kreditrisiken, Eine neue Dimension des Kapitalmarktes, CFS Working Paper Nr. 2005/05, Frankfurt am Main.

Kröger, Christian (2000): Möglichkeiten und Grenzen alternativer Finanzierungsmodell kommunaler Infrastrukturinvestitionen, Oldenburg.

Kröger, Christian (2002): Möglichkeiten und Grenzen alternativer Finanzierungsmodelle kommunaler Investitionen, Wiesbaden.

Krohnsnest, Stefan (2006): Kreditrisiko und Gemeinden, Hamburg.

Kutschera, Frank (2003): Kommunales Debt Management als Bankdienstleistung, Sternenfels, S. 94-166.

Landesrechnungshof Sachsen (2002): Jahresbericht 50, Dresden.

Landesrechnungshof Schleswig-Holstein (1997): Bericht des Landesrechnungshofs Schleswig-Holstein an den Landtag und an die Landesregierung gemäß § 99 LHO über das Ergebnis der Prüfung der Vereinbarungen zur Begrenzung von Zinsänderungsrisiken sowie zur Optimierung der Kreditkonditionen (derivative Finanzinstrumente), Kiel.

Lenk, Thomas/Köpping, Heide (2004): Cross-Border-Leasing: Ein Risiko für die Kommunalfinanzen, in: Zeitschrift für öffentliche und gemeinwirtschaftliche Unternehmen, Heft 4, S. 331-345.

Lenk, Thomas/Rudolph, Hans-Joachim (2005): Die Kommunalen Finanzausgleichssysteme in der Bundesrepublik Deutschland. Der Ausgleich zwischen Finanzbedarf und Finanzkraft, in: Nierhaus, Michael [Hrsg.]: Kommunalfinanzen, KWI-Arbeitshefte 9, Potsdam, S. 57-68.

Levitt, Arthur (1995): The Municipal Bond and Government Securities Market, in: Municipal finance journal, Bd. 16, Nr. 2, S. 6-37.

Lingemann, Thomas (2001): US-Lease als Mittel der Finanzierungsoptimierung, in: Kommunalwirtschaft, Sonderausgabe April, S. 87-90.

Löffelholz, Hans D./Rappen, Hermann (2004): Bevölkerungsentwicklung und kommunale Finanzkrise – Ver- oder Entschärfung durch Schrumpfung und Alterung der Bevölkerung in Deutschland?, in: Junkernheinrich, Martin [Hrsg.]: Bevölkerungsentwicklung, Finanzkrise und Gemeindefinanzreform, Berlin, S. 21-28.

Lösche, Peter/Löffelholz, Hans Dietrich (2004): Länderbericht USA, Bonn 2004.

Lüder, Klaus (1999): Konzeptionelle Grundlagen des neuen kommunalen Rechnungswesens, in: Innenministerium Baden-Württemberg [Hrsg.]: Schriftenreihe des Innenministeriums Baden-Württemberg zum kommunalen Haushalts- und Rechnungswesen, Band 6, Stuttgart

Mäding, Heinrich (2004): Demografischer Wandel und Kommunalfinanzen, in: DfK, I, S. 84-102.

Maier, Angela (2007): Großes Kino für die Kläger, in: Financial Times Deutschland vom 30.10.2007, S. 18.

Matschke, Manfred Jürgen/Hering, Thomas (1998): Kommunale Finanzierung, München.

McConnel, Michael W./Picker, Randal: When Cities Go Broke: A Conceptual Introduction to Municipal Bankruptcy, The University of Chicago Low Review, Jg. 1993, S. 425-495.

Meier, Johannes/ Esche, Andreas (2006): Kommunen und Regionen im Wettbewerb, Perspektive und Konsequenz, in: Bertelsmann Stiftung [Hrsg.]: Wegweiser Demographischer Wandel 2020 – Analysen und Handlungskonzepte für Städte und Gemeinden, Gütersloh, S. 6-9.

Merl, Günther (1994): Zeitgemäßes Finanz- und Schuldenmanagement auch für Kommunen, in: Der langfristige Kredit, Heft 14, S. 491-494.

Mitteldeutscher Rundfunk (2007): Kommunale Finanznot – Suhl bittet um Geldspritze, 10.09.2007, www.mdr.de.

Mühlenkamp, Holger (2006): Public Private Partnership aus Sicht der Transaktionskosten-Ökonomik und der neuen politischen Ökonomie, in: Budäus, Dietrich [Hrsg.]: Kooperationsformen zwischen Staat und Markt, Baden-Baden, S. 29-48.

Müller, Walter [Hrsg.] (2004): Reformoptionen für das kommunale Schuldenmanagement, Baden-Baden.

Müller, Walter/Fey, Daniela/Nagel, Jens [Hrsg.] (2004): Reformoptionen für das kommunale Schuldenmanagement, Teil I, in: Zeitschrift für Kommunalfinanzen, Jg. 2004, H. 5, S. 116-128, Teil II, ebenda, H. 6, S. 143-151, Teil III, ebenda, S. 173-179.

Neck, Reinhard (2005): Staatsverschuldung aus politisch-ökonomischer Sicht: Theorie und österreichische Evidenz, in: Genser, Bernd [Hrsg.]: Haushaltspolitik und öffentliche Verschuldung, Berlin, S. 95-130.

Niedersächsisches Ministerium für Inneres und Sport (2005): „Schünemann: Doppik ist modernes Handwerkszeug“, Pressemitteilung, 15.09.2007, www.mi.niedersachsen.de am 20.10.2007.
Niedersächsisches Ministerium für Inneres und Sport (2007): Strukturreform Lüchow-Dannenberg, Rede des Innenministers, 20.10.2007, www.mi.niedersachsen.de.
Nierhaus, Michael/Gerhardt, Ihno (1999): Zur Ausfallhaftung des Staates für zahlungsunfähige Kommunen, Berlin.
Niklisch, Fritz (1988): BOT-Projekte: Vertragsstrukturen, Risikoverteilung und Streitbeilegung, in: Der Betriebs-Berater, Jg. 53 (1988), H. 1, S. 2-9.
Noetzel, Paul (2004): Outsourcing bei der Kämmerei, Bottrop lässt seine Schulden von der WestLB managen, in: Die Demokratische Gemeinde, Heft 11, S. 8.
o.V. (1994a): Amtsblatt für Brandenburg, 5. Jg., Nr. 91 vom 22.12.1994, S. 1726.
o.V. (1994b): Gutachten der Kanzlei Hengeler, Müller, Weize, Würzburg.
o.V. (1996a): Das Jahrzehnt der Derivate, in: Handelsblatt vom 24.9.1996, Beilage.
o.V. (1996b): München geht neuen Weg, in: Handelsblatt vom 26.11.1996, S. 17.
o.V. (1999a): „Mehr Sicherheit bei Anleihen von Gemeinden. Eine Konsequenz aus Leukerbad“, in: Neue Zürcher Zeitung vom 06.10.1999, S. 24.
o.V. (1999b): Anleihen schaffen mehr Spielraum, in: Börsen-Zeitung vom 21.5.1999, S. 3.
o.V. (2005a): Soll und Haben im Stadtsäckel, in: Frankfurter Allgemeine Zeitung vom 26.04.2005.
o.V. (2005b): Die Offenbarung – Salzgitter ist die erste Stadt, in der der Kämmerer offiziell die Pleite erklärt, in: Die Welt vom 26.4.2005.
o.V. (2006): Beschluss des Städte- und Gemeindetages Mecklenburg-Vorpommern vom 8.3.2006.
o.V. (2007a): Der Entwurf ist abgedruckt in der Mitteilung M414/07 des Bundesverbandes öffentlicher Banken vom 6.9.2007.
o.V. (2007b): Was ordentliche Haushaltsdaten verschweigen, in: Neue Zürcher Zeitung vom 28.12.2006.
o.V. (2007c): Auf die eigene Prognose bauen, in: Der neue Kämmerer, Ausgabe 01 vom 01. Feburar 2007, S. 4.
Oster, Rudolf (2005): Aktueller Stand der Gesetzgebung in den Ländern und ausgewählte Fragen des neuen Rechnungswesens, in: Loccumer Protokolle 11/05, Loccum, S. 10-18.
Pampel, Ralf (1993): Finanzinnovationen im Debt Management, Wiesbaden.
Passon, Thomas/Tabellini, George (2006): Political Economics, Explaining Economic Policy, MIT Press, Cambridge (Mass.).
Paulus, Christoph G. (2003): Überlegungen zur Insolvenzfähigkeit der Gemeinden, in: Zeitschrift für das gesamte Insolvenzrecht, Heft 19, S. 863-872.
Peffekoven, Rolf (2004): Gemeindefinanzen in desolatem Zustand, in: Zeitschrift für das gesamte Kreditwesen, Heft 23, S. 1338-1340.
Pergande, Frank (2007): Kameralistik ist kein Absolutismus, in: Frankfurter Allgemeine Zeitung vom 5.12.2007.
Pfeiffer, Michael (2004): Immobilienwirtschaftliche PPP-Modelle im Schulsektor – Großbritannien und Deutschland im Vergleich, Hamburg.
Pfnür, Andreas (2007): Möglichkeiten und Grenzen von Wirtschaftlichkeitsuntersuchungen bei ÖPP-Projekten, in: Zeitschrift für öffentliche und gemeinwirtschaftliche Unternehmen, Heft 2, S. 221-229.
Pfnür, Andreas/Eberhardt, Tim (2006): Allokation und Bewertung von Risiken im immobilienwirtschaftlichen Public Private Partnership, in: Budäus, Dietrich [Hrsg.]: Kooperationsformen zwischen Staat und Markt, Baden-Baden, S. 159-188.
Pohl, Wolfgang (2005): Gemeindehaushalte im Umbruch, in: Heinrich-Böll-Stiftung, Kommunalpolitische Infothek, 22.11.2007, www.kommunale-info.de.
Postlep, Rolf-Dieter (1993): Gesamtwirtschaftliche Analyse kommunaler Finanzpolitik, Baden-Baden.
Prager, Theo (1997): Risikomessung für Portfoliomanagement und Controlling: Kann die öffentliche Hand von der Kreditwirtschaft lernen?, in: Zeitschrift für das gesamte Kreditwesen, Heft. 16, S. 471-478.
Prautzsch, Wolf-Albrecht/Walter, Jochen (1998): Schuldenmanagement für Kommunen, in: Verlagsbeilage der FAZ „Kommunale Dienstleistungen“, 31.8.1998, S. B1.
Price Waterhouse Coopers – PWC (2006): Basel II und kommunales Rating – Wissen, Erwartungen und Vorbereitungen von Kommunen und Banken, Frankfurt/Main.
Price Waterhouse Cooper/Freshfield Bruckhaus Deringer (2003): PPP im öffentlichen Hochbau – Gutachten im Auftrag des Bundesverkehrs- und -bauministeriums, Berlin.

Püttner, Günter (1985): Kommunales Schuldenwesen. Überblick über Schuldenstand und Schuldenregelungen, in: Handbuch der kommunalen Wirtschaft und Praxis, Bd. 6, Berlin, S. 616-620.
Rechnungshöfe des Bundes und der Länder (2006): Feststellungen der Konferenz der Präsidentinnen und Präsidenten am 3. und 4. Mai 2006 in München, S. 6.
Reding, Kurt/Müller, Walter (2002): Neue Geschäftsmodelle für das kommunale Debt Management, in: Bieger, Theo u.a. [Hrsg.]: Zukünftige Geschäftsmodelle, Berlin u. a., S. 221-246.
Rehm, Hannes (1994): Neue Wege zur Finanzierung öffentlicher Investitionen, in: Zeitschrift für öffentliche und gemeinwirtschaftliche Unternehmen, Beiheft 18.
Rehm, Hannes (1997): Neue Finanzierungsinstrumente - Chance der Haushaltsentlastung, in: Müller, Udo [Hrsg.]: Haushaltsreform und Haushaltskontrolle, Baden-Baden, S. 65-96.
Rehm, Hannes (2001a): Debt Management der öffentlichen Schuld – Befund, Probleme, Perspektiven, Stuttgart.
Rehm, Hannes (2001b): Neue Finanzierungsformen für öffentliche Investitionen, in: Lüthje, Bernd [Hrsg.]: Bankgeschäft, öffentliche Hand und Finanzmarktpolitik, Festschrift für Friedel Neuber, Berlin, S. 37-76.
Rehm, Hannes (2005): New Approaches to Fiscally-Oriented Debt Management Strategy: Objectives, Instruments, and Risks, in: Finanzarchiv, Heft 4, S. 587-608.
Rehm, Hannes (2007): Öffentlich-Private Partnerschaften (ÖPP). Befund – Probleme – Perspektiven, in: Bräuning, Dietmar/Greiling, Dorothee [Hrsg.]: Stand und Perspektiven der öffentlichen Betriebswirtschaftslehre. Festschrift für Peter Eichhorn, Berlin, S. 440-445.
Rehm, Hannes/Tholen, Michael (2005): Management der öffentlichen Schuld – Befund, Probleme, Perspektiven, Stuttgart.
Rehm, Hannes/Tholen, Michael (2007), Das neue System der Haushaltsrechnungen im Spiegel des Ratings für kommunale Gebietskörperschaften, in: Brüggemeier, Martin et al (Hrsg.), Controlling und Perfomance Management im Öffentlichen Sektor, S. 309-320, Bern.
Ritscher, Jan-Paul (2002): Der Einsatz von Finanzderivaten unter einer modernisierten Schuldenstrukturpolitik des Bundes, Frankfurt/Main u. a.
Rottwilm, Christoph (2007), Kommunen verwetten Milliarden von Steuergeldern, 27.08.2007, www.manager-magazin.de.
Ruff, Erwin (1995): Abschluss von Bausparverträgen durch Kommunen, in: Sparkasse, Heft 1, S. 40-46.
Rügemer, Werner (2004): Cross-Border-Leasing, Münster.
Rupp, Hans-Heinrich (2003): Zur Rechtsbindung der Bundesländer an den Europäischen Stabilitäts- und Wachstumspakt, in: Adam, Klaus G./Franz, Wolfgang [Hrsg.]: Instrumente der Finanzpolitik. Festschrift für Rolf Peffekoven, Frankfurt/Main, S. 165-169.
Sächsische Landesregierung (1996): Antwort auf eine Anfrage im Sächsischen Landtag: Inwieweit haftet der Freistaat Sachsen für Verbindlichkeiten von zahlungsunfähigen Gemeinden, in: Mitteilungen des Sächsischen Städte- und Gemeindetages vom 01.11.1996, Nr. 35.
Sachsen-Anhalt (2000): Conference on Funding and Debt Management, Regions and Public Entities in Central and Eastern Europe“, 28.-30.5.2000, Materialien, Magdeburg
Sachverständigenrat zur Begutachtung der gesamtwirtschaftlichen Entwicklung (2003): Staatsfinanzen konsolidieren – Steuersystem reformieren, Jahresgutachten 2003/2004, Stuttgart.
Sachverständigenrat zur Begutachtung der gesamtwirtschaftlichen Entwicklung (2007a): Staatsverschuldung wirksam begrenzen, Wiesbaden.
Sachverständigenrat zur Begutachtung der gesamtwirtschaftlichen Entwicklung (2007b): Staatsverschuldung wirksam begrenzen, Expertise im Auftrag des Bundesministers für Wirtschaft und Technologie, Berlin.
Sachverständigenrat zur Begutachtung der gesamtwirtschaftlichen Entwicklung (2007c): Jahresgutachten 2007, TZ 384.
Sack, Detlef (2003): Gratwanderung zwischen Partizipation und Finanzengpässen. Ein Überblick über die deutsche Public Private Partnershipentwicklung, in: Zeitschrift für öffentliche und gemeinwirtschaftliche Unternehmen, Heft 4, S. 353-370.
Schäfer, Henry/Hochstein, Martin (1999): Zur Konkurrenzfähigkeit des Pfandbriefes. Neue theoretische und empirische Erkenntnisse, in: Kredit und Kapital, Heft 4, S. 547-578.
Schaffer, Karl (2001): Wirtschaftliche Erfolgskontrolle und Verfahren zur Ergebnis- und Risikosteuerung für Zinsderivate sowie für variable und strukturierte Darlehen, Kiel.

Schaffer, Karl/Jungk, Christoph (1994): Verbesserung der Effizienz des Kreditmanagements durch den Einsatz von Zinsderivaten, der Minister für Finanzen und Energie des Landes Schleswig-Holstein [Hrsg.], Kiel.
Schaltegger, Conrad A./Feld, Ludwig P. (2006): Do large cabinets favor large governments? Evidence from swiss sub-federal jurisdications, in: CESifo Working Paper Nr. 1294, Februar 2006.
Schlag, Carsten-H. (1997): Die Kausalitätsbeziehung zwischen der öffentlichen Infrastrukturausstattung und dem Wirtschaftswachstum in der Bundesrepublik Deutschland, in: Konjunkturpolitik, Heft 1, S. 82-106.
Schlesinger, Helmut/Weber, Manfred/Ziebarth, Günter (1993): Staatsverschuldung ohne Ende?, Darmstadt.
Schmidt-Jortzig, Erich (1982): Kommunalrecht, Stuttgart.
Schremmer, Hagen (1999): Die Beurteilung des Zinsmanagements kommunaler Haushalte als Geschäftsfeld der Banken, Leipzig.
Schuppert, Günter F. (1994): Die Erfüllung öffentlicher Aufgaben durch Staat, kommunale Gebietskörperschaften und Private, in: Ipsen, Jörn [Hrsg.]: Privatisierung öffentlicher Aufgaben, Köln u. a., S. 17-36.
Schuppert Günter F./Rossi, Martin (2006): Bausteine eines bundesstaatlichen Haushaltsnotlagenregimes, Hertie School of Governance Working Paper, No. 3, Berlin.
Schwarting, Gunnar (2003): Finanz- und Haushaltsrisiken – Gedanken zum finanzwirtschaftlichen Risk Management in öffentlichen Haushalten, in: Hill, Heinrich [Hrsg.]: Aufgabenkritik, Privatisierung und neue Verwaltungssteuerung, Baden-Baden, S. 117-128.
Schwarting, Gunnar (2004): Gedanken zum finanzwirtschaftlichen Risk-management in öffentlichen Haushalten, in: Hill, Hermann [Hrsg.]: Aufgabenkritik, Privatisierung und neue Verwaltungssteuerung, Baden-Baden, S. 101-119.
Schwarting, Gunnar (2005): Einige Gedanken zur fiskalischen Disziplin kommunaler Gebietskörperschaften in Deutschland, in: Genser, Bernd [Hrsg.]: Haushaltspolitik und öffentliche Verschuldung, Berlin, S. 131-169.
Schwarting, Gunnar (2006): Haushaltskonsolidierung in Kommunen, Berlin.
Schwarting, Gunnar (2007): Kommunales Kreditwesen, Berlin, S. 47-134.
Schwarz, Alexander (2006): Kommunale Haushalte und Konjunkturpolitik, in: Hennecke, Hans-Günter u. a. [Hrsg.]: Recht der Kommunalfinanzen, München, S. 775-781.
Schwarz, Georg (1997): Derivate bei der öffentlichen Hand, in: Börsen-Zeitung vom 15.2.1997, S. 13.
Schwarz, Georg (1999): Finanzinnovationen auch auf kommunaler Ebene einsetzen, in: Der Gemeindehaushalt, Heft 4, S. 253-260.
Schwarz, Georg (2001): Steuerung der Zinsausgaben durch Zinsderivate: Ein Leitfaden für die kommunale Praxis, Wiesbaden.
Schwarz, Kyrill-Alexander (1998): Staatsgarantie für kommunale Verbindlichkeiten bei „faktischem Konkurs von Kommunen"?, Baden-Baden.
Schwegmann, Klaus (1997): Die Finanzierungsalternativen der Banken, in: Fettig, Wolfgang/Späth, Lothar, Privatisierung kommunaler Aufgaben, Baden-Baden, S. 103-130.
Seitz, Helmut (2006): Nachhaltige Finanzpolitik und demografischer Wandel, in: Bertelsmann Stiftung [Hrsg.]: Wegweiser Demographischer Wandel 2020 – Analysen und Handlungskonzepte für Städte und Gemeinden, Gütersloh, S. 180-186.
Städte- und Gemeindebund Nordrhein-Westfalen (2004), Basel II und Auswirkungen auf die Kommunen, in: StGB NRW-Mitteilung 381/2004 vom 17.05.2004.
Siegenthaler, Peter (2007): Die Schuldenbremse in der Schweiz, in: Schweizer Monatshefte, Heft 9/10, S. 26-27.
Singer, Otto (2005): Der europäische Stabilitätspakt – Sachstand und Reformdebatte, in: Deutscher Bundestag: Wissenschaftliche Dienste des Deutschen Bundestages, Berlin.
Sperl, Richard (2004): Städtische Schuldenverwaltung – Reaktionen auf veränderte Rahmenbedingungen am Beispiel der Landeshauptstadt München, in: Müller, Walter: Reformoptionen für das kommunale Schuldenmanagement, Baden-Baden, S. 63-71.
Stadt Lübeck (2005): Vorlage: Einführung des Neuen kommunalen Finanzmanagements, Lübeck, 8. Juni 2005.
Standard & Poor's (2006): Bonitätsratings für Gebietskörperschaften, Frankfurt.
Standard & Poor's (2007): Fiscal Flexibility Index For International Local and Regional Governments, Melbourne, Frankfurt, Paris.

Ständige Konferenz der Innenminister und -senatoren der Länder, Geschäftsstelle (2003): Auszug aus der Sammlung der zur Veröffentlichung freigegebenen Beschlüsse der 173. Sitzung der Ständigen Konferenz der Innenminister und -senatoren der Länder am 21. November 2003 in Jena.

Stark, Gunnar/Loose, Christian (2007): Exotische Zinsderivate im kommunalen Schuldenmanagement, in: Finanz Betrieb, Nr. 10, S. 610-618.

Statistisches Bundesamt (2006a): Bevölkerung Deutschlands bis 2050, Wiesbaden.

Statistisches Bundesamt [Hrsg.] (2006b): Pressemitteilung vom 24.2.2006: Schulden der öffentlichen Haushalte um knapp 4 % gestiegen.

Steiner, Manfred/Heinke, Volker (1996): Rating aus Sicht der modernen Finanzierungstheorie, in: Büschgen, Hans/Everling, Oliver: Handbuch Rating, Wiesbaden, S. 579-628.

Storckmann, Karl-Heinz (1991): Konjunktur und Kommunalverschuldung, Bochum.

Tebroke, Hermann-Josef (2007): Zum Verschuldungsrisiko und Zinsmanagement im kommunalen Bereich, in: Brüggemeier, Martin/Schauer, Reinbert/Schedler, Kuno [Hrsg.] (2007): Controlling und Performance im öffentlichen Sektor, Festschrift für Dietrich Budäus, Berlin, S. 165-175.

Temel, Judy (2001): The Fundamentals of Municipal Bonds, Hoboken.

Tytko, Dagmar (1999): Grundlagen der Projektfinanzierung, Stuttgart.

U.S. Census Bureau (2007): Statistical Abstract of the United States 2007, 07.11.2007, www.census.gov.

United States Bankruptcy Court (2007): Municipality Bankruptcy – Chapter 9, 7.11.2007, www.nvb.uscourts.gov.

Verband öffentlicher Banken (1995): Neue Wege für das Finanz- und Zinsmanagement der Kommunen, Bonn.

Vogelpoth, Norbert/Poullie, Michael (2007): Einführung der Doppik im Gemeindehaushaltsrecht der Bundesländer, in: Wirtschaftsprüfung, Heft 12, S. 517-525.

Voitl, Alexander (1999): Der Kommunalkredit auf dem Prüfstand, in: Der langfristige Kredit, S. 263-270.

Wagener, Sibylle (2005): Zur korrekten Erfassung der staatlichen Verschuldung, in: HWWA, Wirtschaftsdienst Nr. 8, S. 522-526.

Wallbaum, Klaus (2007): Wendland-Reform droht zu scheitern, in: Hannoversche Allgemeine Zeitung vom 13.10.2007, S. 9.

Walter, Jochen (1999): Der Beitrag derivativer Instrumente für die Kommunalfinanzierung im Euro-Raum, in: Kommunalwirtschaft, Sonderausgabe, S. 44-47.

Walter, Jochen (2000): Praktische Konsequenzen aus der Bewertung von Teilfinanzierungsvorgängen, in: Kommunalwirtschaft, Sonderheft, S. 41-44.

Walter, Jochen (2001): Kompetente Begleitung der Kommunen im Prozess der Markteuropäisierung, in: Kommunalwirtschaft, Sonderausgabe, S. 60-63.

Walter, Jochen (2004): Bankenrating für Kommunen, in: Der Gemeindehaushalt, Heft 1, S. 25-33.

Weizsäcker, Robert K. v. (1992): Staatsverschuldung und Demokratie, in: Kyklos, S. 51-67.

Wendt, Rudolf (1994): Haushaltsrechtliche Probleme der Kapitalbeteiligung Privater an öffentlichen Infrastrukturinvestitionen, in Ipsen, Jörn [Hrsg.]: Privatisierung öffentlicher Aufgaben, S. 37-62.

Wenger, Ekkehard /Terberger, Eva (1988): Die Beziehung einer ökonomischen Theorie der Organisation, in: Wirtschaftswissenschaftliches Studium, Jg. 1988, S. 506-514.

Wentzel, Dirk (2005): Zur Begrenzung der Staatsverschuldung nach dem Scheitern des Stabilitätspaktes, in: Wirtschaftsdienst, S. 605-612.

Wesenberg, Tino (2005): Zinsrisikomanagement, in: Priermeier, Torsten [Hrsg.]: Finanzrisikomanagement in Unternehmen, München, S. 103-170.

Wesierski, Brigitte (1998): Gefährdet der Euro die Dominanz der deutschen Banken im Kommunalkreditgeschäft?, in: Der langfristige Kredit, Heft 1, S. 22-23.

WIBERA Wirtschaftsberatung, Landkreistag Baden-Württemberg (2001): Aufbau der Kostenrechnung einschließlich interner Leistungsverrechnungen in Kommunen, Düsseldorf et al

Wickel, Horst-Peter (2007): Am Zinsmarkt verzockt, in: Sparkasse, Nr. 12, S. 20.

Willms, Manfred (1998): Private Finanzierung von Infrastrukturinvestitionen. Theoretische und empirische Grundlagen, Baden-Baden.

Windisch, Rupert/ Lietz, Gunar (2003): Nachhaltigkeit in der Finanzpolitik, in: WISU 8-9, S. 1100-1105.

Wissenschaftlicher Beirat beim Bundesministerium der Finanzen (2002): Haushaltskrisen im Bundesstaat, Berlin.

Wissenschaftlicher Beirat beim Bundesministerium der Finanzen (2005): Haushaltskrisen im Bundesstaat, Berlin.

Wissenschaftlicher Beirat beim Bundesministerium der Finanzen (2003): Stellungnahme Verbesserungsvorschläge für die Umsetzung des Deutschen Stabilitätspakts, Berlin.

Wissenschaftlicher Beirat beim Bundesministerium für Wirtschaft und Arbeit (2005): Zur finanziellen Stabilität des deutschen Föderalstaates, Berlin.

Wuerst, Adolf/Horn, Richard (1998): Einsatz von Zinsderivaten in volatilen Märkten, in: Sparkasse, Heft 2, S. 66-74.

Zeller, Fritz (2005): Kassenkredite – in Hülle und Fülle: Die Novelle der Bayerischen Gemeindeordnung zeigt einen Staat ohne Verantwortung, in: Verwaltung und Management, Heft 4, S. 204-205.

Ziegenhorn, Burkhard (1999): Market-based Fiscal Discipline: Disziplinierung staatlicher Schuldner durch den Kapitalmarkt, Frankfurt/Main. et al.

Ziekow, Jan (2006): Public Private Partnership als zukünftige Form der Erfüllung öffentlicher Aufgaben, in: Hill, Hermann [Hrsg.]: Die Zukunft des öffentlichen Sektors, Baden-Baden, S. 49-60.

Ziekow, Jan/Windoffer, Alexander (2007): Public Private Partnership: Struktur und Erfolgsbedingungen von Kooperationsarenen, Baden-Baden.

Ziffzer, Sigfried (1980): Ökonomische Grenzen der staatlichen Kreditaufnahme, Berlin.

Zimmermann, Horst (2006): Kommunale Verschuldung – Wozu?, in: Wirtschaftsdienst, Heft 6, S. 391-397.

Zinsmeier, Florian (2007): Öffentliche Haushalte 2007/2008: Überschüsse horten – Investitionen stärken, in: DIW Wochenbericht Nr. 41, S. 585-596.

Sachverzeichnis